Bernard Comrie and Lucía Golluscio (Eds.)
Language Contact and Documentation
Contacto lingüístico y documentación

D1520486

Language Contact and Documentation
Contacto lingüístico y documentación

———

Edited by
Bernard Comrie and Lucía Golluscio

DE GRUYTER
MOUTON

ISBN 978-3-11-055537-0
e-ISBN (PDF) 978-3-11-031747-3
e-ISBN (EPUB) 978-3-11-039355-2

Library of Congress Cataloging-in-Publication Data
A CIP catalog record for this book has been applied for at the Library of Congress.

Bibliographic information published by the Deutsche Nationalbibliothek
The Deutsche Nationalbibliothek lists this publication in the Deutsche Nationalbibliografie;
detailed bibliographic data are available on the Internet at http://dnb.dnb.de.

© 2014 Walter de Gruyter GmbH, Berlin/Munich/Boston
This volume is text- and page-identical with the hardback published in 2015.
Cover image: agustavop/iStock/Thinkstock
Typesetting: Meta Systems Publishing & Printservices GmbH, Wustermark
Printing and binding: CPI books GmbH, Leck

♾ Printed on acid-free paper
Printed in Germany

www.degruyter.com

Contents

Acknowledgements —— vii

List of authors —— viii

Bernard Comrie & Lucía Golluscio
I   Introduction —— 1

Anthony C. Woodbury
II   Overview: La documentación lingüística —— 9

South America

Alejandra Vidal
1   Nombres propios, denominación e identidad entre los pilagá y los wichí (Gran Chaco) —— 51

Lucía Golluscio
2   Huellas de trayectorias y contactos en el sistema lingüístico: el caso vilela (Chaco) —— 77

Mutua Mehinaku & Bruna Franchetto
3   *Tetsualü:* The pluralism of languages and people in the Upper Xingu —— 121

Hebe A. González
4   El Chaco como área lingüística: una evaluación de los rasgos fonológicos —— 165

Pieter Muysken, Harald Hammarström, Joshua Birchall, Rik van Gijn, Olga Krasnoukhova, and Neele Müller
5   Linguistic areas, bottom-up or top-down? The case of the Guaporé-Mamoré —— 205

Florencia Ciccone y Verónica Nercesian
6   Seguimiento referencial en lenguas sudamericanas: mecanismos sintácticos/pragmáticos y distribución geográfica —— 239

Beyond

Nicholas Evans
7   Una historia de muchas lenguas: la documentación de la narrativa
     políglota en las tradiciones orales del norte de Australia —— 287

Ulrike Mosel
8   Putting oral narratives into writing – experiences from a language
     documentation project in Bouganville, Papua New Guinea —— 321

Donald L. Stilo
9   An introduction to the Atlas of the Araxes-Iran Linguistic Area —— 343

Author index —— 357
Language index —— 362
Subject index —— 365

Acknowledgements

The International Symposium on Language and Culture Documentation (Buenos Aires, August 14–15, 2008) that gave rise to this volume was organized by the Documentation and Research Laboratory for Linguistics and Anthropology (DILA), a center created in 2007 by an agreement between the Argentine National Council for Scientific and Technological Research (CONICET) and the Max Planck Institute for Psycholinguistics. DILA hosts a Regional Digital Archive for language resources (see http://www.caicyt.gov.ar/DILA). The event was collaboratively funded by the Volkswagen Foundation through its DoBeS Program; the Department of Linguistics, Max Planck Institute for Evolutionary Anthropology (MPI-EVA), Germany; and CONICET, Argentina. Special support for the publication of this volume was provided by the Department of Linguistics, MPI-EVA and CONICET, the latter through both DILA and CONICET research project PIP 100806/2011–14 led by Lucía Golluscio. We are grateful to all the institutions that were involved in this project.

We would also like to thank the contributors to the volume and other participants in the Symposium for their deep commitment to the corresponding activities with the indigenous communities and general audience and for the fruitful discussion during the event. In particular, we thank the contributors for their cooperation in the complex task of preparing a consistent collective volume. We are especially grateful to Nick Evans and Tony Woodbury who contributed to the volume although they could not attend the Symposium. We also benefited greatly from other colleagues' comments on topics here developed: Sven Grawunder (MPI-EVA) and Willem de Reuse (University of North Texas). Our gratitude goes also to Hans-Jörg Bibiko for his unstinting help with the preparation of the maps for this volume.

We further thank the DILA staff members for the organization of the 2008 Symposium and additional activities, as well as for their support for this volume. For their invaluable assistance in editing and typesetting this volume, as well as checking the Spanish, we are grateful to Gabriel Castro Alanis, Santiago Durante, Felipe Hasler Sandoval, Cecilia Hokama, Mayra Juanatey, Paola Pacor, Ivanna Ramírez Chain and Mariana Rodríguez. Special thanks go out to Cecilia Magadán and Martín Califa, who were in charge of the Spanish translations and revisions of Evans' and Woodbury's papers. We would also like to thank Cambridge University Press for their permission to publish the Spanish translation of Woodbury's paper.

Finally, our sincere thanks to Uri Tadmor, Editorial Director at De Gruyter Mouton, who offered his strong support for this project from the start, and to Julie Miess, Kirstin Börgen and Wolfgang Konwitschny, who provided ongoing assistance.

List of authors

Joshua Birchall
Museu Paraense Emílio Goeldi, Belém (Brazil)
Coordenação de Ciências Humanas
Av. Perimetral, 1901 – Terra Firme
(66077-830) Belém, PA
Brazil
E-mail: jtbirchall@gmail.com

Florencia Ciccone
Universidad de Buenos Aires
Facultad de Filosofía y Letras
Instituto de Lingüística
25 de Mayo 221
(1002) Ciudad Autónoma de Buenos Aires
Argentina
E-mail: florenciaciccone@filo.uba.ar

Bernard Comrie
University of California Santa Barbara &
Max Planck Institute for
Evolutionary Anthropology
Deutscher Platz 6
(04103) Leipzig
Germany
E-mail: comrie@eva.mpg.de

Nicholas Evans
Department of Linguistics
Australian National University
School of Culture, History and Language,
ANU College of Asia and the Pacific
(ACT 0200) Canberra
Australia
E-mail: nicholas.evans@anu.edu.au

Bruna Franchetto
Universidade Federal do Rio de Janeiro
Museu Nacional – UFRJ
DA/PPGAS
Quinta da Boa Vista s.n. – São Cristóvão
(20940-040) Rio de Janeiro – RJ
Brazil
E-mail: bfranchetto@yahoo.com.br

Lucía Golluscio
Universidad de Buenos Aires &
Consejo Nacional de Investigaciones
Científicas y Técnicas
Laboratorio de Documentación e
Investigación en Lingüística y Antropología
CAICYT / CONICET
Saavedra 15 1° piso
(C1083ACA) Ciudad Autónoma de Buenos Aires
Argentina
E-mail: lgollusc@conicet.gov.ar

Hebe A. González
Consejo Nacional de Investigaciones
Científicas y Técnicas &
Universidad Nacional de San Juan
Departamento de Letras
Facultad de Filosofía, Humanidades y Artes
(UNSJ)
Av. Ignacio de la Roza 230 (O)
(5400) San Juan
Argentina
E-mail: hebegonz@gmail.com

Harald Hammarström
Max Planck Institute for Psycholinguistics
PO Box 310
(6500 AH) Nijmegen
The Netherlands
E-mail: harald.hammarstroem@mpi.nl

Olga Krasnoukhova
Frederik Lintsstraat 128
(3000) Leuven
Belgium
E-mail: olga.krasnoukhova@gmail.com

Mutua Mehinaku
Universidade Federal do Rio de Janeiro (Brazil)
Museu Nacional – UFRJ
DA/PPGAS
Quinta da Boa Vista s.n. – São Cristóvão
(20940-040) Rio de Janeiro – RJ
Brazil
E-mail: mehinaku.mutua@gmail.com

Ulrike Mosel
Seminar für Allgemeine und Vergleichende
Sprachwissenschaft
Christian-Albrechts-Universität zu Kiel
(24098) Kiel
Germany
E-mail: umosel@linguistik.uni-kiel.de

Neele Müller
Philipps-Universität Marburg
Deutschhausstraße 3
(35032) Marburg
Germany
E-mail: neelemueller@gmail.com

Pieter Muysken
Radboud University
Centre for Language Studies
Erasmusplein 1
(6525) HT Nijmegen
The Netherlands
E-mail: p.muysken@let.ru.nl

Verónica Nercesian
Consejo Nacional de Investigaciones
Científicas y Técnicas &
Universidad Nacional de Formosa
Facultad de Humanidades
Instituto de Investigaciones Lingüísticas
Av. Gutnisky 3200
(3600) Formosa
Argentina
E-mail: vnercesian@conicet.gov.ar

Donald Stilo
Max Planck Institute for Evolutionary
Anthropology
Deutscher Platz 6
(04103) Leipzig
Germany
E-mail: stilo@eva.mpg.de

Rik van Gijn
University of Zürich
Dept. of Comparative Linguistics
Plattenstrasse 54
(CH-8032) Zürich
Switzerland
E-mail: erik.vangijn@uzh.ch

Alejandra Vidal
Consejo Nacional de Investigaciones
Científicas y Técnicas &
Universidad Nacional de Formosa
Facultad de Humanidades
Instituto de Investigaciones Lingüísticas
Av. Gutnisky 3200
(3600) Formosa
Argentina
E-mail: vidal.alejandra@conicet.gov.ar

Anthony C. Woodbury
University of Texas at Austin
Department of Linguistics
305 E. 23rd Street STOP B5100
Austin, TX 78712
USA
E-mail: woodbury@austin.utexas.edu

Bernard Comrie & Lucía Golluscio

I Introduction

This collection brings together a selection of the papers presented during the II International Symposium on Language and Culture Documentation in Latin America that was held in Buenos Aires, Argentina, August 14–15, 2008, under the auspices of the Documentation and Research Laboratory for Linguistics and Anthropology (DILA), National Council for Scientific and Technological Research (CONICET) Argentina; the Linguistics Department of the Max Planck Institute for Evolutionary Anthropology; and the *Chaco Languages Project* (DoBeS Programme, Volkswagen Foundation). The main topic of the Symposium, organized and coordinated by the editors of this volume, was "Language Contact and Documentation".

This innovative event brought together internationally renowned specialists in documentary linguistics and typology, young linguists, students and members of the indigenous communities of Argentina. It was preceded by a two-day workshop on "Indigenous Languages: Documentation, Description, Revitalization and Transmission". The workshop was given by Argentine linguists and international guests and included the participation of members of nine indigenous speech communities in Argentina. Likewise, within the framework of the Symposium, three open lectures were held at CONICET's auditorium and the Argentine National Library: "Lexicography in language documentation projects and language documentation in a global perspective" and "Reflections on seven years of the DOBES programme", both by Ulrike Mosel (University of Kiel), and "Some current issues in language documentation" by Peter Austin (School of Oriental and African Studies, University of London).

The publication of the papers arising from the Symposium is highly relevant to the current regional and international discussion on endangered languages, language contact, documentation, and areal typology. The volume stands out from others on these topics because it is the outcome of a fruitful theoretical and methodological exchange between Latin American scholars and international scholars working in other regions. Most of the papers target South American languages, a growing focus of interest in international fora.

In addition, the book includes contributions that provide new insight into endangered language documentation and language contact situations in other areas around the world, such as the Middle East, Australia and Papua New Guinea. Two points are worth highlighting: Nicholas Evans and Anthony Woodbury, who were unable to attend the symposium, kindly contributed their papers and stated their desire to publish them in Spanish. In this spirit, the volume has been enriched with two relevant articles in documentary linguistics: Woodbury's comprehensive study of language documentation originally published in English (Woodbury 2011) and Evans' theoretical and methodological approach to the complexity of social meanings and functions of Aboriginal multilingualism as shown in his striking analysis of a multilingual practice of verbal art in northern Australia (Evans 2011). This welcome decision will not only broaden the ongoing discussion within the Spanish-speaking academic community but opens the way for students and members of the indigenous communities working in language documentation and revitalization to access current discussions in their field of interest. Furthermore, it strengthens one of the main objectives of the Buenos Aires symposium and the resultant volume, that is, to contribute to positioning academic production in Spanish and English on equal ground.

1 Objectives

This volume aims to contribute to the ongoing theoretical and methodological discussion on the study of past and present relationships between languages and peoples, language change, and areal-typological phenomena, with special emphasis on South America. In addition, it envisages the establishment of a strong collaborative network among researchers from different countries and disciplines, speech communities, and academic programs committed to the documentation, description, and preservation of "small languages" in the world. We hope that the volume will help to clarify and legitimize the function of language and culture documentation and archiving in durable formats in South America, highlighting the relevance and urgency of these tasks in contexts of prolonged socio-political, economic and cultural inequality; that it will promote and disseminate among potential donors and users the ongoing initiatives of open digital archives for language resources throughout this region and the rest of the world, and foster discussion and the search for consensus about access and other ethical issues.

2 Topics

The general guidelines that oriented the presentations and discussion include:
- the contribution of documentary linguistics and field linguistics to the knowledge of past and present relationships among languages and peoples: theoretical and methodological implications;

- case studies in language documentation, language contact and areal linguistics in the world, particularly in South America;
- technology, linguistic research, and the preservation of the languages of the world as part of the intangible heritage of humanity; digital archives for language resources.

More specific topics include:
- the way in which field linguistics has contributed to the knowledge of past and present relationships among languages and peoples; how collected linguistic data impinge on our understanding of the history of languages and populations;
- the specific contributions of linguistic documentation to the identification and description of language contact phenomena; how documentary linguistics can add to the contemporary discussion of language contact and language change, areal typology and linguistic diffusion;
- the specific contributions documentary linguistics can make to the debate on contact-induced vs. genetic phenomena and on internal vs. external factors in language change;
- the identification and analysis of types of phonetic-phonological, syntactic, semantic, and discourse contact-induced phenomena: internal and external evidence; linguistic and cultural implications;
- how specific language contact situations in the world, and particularly in South America, can contribute to enlightening the theoretical and methodological discussion of these topics;
- oral traditions and language contact: cultural uses of multilingualism; how documentation of traditional narratives can enlighten the history of contact between languages and peoples; whether mythical narratives can shed light on migrations;
- contact relationships among languages and their consequences: from language attrition and loss to secret languages, layered languages, mixed languages, and borrowing/calquing; language contact by geographic proximity and through colonial intervention, for example the impact of Quechua and Guarani on other South American languages; language structure, use, and writing standardized by missionaries in colonial times; developments from the Jesuit Reductions to contemporary sugar cane farms, lumber mills and cotton plantations: language contact through prolonged labor relationships;
- linguistic areas in South America and elsewhere: types; borders; overlapping of linguistic features among different areas; whether features identified in linguistic areas elsewhere apply to South America;

- methodological approaches to language contact and areal typology;
- how technology developed within the framework of digital archiving initiatives can contribute to language maintenance and linguistic research;
- the role of digital archives in linguistic research and the preservation and revitalization of endangered languages in the world: possibilities, experiences, challenges.

3 The contributions to this volume

The chapters are organized geographically into two main sections – 1. South America and 2. Beyond – preceded by the editors' Introduction and an overview of Language Documentation by Anthony Woodbury. Each section is internally organized where possible from language documentation in local contexts to contact and areal multilingual/linguistic situations documented in the field by the authors.

Woodbury discusses the notion of language documentation in light of academic and community efforts to apply it to endangered languages. Its role in traditional academic projects and orientations is considered, especially the diverse descriptive, theoretical, and linguistic-ethnographic approaches developing from the work of Franz Boas; and these are traced forward to the modern notion of a semi-autonomous documentary linguistics that is focused directly on language documentation. The role of this new academic discipline is considered in the light of community and grass-roots endangered language projects and perspectives, emphasizing the diversity of goals and conceptualizations the subject matter has been given. Finally a synthesis is offered, advocating a broad and inclusive view of language documentation, with special focus on the coordination of academic, community, and personal agendas for the design of documentation projects; training a wide range of participants; different conceptions of what it is that is to be documented, and for what purpose; how a documentary corpus may be evaluated; and how it may be annotated, explained, and stored for the use of others.

South America

Vidal centers her analysis on proper names in two languages in the Argentine Chaco region, Pilagá (Guaycuruan) and Wichí (Mataguayan), their structure and use, as well as the significance associated with the names. She examines their syntactic properties, such as the possibility of their combining with other word classes, being integrated into complex and descriptive constructions or functioning as a predicate or relative clause. Such properties help to clarify the status of proper names within the class of names. Likewise, the article describes and compares the nomination processes as cultural practices among the Pilagá and Wichí peoples. The data were collected within the framework of the documentation of the two languages. The ethnographic information is compared with descriptions and analyses of proper names carried out by well-known anthropologists in the area. In sum, the article seeks to contribute to the knowledge of this linguistic category, from the perspective of two Chacoan societies.

Golluscio explores the traces of paths and contacts in the linguistic system of Vilela, a severely endangered language spoken in the Argentine Chaco. The analysis centers on some phonetic-phonological features, grammatical categories and syntactic strategies which provide evidence of the fusion of distinct linguistic layers through diverse periods of contact between the speakers of Vilela and peoples of the Andes, the Chaco, and the Guarani region. In light of these findings, the author defines the status of Vilela as an absorption-and-layered language. This research contributes to stressing the relevant role that the so-called "terminal" or "last" speakers play, not only in documenting and preserving their language but also in the comprehension and knowledge of the genetic and contact linguistic relationships in a specific area, as well as the interaction and displacement of populations over the centuries.

Menihaku & Franchetto focus on the multilingual and multiethnic system that has developed in the Upper Xingu region of Brazilian Amazonia. This constitutes a complex regional system, from both historical and ethnographical viewpoints, with traditions of distinct origins, genetically distinct languages and varieties internal to each language, an amalgam of diversity and similarity, expressed by processes of translation in the different languages of a shared core of concepts and objects. This article focuses on the multicultural and plurilingual formations of the Upper Xingu peoples. The fact that these peoples have been seen to be linguistically homogenous within each village and culturally homogenous within the borders of the Upper Xingu regional system constitutes a strong limit to our understanding of their complexity, affirm the authors. Indeed, the socio-cultural formation of the Upper Xingu was constituted in a continuous process of transformation and recreation. The article centers on the idea of *tetsualü* in relation to people and languages. As the authors explain in the introduction of the paper, the Kuikuro word *tetsualü* can be translated as 'mixed,' like a mixture of colors, of different foods or of different sizes. *Tetsualü* is also a mixture of languages and dialects, a mixture of ethnic groups over a person's life history. The Upper Xingu is *tetsualü*; Ipatse Village is *tetsualü*; each Upper Xingu person is *tetsualü*. The Upper Xingu thus confronts us with stimulating questions, especially when we try to understand its historical formation and the confluence of diverse languages and traditions at different scales of time and space.

Muysken et al. start from the hypothesis put forward by Crevels and Van der Voort (2008) that the Guaporé-Mamoré region, situated on the two sides of the Bolivia-Rondônia (Brazil) border, forms a linguistic area. The work by Crevels and Van der Voort is based on cultural traits shared across the region and on specific linguistic features discovered by the authors. As such it takes a bottom-up strategy. The present paper, in contrast, follows a top-down strategy, using a set of independently selected grammatical features. The central question is: Do the languages of the Guaporé-Mamoré have more common traits than a random sample of other South American languages?

González presents phonological evidence that supports the hypothesis of the Chaco as a linguistic area. Specifically, the author examines the phonetic features and the phonological oppositions shared by the languages of the area and compares these findings with what is found in neighboring regions. Common phonetic and phonological features are identified that can be explained by bilingualism and prolonged contact among speakers of the languages involved. In addition, the article describes phonological processes (e.g. palatalization and vowel harmony), with the aim of demonstrating that it is the co-occurrence of these processes together with uncommon phonetic and phonological features that contribute to the characterization of the region as a linguistic area. With contact linguistics as a theoretical framework, the author assumes that given the appropriate sociolinguistic setting, even typologically marked phonological features may trespass genetic boundaries contributing to the constitution of linguistic areas. The findings are presented in tables and maps that show the genetic and geographical distribution of the features under study.

Ciccone & Nercesian show that the geographical distribution of switch reference in South America follows clear areal patterning, with presence of switch reference in the northern and central Andes and in northern Amazonia, its absence in the rest of Amazonia, in the Chaco, and in Patagonia and the southern Andes. They also discuss the distribution of subtypes of switch reference and of other devices for keeping track of referents, thus providing an initial step in the overall investigation of reference tracking in indigenous languages of South America.

Beyond

Evans analyzes three multilingual narratives recorded in northern Australia, arranged on an increasing scale of linguistic difference (sister dialects, closely-related languages, unrelated languages). He examines the functions that such heteroglossia plays in the hands of accomplished storytellers, including framing, locale, and identification of the author of quotations. His paper concludes by examining the possible role of embedded multilingual material in keeping alive textual passages from languages that have otherwise been forgotten, and calling for more principled and far-reaching documentation of these virtuosic multilingual practices.

Mosel examines the process of putting oral narratives into writing, within the framework of the Teop documentation project. Teop is an Oceanic language spoken in Bougainville, Papua New Guinea. While previous research on the contrast between written and spoken European languages takes the written language as the point of departure and focuses on the question of what is special about the spoken language (e.g. Miller and Fernández-Vest 2006), Mosel's investigation asks what the editors actually do when putting the oral narratives into writing and thus tries to understand the metalinguistic process of rewording the content of spoken narratives. The author concludes that the editorial work goes beyond the goal of producing reading materials. It is useful for both language maintenance (especially supporting the preservation of the vernacular lexicon and grammar, and thus the expressive potential of the language) and scientific purposes.

Stilo describes his project *Atlas of the Araxes-Iran Linguistic Area*. It covers a highly diverse area in the Middle East, involving heavy contact phenomena and a multitude of shared isoglosses among some 70 languages/dialects from six language families and genera: Kartvelian, Armenian, Turkic, Iranian, Semitic, and Daghestanian. Some 350 phonetic, morphological, syntactic and lexical features are covered. The paper includes examples of selected features with isoglosses on the map showing the distribution of each feature. It demonstrates how a flexible database can be applied as a template for other complex linguistic areas – the Gran Chaco or Amazonia, among others.

References

Crevels, Mily & Hein van der Voort. 2008. The Guaporé-Mamoré region as a linguistic area. In Pieter Muysken (ed.), *From linguistic areas to areal linguistics* (Studies in Language Companion Series 90), 151–179. Amsterdam/Philadelphia: John Benjamins.

Evans, Nicholas. 2011. A tale of many tongues: documenting polyglot narrative in North Australian oral traditions. In Brett Baker, Ilana Mushin, Mark Harvey & Rod Gardner (eds.), *Indigenous language and social identity. Papers in honour of Michael Walsh*, 291–314. Canberra: Pacific Linguistics.

Miller, Jim & M. M. Jocelyne Fernández-Vest. 2006. Spoken and written language. In Giuliano Bernini & Marcia L. Schwartz (eds.), *Pragmatic organisation of discourse in the languages of Europe*, 8–64. Berlin: Mouton de Gruyter.

Woodbury, Anthony. 2011. Language documentation. In Peter K. Austin & Julia Sallabank (eds.), *Cambridge handbook of endangered languages*, 157–186. Cambridge: Cambridge University Press.

Anthony C. Woodbury
II Overview: La documentación lingüística

1 ¿Qué es la documentación lingüística?[1]

La *documentación lingüística* es la creación, anotación, preservación y difusión de registros transparentes de una lengua. Aunque puede parecer un concepto simple, en la práctica es complejo y multifacético porque:

- su objeto, *la lengua*, abarca conocimiento tanto consciente como inconsciente, competencia ideativa y cognitiva y, también, un comportamiento social explícito;
- los *registros* de la lengua deben basarse en conceptos y técnicas provenientes de la lingüística, la etnografía, la psicología, la computación, las disciplinas de grabación y otras;
- la *creación, anotación, preservación* y *difusión* de los registros plantean nuevos desafíos en todos los campos arriba mencionados así como también en las ciencias de la información y archivo, y
- sobre todo, las personas viven su propia lengua y la de los demás de manera muy íntima, con diferentes intereses, objetivos, metas y aspiraciones respecto del registro y la documentación de lenguas.

A partir de esta definición, la documentación lingüística resulta tan antigua como la escritura. Los poemas homéricos, por ejemplo, son registros de lo que fueron durante mucho tiempo ejecuciones verbales porque reflejan la competencia de la lengua en uso de ese momento. Su inscripción fue una hazaña de análisis lingüístico y la transmisión a lo largo de casi tres milenios hasta nosotros un triunfo de la preservación y la difusión. Para los filólogos, tales poemas sirvieron de base para ediciones, traducciones, concordancias, diccionarios y gramáticas. Y fueron, a su vez, apreciados por muchos como poesía, retórica,

1 El original inglés de este capítulo fue publicado como: Woodbury, Anthony C. 2011. Language documentation. En Peter K. Austin y Julia Sallabank (eds.), The Cambridge Handbook of Endangered Languages, 159–186. Cambridge: Cambridge University Press. Agradezco a Christine Beier, Stuart McGill, Keren Rice y Julia Sallabank por sus generosos comentarios sobre las versiones anteriores de este artículo. También estoy en deuda con tantísimos colegas que por falta de espacio no puedo nombrar aquí por la permanente discusión a lo largo de los años sobre cuestiones generales tratadas en este capítulo. Traducción al español de Martín Califa especialmente para este volumen.

narrativa y lógica, así como también leídos como historia, política, psicología, religión e ideología étnica.

Del mismo modo, la propagación de la escritura en lenguas vernáculas, junto con las ideologías de estandarización de las lenguas y las prácticas de curación de manuscritos, todo ello constituyó un ejercicio de documentación lingüística en enorme escala en el curso de este último milenio.

En este capítulo, mi interés es la documentación lingüística aplicada a lenguas en peligro. Entiendo el fenómeno de las *lenguas en peligro* como la pérdida masiva y a menudo radical de lenguas y prácticas lingüísticas específicas y locales, aun cuando estas continúen siendo percibidas como emblemáticas de la identidad comunitaria. La documentación lingüística aplicada a lenguas en peligro se ha acelerado, magnificado, popularizado y transformado. Cada vez más comunidades quieren documentar sus lenguas a medida que empiezan a desaparecer. Las lenguas para las que se busca esta documentación son cada vez más diversas desde el punto de vista genético y tipológico; además, esas comunidades poseen generalmente escasa población. Por lo tanto, lo que antes era llevado a cabo como un proyecto nacional en el que participaban muchas personas especialmente entrenadas por mucho tiempo, ahora es dejado en manos de pequeños grupos, frecuentemente con poca o nula formación técnica y que se ven forzados a hacerlo en un plazo de tiempo muy breve. Por su parte, muchos lingüistas y estudiosos de áreas relacionadas se han visto inspirados por las dimensiones humanas y científicas de este problema, reclaman que se preste atención a la documentación lingüística y, junto con esto, propugnan por un reordenamiento de sus prioridades y prácticas disciplinarias (Dobrin y Berson 2011).

Antes de evaluar de manera crítica los contextos académicos y no académicos de la documentación de las lenguas en peligro, en aras de la claridad debemos primero presentar una serie de corolarios e implicancias de esta idea. Comencemos con los *registros* de una lengua, o sea, los productos de la documentación lingüística. Mínimamente, dichos registros son cualquier tipo de representación léxico-gramatical preservable, generalmente *por escrito*, o cualquier tipo de réplica del habla en tiempo real preservable, usualmente (hoy en día) una *re-grabación de video o audio*. Para ser *transparente*, es decir, posible de ser interpretado por sus futuros receptores, un registro requiere de lo que los filólogos llaman un *aparato*: información sistemática sobre la creación y la procedencia del registro y del evento que representa (técnicamente llamado *metadatos*; ver Conathan 2011; Good 2011), y también *traducciones* a otras lenguas, incluyendo al menos una lengua de circulación más amplia. A esto, la mayoría de los lingüistas agregarían una *transcripción* (o re-transcripción, si el original está en formato escrito) en términos de un análisis científico léxico-gramatical, de modo tal que las identidades de los sonidos y los elementos léxicos sean sistemáticamente elicitados de hablantes contemporáneos y puedan luego ser transmitidos a futuros investigadores. Sin embargo, los usuarios interesados en los registros por razones diferentes del análisis léxico-gramatical pueden considerar la transcripción inútil (como sucede, por ejemplo, en películas con audio en un idioma y subtítulos en otro). Más allá de lo indispensable (como es el caso de los metadatos especificados por el *Open Language Archive Consortium* (OLAC) [Consorcio de Archivos de Lenguas Abiertos] ver Good 2011), los metadatos pueden ser enriquecidos con comentarios primarios y secundarios y enlaces hacia otros registros (Nathan y Austin 2004) y las traducciones pueden ser multiplicadas en diferentes niveles composicionales, niveles de significado pasaje por pasaje, cláusula por cláusula, palabra por palabra o unidad por unidad, y complementadas con comentarios o con comentarios sobre comentarios desde distintas perspectivas (Evans y Sasse 2007; Woodbury 2007).

La documentación lingüística sigue siendo documentación lingüística tanto si los registros producidos hacen un aporte específico en algún sentido o no. No obstante, obramos bien al explorar las distintas maneras en que pueden articularse los conjuntos de registros. Por ejemplo, un conjunto de registros que resulten de un proyecto de documentación de lenguas en peligro podrían:

- adaptarse a determinados intereses de los miembros de las comunidades, de los distintos estudiosos o de variedades diversas de público;
- ser armados para narrar una historia específica, como las imágenes en un ensayo fotográfico;
- compilar muestras de conversaciones de cierta comunidad, independientemente de la lengua, o seguir un código léxico-gramatical dado a través de varias comunidades;
- compilar muestras de distintos hablantes, o hablantes de distinto nivel social, o registrar diferentes géneros discursivos;
- compilar muestras puramente naturales, registros donde el investigador no intervenga o en el que las conversaciones se registren de distintas formas, o ambas, y
- compilar muestras del discurso de un momento en particular, o (con los recursos adecuados) una muestra de éste a través del tiempo.

El conjunto de registros, coherentes o no, suele denominarse *documentaciones de la lengua*; pero dado que éste es el mismo nombre con el que nos referimos a la actividad como totalidad,[2] llamaré a dichos conjuntos *córpora lingüísticos*

---

2 Esto es así en inglés, donde el término *language documentation* resulta el mismo. Aquí, sin embargo, he optado por rótulos diferentes para denominar la actividad ("documentación lingüística") y el producto de esta ("documentación de la lengua") (N. del T.).

documentales (o simplemente *córpora*); y designaré *teorización de corpus* a las ideas según las cuales un corpus adquiere coherencia o 'tiene sentido'. Las teorizaciones de corpus, e inclusive los principios sobre la teorización de corpus, pueden ofrecer un espacio para la creatividad y convertirse en asunto de discusión y debate; retomaremos esto en 4.3 y 4.4.

La documentación de lenguas en peligro (la actividad) puede ser un fenómeno aislado, como cuando una persona crea y guarda ciertas cintas o recortes, o cuando se confeccionan listas de palabras durante una reunión, o cuando surgen registros como producto de otras actividades. Sin embargo, es de especial interés el rango de actividades de documentación coordinadas o programadas a partir de una amenaza inminente de pérdida de una lengua y orientadas a materializar un registro definitivo. Estas actividades dan lugar a cuestiones sobre la teorización de corpus, pero, además, plantean otras acerca de los participantes, sus objetivos y los diversos interesados en la actividad o en el programa de la actividad o proyecto. Podemos referirnos a estas cuestiones como el *diseño del proyecto* de una actividad de documentación lingüística (ver Bowern 2011).

En cuanto a los *participantes* (ver Grinevald y Bert 2011; Dobrin y Berson 2011), la actividad de documentar una lengua puede ser llevada a cabo por una o muchas personas y plantea preguntas sobre la competencia, la capacidad y el derecho: la persona que documente la lengua, ¿debe ser hablante nativo (Ameka 2006) o, como mínimo, hablante bilingüe de la lengua que está siendo documentada? ¿Puede ser un miembro de la comunidad o un aliado político? ¿Debe poseer un objetivo o causa común con muchos, algunos o todos los miembros de la comunidad? ¿Debe ser un lingüista, etnógrafo, historiador, especialista en arte verbal, etnomusicólogo o educador? ¿Puede ser un técnico de grabación en video o audio? ¿Puede ser un archivista? ¿Debe ser todo lo anterior, o al menos muchas de estas posibilidades? (Para más detalles sobre esta cuestión, ver 4.2).

En cuanto a los *objetivos*, la documentación puede poseer un significado diferente para cada investigador. Un proyecto puede estar destinado a la preservación, a la revitalización o al estudio científico del uso o adquisición de la lengua o del conocimiento gramatical o léxico, o puede estar destinado también a la reconstrucción de la historia lingüística o social. Puede ser ideológicamente importante para el establecimiento y el mantenimiento de la identidad, o como un símbolo del progreso o de la participación global; también puede serlo como arte, realidad, nostalgia o como una búsqueda general de conocimiento. Y esto es sólo la punta del iceberg.

Finalmente, respecto de los distintos *interesados* (ver Austin 2003: 8–9; Dobrin y Berson 2011), es decir, para quién es el proyecto, quién lo diseña, etc., un proyecto puede ser concebido de manera estrecha solo para la población que está siendo documentada, para un sector de ésta, para la ciencia o para un público más amplio. ¿Existe acaso entre los distintos intereses algo que los aglutine? ¿Cómo pueden cohesionarse o dejar de hacerlo? Y, ser un interesado de tal o cual tipo, ¿otorga algún derecho de decisión sobre cómo debe o no proceder la documentación?

2 ¿Cómo se relaciona la documentación con los proyectos y las orientaciones académicas tradicionales?

Como se dijo antes, la documentación lingüística como se define aquí es tan antigua como la escritura. Pero evolucionó de manera considerable en el contexto del contacto masivo entre las lenguas del mundo de los pasados 500 años, dando lugar a una disciplina o marco académico llamado *lingüística de la documentación*, para la que la documentación de las lenguas en peligro ha sido su proyecto definitorio o su *fundamento disciplinar*.[3] Se puede aprender mucho a partir del estudio detallado de los orígenes y antecedentes primigenios de la lingüística de la documentación. De todos modos, partiremos de Franz Boas, cuyos fundamentos para la etnografía contemplaban un prototipo de la noción moderna de documentación lingüística y cuya influencia ha sido especialmente significativa en la disciplina.[4]

Boas (1911: 59–73) veía el estudio de las lenguas, incluyendo especialmente la compilación de textos, como un componente tanto práctico como teórico en el estudio etnográfico de los aborígenes de América. Práctico porque permite obtener información sobre temas complejos en contextos donde ni los investigadores ni los miembros más avezados de la tribu sabían la lengua del otro relativamente bien o por completo. Teórico porque, desde su punto de vista,

---

3 El nombre *lingüística de la documentación* podría ser aplicado a cualquier iniciativa lingüística que cree o utilice documentación, incluyendo la mayoría de los trabajos sobre lenguas mayoritarias en lexicografía, corpus lingüísticos, adquisición de la lengua o sociolingüística. No obstante, el término es habitualmente utilizado en el contexto de investigación de lenguas en peligro u otras lenguas donde se utilizan métodos lingüísticos de campo. Aquí me circunscribiré a este último uso.

4 Vaya mi agradecimiento especial para Victor Golla por la iluminadora conversación sobre las perspectivas cambiantes acerca de la documentación en la lingüística norteamericana de comienzos y mediados del siglo XX.

gran parte del contenido de la cultura, como por ejemplo los rituales, la oratoria, la narrativa, el arte verbal y la onomástica, eran lingüísticos por naturaleza. Asimismo, consideraba que la lingüística misma era un dominio de la etnología, que él definía como "la ciencia que estudia el fenómeno mental de la vida de los pueblos del mundo" (Boas 1911: 63).

Desde una óptica moderna, la concepción de la lengua de Boas era amplia y sugerentemente libre de dicotomías: no hay una división teórica fuerte entre uso y conocimiento lingüístico. Hay un reconocimiento de un núcleo universal de conceptos gramaticales, estructuras y categorías, junto con una apertura hacia áreas donde estos pueden variar. Y en tales áreas donde estos efectivamente varían se plantea una apertura tanto hacia la herencia genética como a la difusión basada en el contacto. A su vez, su enfoque en los detalles dentro de esta totalidad concebida ampliamente ha dado lugar a inferencias acerca de las historias de los rasgos individuales por sobre las cavilaciones de largo alcance, esencialistas y dicotómicas acerca de los "orígenes" de los pueblos enteros, "razas", naciones o culturas.

A pesar de este rechazo a marcar límites en un sentido teórico, Boas se pronunció a favor de la creación de textos, gramáticas y diccionarios (la así llamada trilogía boasiana). Tal fue su teorización sobre la documentación de córpora lingüísticos, como se ve en Boas (1917: 1):

> Tenemos vocabularios, pero, exceptuando las antiguas gramáticas de los misioneros, hay muy poco trabajo sistemático. Aun donde tenemos gramáticas, no tenemos cuerpos de textos aborígenes [...]. Se ha vuelto cada vez más evidente que se necesitan grandes conjuntos de textos para dilucidar las estructuras de las lenguas.

Estas tres partes eran subunidades interrelacionadas en el conjunto de la documentación y lidiaban, de diferente manera, con dominios empíricos que se superponen. Sería un error proyectar a partir de estos un dominio teórico o nivel de análisis específicos.

El *International Journal of American Linguistics* (*IJAL*) y las diversas series monográficas de universidades y museos iban a ser los mecanismos de archivo para estos córpora. Por ejemplo, durante el segundo año del *IJAL*, Speck (1918) publicó una colección de 58 páginas de textos en lengua penobscot con interlineado y traducciones libres, el primero de los tantos textos publicados en los primeros años de IJAL. También se publicaban léxicos y esbozos gramaticales. Asimismo, frecuentemente se archivaban notas y apuntes de campo para la posteridad (por ejemplo, la amplia colección de notas originales de trabajo de campo sobre lenguas nativas americanas en la Biblioteca de la *American Philosophical Society* de Filadelfia, que incluye muchos de los apuntes pertenecientes a Boas).

La teorización de corpus de Boas incluía una visión amplia de los así llamados textos. De hecho, lo irritaban las limitaciones impuestas por el dictado (Boas 1917: 1):

> La lentitud del dictado necesaria para registrar textos hace que sea difícil para el narrador emplear esa libertad de dicción característica de un cuento bien contado y, consecuentemente, se observa una simplicidad poco natural en la sintaxis de los textos dictados.

De alguna manera, prefería los textos escritos directamente por los hablantes nativos. Aun así se quejaba de estos:

> En general, sin embargo, el material disponible muestra sólo una cara de los datos lingüísticos, porque apenas tenemos registros de las ocurrencias diarias, de las conversaciones cotidianas, de las descripciones del trabajo, las costumbres y demás. Por estas razones, los vocabularios que resultan de textos ofrecen sólo un aspecto del conjunto y son por ende incompletos.

Luego precisa:

> Los problemas tratados en una publicación lingüística deben incluir también las formas literarias propias de los nativos. La oratoria indígena tiene una larga tradición, pero el número de los discursos registrados a partir de los cuales podemos juzgar sus herramientas de oratoria es extremadamente pobre. No hay duda alguna de que existen formas estilísticas específicamente utilizadas para impresionar al oyente, pero no sabemos cuáles son. Todavía nadie ha intentado analizar cuidadosamente el estilo del arte narrativo tal como es practicado por varias tribus. La rusticidad de estos registros es un obstáculo para el estudio, que, sin embargo, debe ser tomado en serio. Podemos estudiar la estructura general de la narrativa, el estilo de la composición, de los motivos, su carácter y secuencia; pero las herramientas estilísticas formales para obtener efectos no están correctamente determinadas (Boas 1917: 7).

El autor también defendió el estudio de otras formas discursivas, incluyendo letras de canciones, distorsiones del habla, juegos verbales y lenguaje ritual. Claramente, la falta de técnicas para registrar estas prácticas limitó las iniciativas, pero la concepción de Boas prefigura la corriente principal actual que será detallada más adelante.

Para Boas la lingüística era una de las cuatro ramas de la antropología (junto con la arqueología y la antropología física y cultural) para la cual los estudiantes recibían entrenamiento que, al menos para Boas, debía ser una intensa práctica disciplinaria de documentación lingüística, en el peor de los casos sólo temporaria. Otra característica importante que también anticipa la práctica contemporánea es el compromiso personal de Boas con el entrenamiento de hablantes nativos como documentadores: George Hunt produjo volúmenes de textos escritos en kwakwa̲ka'wakw (discutido críticamente en

Briggs y Bauman 1999), Ella Deloria fue co-autora con Boas de una gramática del dakota (Boas y Deloria 1941) y Zora Neale Hurston (1935) compiló textos en comunidades afro-americanas en Florida y en otros lugares donde fueron publicadas como folklore y literatura.

Conforme el estructuralismo (incluyendo eventualmente el estructuralismo generativista) se consolidaba, los lingüistas comenzaron a distinguir los sistemas léxico-gramaticales de la lengua en uso y se afianzó una sutil pero importante re-teorización (o, mejor dicho, des-teorización) del corpus de documentación y de la tradicional trilogía de texto-diccionario-gramática. La relación entre los tres componentes, en su origen mutuamente legitimadora, se volvió jerárquica: los textos, los datos elicitados, los juicios y otras ejemplificaciones del uso son los "datos en bruto" que permiten la extracción de información léxica para el diccionario y la gramática. El diccionario generaliza sobre el conocimiento léxico presupuesto en los textos y la gramática sobre las categorías y las relaciones ejemplificadas en los textos y presupuestas en la presentación del diccionario: el sistema de sonidos, la morfofonémica general, la estructura de las palabras, las clases de palabras, el sistema de flexión regular, la formación de frases y oraciones y demás. Esto vació de teorización a los textos y a los córpora de "datos en bruto", excepto aquellos que servían de insumo para el diccionario o la gramática. Por ejemplo, Samarin (1967: 46) aboga contundentemente por la publicación de una gramática acompañada sólo de "suficientes textos como para permitir la verificación del análisis". Con los textos y otra documentación de datos en bruto teorizados de manera tan reducida, la gramática y el diccionario quedan en sí mismas como documentación del conocimiento interno del hablante o de un sistema compartido que, a su vez, sirve a fines aún más jerarquizados como la clasificación genética, la tipología o la comprobación de teorías lingüísticas de gran alcance. De manera alternativa, las gramáticas y los diccionarios pueden ser reconocidos en sí como un nivel de análisis, en cuyo caso no hay casi nada que sea teorizado como corpus de documentación, relegando a los textos u otros datos en bruto al estatus de meros epifenómenos.

Esto hizo posible dedicarse a la gramática dentro de un marco escasamente basado en la documentación (para un análisis sobre cómo este acercamiento llegó a denominarse *descriptivo*, ver Himmelmann 1998: 3–4). Las gramáticas se publicaban generalmente sin textos y los datos que estas proveían generalmente carecían de fuentes o no se extraían de textos para nada. Pero aún más significativamente, las gramáticas mismas se volvieron mucho menos valoradas dentro de la economía de la disciplina, por lo que durante la década de 1980 hubo debates en muchos de los departamentos más importantes de lingüística en torno a la cuestión de que la 'compilación' de una gramática pudiera servir como tesis doctoral, mientras que el trabajo de la redacción de gramáticas era, en gran medida, abandonado por muchos de los lingüistas académicos a sus colegas misioneros, especialmente los miembros del SIL International.[5] Más comúnmente, el análisis gramatical era realizado en el contexto de la tipología y la teoría, presentado en publicaciones breves y muchas veces ni siquiera fundado en un análisis lexicográfico sistemático, ni mucho menos en registros de documentos curados para la preservación a largo plazo o para el fácil acceso.

No obstante, aunque las perspectivas teóricas iban cambiando, hubo un notable grado de persistencia de la teorización boasiana, o por lo menos de sus principales procedimientos, entre los americanistas. Tanto Edward Sapir, discípulo de Boas, como Leonard Bloomfield produjeron un importante volumen de documentación al estilo de Boas, a pesar de sus roles vanguardistas en los cambios teóricos. A mediados de siglo, Murray Emeneau y Mary Haas, ambos discípulos de Sapir, supervisaron en la *University of California at Berkeley* a estudiantes de posgrado que se dedicaron a producir trilogías boasianas de gramáticas-textos-diccionarios publicadas por la *University of California Publications in Linguistics*. Sumadas a los textos había también grabaciones de audio que, junto con sus notas y fichas de campo, fueron archivadas en el *Survey of California Indian Languages* [Registro de Lenguas Indígenas de California]. En la década de 1970, Michael Krauss estableció, como parte del *Alaska Native Language Center* [Centro de Lenguas Nativas de Alaska] de la *University of Alaska, Fairbanks*, "un archivo que incluye casi todos los documentos impresos y gran cantidad de material sin publicar, escritos en o sobre una lengua nativa de Alaska" (Krauss 1980: 31–32), así como también una importante cantidad de archivos de audio.

El trabajo de toda la vida de muchos académicos siguió la práctica de la perspectiva boasiana. Knut Bergsland es un buen ejemplo, con su documentación del aleutiano, una lengua hablada principalmente por pequeños grupos de ancianos en la Península de Alaska, las Islas Aleutianas y otras islas vecinas. Su obra de documentación comienza con una densa presentación filológica de materiales del aleutiano atkan y attuan, incluyendo un catálogo de fuentes para la documentación, una exégesis de nombres propios, textos de un siglo de antigüedad escritos por religiosos aleutianos y audios de gente grabada directamente por él y otros (Bergsland 1959). Luego de una serie de artículos analíticos y teóricos en las décadas de 1960 y 1970, Bergsland continúa con:

---

5 SIL International, anteriormente Summer Institute of Linguistics [Instituto Lingüístico de Verano]. Ver http://www.sil.org (N. del T.).

- un diccionario y gramática pedagógicos co-escritos con Moses Dirks, un hablante nativo de aleutiano atkan (Bergsland y Dirks 1978, 1981);
- una edición de 715 páginas (de traducción libre) de textos escritos o grabados por la expedición de Waldemar Jochelson entre 1909 y 1910 (Bergsland y Dirks 1990);
- un diccionario de 739 páginas que abarca todas las variedades del aleutiano, con abundantes ejemplos textuales, raíces, derivaciones productivas y áreas léxicas especiales, que incluyen nombres de lugares con referencias cartográficas de todo el territorio aleutiano, terminología técnica y préstamos (Bergsland 1994);
- una gramática de 360 páginas que abarca también todas las variedades con gran cantidad de ejemplos textuales, en general largos y complicados (Bergsland 1997), y
- un trabajo monográfico de análisis e interpretación de información sobre nombres personales recabados por la Expedición Billings entre 1790 y 1792 (Bergsland 1998).

Aunque al corriente de la lingüística estructural post-boasiana, la filología, la amplitud de enfoque, la intercalación de texto-diccionario-gramática y la preocupación por el entrenamiento del hablante nativo hacen de esta obra una magnífica (y realmente brillante) interpretación de la teorización boasiana de la documentación en un momento en que esta ya no estaba forzosamente unida a la corriente lingüística principal a nivel internacional. Es más, en la medida en que se inició la investigación centrada en las lenguas en peligro, la orientación boasiana de Bergsland resultó ser una perspectiva de lo más común entre los investigadores.

A pesar de la tendencia anti-documentación de la lingüística desde los años 50 en adelante, hubo contextos en los que se tomaron y elaboraron ideas cercanas a la teorización de textos boasiana. La *etnografía del habla* tuvo como lineamiento fundacional la creación de amplias descripciones gramaticales de uso lingüístico en las comunidades de habla, notablemente definidas por Gumperz (1962) como "un grupo social que puede ser monolingüe o multilingüe, unido por la frecuencia de patrones de interacción social y delimitado de las áreas circundantes por líneas de comunicación débiles" (ver también Michael 2011; Dobrin y Berson 2011; Spolsky 2011). Teniendo en cuenta este marco, las descripciones debían hacerse en términos de categorías paramétricas como *formas de hablar, hablantes fluidos, comunidad de habla, situación de habla, evento* y *acto* y componentes propios del habla como *forma del mensaje* (incluyendo el lenguaje o código), *contenido, contexto, escenario, meta, canal* y *participantes* (Hymes 1974: 45–58). Esta teorización al menos implicó córpora de documentación balanceados y selectivos. Pero también cabría cuestionar si la documentación en sí era su meta: los escritos sobre la etnografía del habla no versaban explícitamente sobre los métodos para la producción, anotación, archivo o difusión de registros, ni tampoco formaba parte del programa la investigación gramatical sistemática, dado que el foco estaba puesto en la comunidad más que en el código. Así, el trabajo hecho dentro de este marco teórico abordó estas problemáticas de modos diversos y, en ese sentido, no obstante sus muchos seguidores, la etnografía del habla fue un reflejo de la lingüística estructural del mismo período.[6]

Para la década de 1970, con la lingüística de la documentación fuera del foco de atención y sus partes sectorizadas, redefinidas o reorientadas, comenzaron a emerger varias tendencias, principalmente entre los estudiosos de lenguas indígenas en peligro de América y Australia. Primero y principal, su trabajo fue llevado a cabo tanto por las comunidades mismas como por lingüistas no pertenecientes a estas, en un contexto de gran preocupación, conciencia y activismo (Álvarez y Hale 1970; Krauss 1980; Hale et al. 1992; Wilkins 1992). En segundo lugar, se llamó la atención cada vez más sobre el rol de la *lingüística de campo* en la exploración de nuevas estructuras relevantes para problemáticas teóricas (por ejemplo, Dixon 1972, 1976; Hale 1975, 1983), y de ahí a los métodos de la lingüística de campo, incluyendo el rol de los textos en la documentación lingüística (Heath 1985). Tercero, comenzó a tomar forma una reconceptualización de la lingüística de la documentación como campo unificado y autónomo (notablemente en Sherzer 1987), poniendo en cuestión su subordinación a las investigaciones más especializadas de la etnografía y la lingüística:

> Tanto los lingüistas como los antropólogos han tratado el discurso tradicionalmente como un lente invisible a través del cual el investigador percibe la realidad de la gramática, las relaciones sociales, las prácticas ecológicas y los sistemas de creencias. Pero el lente en sí, el discurso y su estructura, el medio a través del cual el conocimiento (lingüístico y cultural) es producido, concebido, transmitido y adquirido por los miembros de las sociedades y por sus investigadores, no recibe mucha atención. Mi posición en este punto es bastante diferente del enfoque tradicional y refleja un creciente interés por el discurso en

---

6 En un contraste llamativo, décadas antes Malinowski (1935) había ofrecido un enfoque para la etnografía basado en el texto que era en principio independiente de la lingüística, asumiendo el punto de vista de que el significado sólo existe en contexto (resultando así vanos los diccionarios y las gramáticas). Siguiendo ese punto de vista (¡o quizás a pesar de él!), Malinowski presentó un copioso, variado y explícito corpus documental teorizado de narrativas, descripciones, discusiones tecnológicas, plegarias y conjuros mágicos como parte de un tratamiento integral de la práctica de la agricultura y el ritual en las Islas Trobriand, que constituye hasta hoy un modelo para el uso etnográfico del corpus documental.

muchas disciplinas. Considero el lenguaje, la cultura, la sociedad y el individuo como proveedores de recursos en un proceso creativo actualizado en el discurso. En mi enfoque centrado en el discurso, este es el más amplio y completo nivel de forma, contenido y uso lingüísticos. Esto es lo que quiero decir cuando sostengo que el discurso, y especialmente el proceso de estructuración del discurso, es el *locus* de la relación lengua-cultura. Es más, es en cierto tipo de discurso en que el juego y el arte verbal cobran relieve, como algunos momentos clave en la poesía, la magia, la política, la religión, el respeto, el insulto y el regateo, donde la relación lengua-cultura-discurso se torna más nítida y el rol organizativo de este último en esa interacción se pone de relieve. (Sherzer 1987: 305–306)

Bajo esta óptica, la documentación en sí se convierte en el fin y es teorizada más allá de la recolección de muestras o el armado de estadísticas, proponiendo un estatus especial para los actos de habla y los juegos verbales. También está esencialmente abierta a elegir si la documentación se basa en la comunidad o en el código léxico-gramatical, librando eso a los objetivos de los participantes. Además, Sherzer formula propuestas para la transcripción, anotación y análisis de textos basadas en ideas de Jakobson (1968) y otros, para ver los constructos lingüísticos como paradigmáticos del arte del discurso. Esto hace que la representación deje de ser un asunto *ad hoc* para volverse una cuestión teórica.

Todas estas tendencias entre académicos que trabajaban con lenguas en peligro abonaron el terreno para un resurgimiento masivo del interés por la documentación, y no surgieron en forma aislada. Hubo un aumento continuo en el interés por la preservación de la lengua por parte de comunidades que atravesaban cambios importantes, con un creciente enfoque intelectual en la diversidad en general y las problemáticas de la diversidad lingüística (Nichols 1992) y en perspectivas neo-whorfianas en la antropología lingüística (Lucy 1992), sumado a rápidos avances computacionales en el modo de conformación de archivos y en el análisis de mega córpora lingüísticos, ejemplificado por el trabajo del *Linguistic Data Consortium* [Consorcio de Datos Lingüísticos] en la *University of Pennsylvania*, entre otros.

Para mediados de la década de 1990 había emergido una ideología disciplinaria explícita y su correspondiente conjunto de prácticas para la documentación de lenguas en peligro, momento desde el cual se institucionalizó rápidamente como discurso académico o marco teórico, tomando el nombre de *lingüística de la documentación* (o *lingüística descriptiva y de la documentación*). Un importante taller organizado por David Wilkins en el Max Planck Institute (MPI) for Psycholinguistics en Nijmegen, Holanda, en octubre de 1995, se preguntaba cuál sería el "mejor registro" de una lengua. Esta cuestión sólo puede ser planteada cuando la documentación misma es la meta del estudio, y no meras líneas específicas de la lingüística o la investigación social. Las respuestas recibidas incluyeron un buen número de manifiestos disciplinarios (Himmelmann 1998; Lehmann 2001; A. Woodbury 2003), que de una forma u otra apuntaban al relativo descuido que había sufrido la documentación y proponían enfoques centrados en aquella. Himmelmann en particular abogó en favor de una división más fuerte entre documentación y descripción. Consideró la creación y preservación de registros multipropósito como una práctica diferente de la confección de diccionarios y gramáticas, aunque relacionada, y sostuvo que los contenidos de la documentación debían ser teorizados más allá de las necesidades inmediatas de la descripción. Los diccionarios, las gramáticas y quizás incluso las etnografías del habla debían evolucionar como parte del aparato de la documentación como en los tiempos de Boas o como las prácticas filológicas aun más antiguas; incluso las elicitaciones o los experimentos psicolingüísticos debían ser tratados como si fueran eventos registrables, de la misma forma que las narrativas más tradicionales o los textos conversacionales.

Himmelmann (1998, elaborado de forma ligeramente diferente en Himmelmann 2006) también ofrece un formato bastante específico para una *documentación*: un corpus documental amplio enfocado en una comunidad de habla (y, por ende, no necesariamente en un único código), que incluye un corpus de eventos registrados, bases de datos léxicos o de otro tipo y notas. También contiene metadatos, comentarios y anotaciones para estos registros, metadatos generales sobre la comunidad y, opcionalmente, una gramática descriptiva, una etnografía y un diccionario. Esta idea sirvió como base para la que sería la primera de una serie de iniciativas para proveer fondos para la documentación de lenguas en peligro, el *Dokumentation Bedrohter Sprachen* (DoBeS) [Programa de Documentación de Lenguas en Peligro], financiado por la Fundación Volkswagen, Alemania, cuyos resultados se depositaron en el Archivo DoBeS asentado en el Max Planck Institute (MPI) for Psycholinguistics, en Nijmegen, Holanda.[7]

Esto fue seguido de otras iniciativas en Canadá (*Community University Research Alliance* y *Aboriginal Research Programme*, ambos auspiciados por el *Social Sciences and Humanities Research Council of Canada*), Japón (*Vanishing Languages of the Pacific Rim*, financiado por el *Japanese Ministry of Education*), el Reino Unido (el *Hans Rausing Endangered Languages Project* (HRELP), financiado por el *Arcadia Trust*, que incluye nuevos programas académicos, de becas y de archivo)[8] y Estados Unidos (el programa *Documenting Endangered*

---

7 Ver http://www.mpi.nl/DOBES (consulta: 24 de enero de 2009).
8 Ver Hans Rausing Endangered Languages Project (HRELP), Department of Linguistics, School of Oriental and African Studies (SOAS), University of London (http://www.hrelp.org). En ese marco académico, ver el desarrollo del Endangered Languages Documentation Programme (ELDP) (N. del T.)

Languages (DEL) de la *National Science Foundation* y el *National Endowment for the Humanities*; y dos iniciativas privadas más pequeñas, la *Foundation for Endangered Languages* (FEL) en el Reino Unido y el *Endangered Language Fund* (ELF) en Estados Unidos. Cada uno de estos dio paso a proyectos animados por diferentes concepciones sobre lo que es la documentación: el *Pacific Rim* y DEL, inclinados más a la producción de gramáticas y diccionarios como parte de la documentación; HRELP, con un fuerte énfasis en la grabación de textos, pero también permitiendo un rango más heterodoxo de teorización y diseños de proyectos; y FEL y ELF, con el acento puesto en la documentación en contextos en que los esfuerzos por preservar las lenguas responden a los intereses de las comunidades.

Junto con estas iniciativas se iniciaron otros proyectos centrados en el archivo. Algunos, como ya se dijo, surgieron conjuntamente con proyectos de documentación, y otros eran extensiones de archivos más viejos, incluyendo los del *Smithsonian Institution* (http://www.si.edu), el *Survey of California Indian Languages* [Registro de Lenguas Indígenas de California], el *Alaska Native Language Center* [Centro de Lenguas Nativas de Alaska] y el *SIL International* (ver n. 5 arriba). Otros eran producto de nuevas iniciativas regionales, como el *Archive of the Indigenous Languages of Latin America* (AILLA) y el *Pacific and Regional Archive for Digital Sources in Endangered Cultures* (PARADISEC) [Archivo Regional y del Pacífico para Fuentes Digitales de Culturas en Peligro].[9] Todos surgieron como parte de acciones para organizar y coordinar el archivo y la catalogación de la documentación de lenguas en peligro, incluyendo OLAC, IMDI, E-MELD y DELAMAN.[10] Como era de esperar, las prácticas profesionales de los archivistas eran poco familiares para los lingüistas de campo, especialmente teniendo en cuenta las tendencias anti-documentalistas mencionadas, y más aún por la falta de certezas acerca de la naturaleza y las vulnerabilidades de la documentación electrónica. Bird y Simons (2003) exponen los problemas de generar una documentación duradera (ver también Nathan 2011; Good 2011).

---

9 El AILLA (http://www.ailla.utexas.org) es una iniciativa conjunta del LLILAS Benson Latin American Studies and Collections, el Dept. of Linguistics y los servicios digitales de las Bibliotecas Universitarias de la University of Texas at Austin. PARADISEC (http://www.paradisec.org.au) es un consorcio de tres universidades de Australia: University of Sydney, University of Melbourne y Australian National University (N. del T.).

10 Sobre OLAC (Open Languages Archives Community), ver http://www.language-archives.org; sobre E-MELD, ver http://www.emeld.org; para DELAMAN (Digital Endangered Languages and Musics Archive Network), ver http://www.delaman.org; finalmente, sobre IMDI, editor de metadatos y buscador, ver http://www.mpi.nl/IMDI (N. del T.).

Finalmente, la lingüística de la documentación propició una literatura general sobre un vasto número de cuestiones, incluyendo un manual en el que se tratan a conciencia un conjunto de problemáticas y prácticas (Gippert et al. 2006), e importantes compilaciones sobre el trabajo de campo (Newman y Ratliff 2001) y la redacción de gramáticas (Ameka et al. 2006; Payne y Weber 2007). Comenzando en 2003, la serie anual *Language Documentation and Description*, editada por Peter K. Austin y publicada por SOAS (ver n. 8 arriba), incluyó cuestiones técnicas y conceptuales, con especial atención en la creación de competencias en la comunidad, la cooperación multidisciplinaria, el archivo, la documentación de la variación y contacto lingüísticos, el significado y la traducción, y cuestiones relacionadas con la alfabetización. La *Language Archives Newsletter*, editada por David Nathan (SOAS), Peter Wittenburg y Paul Trilsbeek (MPI Nijmegen) y Marcus Uneson (Lund University), publicó diez números en línea entre 2004 y 2007, abundando en problemáticas tecnológicas y otras. En el año 2007 se fundó la revista en línea *Language Documentation and Conservation*,[11] que publica artículos y comentarios sobre temas diversos.

En resumen, hace un siglo Boas articuló un influyente conjunto de fundamentos académicos para la lingüística de la documentación, inaugurando y encabezando el camino hacia nuevas direcciones intelectuales, a pesar de que disminuía la atención popular y académica hacia la pérdida de lenguas. La lingüística de la documentación, en su sentido moderno, apunta a rearmar el marco teórico propuesto por Boas para el estudio del lenguaje. Surgió cuando las comunidades de habla y los lingüistas pusieron más atención sobre el fenómeno de las lenguas en peligro, cuando se renovó el interés científico en la diversidad lingüística, cuando se desarrollaron las tecnologías del manejo de la información y cuando los lingüistas comenzaron a comprometerse con las dimensiones éticas y sociales de su trabajo (ver Dobrin y Berson 2011).

Sin embargo, la lingüística de la documentación es bastante nueva en la medida en que su alcance, sus metas humanísticas y científicas, las partes interesadas, sus participantes y prácticas todavía se están explorando y debatiendo tanto dentro como fuera del contexto académico. Después de examinar la documentación de lenguas en peligro en contextos comunitarios en § 3, consideraremos cómo se puede formular una idea amplia e inclusiva de la documentación de lenguas en peligro para realizar su potencial de la mejor manera posible, eludir trampas y alcanzar sus objetivos.

---

11 Ver http://nflrc.hawaii.edu/ldc/.

3 ¿Cómo se relaciona la documentación con las comunidades y otras perspectivas y proyectos no académicos sobre lenguas en peligro?

Hemos considerado el contexto y desarrollo de la documentación de lenguas en peligro en el marco de la investigación académica. Pero los interesados en la documentación incluyen a las comunidades hablantes de esas lenguas. Probablemente también abarquen una gama más amplia de públicos con diferentes intereses, entre los que se pueden contar la amistad, la literatura, la música, la ciencia, el turismo, el entretenimiento, el nacionalismo, las políticas educativas, la alfabetización, las relaciones económicas, el desarrollo, la subsistencia, la adquisición de tierras, la aplicación de leyes, la conscripción militar y la conversión religiosa, y eso, solo para comenzar. En los párrafos siguientes me voy a enfocar principalmente en los interesados en la comunidad y la documentación, dejando un poco de lado los públicos más amplios, excepto que formen parte del contexto de la comunidad de la documentación de lenguas en peligro.

En principio, la documentación de cualquier lengua puede ser útil a cualquier persona. Si la lengua documentada es la propia o ancestral, pueden existir dimensiones especiales de identidad, territorio, espiritualidad, estética, utilidad o nostalgia. Si la lengua propia está en peligro, todo eso puede verse amplificado y traer a colación cuestiones humanísticas, políticas, científicas y personales. La documentación, en la medida en que existe, es casi siempre un tema de interés y, a veces, una cuestión controversial en las comunidades con lenguas en peligro de extinción.

Ciertamente, la forma de documentación que ha estado por más tiempo en discusión en las comunidades de lenguas en peligro es la escritura y, a través de ella, la creación de literaturas en lengua indígena, mientras que la documentación en audio y video es de época más reciente. Suele suceder que el desarrollo, apoyo y enseñanza de la escritura es central en los programas de preservación de lenguas basados en comunidades y un poderoso emblema de lealtad lingüística (ver Lüpke 2011), al tiempo que la documentación electrónica suele ser menos debatida o accesible (ver Bennett (2003) y Hinton (2001) para diferentes perspectivas; también Holton 2011).

No obstante, es importante reconocer que en la esfera más vasta del activismo, planeamiento, revitalización y mantenimiento lingüístico, la documentación (escrita o en otras formas) no necesita detentar un rol central, y ni siquiera uno (Grounds 2007). Cuando sí lo haga, esta no será necesariamente creada, preservada y difundida de forma profesional. Más bien, encontraremos individuos en comunidades, tanto miembros como no, documentando en relación a ideologías y aspiraciones más amplias sobre la lengua y la comunidad, y haciéndolo sobre la base de su propia concepción de qué es la documentación y cómo sus diferentes formas son creadas, preservadas y valoradas. Por ejemplo, Hinton (1994) (ver también Conathan 2011) relata vívidamente la historia de John Peabody Harrington, un obstinado y habilidoso pero arrogante documentador de los comienzos y mediados del siglo XX del Oeste de Estados Unidos que dejó casi un millón de páginas y muchísimas grabaciones de material en más de noventa lenguas. También se cuenta cómo su trabajo fue luego apreciado a medida que la revitalización de lenguas que estaban cayendo en desuso se fue volviendo central en los proyectos comunitarios de California (ver Hinton 2011, sobre los *Breath of Life Workshops*, que entrenaron a miembros de la comunidad sobre cómo acceder y usar los materiales archivados).

Un excelente manual escrito por lingüistas para el mantenimiento y preservación de la lengua que incluye relevamientos de este tipo de iniciativas por todo el mundo es el de Hinton y Hale (2001) (ver también Grenoble y Whaley 2005, con objetivos similares). Los títulos de sección más importantes incluyen política lingüística, planificación lingüística, inmersión en las escuelas y en contextos privados y entrenamiento, ninguno de los cuales involucra la documentación en sí de manera central. La documentación se aborda directamente en la sección dedicada a los medios y la tecnología y acompaña, de forma implícita, a la sección sobre alfabetización. La diversidad intelectual del trabajo de revitalización y preservación de la lengua basado en la comunidad (y a menudo en la escuela) es palpable en las publicaciones de la serie de conferencias sobre revitalización lingüística en la *Northern Arizona University*, organizadas por Jon Reyhner (Burnaby y Reyhner 2002; Cantoni 1996; Reyhner 1997; Reyhner y Lockard 2009; Reyhner et al. 1999, 2000, 2003). Aquí también la documentación es meramente una entre muchas herramientas, con diferentes alcances dentro de las diversas concepciones y enfoques de la revitalización lingüística.

Wilkins (1992), Hill (2006), Rice (2009) y Grenoble (2009) describen y discuten las diferencias en las cosmovisiones e intereses de los hablantes y los lingüistas no hablantes. A veces estas diferencias se describen como irreconciliables y pueden parecerlo más que nunca cuando los actores no se escuchan entre sí. Los autores defienden la concientización etnográfica y la apertura hacia diferentes metas y propósitos por parte de los lingüistas, así como también la flexibilidad al diseñar proyectos que coincidan con los fines de los participantes (Grenoble 2011; Hinton 2011). Este es un enfoque que exploraré en 4.1.

J. Hill (2002), Dobrin (2008) y Dobrin et al. (2009) también hacen hincapié en los presupuestos, implícitos, actitudes y discursos que sostienen los investigadores externos a la comunidad, muchas veces subrepticiamente, y que pueden afectar sus interacciones con las comunidades, a pesar de las mejores intenciones que puedan tener. J. Hill (2002) observa cómo las diferentes metáforas sobre las lenguas las presentan como riquezas que son enumeradas, exhibiendo las incómodas conexiones que esta retórica establece con la de la expoliación colonial. Dobrin et al. (2009) rastrea la enumeración en el discurso académico y su extensión reduccionista a la valoración de los córpora de documentación. Dobrin (2008) analiza el alto aprecio de la autonomía y la autodeterminación que se halla en las evaluaciones por parte de los ajenos a las comunidades del beneficio común de sus interacciones, a menudo sin lograr imbricar sus relaciones en sistemas de valores más localmente familiares, particularmente en sistemas en los cuales se tiene una opinión elevada del intercambio.

Finalmente, un factor clave en todo trabajo de documentación, incluyendo la de lenguas en peligro, es el riesgo que esta misma puede presentar, especialmente en comunidades que se sienten marginadas y vulnerables en muchos aspectos (Conathan 2011, sección 12.5). Si se recolectan y preservan datos para un uso amplio y para fines con propósitos múltiples, entonces, ¿quién puede asegurar que no caerán en las manos equivocadas? Mientras que desde un punto de vista utilitario esto puede verse como algo que simplemente impone "restricciones" a la documentación (Himmelmann 2006: 16–17) y que como tal puede remediarse en el marco ético del *consentimiento informado*, este fenómeno debe verse ligado al crecimiento de la ubicuidad de grabaciones electrónicas y sistemas de vigilancia en el mundo contemporáneo y las concesiones que se pueden llegar a hacer entre lo provechoso de que se dé a escuchar la voz propia o de que se creen conexiones más extendidas, por un lado, y la pérdida de control o el miedo de estar "cavando la propia fosa", por el otro. Las respuestas a este dilema pueden divergir de persona a persona, de comunidad en comunidad y de ocasión en ocasión, pero en la medida en que la tecnología continúe mutando nadie puede siquiera imaginar totalmente, ni mucho menos estar "informado", de todos los posibles efectos a largo plazo de la grabación electrónica.

4 Hacia un enfoque amplio e inclusivo de la documentación de lenguas en peligro

La formulación de la documentación de las lenguas en peligro que presenté es intencionalmente amplia. En su núcleo se encuentra el impulso que las personas pueden tener de crear y mantener archivos de lenguas que están cayendo en desuso a través del cambio lingüístico acelerado. Esta motivación sirve a muchas metas y facciones variadas, y da lugar a diversos fundamentos disciplinarios y enfoques programáticos, como se comentó en las dos secciones anteriores. Aquí defiendo una formulación amplia porque, incluso ante tal heterogeneidad, hay peligro y hasta una tendencia en los individuos a establecer y estipular prácticas específicas dirigidas únicamente a las situaciones a las cuales están más acostumbrados, perdiendo así la visión de conjunto del fenómeno.

Tomando esto en cuenta, considero que una de las funciones principales de la *lingüística de la documentación*, o aun mejor, de la totalidad del mosaico de iniciativas dirigidas de alguna manera a responder o utilizar la documentación de las lenguas en peligro, es tratar de conocer, entender, identificar, analizar y coordinar la empresa en todas sus formas y facetas. En algunos casos, esto implica recurrir a áreas particulares de conocimiento. Por ejemplo, mientras los lingüistas poseen destrezas en áreas tales como la transcripción y la documentación léxica, los archivistas tienen competencia en la organización y preservación de datos, que pueden ser sumamente pertinentes, independientemente del tipo de documentación que se escoja. Pero, a su vez, se requiere de imaginación para trabajar con diferentes propósitos y aspiraciones, flexibilidad en la comprensión de la estructuración y el manejo de datos, el uso de herramientas técnicas (Good 2011), la conciencia de las diferentes ideologías de las lenguas y del habla entre académicos y no académicos y una apertura a las complejidades sociales de lo que a menudo son proyectos radicalmente multiculturales (Dobrin y Berson 2011). Mi juicio sobre la situación actual está bien reflejado en Dobrin et al. (2009: 45), donde se mantiene lo siguiente, aunque en relación a un contexto bastante más específico:

> A pesar de los esfuerzos dentro de la lingüística hacia la sistematización conceptual, como por ejemplo la distinción cuidadosa que hace Himmelmann [1998] entre la descripción y la documentación, no existe por ahora una serie de principios consensuados con métodos asociados a ellos. Esto deja abierta una pregunta fundamental: nuestras metas, ¿son activistas o científicas? ¿Es la documentación una actividad de investigación o se acerca más al arte y la práctica de los medios creativos? ¿Nuestros datos están hechos de símbolos o de audio y video? ¿Cómo se debería priorizar la difusión de los archivos entre los grupos potenciales que hacen uso de ellos (académicos de diferentes orientaciones, comunidades de habla)? ¿Y en base a qué se debería decidir?

A su vez, simpatizo mucho con su conclusión:

> Para resolver las tensiones que hemos estado describiendo, se necesitará un enfoque sobre la documentación que esté más íntimamente ligado a la óptica que preponderante-

mente continúa atrayendo a los lingüistas hacia el problema de las lenguas en peligro. No obstante, el empleo de una teoría totalizadora que distinga el trabajo de documentación del resto de la lingüística como una entidad separada y diferente (Himmelmann 1998; cf. Austin y Grenoble 2007) no sirve a los propósitos de esta meta. La lingüística ya tiene métodos de comparación de lenguas teóricamente validados por un conjunto de razones ortogonales a su valor moral, y es debido a que la lingüística de la documentación se distancia de estos que se llegan a plantear preguntas confusas y tan poco productivas del tipo: "¿cómo sabemos cuándo dejar de documentar?", o "¿cuántas horas de grabación se deberían incluir en el archivo?" (pág. 45)

Continúa Dobrin et al. (2009: 46–7):

> Lo que se necesita, en cambio, es un reconocimiento explícito de que la singularidad de las lenguas es irreductible y que los métodos necesarios para su estudio han de ser igualmente singulares. Toda situación de investigación es única y la calidad del trabajo de la documentación se deriva de su adecuación a las particularidades de la situación. Más que aproximarse a las lenguas en peligro con estándares pre-formulados y derivados de su propia cultura, la lingüística de la documentación deberá esforzarse por ser sensible a la singularidad (tanto hacia aquello que es distintivo de cada lengua como objeto de estudio, como también hacia la cultura particular, sus necesidades y la disposición de la comunidad de habla con la cual traban contacto al trabajar).

En este sentido, deseo considerar algunas formas en las cuales la lingüística de la documentación, en su sentido más amplio e inclusivo, puede llevar a cabo su potencial y enfrentarse a sus desafíos y dificultades. En sí, voy a construir mi argumentación con vistas a los diferentes *diseños de proyecto* y sus diferentes adaptaciones e implementaciones en relación al conjunto mayor.

4.1 La coordinación de las agendas académicas, comunitarias y del público general para el diseño de los proyectos de documentación

Como quedó claro en § 2 y § 3, generalmente son los lingüistas los que inician proyectos sistemáticos de documentación lingüística y, en tanto lingüistas, seamos miembros de la comunidad o no, diseñamos y proponemos proyectos a partir de nuestros propios intereses disciplinarios. Sin embargo, como dijimos anteriormente, distintos lingüistas han pugnado por la necesidad de la conciencia etnográfica, la apertura hacia propósitos y metas diferentes y una flexibilidad en el diseño de los proyectos para que puedan coincidir con los objetivos de los participantes. Wilkins (1992: 186) resume el trabajo de campo que hizo para su doctorado "bajo control de los aborígenes", luego de dejar de lado sus intereses lingüísticos:

> Sería un engaño, y de hecho una mentira descarada, decir que mi modo de enfrentar el aprendizaje, la documentación y la construcción de un panorama de la gramática del *mpartwe arrernte* fue muy sistemático (particularmente desde el punto de vista de un idealizado, y a veces antiséptico, curso de trabajo de campo). El devenir y la orientación de mi investigación no han sido independientes de los desarrollos y demandas cambiantes de mi investigación para la *Yipirinya School*. Acabo de manifestar que una gran parte de la investigación hecha para dicha institución fue producto del trabajo en equipo. Las técnicas de recolección de datos para cualquier proyecto individual se establecían en reuniones entre miembros del equipo y a través de consultas al *Yipirinya Council* [...] Así, en estos casos, yo podía opinar pero no determinar los métodos de investigación que darían como resultado la información con la cual yo iba a trabajar.

Entre las ventajas que cita Wilkins sobre su modo de trabajo, se encuentra la oportunidad de poner la habilidad lingüística en práctica, lograr un conocimiento más profundo de la lengua y su contexto, tener un mejor acceso a los miembros de la comunidad y beneficiarse con la colaboración y el trabajo en equipo (ver Bowern 2011).

Veo este modo de trabajo como un plan de acción para el diseño de los proyectos dentro de una lingüística de la documentación inclusiva, pero también como un desafío institucional para la lingüística. Opera tanto en lo práctico como en lo intelectual (ver Woodbury 2010, para más argumentos). En el nivel práctico, las actividades y los intereses están guiados por las metas, el entusiasmo y las capacidades de todos los involucrados. Los lingüistas deben ser flexibles y creativos (y sus instituciones más tolerantes) en relación a cómo y cuándo llevar a cabo los objetivos de la lingüística tradicional. El entrenamiento, además, ocupa un lugar central cuando los proyectos involucran a cantidades mayores de personas con diferentes destrezas, roles y niveles de formación (Jukes 2011). En el nivel intelectual, la documentación y los descubrimientos lingüísticos relacionados con aquella exigen conceder especial atención al tema de la ideología lingüística (cómo las personas conciben el lenguaje y el habla y cómo los vinculan al territorio, la identidad, la estética, la espiritualidad y otras áreas) y a la relación entre lenguaje y contexto; así también poner el foco sobre el habla en comunidades concretas problematiza un enfoque disciplinario centrado en códigos léxico-gramaticales específicos.

Dentro del límite de mis capacidades, intentaré revisar todos estos temas en las líneas que prosiguen.

4.2 Participantes y entrenamiento

Los proyectos de documentación de lenguas en peligro modernos distan notablemente de los esfuerzos del pasado, al involucrar equipos interdisciplinarios en lugar de un lingüista solitario. El Programa DoBeS (ver n. 7 arriba) impuso como requisito que los equipos estén constituidos no únicamente por lingüistas de diversas ramas, sino también por otros especialistas como etnógrafos, musicólogos, realizadores de video y demás. Himmelmann (2006: 15) manifiesta la necesidad de diferentes competencias y la improbabilidad de que un lingüista solo pueda enfrentar todo el trabajo adecuadamente (ver también Austin 2007; Jukes 2011). Mientras tanto, la participación en equipos ya es parte de la formación para la documentación lingüística en muchos ámbitos universitarios (ver, por ejemplo, Woodbury e England 2004) y los equipos entrenan cada vez a más miembros de las comunidades para la investigación y para que sean a su vez entrenadores de otros miembros de la comunidad. Por ejemplo, entre 2007–2009 el PDMLA[12] de Kaufman llevó a cabo un censo de las lenguas zapotecas respaldado por el Instituto Nacional de las Lenguas Indígenas de México, que entrenó aproximadamente a veinte hablantes de las lenguas zapoteca y chatino para llevar a cabo relevamientos y para transcribir y traducir las entrevistas. Nuestro proyecto para el chatino, con sede en la *University of Texas at Austin* y financiado por el *Endangered Languages Documentation Program* (ELDP)[13] reclutó a los estudiantes chatinos a ser entrenados entre las personas que ya trabajaban con nosotros, posibilitando una "cadena" de experiencias académicas.

Esto es claramente una manera en la cual la lingüística de la documentación puede avizorar su potencial para la inclusión y la diversidad. Sin embargo, todavía se constatan desafíos importantes. Austin y Grenoble (2007: 22–3) sugieren que la cooperación interdisciplinaria puede resultar ardua de fraguar. Por ejemplo, al trabajar con una lengua que es difícil de escuchar y transcribir, ¿deberían los miembros no lingüistas del equipo volverse totalmente fluidos? O, como es el caso de nuestro proyecto para el chatino, en el cual los escasos lingüistas están repartidos entre múltiples variedades diferentes, ¿debería el equipo formar de hecho una familia de "lingüistas solitarios"? Además ¿cómo encaja en la vida y en las metas profesionales de las personas la participación en un proyecto de documentación? ¿Los miembros de las comunidades han de actuar como voluntarios? ¿Como empleados? ¿Como emprendedores? Los académicos, ¿son profesores o estudiantes de posgrado? ¿Hay beneficios adecuados para los biólogos, psicólogos, musicólogos, realizadores de video, sonidistas y todos aquellos otros que puedan aportar algo al proyecto? Para poner un ejemplo, ¿existe algún género de filmación que encaje con el objetivo (qui-

---

12 Siglas para el *Project for the Documentation of the Languages of Meso-America* (ver 4.3.) (N. del T.).

13 Ver n. 8 (N. del T.).

zás inútil) del responsable de la documentación lingüística de crear registros en donde se retrate el contexto de manera fija a partir de inmovilizar la cámara, manteniéndola en la misma posición durante largos períodos de tiempo y evitando todo tipo de movimientos de plano interpretativos, como pueden ser las vistas panorámicas, los barridos y los zooms?[14]

Sobre todo, ¿cómo ven el entrenamiento en la documentación los niños y los adultos sin educación secundaria completa? Y, a nivel universitario y de posgrado, ¿cómo es posible, en dos o tres años, entrenar a un buen gramático-lexicógrafo que también pueda identificar una situación de campo, manejarla y alcanzar sus logros, en su propia comunidad o en la de otra persona, y luego registrar y archivar la experiencia adecuadamente? Quizás esto sea pedir demasiado (pero, para más detalles sobre estos temas, ver Jukes 2011).

De alguna manera, es necesario aproximarse y responder estas preguntas si la documentación de las lenguas en peligro ha de alcanzar todo su potencial.

4.3 El código léxico-gramatical, el uso de la lengua, la nostalgia y el realismo contemporáneo

Ahora ahondaremos en una serie de cuestiones conceptuales. Relativamente ignorada dentro del programa de Himmelmann (1998) para la lingüística de la documentación, se encuentra su idea de que "la documentación de una lengua apunta a registrar las prácticas y las tradiciones lingüísticas de una comunidad de habla" (Himmelmann 1998: 9), la cual, como manifiesta en una nota al pie, puede compartir más de una lengua.

En realidad, los proyectos de lenguas en peligro casi siempre se concentran en una lengua específica. Ejemplos de esto son los casos de lo que yo denomino *documentación del código ancestral* (Woodbury 2005: 257). Podemos hacer observaciones sobre semejantes proyectos para vislumbrar mejor su relación con lo propuesto por Himmelmann. A su vez, esto nos permite ver ciertas con-

---

14 Un ejemplo interesante de colaboración mutuamente provechosa se dio entre el artista de sonido John Wynne, el lingüista Tyler Peterson y la artista/fotógrafa Denise Hawrysio en la creación de grabaciones documentales de hablantes de gitxsanimaax, una lengua indígena en peligro en el norte de la Columbia Británica en Canadá (en un proyecto financiado por ELDP – v. n. 7). Los materiales de esta investigación fueron incorporados a la instalación de Wynne y Hawrysio Anspayaxw (http://www.sensitivebrigade.com/Anspayaxw.htm), que formó parte de la exhibición Border Zones: New Art Across Cultures en el Museo de Antropología de Vancouver, desde el 23 de enero al 12 de septiembre de 2010. Cuando la exposición llegara a la 'Ksan Gallery en territorio gitxsan en 2011, el objetivo de Wynne y Peterson era depositar un archivo de sus materiales en 'Ksan para el uso de la comunidad.

troversias como espurias, dada la concepción amplia de lingüística de la documentación que asumo aquí.

La documentación del código ancestral requiere que la lengua sea analizada por completo: estudiada en varios contextos de uso, complementando con elicitación para completar campos léxicos, paradigmas y otros semejantes. De esta documentación pueden surgir diccionarios y gramáticas. En el nivel de la comunidad, esto apoya la creación de una ortografía, la preparación de diccionarios, gramáticas y textos pedagógicos, así como también los esfuerzos para que la lengua se enseñe en las escuelas o sea reconocida políticamente. En general, esto funciona bien en contextos donde las comunidades desean dejar en claro que su lengua, a pesar del menosprecio, es una lengua en el mismo sentido en el cual lo son el español, el inglés o el ruso.

A pesar de no cumplir totalmente con la convocatoria de Himmelmann de llevar a cabo una documentación independiente del código, creo que es importante defender el estatus de semejante trabajo en tanto documentación, mientras que esta sea curada (Conathan 2011). Asimismo, en aras de una perspectiva más abarcadora, un proyecto que archive de forma adecuada sus datos puede contar como documentación, incluso si se concentra prioritaria o únicamente en la creación de diccionarios y emplea como método principal la elicitación más que la recolección de textos, como ocurre con el *Project for the Documentation of the Languages of Meso-America* (Kaufman et al. 2001).

También surgen debates sobre si la redacción de gramáticas y diccionarios debería evitarse en favor de la elicitación o la recolección de textos. En una reseña de Gippert et al. (2006), Evans (2008: 348) defiende el rol de estas actividades:

> Algo acerca de la aparición definitiva de estos productos pone de relieve un nivel mayor de escrutinio y significa un salto a nuevos niveles de precisión en la trascripción y traducción. En mis dos experiencias en la producción de diccionarios de lenguas aborígenes australianas, hubo un incremento significativo en el interés por el suministro de entradas léxicas nuevas o extendidas cuando los hablantes llegaron a tener en sus manos un libro efectivamente producido en su propia lengua.

Y concluye:

> Por estas razones pienso que es un error que los lingüistas de la documentación sostengan que deben consagrar todo su tiempo y esfuerzo a actividades puramente documentales a instancias de la preparación de gramáticas descriptivas y otros materiales de referencia. Una estrategia mucho más adecuada es la perspectiva de Colette Grinevald (2001) de un movimiento continuo de espiral ascendente a través de los componentes clásicos de la trilogía boasiana – gramática, textos (ahora = corpus de documentación) y diccionario – en la cual cada paso produce avances y refinamientos sobre el modo en el que deben encararse los otros (Evans 2008: 348).

En efecto, plantear una dicotomía entre "descripción" y "documentación" hasta el nivel de excluir o restringir la documentación centrada en el código lleva a una suerte de subrepticia recaída estructuralista, realimentando la misma distinción que vació de teoría en primer lugar a los registros lingüísticos primarios.

Finalmente, la documentación del código ancestral, como el constructo del "peligro" en sí, puede ser clasificada, sin intención peyorativa (ver Williams 1973), como *nostálgica*, en el sentido de que selecciona como importante, de entre todas las manifestaciones del habla de la comunidad, aquella que brinda evidencia de un rasgo del pasado que no existirá por mucho tiempo más, el código ancestral (ver también Dobrin y Berson 2011, Sección 10.2). Desde la óptica académica, podemos observar la reconstrucción lingüística, o un énfasis en las variantes más tradicionales, como tendencias nostálgicas, mientras que el purismo y las afirmaciones de que el código lingüístico es intrínseco a la identidad étnica o espiritual o al tradicionalismo son formas nostálgicas en un sentido popular.

La perspectiva de Himmelmann sobre la comunidad de habla, mencionada anteriormente, está en armonía con la etnografía del habla y sus sucesores, que ofrecen útiles precedentes. No obstante, podríamos identificar (por lo menos) dos posibles modelos de este tipo: uno nostálgico y el otro, no (esta discusión se apoya en una tipología presentada en Woodbury 2005). Una *documentación de prácticas comunicativas ancestrales* se enfocaría en las *formas de habla en peligro* en cualquier código y, en este sentido, también resultaría nostálgica. Esto puede incluir géneros formales o situaciones de habla que estén cayendo en desuso, pero también puede involucrar la conversación informal percibida como tradicional o el habla relacionada con actividades tradicionales, que pueden implicar muchas formas de multilingüismo, como por ejemplo ocurre con los usos del ruso que persisten en Alaska. Aunque una documentación básica implicaría traducción, transcripción y algo de anotación, la redacción de una gramática y un diccionario no sería una parte intrínseca del proyecto, en consonancia con Himmelmann, aunque ciertamente podría serlo.

Este enfoque concuerda con toda ideología que ubique la lengua principalmente en sus productos verbales, y puede responder mucho mejor a los sentimientos de las comunidades sobre la pérdida de su lengua que un enfoque basado en el código léxico-gramatical. En tanto enfoque académico, se aviene con el marco etnográfico más amplio de Boas, pero a su vez es susceptible de críticas más contemporáneas, como fue expresado por Garrett (2004):

> Hay una paradoja en el corazón de la lingüística de la documentación. Como iniciativa se relaciona con la ecología lingüística y está fundada en la certeza sobre la inscripción sociocultural de la lengua. Pero difícilmente podría existir una disciplina de "análisis

sociocultural documentalista" o de "antropología de la documentación" si no se cayera en el mito de que las culturas son estáticas y de que existe un momento de peligro que amerita la documentación: el desacreditado presente etnográfico boasiano. ¿Qué justifica la empresa de la documentación en el caso de la lengua? Lo único que queda claro es lo distintivo de la lengua, su carácter sistemático y su integridad estructural. En última instancia, la lingüística de la documentación admite el mismo supuesto de autonomía lingüística que intenta eludir.

Aunque concuerdo con esta línea argumentativa, también creo que la nostalgia juega un rol central ya que, a pesar de que se lleva bien con la tendencia esencialista del análisis estructuralista, en los ámbitos socioculturales la selectividad nostálgica desemboca directamente en los problemas mencionados. Además, se puede observar el tema desde otro ángulo tomando en consideración un segundo concepto de la posición de Himmelmann, a saber, el intento racional de producir una *documentación de la ecología comunicativa contemporánea*. Este enfoque se dirigiría a lo "real" o inmanente en oposición a lo nostálgico, incluso si adolece del problema de tener que seleccionar qué documentar de todo lo documentable. Podría ser útil académicamente como una especie de relevamiento sociolingüístico de una comunidad, independientemente de la cuestión de la extinción, o como una forma de contextualizar este tema, y podría vincularse con las ideologías de las comunidades donde los modos de habla contemporáneos revisten interés (por ejemplo, la atención generalizada sobre el cambio de código español-inglés en los Estados Unidos). Y a pesar de que el estudio se restringiría al *ahora*, en principio nada confinaría el proyecto a operar solamente en un momento determinado.

Por último, para redondear la tipología, hay un caso en el cual se vuelve a enfocar el código léxico-gramatical, pero esta vez con una orientación más contemporánea que nostálgica: la *documentación de un código emergente*, es decir, un énfasis en los sistemas léxico-gramaticales con hincapié en su estado contemporáneo, incluyendo el surgimiento de formas nuevas, neologismos, acuñaciones, innovación sintáctica, convergencia por contacto, préstamos e incluso versiones "indigenizadas" de la lengua de comunicación más amplia (por ejemplo, el llamado "inglés aborigen" o "inglés indígena"; ver Woodbury 1993, 1998, para una discusión más extendida; ver también O'Shannessy 2011, sobre el 'warlpiri liviano'). Mientras puede parecer más apropiado para los estudios de creolización o formación de lenguas de señas (Meir et al. 2011) que para las lenguas en peligro, esto puede ser revelador e incluso crucial para el estudio de los llamados semi-hablantes y de la variación en las comunidades que atraviesan un momento de cambio lingüístico acelerado. También puede apoyar los esfuerzos de las comunidades para enfrentar el purismo lingüístico y llevar a cabo aspectos de la planificación lingüística, como la acuñación de palabras y la traducción de textos extranjeros a la lengua vernácula en peligro. Por otro lado, puede resultar irreconciliable para más de uno, sea académico o no, que tenga una gran sensación de nostalgia. Asimismo, dispara interrogantes teóricos profundos (Le Page y Tabouret-Keller 1985) acerca del enfoque o el grado de convencionalización que un código lingüístico puede tener. Además, los límites entre la documentación de códigos emergentes en contraposición a la documentación de la ecología comunicativa contemporánea pueden ser ciertamente difusos.

En resumen, una lingüística de la documentación amplia e inclusiva se puede separar un poco del conflicto ideológico para lograr coordinar, de forma racional, diferentes iniciativas que contribuyan a la documentación de las lenguas en peligro.

4.4 La teorización de corpus: adecuación, inclusión, complementariedad, calidad y cantidad en los córpora documentales

Se constata un énfasis considerable, en la literatura (Himmelmann 1998, 2006; Lehmann 2001; Rhodes et al. 2006; A. Woodbury 2003) y en el diseño de proyectos específicos para reunir córpora, en el hecho de que estos sean panoramas adecuados y amplios, tanto como resultan los diccionarios, las gramáticas y las etnografías del habla. Asumiendo que exceptuamos diferencias respecto de parámetros tan básicos como enfoque centrado en el código vs. enfoque en la comunidad, nostálgico vs. contemporáneo, y otros también, no hay nada de errado con esto en principio, ni tampoco está mal que haya algún grado de idiosincrasia o desacuerdo en las formas en las cuales los córpora han de ser teorizados. Hymes (1974), quizás de la forma más completa, propone una "grilla ética" de parámetros nodales, que implica un esquema que toma muestras de todos los valores con todos los valores. También el muestreo se puede reducir a diferentes tipos de habla (Himmelmann 1998), o ciertos tipos de habla pueden ser privilegiados por principio como arte verbal (Sherzer 1987) o conversación (Levinson 1983: 284–285); la compilación también puede monitorearse en parte por lo dictado por la producción de diccionarios y gramáticas (Rhodes et al. 2006).

Si existe una y solo una posibilidad de documentar una lengua, es entendible que se redoblen los esfuerzos para que el resultado sea tan completo como sea posible. A fin de cuentas, un corpus deberá ser *diverso*, y cualquiera de las teorizaciones propuestas podría ofrecer eso. Sin embargo, para muchas (posiblemente la mayoría) de las lenguas ya existe alguna documentación y se puede materializar más en el futuro. Por lo tanto, vale la pena que los diseños de los proyectos tomen en cuenta la complementariedad y reconozcan que la construcción de un corpus debe ser *continua, distribuida y oportunista*. Por ejemplo, el proyecto de documentación de Taff (2004) del aleutiano toma nota del hecho de que el corpus de Bergsland, aunque ejemplar, es extenso en narrativa y en léxico, pero acotado en conversación. Por consiguiente, su proyecto se aboca casi exclusivamente a la conversación, prácticamente el único género aleutiano ahora disponible, y así efectúa un aporte enorme a la documentación general de esta lengua. De la misma forma, en el corpus mismo de Bergsland hay un estudio filológico escrito por él analizando y reinterpretando datos de nombres propios recolectados por la Expedición Billings en 1790–1792 (Bergsland 1998). En mi propia documentación del yupik de Alaska Central, pasé un intenso período de tres años ensamblando un gran corpus de producciones experimentales diseñado para echar luz sobre el sistema de entonación, que resulta ser, creo, un añadido razonable a mi documentación anterior de narrativas, conversaciones y música. No hay motivo alguno para no dedicarse a proyectos de documentación específicos y de calibre acotado, particularmente como complementarios de un corpus mayor.

Lo que es más, la teorización de corpus e, incluso, el diseño e implementación de los proyectos de documentación, también están impulsados por valores sociales, estéticos y humanísticos de la comunidad de habla misma, así como también aquellos que cobran forma dentro de las comunidades emergentes de prácticas que encaran la documentación (ver Hill 2006). Mi propia documentación del yupik de Alaska Central empezó concentrándose en grabaciones de ancianos recontando mitos tradicionales y cuentos populares, lo cual constituía un fuerte interés de la comunidad en ese momento y parte del propósito tácitamente consensuado de la documentación. Solamente una vez que se hubo construido una casa tradicional para los hombres es que fui invitado para grabar una conversación que tomó lugar allí, habilitado, parecería, por el espacio que ese lugar confería.

En contraste, los intereses y los valores de las comunidades me han llevado a una teorización de corpus diferente en el proyecto de documentación en el que estoy actualmente comprometido (Woodbury 2010). Este proyecto se centra en el chatino, una familia de lenguas habladas en Oaxaca, México, que incluye, además, a un grupo de seis estudiantes de postgrado de la *University of Texas*, dos de las cuales –Hilaria y Emiliana Cruz– son hablantes nativas. Escribir en chatino se perfila como una meta central en toda la región y una réplica a los reclamos de que el chatino es sólo un dialecto que no puede ser escrito. En consonancia con esto, nuestra documentación apunta como mínimo a proveer una muestra de cada variedad sustancialmente distintiva a través del registro de textos y de la elicitación léxica para adaptar una ortografía a sus segmentos, su fonotaxis, sus tonos y sandhi, de manera tal que podamos enseñarlo en las comunidades.

Al mismo tiempo, los hablantes de chatino tienen en gran estima la precisión y paralelismos clásicamente mesoamericanos de la oratoria de las autoridades políticas tradicionales de la comunidad. Nuestra preocupación sobre esas prácticas lingüísticas y su "penetración" en los rituales, rezos y discursos cotidianos ha hecho que Hilaria Cruz, una de las hablantes mencionadas, busque dichas instancias y las compile en un corpus de documentación coherentemente articulado (Cruz 2009). Asimismo, Emiliana Cruz, trabajando desde la perspectiva de que el conocimiento lingüístico del chatino está organizado de manera significativa y ordenado por su conexión al territorio, creó un corpus extensivo de grabaciones de audio y video de la lengua que incluye narrativas, entrevistas e insumos para un atlas y un diccionario, obtenidos en prolongadas excursiones a la montaña con habitantes tradicionales para documentar la flora, la fauna, los accidentes geográficos, la distribución de la población, los reclamos territoriales, las rutas de comercio y la etnohistoria de una población en dispersión. Cruz espera presentar el texto y los materiales léxicos junto con mapas, exégesis, traducciones e interpretaciones como una *ecología lingüística* que abreva en los discursos etnográficos desarrollados en Basso (1996) y los complementa con un género documental emergente, al tiempo que indaga sobre el entendimiento por parte de su comunidad de la lengua como una conexión con la tierra.

A su vez, junto con estas metas medianamente estructuradas, frecuentemente nos vemos en la búsqueda, en términos más o menos abstractos o generales, de formas de diversificar nuestro corpus.

Finalmente, nuestra teorización sobre el corpus abarca una combinación de varios tipos de consideraciones aquí representadas. Además, el hecho de que los córpora se encuentren fuertemente determinados por los fines de sus creadores no impide que se conviertan en recursos generales y de usos múltiples.

Por último, consideremos la cuestión de *cantidad*. Primero que nada, más es mejor que menos, aunque casi nunca contamos con una buena medida genérica de lo que constituye una cantidad suficiente. Liberman (2006) muestra que los córpora documentales de textos y habla son típicamente menos voluminosos que los córpora de las lenguas del mundo llamadas "mayores", o inclusive que los córpora de textos de lenguas muertas de gran relieve como el latín. Es por ello que propone soluciones tecnológicas para la conformación rápida de córpora en grandes cantidades, algunas de las cuales incluyen estrategias que abrevian tiempos, como el uso de pequeños y económicos (pero

masivamente disponibles) grabadores digitales de mano, interpretaciones orales espontáneas en una lengua de uso amplio y la grabación de relecturas en
voz alta, pausadas, cuidadosas y (si es posible) filológicamente accesibles de
textos ya registrados en lugar de transcripciones hechas por, o en presencia de,
hablantes nativos. Un proyecto llamado *Basic Oral Language Documentation*
[Documentación lingüística oral básica], que está siendo llevado a cabo por
Stephen Bird en Papúa Nueva Guinea sobre varias lenguas locales adoptó esta
metodología).[15] Hay una tendencia a subestimar estos modos de tomar registros y anotación. El argumento de Liberman es que dichos registros, en cantidad, podrían aumentar significativamente el total del corpus documental y
complementar los registros hechos para alcanzar las especificaciones estándares. Su postura, desde una perspectiva filológica, difícilmente parece controversial y contribuye a ensanchar nuestra noción de documentación de la lengua.

4.5 Anotación

Actualmente, el típico registro anotado es un texto de grabación de video o
audio que es descripto con metadatos, y anotado con transcripciones que se
encuentran sincronizadas con la transcripción principal mediante porciones
delimitadas por pausas, cláusulas u oraciones. En el modelo de Bickel et al.
(2004) se propone una traducción libre a una lengua mayoritaria, así como
también una segmentación morfológica, glosas morfológicas y una franja de
análisis sintáctico alineadas a la primera. Estos elementos analíticos pueden
enlazarse a través de un sistema como Toolbox a un lexicón independiente.
Schultze-Berndt (2006) proporciona una excelente discusión de estos atributos
adicionales de la anotación (ver también Good 2011).

Por un lado, la representación y la anotación son tópicos ricos y complejos
y suponen una teorización general de casi todas las áreas de la gramática. Un
marco integral y de largo alcance para la documentación lingüística podría
encargarse de integrar dentro de sus prácticas de anotación más de lo que
comúnmente se maneja en la lingüística tipológica y teórica (por ejemplo, Lieb
y Drude 2000). Por caso, la mayoría de los sintactistas concuerdan en que la
constitución o dependencia sintagmática es una característica fundamental de
la sintaxis y una base para la interpretación semántica. Los ejemplos de manual de ambigüedad estructural (como la frase de Groucho Marx: *Le disparé a
un elefante en mi pijama; ¡nunca sabré que hacía él en mi pijama!. [I shot an*

---

elephant in my pajamas; what it was doing in my pajamas I'll never know!]) demuestran que la estructura de constituyentes está a veces implícita y es sólo verificable mediante ciertas pruebas cuando el contexto o la traducción no pueden desambiguarla. Aun así, en la práctica, los lingüistas de la documentación en raras ocasiones incluyen referencias a la estructura de constituyentes en sus anotaciones (como es común, por ejemplo, en la lingüística de corpus o la lingüística computacional) o mucho menos llevan a cabo las pruebas necesarias para acceder a este conocimiento. Tampoco puede decirse que la ausencia de esta información constituya una pérdida del mismo modo que lo sería no consignar en la transcripción un tono o la prueba para una vocal desparecida. Hay una percepción de que los lingüistas teóricos se encuentran envueltos en debates que son irrelevantes para los asuntos serios de documentación. Los teóricos mismos podrían incluso asentir al respecto, pero podrían también señalar que son capaces de cumplir un rol fundamental en el diseño de enfoques más generales para la anotación, así como en el entrenamiento de aquellos documentadores interesados en la anotación.

Por otro lado, vale la pena evaluar someramente en qué medida se requiere la anotación para cumplir con los estándares mínimos de transparencia de registro. Liberman (2006) plantea este tema en relación con la cantidad de documentación. Austin y Grenoble (2007) plantean cuestiones sobre la elección de una lengua de comunicación más amplia. Dentro de una óptica de largo alcance sobre la documentación de lenguas en peligro se pueden emplazar proyectos cuyos agentes principales no sean lingüistas profesionales y cuyos objetivos no se centren en el código, o incluso en los textos en su sentido usual. Una documentación mínima (como se señaló en § 1) puede consistir solamente en un texto registrado acompañado de una traducción libre a una lengua de comunicación más amplia. Esto puede ser difícil de emplear para propósitos lingüísticos o para el aprendizaje de la lengua basado en la alfabetización, pero con respecto a algunos propósitos, como se discutió en 4.3, puede resultar no del todo inútil. Particularmente en un marco teórico más extendido que sea a la vez académicamente multidisciplinario y busque un alcance generalizado, uno puede preguntarse si lo "útil para el análisis lingüístico" es un componente no negociable en un corpus multipropósito, por más innegociable que sea para la lingüística y los lingüistas.

4.6 ¿Cómo debería almacenarse y difundirse la documentación?

Una cuestión vinculada con este tema es la de las formas en que la documentación debe ser almacenada y difundida. Debe establecerse una distinción importante entre un archivo pensado para la preservación y una forma de presentación que tenga como objetivo la llegada a un número dado de públicos potenciales (Bird y Simon 2003; Good 2011). Los libros, los estudios y los artículos de revistas, algunos de cuyos ejemplos ya han sido citados, son hace tiempo la opción por default. Pueden comprender desde compilaciones generales a proyectos más específicos. Entre los recursos digitales, la presentación de su material que hace el Archivo DoBeS (ver n. 7) a través de la estructura arbórea de IMDI ofrece un conjunto de documentación holística fácilmente consultable (ver n. 10). Otros archivos digitales como el AILLA (ver n. 9) ofrecen córpora de temáticas no uniformes, pero aun así accesibles y explorables (ver también Nathan 2011). Mientras tanto, muchos proyectos habilitan el acceso a sus materiales en formas más específicamente adecuadas, vía Internet o en papel. La accesibilidad es un área muy importante para la innovación y puede lograrse mejor si se tienen en cuenta temáticas determinadas y si los registros son moldeados de acuerdo con audiencias particulares.

5 Conclusión: hacia una perspectiva amplia e inclusiva de la documentación de lenguas en peligro

En este capítulo hemos explorado diferentes dimensiones a lo largo de las cuales nuestras concepciones y prácticas de la documentación de lenguas en peligro pueden reconocer y extender su propio potencial en pos de un mayor alcance e inclusión. Esto debe empezar con un reconocimiento, por parte de los lingüistas, sin importar si son hablantes nativos de la lengua que estudian o no, de los intereses de la gente con la que trabajan y las maneras en que podrían compartir proyectos y metas (ver Dobrin y Berson 2011; Bowern 2011).

El contexto de la comunidad también se enlaza con cuestiones ideológicas e intelectuales más profundas, subyacentes al diseño de proyectos que enfocan de manera diferente el habla de una comunidad específica y el uso de un código léxico-gramatical específico, y con motivaciones producto de posturas humanísticas diversas. Intento hacer hincapié en el hecho de que estas cuestiones ideológicas e intelectuales se le presentarán a cualquiera que considere encarar la documentación de una lengua, ya sea académico, miembro de la comunidad, ambos o ninguno; y, además, que las distintas formas de abordar estas problemáticas conducen hacia diferentes y, creo yo, productivas direcciones.

En la medida en que la documentación de lenguas en peligro se vea impulsada por una idea de urgencia, de algún modo uno podría desear construir la óptima "Arca de Noé" lingüística, una teorización final de córpora de acuerdo con la cual se pueda capturar cualquier lengua. Pero mientras que es posible conformar una lista de atributos deseables para un corpus con todos los componentes intervinientes actuando en igualdad de condiciones, es poco probable que tal teorización enmarque la diversidad de agendas y posturas intelectuales e ideológicas que sabemos que existen y, por ende, es poco probable que se satisfaga a todos los que podrían contribuir.

Asimismo, las estipulaciones demasiado categóricas de lo que deben ser las "mejores prácticas" para la creación de un corpus pueden pasar por alto las negociaciones entre calidad y cantidad de la documentación. Cuando se aplican a la anotación e interpretación, además, pueden canalizar los esfuerzos de manera desigual hacia algunos usos del corpus por sobre otros, o incluso subestimar lo difícil que es, en última instancia, traducir o interpretar de manera completa un registro de conducta humana en contexto.

Referencias

Alvarez, Albert y Kenneth Hale. 1970. Toward a manual of Papago grammar: Some phonological terms. *International Journal of American Linguistics* 36(2). 83–97.

Ameka, Felix K. 2006. Real descriptions: Reflections on native speaker and non-native speaker descriptions of a language. En Felix K. Ameka, Alan Dench y Nicholas Evans (eds.), *Catching Language: The Standing Challenge of Grammar Writing* (Trends in Linguistics: Studies and Monographs 167), 69–112. Berlín: Mouton de Gruyter.

Ameka, Felix K., Alan Dench y Nicholas Evans (eds.). 2006. *Catching Language: The Standing Challenge of Grammar Writing* (Trends in Linguistics: Studies and Monographs 167). Berlín: Mouton de Gruyter.

Austin, Peter K. 2003. Introduction. En Peter K. Austin (ed.), *Language Documentation and Description*, vol. 1. 6–14. Londres: School of Oriental and African Studies.

Austin, Peter. 2007. Training for language documentation: Experiences at the School of Oriental and African Studies, *Language Documentation y Conservation*. Special Publication No. 1, 25–41.

Austin, Peter K. y Lenore A. Grenoble. 2007. Current trends in language documentation. En Peter K. Austin (ed.), *Language Documentation and Description*, vol. IV, 12–25. Londres: School of Oriental and African Studies.

Basso, Keith H. 1996. *Wisdom Sits in Places: Landscape and Language Among the Western Apache*. Albuquerque: University of New Mexico Press.

Bennett, Ruth. 2003. Saving a language with computers, tape recorders, and radio. En Jon Reyhner, Octaviana Trujillo, Roberto Luis Carrasco y Louise Lockard (eds.), *Nurturing Native Languages*, 59–77. Flagstaff, AZ: Northern Arizona University, College of Education. (http://jan.ucc.nau. edu/~jar/books.html).

Bergsland, Knut. 1959. Aleut dialects of Atka and Attu. *Transactions of the American Philosophical Society*, New Series 49(3). 1–128.

Bergsland, Knut. 1994. *Aleut Dictionary*. Fairbanks: Alaska Native Language Center.

Bergsland, Knut. 1997. *Aleut Grammar / Unangam Tunuganaan Achixaasix (Alaska Native Language Center Research Paper 10)*. Fairbanks, AK: Alaska Native Language Center, University of Alaska Fairbanks.

Bergsland, Knut. 1998. *Ancient Aleut Personal Names / Kadaangim Asangin / Asangis: Materials from the Billings Expedition 1790–1792*. Fairbanks, AK: Alaska Native Language Center, University of Alaska Fairbanks.

Bergsland, Knut y Moses Dirks. 1978. *Niiĝuĝim Tunugan Ilakuchangis / Introduction to Atkan Aleut Grammar and Lexicon*. Anchorage, AK: National Bilingual Materials Development Center, University of Alaska.

Bergsland, Knut y Moses Dirks. 1981. *Atkan Aleut School Grammar*. Anchorage, AK: National Bilingual Materials Development Center, University of Alaska.

Bergsland, Knut y Moses Dirks (eds.). 1990. *Unangam Ungiikangin kayux Tunusangin / Unangam Uniikangis ama Tunuzangis / Aleut Tales and Narratives: Collected 1909–1910 by Waldemar Jochelson*. Fairbanks, AK: Alaska Native Language Center, University of Alaska Fairbanks.

Bickel, Balthasar, Bernard Comrie y Martin Haspelmath. 2004. *The Leipzig Glossing Rules: Conventions for Interlinear Morpheme-by-Morpheme Glosses*. Leipzig: Max Planck Institute for Evolutionary Anthropology. http://www.eva.mpg.de/lingua/fi les/morpheme.html (19 February 2010).

Bird, Steven y Gary Simons. 2003. Seven dimensions of portability for language documentation and description. *Language* 79(3). 557–82.

Boas, Franz (ed.). 1911. *Handbook of American Indian Languages* (Smithsonian Institution Bureau of American Ethnology Bulletin 40). Washington, DC: Government Printing Office.

Boas, Franz. 1917. Introductory. *International Journal of American Linguistics* 1(1). 1–8.

Boas, Franz y Ella Deloria. 1941. *Dakota Grammar* (Memoirs of the National Academy of Sciences 23, Second Memoir). Washington, DC: Government Printing Office.

Bowern, Claire. 2011. Planning a language-documentation project. En Austin, Peter y Julia Sallabank (eds.), *The Cambridge Handbook of Endangered Languages,* 459–482. Cambridge: Cambridge University Press.

Briggs, Charles y Richard Bauman. 1999. 'The foundation of all future researches': Franz Boas, George Hunt, Native American texts, and the construction of modernity. *American Quarterly* 51(3). 479–528.

Burnaby, Barbara y Jon Reyhner (eds.). 2002. *Indigenous Languages across the Community*. Flagstaff, AZ: Northern Arizona University, College of Education. http://jan.ucc.nau.edu/~jar/books.html (consulta 26 enero 2010).

Cantoni, Gina (ed.). 1996. *Stabilizing Indigenous Languages*. Flagstaff, AZ: Northern Arizona University, College of Education.http://jan.ucc.nau. edu/~jar/books.html (consulta 26 enero 2010).

Conathan, Lisa. 2011. Archiving and language documentation. En Austin, Peter y Julia Sallabank (eds.), *The Cambridge Handbook of Endangered Languages,* 235–254. Cambridge: Cambridge University Press.

Cruz, Hilaria. 2009. Chatino oratory in San Juan Quiahije. PhD qualifying paper, University of Texas at Austin.

Dixon, R. M. W. 1972. *The Dyirbal Language of North Queensland* (Cambridge Studies in Linguistics 9). Cambridge: Cambridge University Press.

Dixon, R. M. W. (ed.). 1976. *Grammatical Categories in Australian Languages (Linguistic Series 22)*. Canberra: Australian Institute of Aboriginal Studies.

Dobrin, Lise M. 2008. From linguistic elicitation to eliciting the linguist: Lessons in community empowerment from Melanesia, *Language* 84(2). 300–24.

Dobrin, Lise M., Peter K. Austin y David Nathan. 2009. Dying to be counted: The commodification of endangered languages in documentary linguistics. En Austin, Peter K. (ed.), *Language Documentation and Description*, vol. 6. 37–52. Londres: School of Oriental and African Studies.

Dobrin, Lise y Josh Berson. 2011. Speakers and language documentation. En Austin, Peter y Julia Sallabank (eds.), *The Cambridge Handbook of Endangered Languages*, 187–211. Cambridge: Cambridge University Press.

Evans, Nicholas. 2008. Book Review: Essentials of language documentation. *Language Documentation and Conservation* 2(2). 340–350.

Evans, Nicholas y Hans-Jurgen Sasse. 2007. Searching for meaning in the Library of Babel: Field semantics and problems of digital archiving. En Austin, Peter K. (ed.), *Language Documentation and Description*, vol. 6. 58–99. Londres: School of Oriental and African Studies.

Garrett, Andrew. 2004. Structure, context, and community in language documentation: The new look of linguistic methodology [Workshop held by the Department of Linguistics, University of California, Berkeley, 19 November 2005].

Gippert, Jost, Nikolaus P. Himmelmann y Ulrike Mosel (eds.). 2006. *Essentials of Language Documentation* (Trends in Linguistics: Studies and Monographs 178). Berlín: Mouton de Gruyter.

Good, Jeff. 2011. Data and language documentation. En Austin, Peter y Julia Sallabank (eds.), *The Cambridge Handbook of Endangered Languages*, 212–234. Cambridge: Cambridge University Press.

Grenoble, Lenore. 2009. Linguistic cages and the limits of linguistics. En John Reyhner y Louise Lockhard (eds.) *Indigenous Language Revitalization: Encouragement, Guidance, and Lessons Learned*, 61–9. Flagstaff: Northern Arizona University.

Grenoble, Lenore. 2011. Language ecology and endangerment. En Peter K. Austin y Julia Sallabank (eds.) *Handbook of Endangered Languages*, 27–44. Cambridge: Cambridge University Press.

Grenoble, Lenore y Lindsay Whaley. 2005. Review of *Language Endangerment and Language Maintenance*, ed. por David Bradley and Maya Bradley, y *Language Death and Language Maintenance*, ed. por Mark Janse y Sijmen Tol. *Language* 81(4). 965–74.

Grinevald, Colette. 2001. Encounters at the brink: Linguistic fieldwork among speakers of endangered languages. En: Osamu Sakiyama y Fubito Endo (eds.), *Lectures on Endangered Languages 2: From Kyoto Conference 2000* (Endangered Languages of the Pacific Rim Series C002). 285–313. Kyoto: Endangered Languages of the Pacific Rim.

Grinevald, Colette y Michael Bert. 2011. Speakers and communities. En Austin, Peter y Julia Sallabank (eds.) *The Cambridge Handbook of Endangered Languages*, 45–65. Cambridge: Cambridge University Press.

Grounds, Richard A. 2007. Documentation or implementation, *Cultural Survival Quarterly* 31 (2). http://www.culturalsurvival.org/publications/cultural-survival-quarterly/richard-grounds/documentation-orimplementation (consulta 19 febrero 2010).

Gumperz, John J. 1962. Types of linguistic communities, *Anthropological Linguistics* 4(1). 28–40.

Hale, Kenneth L. 1975. Gaps in grammar and culture. En M. Dale Kinkade, Kenneth L. Hale y Oswald Werner (eds.), *Linguistics and Anthropology: In Honor of C. F. Voegelin*, 295–315. Lisse: The Peter de Ridder Press.

Hale, Kenneth. 1983. Warlpiri and the grammar of non-configurational languages, *Natural Language and Linguistic Theory* 1(1). 5–47.

Hale, Kenneth, Krauss, Michael, Watahomigie, Lucille, Yamamoto, Akira, Craig, Colette, Jeanner, LaVerne y Nora England. 1992. Endangered languages. *Language* 68(1). 1–42.

Heath, Jeffrey. 1985. Discourse in the field: Clause structure in Ngandi. En: Johanna Nichols y Anthony C. Woodbury (eds.), *Grammar Inside and Outside the Clause: Some Approaches to Theory from the Field*. 89–110. Cambridge: Cambridge University Press.

Hill, Jane. 2002. 'Expert rhetorics' in advocacy for endangered languages: Who is listening, and what do they hear? *Journal of Linguistic Anthropology* 12(2). 119–33.

Hill, Jane. 2006. The ethnography of language and language documentation. En Jost Gippert, Nikolaus P. Himmelmann y Ulrike Mosel (eds.) *Essentials of Language Documentation* (Trends in Linguistics: Studies and Monographs 178), 113–28. Berlín: Mouton de Gruyter.

Himmelmann, Nikolaus P. 1998. Documentary and descriptive linguistics, *Linguistics* 36(1). 161–95.

Himmelmann, Nikolaus. 2006. Language documentation: What is it and what is it good for? En: Jost Gippert, Nikolaus P. Himmelmann y Ulrike Mosel (eds.), *Essentials of Language Documentation* (Trends in Linguistics: Studies and Monographs 178), 1–30. Berlín: Mouton de Gruyter.

Hinton, Leanne. 1994. Ashes, ashes: John Peabody Harrington – then and now. En Hinton, Leanne, *Flutes of Fire: Essays on California Indian Languages*, 195–210. Berkeley, CA: Heyday Press.

Hinton, Leanne. 2001. Audio-video documentation. En Hinton, Leanne y Ken Hale (eds.), *The Green Book of Language Revitalization in Practice*, 265–71. San Diego, CA: Academic Press.

Hinton, Leanne. 2011. Revitalization of endangered languages. En Austin, Peter y Julia Sallabank (eds.), *The Cambridge Handbook of Endangered Languages,* 291–311. Cambridge: Cambridge University Press.

Hinton, Leanne y Kenneth Hale (eds.). 2001. *The Green Book of Language Revitalization in Practice.* San Diego, CA: Academic Press.

Holton, Gary. 2011. The role of information technology in supporting minority and endangered languages. En Austin, Peter y Julia Sallabank (eds.), *The Cambridge Handbook of Endangered Languages*, 371–399. Cambridge: Cambridge University Press.

Hurston, Zora Neale. 1935. *Mules and Men.* Filadelfia, PA: J. B. Lippincott.

Hymes, Dell. 1974. *Foundations in Sociolinguistics: An Ethnographic Approach.* Filadelfia, PA: University of Pennsylvania Press.

Jakobson, Roman. 1968. Poetry of grammar and grammar of poetry. *Lingua* 21. 597–609.

Jukes, Anthony. 2011. Researcher training and capacity development in language documentation. En Austin, Peter y Julia Sallabank (eds.), *The Cambridge Handbook of Endangered Languages*, 423–445. Cambridge: Cambridge University Press.

Kaufman, Terrence, John Justeson y Roberto Zavala Maldonado. 2001. *Project for the Documentation of the Languages of Mesoamerica (PDLMA).* Albany, NY: State University of New York. http://www.albany.edu/pdlma/ (consulta 25 enero 2010).

Krauss, Michael E. 1980. *Alaska Native Languages: Past, Present, and Future* (Alaska Native Language Center Research Papers 4). Fairbanks, AK: Alaska Native Language Center, University of Alaska Fairbanks.

Le Page, R. B. y Andree Tabouret-Keller. 1985. *Acts of Identity: Creole-based Approaches to Language and Ethnicity.* Cambridge: Cambridge University Press.

Lehmann, Christian. 2001. Language documentation: A program. En Bisang, Walter (ed.), *Aspects of Typology and Universals* (Studia Typologica 1), 83–97. Berlín: Akademie Verlag.

Levinson, Stephen C. 1983. *Pragmatics* (Cambridge Textbooks in Linguistics). Cambridge: Cambridge University Press.

Liberman, Mark. 2006. The problems of scale in language documentation. Talk. Texas Linguistics Society X Conference: Computational Linguistics for Less-Studied Languages, University of Texas at Austin. Disponible en http://uts.cc.utexas.edu/~tls/2006tls/abstracts/pdfs/liberman.pdf (solo resumen).

Lieb, Hans-Heinrich y Sebastian Drude. 2000. Advanced glossing: A language documentation format [DOBES internal Working Paper]. http://www.mpi.nl/DOBES/documents/Advanced-Glossing1.pdf (19 January 2010).

Lucy, John A. 1992. *Language Diversity and Thought: A reformulation of the Linguistic Relativity Hypothesis* (Studies in the Social and Cultural Foundations of Language 12). Cambridge: Cambridge University Press.

Lüpke, Friederike. 2011. Orthography development. En Austin, Peter y Julia Sallabank (eds.), *The Cambridge Handbook of Endangered Languages*, 312–336. Cambridge: Cambridge University Press.

Malinowski, Bronislaw. 1935. *Coral Gardens and their Magic: A Study of the Methods of Tilling the Soil and of Agricultural Rites in the Trobriand Islands.* Nueva York: American Book Company.

Meir, Irit, Wendy Sandler, Mark Aronoff y Carol Padden. 2011. The gradual emergence of phonological form in a new language. *Natural Language and Linguistic Theory* 29(2). 503–543.

Michael, Lev. 2011. Language and culture. En Austin, Peter y Julia Sallabank (eds.), *The Cambridge Handbook of Endangered Languages*, 120–140. Cambridge: Cambridge University Press.

Nathan, David. 2011. Digital archiving. En Austin, Peter y Julia Sallabank (eds.), *The Cambridge Handbook of Endangered Languages*, 255–273. Cambridge: Cambridge University Press.

Nathan, David y Peter K. Austin. 2004. Reconceiving metadata: language documentation through thick and thin. En Peter K. Austin (ed.), *Language Documentation and Description*, vol. 2. 179–87. Londres: School of Oriental and African Studies.

Newman, Paul y Martha Ratliff (eds.). 2001. *Linguistic Fieldwork.* Cambridge: Cambridge University Press.

Nichols, Johanna. 1992. *Linguistic Diversity in Space and Time.* Chicago: University of Chicago Press.

O'Shannessy, Carmel. 2011. Language contact and change in endangered languages. En: Austin, Peter y Julia Sallabank (eds.), *The Cambridge Handbook of Endangered Languages*, 78–99. Cambridge: Cambridge University Press.

Payne, Thomas E. y David J. Weber (eds.). 2007. *Perspectives on Grammar Writing* (Benjamins Current Topics 11). Amsterdam: John Benjamins.

Reyhner, Jon (ed.). 1997. *Teaching Indigenous Languages.* Flagstaff, AZ: Northern Arizona University, College of Education. http://jan.ucc.nau.edu/~jar/books.html (consulta 26 enero 2010).

Reyhner, Jon, Octaviana Trujillo, Roberto Luis Carrasco y Louise Lockard (eds.) 2003. *Nurturing Native Languages*. Flagstaff, AZ: Northern Arizona University, College of Education. http://jan.ucc.nau.edu/~jar/books. html (consulta 26 enero 2010).

Reyhner, Jon y Louise Lockard (eds.). 2009. *Indigenous Language Revitalization: Encouragement, Guidance and Lessons Learned*. Flagstaff, AZ: Northern Arizona University, College of Education. http://jan.ucc.nau.edu/~jar/books.html (consulta 26 enero 2010).

Reyhner, Jon, Gina Cantoni, Robert N. St. Clair y Yazzie Evangeline Parsons (eds.). 1999. *Revitalizing Indigenous Languages*. Flagstaff, AZ: Northern Arizona University, College of Education. http://jan.ucc.nau. edu/~jar/books.html (consulta 26 enero 2010).

Reyhner, Jon, Joseph Martin, Louise Lockard y Gilbert W. Sakiestewa (eds.) 2000. *Learn in Beauty: Indigenous Education for a New Century*. Flagstaff, AZ: Northern Arizona University, College of Education. http://jan.ucc.nau.edu/~jar/books.html (consulta 26 enero 2010).

Rhodes, Richard A., Lenore A. Grenoble, Anna Berge y Paula Radetzky. 2006. Adequacy of documentation: A preliminary report to the CELP [Committee on Endangered Languages and their Preservation, Linguistic Society of America]. ms. Washington, DC: Linguistic Society of America.

Rice, Keren. 2009. Must there be two solitudes? Language activists and linguists working together. In Jon Reyhner y Louise Lockard (eds.). 2009. *Indigenous Language Revitalization: Encouragement, Guidance and Lessons Learned*. Flagstaff, AZ: Northern Arizona University, College of Education. http://http://jan.ucc.nau.edu/~jar/ILR/ILR-4.pdf (consulta 12 mayo, 2014).

Samarin, William J. 1967. *Field Linguistics: A Guide to Linguistic Field Work*. Nueva York: Holt, Rinehart and Winston.

Schultze-Berndt, Eva 2006. Linguistic annotation. En Jost Gippert, Nikolaus P. Himmelmann y Ulrike Mosel (eds.) *Essentials of Language Documentation* (Trends in Linguistics: Studies and Monographs 178), 213–51. Berlín: Mouton de Gruyter.

Sherzer, Joel. 1987. A discourse-centered approach to language and culture. *American Anthropologist*, New Series 89(2). 295–309.

Speck, Frank G. 1918. Penobscot transformer tales. *International Journal of American Linguistics* 1(3). 187–244.

Spolsky, Bernard. 2011. Language and society. En Austin, Peter y Julia Sallabank (eds.), *The Cambridge Handbook of Endangered Languages*, 141–156. Cambridge: Cambridge University Press.

Taff, Alice. 2004. Aleut conversation corpus. Hans Rausing Endangered Languages Documentation Project Individual Postgraduate Fellowship. http://www.hrelp.org/grants/projects/index.php?lang=4 (consulta 9 agosto 2010).

Wilkins, David P. 1992. Linguistic research under Aboriginal control: A personal account of fieldwork in central Australia, *Australian Journal of Linguistics* 12(1). 171–200.

Williams, Raymond. 1973. *The Country and the City*. Oxford: Oxford University Press.

Woodbury, Anthony C. 1993. A defense of the proposition, 'When a language dies, a culture dies', *Texas Linguistic Forum* 33. 101–29.

Woodbury, Anthony. 1998. Documenting rhetorical, aesthetic, and expressive loss in language shift. En Grenoble, Lenore y Lindsay J. Whaley (eds.), *Endangered Languages: Language Loss and Community Response*, 234–58. Cambridge: Cambridge University Press.

Woodbury, Anthony. 2003. Defining documentary linguistics. En Austin, Peter K. (ed.), *Language Documentation and Description*, vol. 1, 35–51. Londres: School of Oriental and African Studies.

Woodbury, Anthony. 2005. Ancestral languages and (imagined) creolization. En Austin, Peter K. (ed.), *Language Documentation and Description*, vol. 3. 252–62. Londres: School of Oriental and African Studies .

Woodbury, Anthony. 2007. On thick translation in language documentation. En Austin, Peter K. (ed.), *Language Documentation and Description*, vol. 4, 120–35. Londres: School of Oriental and African Studies.

Woodbury, Anthony. 2010. Building projects around community members: the story of the Chatino language documentation project. Archiving ethically: Mediating the demands of communities and institutional sponsors when producing language documentation. Annual Meeting of the Linguistic Society of America, Baltimore, Maryland. http:// www.lsadc.org/ info/pdf_fi les/2010Handbook.pdf (consulta 24 febrero 2010).

Woodbury, Anthony C. 2011. Language documentation. En Peter K. Austin y Julia Sallabank (eds.), *The Cambridge Handbook of Endangered Languages*, 159–186. Cambridge: Cambridge University Press.

Woodbury, Anthony C. y Nora C. England. 2004. Training speakers of indigenous languages of Latin America at a US university. En Austin, Peter K. (ed.), *Language Documentation and Description*, vol. 2, 122–39. Londres: School of Oriental and African Studies.

South America

Alejandra Vidal

1 Nombres propios, denominación e identidad entre los pilagá y los wichí (Gran Chaco)

1 Introducción

Este trabajo constituye un estudio comparativo de los nombres de persona en pilagá (familia guaycurú) y en wichí (familia mataguaya), lenguas de la región del Gran Chaco, América del Sur.[1]

Los pilagá se encuentran en el Chaco central en la provincia de Formosa, Argentina. Se estima que las tribus guaycurú se concentraban en la región que abarca las actuales provincias de Formosa (Palavecino 1933) y Chaco en la zona situada al oeste del río Paraguay, entre los ríos Pilcomayo y Bermejo y en las zonas aledañas (Saeger 1999: 262). Los wichí (referidos en varias obras antropológicas como "matacos", término que los propios hablantes consideran hoy despectivo) viven en el Chaco central y austral, en varias zonas de influencia de los ríos Bermejo y Pilcomayo en las provincias de Salta, Chaco y Formosa en Argentina y el departamento de Tarija en Bolivia. Najlis (1968: 5, citada en Nercesian 2011: 55), teniendo en cuenta los datos del Censo Nacional Indígena de 1968 afirma que "la región mataca tiene como límites el río Pilcomayo al norte, el antiguo cauce del río Bermejo al sur, el meridiano 64°30′ al oeste y alrededor de 61° al este". No obstante, a la llegada de los españoles la extensión territorial del pueblo wichí podría haber sido mayor hacia el norte y el este (Palmer [1997] 2005: 14, cf. Nercesian 2011: 55).

Para ambos pueblos la lengua es un rasgo de distintividad étnica y cultural. La vitalidad lingüística depende de variables tales como los lugares de radicación de las comunidades o las familias de hablantes, el contacto con otras lenguas, fundamentalmente el español, y de los movimientos migratorios hacia los centros urbanos que pueden producir cambios en las pautas de transmisión de la lengua materna. El matrimonio con no indígenas y la socialización de los pilagá y los wichí en conjunto con pobladores de origen criollo y con otros grupos aborígenes en Formosa (los nivacle, hablantes de otra lengua mataguaya) propician la preferencia por el español como lengua de comunicación

---

1 Los datos oficiales estiman que el número total de hablantes pilagá es 6.000 y para el wichí aproximadamente 40.000 entre Argentina y Bolivia (INDEC/ECPI 2004–05; ORCAWETA 2011).

entre personas de grupos diferentes. Estos factores podrían haber afectado las prácticas de denominación y atribución de nombres que tradicionalmente se usaron para designar a las personas en la sociedad pilagá, no tan frecuentes en la actualidad.

Si bien nos interesa abordar en particular el estudio de los nombres de persona, a los fines de poder caracterizarlos también mencionaremos algunos rasgos en común con los topónimos y los etnónimos que designan parcialidades denominadas "bandas" (Braunstein 1983). Los topónimos y etnónimos también se consideran nombres propios. Por su lado, los topónimos tienen una estrecha relación con los procesos de sedentarización y migración interna de estos grupos cazadores-recolectores (Braunstein 1992: 5). Por el otro, los etnónimos se organizan según dos criterios: uno, que ordena los pueblos clasificados según los puntos cardinales normalmente fijados según el eje de un río, y otra que los identifica según características regionales, topográficas o ecológicas.

Nos proponemos discutir tanto los aspectos lingüísticos del nombre como su contribución a la construcción de la identidad personal y social de los pilagá y los wichí. Esto implica adoptar una doble perspectiva, la de la lingüística descriptiva para el análisis de los nombres de persona y la de etnolingüística, dado que la actividad de nombrar se concibe como un fenómeno contextual y culturalmente situado (Alford 1988: 1; Bean 1980: 309) y el nombre del referente está determinado por la práctica social que lo comprende.

El presente trabajo se origina en las reflexiones sobre el uso de los nombres surgidas en varios trabajos de campo en la provincia de Formosa desde 1997. En las comunidades pilagá registramos varias horas de discurso narrativo y entre los wichí, en el marco de un proyecto DoBeS (2002–2006) se entrevistaron varios hablantes de la variedad bermejeña, en el Chaco central. A partir de las entrevistas realizadas principalmente por Verónica Nercesian en Laguna Yema y Las Lomitas, los interesantes aportes de los consultantes sobre la constitución de los nombres de persona hicieron posible la elaboración de este trabajo comparativo. Asimismo, hemos incorporado a la discusión, aspectos de la práctica social de denominación entre los wichí (Barúa 2001; Palmer 1995; De los Ríos 1976; Palmer [1997] 2005).

A diferencia de los abordajes centrados en el uso de los nombres de persona en la comunicación (Marmaridou 1989: 355), en este trabajo no haremos referencia al papel de ellos en las interacciones verbales. Nuestro corpus está constituido por entrevistas y narraciones, no por conversaciones espontáneas. De allí, se tomaron nombres propios que se analizaron con los entrevistados y simultáneamente, se profundizó la investigación acerca de los significados de los nombres de persona, llegando a conformar una base de datos aún en construcción.

El marco elegido está sustentado por la corriente teórica del funcionalismo en lingüística y antropología. El propósito es hacer converger la perspectiva del estudio sintáctico-semántico de los nombres de persona con su uso actual por parte de estas sociedades. Por este motivo, este trabajo no busca ofrecer un análisis formal de la estructura interna y las relaciones de dependencia de las construcciones en las que los nombres están insertos.

La organización del presente capítulo es la siguiente. En 1.1. y 1.2. se presenta una introducción al tema, la problemática que plantea el estudio de los nombres de persona en ambas lenguas y los puntos de interés de este trabajo. La sección 2 aborda los aspectos morfosintácticos y semánticos de los nombres de persona pilagá y wichí. Allí se comparan con otras clases de nombres y se indagan los significados de las denominaciones descriptivas que funcionan como nombres de persona. En 3., se comparan los sistemas de denominación utilizados por estas sociedades y se explican las implicancias que tienen los nombres para la identidad social e individual. La sección 4 recoge las conclusiones y los aportes de este estudio a la documentación lingüística del área chaqueña.

1.1 Propiedades de los nombres de persona pilagá y wichí: planteos preliminares

Los nombres de persona, al igual que otros nombres propios, son expresiones definidas que convencionalmente se refieren a entidades particulares y se caracterizan por ser monorreferenciales. Además, proveen información sobre los sistemas de clasificación y nominación del pueblo que los usa.

Tanto los nombres propios como las descripciones definidas tienen carácter indexical, porque no sólo describen al portador, sino que también lo constituyen. Un nombre propio es parte de la identidad de una persona y de la identificación de otras clases de referentes. Desde el punto de vista pragmático, la denominación es un acto constituyente. Por esto, en muchas sociedades, tanto el nombre como el acto de nombrar dan entidad al ser social.

La expresión pilagá para decir 'nombre' o 'nombrar' consiste en una raíz ligada.[2] Gramaticalmente, esta forma es, ya un sustantivo inalienable obligatoriamente poseído, ya un verbo intransitivo que puede entrar en construcción causativa como en (1) para significar 'dar nombre'. El nombre de la persona referida en (1), de sexo masculino, está precedido por un determinante, un clasificador (CL). En el mismo ejemplo (1), el entrevistado también se refiere a

---

2 Como en *Naega' adnaṣat* '¿cómo te llamás?' a lo que el portador de un nombre pilagá respondería *hayem yinaṣat Elqodi*, 'mi nombre es Elqodi'.

esta persona por otra clase de nombre, su "apodo" *Waʂayaʂa* 'zorro', un personaje central de la mitología chaqueña:

(1) *Ñi' Maʂayače'n w'o   da' l-naʂat   l-qaya   m'e   Waʂayaʂa*
    CL *Maʂayače'n* EXIST CL POS.3-nombre POS.3-otro RLTV *Waʂayaʂa*
    qo-y-en
    SI-A.3-hacer
    'Maʂayače'n tiene otro nombre que es Waʂaya.'

Los ejemplos (2) y (3) revelan que en pilagá no existe aparentemente ninguna
diferencia formal entre nombres comunes y propios; ambos ocurren después
del complemento de la raíz llamar/nombre *Inaʂat* y están precedidos por un
determinante (la discusión sobre la ocurrencia de los nombres de persona con
determinantes en pilagá se retomará en 2.1).

(2) *Haso'*   *epaq*   *Inaʂat*   *elkik.*
    ha- so'   epaq   l-naʂat   elkik
    FEM.CL.deict árbol, arbusto POS.3- nombre sachasandía
    'El nombre de la planta (es) "elkik", sachasandía.'

(3) *Lenaʂat*   *ñi' Čaʂawaik m'e   l'ačaqa'   di' Ayo.*
    l-naʂat   ñi' Čaʂawaik m'e   l-'ačaqa'   di' Ayo
    POS.3–nombre CL   RLTV POS.3-casa CL Ayo
    'Su nombre (es) Čaʂawaik cuya casa está en Ayo (comunidad de La
    Bomba).'

En wichí, la raíz 'nombre', 'nombrar' es *-lhey*, integrada a la construcción causativa con el verbo *wu(ye)* 'hacer' en (4). 'Dar o hacer nombre' en wichí puede
realizarse sobre cualquier entidad del mundo: humano, sobrehumano, animal,
vegetal u otro (Barúa 2001: 32). En (5), que constituye la pregunta por el nombre, se muestra una forma alternativa de la raíz *-ey* que en la conjugación
(irregular) como sustantivo inherentemente poseído en segunda persona se
modifica y pierde la consonante inicial lateral sorda.[3]

(4) *Ø- iwu-lhey-a*
    3SUJ-hacer-nombre-CI
    'se llama'

(5) *at'ep   Ø-ey?*
    INTERR POS.2-nombre
    '¿Cómo te llamás?'

---

3 Cf. Nercesian 2011: 228.

La raíz -*lhey* 'nombre' y -*lhey* 'bolso en forma cuadrangular que utilizan los hombres wichí' (Montani 2007: 53) son homónimos. Al igual que en pilagá, se trata de una raíz ligada que lleva una marca personal obligatoria, el poseedor.

En las sociedades chaqueñas existen tres tipos de nombres. El nombre dado al nacer o poco después, que mantiene un vínculo con su portador durante toda la vida y que puede o no tener significado según los casos (como veremos más adelante), los nombres que tienen significado porque generalmente describen una característica asociada al portador o están vinculados con algún episodio de su vida, y el nombre no indígena para la sociedad civil elegido por los padres para el único propósito de la inscripción del nacido en el Registro Nacional de las Personas.[4] De estos tres tipos, el primero y el tercero tienen una función netamente referencial y sólo el segundo tiene además una función connotativa. En pilagá existen los tres tipos de nombres, mientras que en wichí el primero de los tipos no se registró, sólo el segundo (que es el nombre propio dado en su lengua) y el tercer tipo. Véase cómo en (1) el referente tiene tanto un nombre pilagá tradicional *Maꞎayačen* como un apodo asociado, *Waꞎayaꞎa*.

En wichí, los nombres de persona (*hin'ulh lheyis*) se originan en las características que presentan los individuos y esto puede suceder temprano en la vida o avanzados algunos años. Por ejemplo, *Chayis* < *kacha* 'remedio' es el nombre de una persona que nació con problemas de salud; *Fwalisteyis* literalmente 'chaucha de la algarroba (< *fwa'ay* 'algarroba') se aplica a un individuo de sexo masculino que por sus características físicas es delgado y alto, mientras que *Pitey'a* nombre femenino, podría provenir del nombre dado a la fibra del caraguatá *pite*. También en wichí pueden ser núcleo de una frase nominal y no necesitan combinarse con ninguna otra palabra o complemento.

Los nombres de persona pueden ser monolexémicos o plurilexémicos. Son nominales en pilagá y de origen nominal o verbal en wichí. Por su comportamiento gramatical, no son muy diferentes a otras clases de nombres (comunes o propios) en ninguna de las dos lenguas.

---

4 En dos localidades centrales de la provincia de Formosa (Las Lomitas y Pozo del Tigre) no les permitieron a los pilagá inscribir a sus hijos con los nombres tradicionales. Los funcionarios del Registro Civil argumentaron que en los nombres indígenas no se realiza la distinción de género. Creemos que esta situación aún permanece vigente.

1.2 Problemática que plantea el estudio de los nombres de persona en ambas lenguas y puntos de interés de este trabajo

Esta breve presentación sugiere que la clase "nombre propio de persona" es heterogénea y requiere un examen que incluya sus propiedades semánticas y las características relativas a su uso social. Además de la homofonía entre los nombres comunes y propios al llevar raíces portadoras de un significado que se puede asignar a otras clases de referentes (que no son ni definidos, ni monorreferenciales, como los nombres de persona), estos no se distinguen sintácticamente de otros nombres, aspecto que dificulta la delimitación sin ambigüedad entre nombres propios y comunes e incluso entre nombres propios o frases, cuando hay nombres que por su complejidad exceden el límite de una palabra. Si bien los nombres de persona pueden ser gramaticalmente similares a los nombres comunes, a diferencia de estos tienen la función pragmática de designar a un individuo particular, sea éste conocido o no por el oyente. Con todo, es incorrecto creer que los hablantes no distinguen entre nombres comunes y propios, y dentro de esta última clase, los nombres de personas.

En una investigación tipológica sobre los nombres propios, Van Langendonck (2007: 10ss.) propone que a nivel gramatical los nombres comunes y los propios son indistinguibles. En esta línea, menciona a autores como Bauer (1996) quien utiliza el término "nombres de transición" para las expresiones apelativas cuya función como nombre propio no se manifiesta semántica sino pragmáticamente, y Anderson (2003: 290) para quien los nombres cambian de clase (de propios a comunes o viceversa) por el proceso de "conversión" (por ejemplo, el nombre de persona *Juan* en la expresión *otro "Juan"*). Van Langendonck desplaza el foco de la discusión hacia la necesidad de distinguir entre el nombre como lema aislado (la entrada de diccionario) y el nombre propio (*proprial lemma*) como palabra que pertenece a una clase sintáctico-semántica específica. Considera así una diferencia fundamental entre el modelo (o esquema) y una instancia del modelo (*op. cit.* 2007: 101), para explicar la distinción que existe entre el lema, el nombre propio y la instancia en la que el nombre propio es usado. A esa distinción, agrega los aspectos cognitivos y pragmáticos que determinan la función que los nombres propios tienen, prototípicamente, la función apelativa.

En relación con lo planteado anteriormente, los objetivos de este trabajo son los siguientes. Por un lado, mostrar las propiedades sintáctico-semánticas de los nombres propios en ambas lenguas y discutir la existencia de la categoría "nombres de persona". Los nombres de persona se incluyen en la primera subclase de nombres propios dentro de la mencionada tipología (Van Langendonck 2007: 184). Además, puesto que desde el punto de vista del área chaque-ña, no hay estudios sobre el uso de estos en la sociedad pilagá y desde un abordaje estrictamente lingüístico, tampoco han sido tratados en las gramáti-cas sobre estas lenguas (Vidal 2001; Terraza 2009, Nercesian 2011), una investi-gación sobre las propiedades (morfo)sintácticas de esta subclase en pilagá y en wichí es oportuna. Más aún, se ha propuesto que una propiedad tal como la posibilidad de que los nombres de persona ocurran en construcciones aposi-tivas del tipo "Det + N+ N" donde la posición del segundo nombre la ocupa un nombre de persona, es relevante para la caracterización de los nombres de persona en pilagá (cf. 1.1). Por otro lado, me propongo incluir en esta primera aproximación al estudio de los nombres de persona, algunas reflexiones sobre cómo actúa la polisemia y la metonimia en la formación de los nombres de persona y llamar la atención sobre la dimensión cultural de los criterios que rigen la creación de los nombres propios, incluidos los nombres de persona, en dos lenguas no emparentadas del Chaco.

2 Morfosintaxis y significado de los nombres de persona

En esta sección, se aborda el estudio de la gramática y la semántica de los nombres de persona, por lengua.

2.1 Pilagá

Los nombres comunes admiten marcas de género, número, posesión, pueden coocurrir con determinantes, adjetivos o en construcciones posesivas en fun-ción de genitivo. Los nombres de persona en pilagá pueden indicar el género del referente y pueden coocurrir con un determinante pero no van nunca poseí-dos. El género puede estar manifiesto mediante un sufijo o lexicalmente especi-ficado. En nuestro corpus de 254 nombres se advierten marcas de género/clase en los nombres masculinos terminados en -ik, -nek, -lek, -olek, -e'n, (6a) y feme-ninos terminados en -na', -na, -le, -ole, -e, -te, -ta:

(6)   a.   Masculinos: *Adentak, Aečaq, Ayaekie'n, Čemt'e, Čikiñi, Daelqoče, Daꞅankie'n, Daꞅañik, Dayaꞅae'n, Deinkie, Desaꞅae'n, Edie'n, Salqoe, Sataqae'n, Sedaꞅakie'n, Sedekie'n, Sedoꞅoyi, Selañe'n, Senače'n, Senaꞅatolek, Setoqkie'n*

b. Femeninos: *Čedo'ole, Atakena', Mate'ena, Natena, Nayaena, Paloqte, Qato'ole, Piči, Pikie'ena', Añeta, Atamana, Biditna, Čake'ena', Čalataṣae, Čaṣač'ole*

Los nombres de persona ocurren junto a determinantes, lo que no los hace esencialmente diferentes de los otros sustantivos propios (como los nombres de lugares) e incluso de los comunes, sean estos individuales o de masa. Los determinantes con los que se combinan los nombres de persona son los mismos que preceden a los nombres comunes en pilagá. Algunos ejemplos de determinantes + nombres de persona se encuentran en (7)–(12). Estos pertenecen a alguna de las siguientes dos clases: clasificadores y demostrativos. Los clasificadores pueden formar parte de la estructura morfológica de los demostrativos o aparecer en forma libre delante del elemento nominal. En Vidal (1995; 1997) se desarrolla un análisis de sus semejanzas tipológicas con otros sistemas denominados "de clasificación". En este trabajo haremos sólo una breve referencia al sistema de determinantes, enfocando las construcciones con nombres propios.

Existen seis clasificadores, organizados según los siguientes parámetros: a) proximidad/distancia del referente; b) movimiento del referente y c) posición del referente. Por lo tanto, es posible agrupar a los clasificadores, según su significado interno, en dos grupos, deícticos y posicionales. Posicionales: *da'* 'extendido en forma vertical', *ñi'* 'sentado/no extendido', *di'* 'acostado/extendido en forma horizontal'. Deícticos: *na'* 'acercándose/próximo', *so'* 'alejándose/lejano', *ga'* 'ausente/muy distante'.

Los referentes que están a la vista pueden subcategorizarse en términos de estar alejándose de o acercándose hacia el centro deíctico, o incluso ser totalmente invisibles desde la perspectiva del hablante; por ende, la configuración o las condiciones de movimiento del referente son impredecibles. Hay, desde luego, variación entre los clasificadores deícticos, según la distancia y posibilidad de visualizar a la entidad referida desde el punto de referencia

Cuando se clasifica a las entidades según su posición, está implicada su presencia dentro del campo visual, dado que su configuración es observable. La ocurrencia de *ñi'* en (1) sugiere que el referente es conceptualizado por el hablante en una posición no extendida, es decir que en términos de su postura está 'sentado'. No obstante, hay variación entre los clasificadores posicionales atribuidos a una misma entidad, si esta ha experimentado un cambio en términos de su posición circunstancial. Por consiguiente, las entidades clasificadas no siempre pertenecen a clases o a grupos taxonómicos fijos, como veremos en (7)–(12). Si bien la cantidad de parámetros clasificadores es limitada, un objeto puede conceptualizarse como participando de más de un parámetro.

Desde una perspectiva pragmática, el hablante cuenta con una serie de opciones y, según su criterio, elige la "configuración" más pertinente (o más marcada) en un punto determinado del discurso.[5]

En (7) el topónimo *Laqtasatanyi* está precedido de *di'* 'extendido, horizontal' que se utiliza con los nombres de las ciudades y pueblos, y por extensión para los individuos fallecidos como es el caso de la mujer mencionada en (6), Ačqona.

(7) *l-naʂat*   *hadi-maʂa*   *yawo m'e   l'ačaqa'   di' Laqtasatanyi*
   POS.3-nombre CL.FEM.DEM mujer RLTV POS3-casa CL *Laqtasatanyi*
   hadi'   Ačqona'
   CL.FEM *Ačqona'*
   'El nombre de esa mujer que/ cuya casa (está) en Laqtasatanyi (topónimo) (era) Ačqona', tenía otro nombre (dado), Añeta.'

En (8) la cláusula interrogativa atrae el uso de un clasificador deíctico *ga'* delante del nombre de persona masculina. Ese CL, con significado de extremo alejamiento, se aplica a referentes ausentes, no visibles y por extensión semántica, a toda información que el hablante u oyente desconozcan:

(8) *Qo'   w'o   ga' Čaʂawaik*
   INTERR EXIST CL *Čaʂawaik*
   '¿Está Čaʂawaik (en su casa)?'

En (9)–(10) los nombres propios están precedidos por el deíctico *so'* que sugiere la distancia del referente en relación al momento y lugar de la enunciación. Cualquier mención a personas ausentes en el tiempo narrativo actualiza la aparición de *so'* precediendo al nombre:

(9) *l-k'oqte   so' Nadienek m'e   lk'oʂo   haso'   Soɓiaʂae qataʂa*
   POS.3-hija CL *Nadienek* RLTV POS.3-hijo FEM.CL *Soɓiaʂae* Conj
   di m'e   l-et'a   Tegenqodi.
   CL.DEM POS.3-padre *Tegenqodi*
   '(Añsole era) hija de Nadienek (Marcos Salinas) que era hijo de Soɓiaʂae y Tegenqodi (fallecido).'

---

5 Esta presentación de los clasificadores y demostrativos es apenas una descripción general de esa interesante clase de palabra (que se encuentra en todas las lenguas guaycurúes). Para un tratamiento más extenso de los determinantes en pilagá; cf. Vidal (1995; 1997; 2001).

(10) *so' Neladi mač'e l-k'oɾot   haga' ya-sodo m'e neta-ñ'a*
     CL *Neladi* propio POS.3-hijo FEM.CL POS.1-tía *RLTV* COP.estar-LOC
     di' n'onaɾa
     CL campo
     'Neladi es el hijo de mi tía que vive en el campo.'

Los nombres de persona en los textos aparecen en tres funciones. En primer lugar, ocupan la función de argumentos aunque, al igual que para los nombres comunes, esta característica no está especialmente marcada. Véanse otros ejemplos en (11)–(12):

(11) *Hañi' Čalataɾae yayate'n da' de-taɾa-yi-lo   naa' kaɾaik*
     CL.FEM *Čalataɾae* A.3-saber CPT A.3-hablar-DIR-Obj. PL CL.PL wichí
     l-'aqta-qa
     POS.3-palabra-PL
     'Čalataɾae sabe hablar wichí.'

(12) *Di' Paiha wana sa-teto-n   ka'lio' waɾač'e maλaɾa hayem*
     CL *Paiha* NEG A.1-conocer-ASP ADV   conj   ADV   PRO.1
     n'asolek
     niño
     'A Paiha no lo conocí en aquel momento porque yo era todavía un niño.'

Además, pueden funcionar como aposiciones. En estos casos (13)–(14), el nombre de persona no está entonacionalmente separado del núcleo y tiene orden fijo dentro de la frase nominal (postnuclear):

(13) *so' Mala' w'o   di' niɓiedtew'o   naɾa hañi'   l-at'e*
     CL *Mala'* EXIST CL B.3-ir-ASP-DIR PT   CL.FEM POS.3-madre
     Atamana
     Atamana
     'A veces Mala' va (a la casa de) su madre, Atamana.'

(14) *Aw-e aw-k'ade'-ta   hañi'   ad-asodo Kotakala*
     A.2-ir A.2-visitar-DIR CL.FEM POS.2-tía *Kotakala*
     'Ve a visitar a tu tía Kotakala.'

Sobre la función apositiva, Van Langendonck (2007: 125) afirma que los nombres propios la cumplen casi con exclusividad, siendo esta característica un criterio para la delimitación entre nombres propios y otras clases de nombres al verificar que el nombre propio forma una unidad en sí misma dentro de una construcción. Utiliza la distinción aposición cerrada vs. flexible (mi traducción aproximada de los términos *close/loose apposition*) para diferenciar entre tipos de construcciones apositivas. La construcción apositiva en pilagá no parece ajustarse a la definición de aposición rígida dada por este autor, ya que no es posible revertir el orden núcleo-aposición en construcciones como las que se muestran en (13) y (14). Así, las combinaciones **Atamana hañi' l-at'e* o **Kotakala hañi' ad-asodo* no están permitidas, a menos que al nombre de persona lo preceda un determinante.

Una tercera función es la de vocativo (15–17). En estos casos no llevan determinante y son externos a la cláusula. Del momento en que no integran ni cumplen función dentro de ninguno de los constituyentes, pueden ocurrir al principio o al final de ella:

(15) *Ňotaꭍae'n qo'   sa-'aw-eta   he'n nloʌesek*
     Ňotaꭍae'n INTRR NEG-A.2-desear DEM comida frita
     'Notaꭍae'n, ¿no querés comida frita?'

(16) *Qo'   y-eta   he'n nosek   Ekienaꭍaik*
     INTRRG A.3-querer DEM guiso, comida *Ekienaꭍaik*
     'Ekienaꭍaik ¿querés guiso?'

(17) *Kom'i'n qo'   soꭍote n-aɓi'   haga'   ad-at'e*
     Kom'i'n INTRRG PT   B.3-llegar CL.FEM POS.2-madre
     'Kom'i'n ¿Ya llegó tu madre?'

Así como no siempre es posible identificar la estructura interna de los nombres de persona, tampoco es reconocible su etimología. Son, en efecto, nombres de gente que se repiten de una generación a otra (cf. sección 3). Si bien los nombres tradicionales no se definen por ningún atributo que su portador tenga, existe un acuerdo entre el nombre y la sociedad que lo atribuye. La relación entre el nombre y el portador está determinada por el acto social de denominación y el interés por el nombre propio descansa en la conexión pragmática con la vida social; pertenece al portador del momento en que el nombre fue soñado e impuesto por los parientes en una ceremonia. Retomaremos este punto en 3.

Como se mencionó en la sección 1.1, hay un segundo tipo de nombres, las denominaciones descriptivas, que son similares a lo que en otras sociedades se consideran "apodos" y funcionalmente equivalen a los nombres de persona. Estos pueden coexistir con los nombres tradicionales o bien ser el único nombre por el que ese individuo es conocido. Como se advierte por (18), estos nombres son susceptibles de contenido descriptivo asociado a la referencia:

(18) a. *Dalagaṣa-ik* 'garza blanca-MASC',

　　b. *N-adie-nek* '3-amenazar-MASC'/'amenazante',

　　c. *N'anaṣa-l-ayaṣa* 'corzuela-POS.3-vagina'/'Vagina de corzuela',

　　d. *Pioṣo-l-'atek* 'perro-POS.3-excremento'/'Excremento de perro',

　　e. *Qapi-aṣa-ik-olek* 'ser pequeño-NMLZ-MASC.DIM'/'pequeñito',

　　f. *Añesa-ole* 'joven-DIM.FEM'/'Jovencita',

　　g. *Aṣaik-olek* 'feo.MASC-DIM'/'Feíto',

　　h. *Čalat-aṣa-e* 'pararse-NMLZ-FEM'/'Erguida'

Las denominaciones descriptivas constituyen, en efecto, otro tipo de nombre de persona y surgen por alguna circunstancia en la que el referente tomó parte o por la asociación con alguna característica física o de su personalidad. Este sistema de denominación se encuentra bastante extendido en la sociedad pilagá actual. Que sean neologismos hace que su etimología resulte más transparente que la de los nombres tradicionales. Las expresiones descriptivas como nombres de persona en pilagá pueden estar formadas por sustantivos compuestos como en (20c) y (20d). Algunos son derivaciones de raíces verbales o nominales acompañadas, a su vez, por afijos de género que se utilizan con muchos otros sustantivos.

El nombre en (20a) refiere a un tipo de ave macho en este caso aplicado a un individuo delgado y alto con similares características físicas a las de la especie que el nombre común designa. El tipo de estructura compuesta para los nombres de persona también se emplea en las denominaciones vegetales (Vidal 2001: 105) e incluso, la forma *-ik* del masculino aparece como sufijo formador de nombres de árboles característicos de la región del Chaco como *napik* 'algarrobo', *qopedañik* 'palo borracho', *lochik* 'tala', *ketakaik* 'quebracho colorado' y *n'alaik* 'mistol', entre otros.

Una característica importante es que las denominaciones vegetales tienen relación con la formación de topónimos que también integran la categoría de los nombres propios. A su vez, usan las raíces simples del vocabulario de mundo animal para la denominación de bandas (conjunto de agrupaciones familiares que mantienen lazos consanguíneos o matrimoniales). Sobre un total de 193 topónimos relevados por Dell' Arciprete (1991: 43), 108 se refieren a especies vegetales y animales, 42 y 66, respectivamente. Resulta de interés, en consecuencia, que este tipo de vocabulario también se utilice en la formación de nombres descriptivos o apodos, como los que figuran en (18), marcando una continuidad entre los topónimos, nombres de bandas y nombres de persona.[6]

---

6 Trabajos antropológicos sobre la toponimia pilagá son, además del mencionado, Dell' Arciprete (2003), De la Cruz (1993) sobre los toba del oeste o toba pilagá y Scarpa & Arenas (2004)

Si bien los pilagá utilizan las denominaciones de animales para la designación de los diferentes grupos familiares (*ledemapi* 'las liebres', *qaqadepi* 'los caranchos', entre otros), varios criterios aparecen en la formación de los etnónimos. Braunstein y Wright (1989: 12) encontraron, no entre los pilagá pero entre los toba (qom, familia guaycurú), que una parte de los gentilicios más antiguos se estructuraban sobre los nombres de líderes. Otros gentilicios se basan en la cardinalidad y el curso de los ríos.[7] Con esto, concluyen que existen criterios diferentes en la organización gentílica que generalmente toman a la naturaleza como principio ordenador de la sociedad.

2.2 Wichí

En wichí los nombres de persona tienen significado, porque se forman a partir de raíces nominales o verbales que existen en el inventario morfológico. A diferencia de lo que ocurre en pilagá, no conforman un conjunto cerrado. Por su estructura, pueden ser construcciones simples que consta de una raíz más afijos (monolexémico), o complejas , formada por una frase (plurilexémico), y por su origen podrían ser tanto nominales como verbales.

Sincrónicamente, no todos los nombres poseen transparencia semántica del momento en que se forman a partir de una raíz (no de una base) que puede estar reducida en cuanto a su material fónico. No obstante, para algunos se ha podido identificar la etimología: el hablante reconoce la forma verbal completa que dio lugar a la formación del nombre de persona. A la raíz se agrega un afijo de género, según sean masculinos o femeninos (ubicada a la derecha del símbolo angular en (19–20)). Se utilizan las formas *-en*, *-yis* o *-lhos* para los nombres masculinos, y *-y'a*, *-te* para los femeninos, sufijos especializados en la formación de los nombres de persona.[8]

(19) Masculinos:
    a. *Poyahen*,
    b. *Tineyahen*,

---

sobre la relación entre el ambiente, el mundo vegetal y las denominaciones de los toba del oeste o toba-pilagá.

7 Todos los pueblos chaqueños poseen en su terminología gentílica alguna palabra para denominar al o los grupos que viven en localidades cercanas al nacimiento del río o a su curso inferior. También les dan nombre a los grupos que viven lejos del río, en localidades mediterráneas o en el interior del monte.

8 Sería interesante explorar la relación entre este sufijo formador de nombres femeninos *-te* y la terminación *-t'e* de algunos nombres femeninos pilagá (5b).

   d. *Upayis*,
   e. *Oleyis* < *tol'ey* 'pelearse', 'peleador',
   f. *N'cheyis*,
   g. *Naylhiyis* < *naylhi* 'bañarse', 'siempre se baña',
   h. *Omteyis*,
   i. *Sinayis*,
   j. *Fwalisteyis*,
   k. *Polhos*,
   l. *N'ulhos*,
   m. *Nuch'u*,
   n. *Fwatsetaj* 'viborón',
   o. *Tupalu* 'topadora'.

(20) Femeninos:
   a. *Omteya*,
   b. *Nityey'a*,
   c. *Omey'a* < *yomey* 'hablar', 'habladora',
   d. *Naylhiy'a* <*tanajlhi* 'zigzaguear', 'que camina zigzagueando' ,
   e. *Fwaley'a* < *fwalh* 'disgustar', 'que le disgustan las personas',
   f. *Temey'a*,
   g. *Pitey'a*.
   h. *Temnite* < *temey* 'difundir o divulgar', 'que difunde noticias',
   i. *Yulite*,
   j. *Susete*,
   k. *W'ensate*,
   l. *Yometlhite*,
   m. *Yajhonhin'u* (*yaj-hon-hin'u* PROH-seguir-hombre 'que sigue a los hombres'),
   n. *Nayhiy'a* < *anayhi* 'palabra', 'habladora'.

La composición de algunos nombres demuestra que la misma raíz puede dar lugar a un nombre femenino o masculino (compárese (19h) y (20a)). La mayoría tienen morfología verbal y en muchos menos casos, provienen de otros nombres. Los que aparecen como (19n) y (19o) encuentran su origen en raíces nominales, típicamente sustantivos comunes e incluso en préstamos nominales (cf. (19o) < Esp. *topadora*' atribuido a una persona excesivamente activa). También la raíz es presuntamente nominal en (19h) *Omte-yis* de *lhomte* 'palabra', y en los mencionados *Chayis*, de *kacha* 'remedio' y *Fwalisteyis* en 1.1.

Como en pilagá, otra fuente para los nombres personales son los nombres de animales. Las terminaciones *-taj* 'DIM' y *-fwaj* 'AUM' recurrentes en la formación de estos, aparecen también cuando el nombre se atribuye a una persona aunque sin un sufijo de género agregado. Según Nercesian (2011: 265–266), la categoría de diminutivo, además de indicar tamaño, tiene valor semántico de 'afectivo', mientras que el aumentativo modifica el significado de la base (por ejemplo (21g) designa a un cánido americano, 'aguará guazú').

Los siguientes nombres (21) pertenecieron a individuos que los consultantes recuerdan; todos originarios de Pozo de Fierro, un antiguo lugar de campamento de verano de los wichí sobre el río Bermejo:

(21) a. *Hu'u-fwaj* 'pequeña gallina',
   b. *Sicho-taj* 'golondrina grande',
   c. *Nuwalhek* 'lechiguana (tipo de abeja)',
   d. *Alhe-fwaj* 'iguanita',
   e. *Chitan'i-fwaj* 'tortuguita',
   f. *Ch'anhu-fwaj,* 'quirquinchito',
   g. *Mawu-taj* 'aguará (lit. 'zorro grande')',
   h. *Pach'ulh-taj* 'patas grandes',
   j. *Wonlhoj* 'suri',
   k. *Puletaj-ts'e* 'panza de chivato'.

Existen también los nombres de persona ligados a eventos, que se recuerdan y actualizan cuando se atribuyen a los individuos específicos.

Tanto el nacido como sus padres u otros parientes pudieron haber participado en ellos. En (22) se ejemplifica este interesante uso de los eventos como fuente de los nombres. Pueden ser, desde el punto de vista de su composición, frases verbales (22a, b, c y e) (Barúa 2001: 45, transcripción levemente modificada), o derivar de bases nominales como (22d). Podría establecerse un paralelo entre esta clase de nombres de persona y los topónimos, en cuanto a que designan lugares donde sucedieron hechos. Como los topónimos, los nombres de persona suelen ser únicos, irrepetibles:

(22) a. *Unhak lonek* 'muerto por la sachasandía',
   b. *N'oyij lonek* 'muerto por el camino',
   c. *Wumlhoya* 'abandonada',
   d. *Hat'ey'a* 'borracha',
   e. *Wuchuwej* 'hizo una cueva',
   f. *Toyejlhite* 'maldecida'.

En las denominaciones complejas, el elemento central verbal aparece en su forma desnuda, sin afijos de persona; *lon* 'morir', *wu* 'hacer'. El nombre *hat'ey'a* proviene de la base nominal *hat'es* 'bebida', que pierde la consonante final al unirse el sufijo de género. Barúa (2001: 45) explica su significado de la siguiente manera: "el padre de la muchacha tomó mucha aloja y se emborrachó; en esa oportunidad, se incendió su casa. *Wuchuwej* refiere a una criatura dejada en el hueco de una cueva por su madre".

En la versión que me ha sido transmitida de fuente directa, *Toyejlhite* es una joven fallecida de la comunidad de Pampa del 20, Las Lomitas, provincia de Formosa, cuya familia tenía por costumbre maldecir a los demás.

No existe un conjunto de nombres tradicionales a diferencia de lo que ocurre en pilagá; como se advierte, los nombres de persona wichí son el equivalente a las descripciones definidas pilagá (2.1) y se utilizan como formas apelativas o vocativas en el discurso.

Al igual que para la sociedad pilagá, para los wichí existen semejanzas entre los nombres de persona, los topónimos y los etnónimos.

En cuanto a los topónimos señala Palmer ([1997] 2005: 41) que los wichí a través de la toponimia convierten su territorio en un lugar culturalmente organizado. Según Barúa, los topónimos, nombran "aquello que es insólito, lo que provoca pena o conflicto, donde ocurrieron accidentes, donde se mezcló lo trágico y lo cómico" (Barúa 2001: 39). Como con los nombres personales, los wichí no duplican los topónimos; esta estrategia es vital porque al salir el cazador-recolector de su comunidad en busca de alimento debe informar a dónde se dirigirá, en caso de no regresar y fin de que los parientes puedan salir a buscarlo.

Asimismo, la toponimia refleja su conocimiento etnobiológico. Palmer ([1997] 2005: 47) relevó 200 especies de flora y fauna utilizados como topónimos, cuyo principio tiene que ver con el tamaño relativo. Esto significa que los topónimos que tienen un referente botánico llevan sufijos aumentativos y diminutivos agregados a las raíces, como muchos nombres de persona vistos en (21).

Como los pilagá, los wichí recurren a los nombres de animales para la formación de etnónimos que sirven a la identificación y denominación de bandas. Braunstein (1978) relevó nombres de grupos familiares wichí asentados en las proximidades del Río Pilcomayo en Argentina. En (23) consigno algunos ejemplos:

(23) a. *asnolis* 'burros (gente de antigua Misión San Andrés, sobre el río Pilcomayo medio inferior)',
    b. *ahuntses* 'caranchos' (gente de El Chorro, provincia de Formosa),
    c. *inatey* 'conejos' (habitantes de los alrededores de Tartagal, provincia de Salta).

Los nombres de grupos ancestrales en wichí son sustantivos comunes simples, mientras que los nombres de persona pueden ser más complejos que una palabra. Estas denominaciones de animales o cosas aplicadas a personas, de un grupo hacia otro, denotan la manera en que son percibidos por aquel, además de resaltar una característica física o de comportamiento similar o común con el objeto o la especie animal. En Laguna Yema, *yotey* 'vasijas' y *tsetwus* 'lechuzas' designan dos grupos familiares distintos. *Lhukutas* 'cigüeñas' es la denominación atribuida por los wichí de Salta a varios grupos wichí asentados en la región de Chaco central, en las proximidades del Río Bermejo, en las provincias de Formosa y Chaco.

2.3 La clase 'nombre de persona'

Los nombres propios han sido particularmente problemáticos para las descripciones lingüísticas, en cuanto a su ubicación en el sistema de categorías léxicas y delimitación en base a propiedades estrictamente gramaticales. Hockett (1971: 311) comenta el caso de la lengua fiji en la que los nombres propios llevan una marca especial. Algunas lenguas con sistemas de ergatividad escindida realizan una distinción entre pronombres y nombres propios, al presentar un tipo de alineamiento sintáctico diferente al del resto de las frases nominales (Dixon 1979: 78). En parte porque no se definen por una morfosintaxis específica o bien porque en ocasiones se comportan como cualquier otro sustantivo, en tanto se pueden pluralizar y llevar artículo definido, al menos en varias lenguas indoeuropeas, es que el debate acerca de su estatus aún permanece vigente (Kurylowicz 1980; Abbott 2002; Anderson 2004; Van Langendonck 2007; entre otros).

Los sistemas de nombres propios en las lenguas chaqueñas se distinguen según presenten un repertorio cerrado de formas para nombres de persona (como el pilagá y el nivacle, de misma familia lingüística que el wichí) o reutilicen los elementos del propio sistema léxico para crearlos. Como se trata de referentes específicos, a los que ocasionalmente se los interpela en público llamándolos por su nombre, la ocurrencia de esos nombres llega a pasar desapercibida en el conjunto de los datos. Fuera de los sufijos de género especiales en wichí o de la ausencia de determinantes delante de los nombres de persona en pilagá en ciertas construcciones sintácticas, no se encontraron otros comportamientos gramaticales particulares que podrían presentarse con los nombres de persona. En cuanto a los topónimos y etnónimos, todas las lenguas del Chaco presentan rasgos recurrentes y criterios de organización de los grupos y el territorio compartidos, que han sido tratados por extenso en la literatura antropológica sobre estos pueblos.

Volviendo sobre los nombres de persona, según el análisis presentado, no sería posible considerarlos un fenómeno de transposición de clase (de nombre común a nombre propio). Sin duda, como clase de palabra, tienen un carácter *ad hoc*: en pilagá son un conjunto cerrado, sin significado y otro conjunto como en wichí, abierto, con significado y bastante heterogéneo.

De este modo, no mediando un criterio gramatical consistente que justifique hablar de "conversión", sería más apropiado considerar que aun en pilagá (al menos tomando en consideración al segundo tipo de nombres que se asemeja completamente al único tipo que presenta el wichí, las denominaciones descriptivas), los nombres de persona son creaciones y recreaciones del propio vocabulario que genera una suerte de polisemia, garantizada del momento en que ciertas formas pueden llegar a designar tanto a un individuo, como a una especie o a un grupo familiar, pero que remiten a un solo y único étimo. Diacrónicamente, el significado se desplaza, se constituyen acepciones ligadas al uso de una misma palabra en diferentes situaciones y para designar referentes particulares que no guardan "identidad real" sino metonímica entre sí (un animal y un grupo de gente que toma a ese animal como representativo).

Las denominaciones descriptivas para designar individuos particulares son igualmente polisémicas: porque hay un cambio de aplicación de un contexto a otro, en un medio social determinado y por efecto de una conexión causal.

Croft y Cruse (2000: 109) definen la polisemia como "la variación en la construcción del significado de una palabra en las distintas situaciones de uso". Según esta definición, hay que admitir un cambio semántico: de la propiedad de una entidad, animal u objeto, que se transfiere a un individuo o grupo de individuos particulares y específicos.

Con respecto a la estrategia que toma los eventos y los convierte en nombres de individuos en wichí, Marlett (2008: 70) informa un procedimiento similar en seri, una lengua del noroeste de México, excepto que en este último caso el propio portador ha sido protagonista del evento, algo que no necesariamente se tiene que cumplir con los wichí; para los wichí los eventos constituyen hitos en la historia social de la parentela del nombrado.

La creación de nombres de persona devela un mecanismo de reutilización del léxico que no sólo prueba la productividad de las raíces léxicas sino el juego de palabras, el chiste y el humor de las sociedades que crean las denominaciones.

3 Denominación e identidad

Luego de haber revisado las características de los nombres de persona, los tipos y sus significados, se dedicará esta sección a tratar los sistemas de creencias y actitudes en el contexto de las prácticas de denominación de ambos pueblos.

3.1 Los sistemas de nombres en los dos pueblos chaqueños

Los pilagá tienen una manera de nombrar a las personas bastante parecida a la de la cultura occidental. Existe lo que Braunstein (c.p.) llama "una bolsa de nombres" que pertenecen a las diferentes líneas familiares (bilaterales) desde el origen de los tiempos". El nombre es así adoptado por un niño o niña de la parentela, revelado en sueños a un adulto ascendente, generalmente abuelo (o tío abuelo), que entiende que el nombre puede volver al conjunto de donde salió. En una entrevista, JM, hablante pilagá, explica que

(24) *"El nombre propio de la persona no es dado por azar porque tiene descendencia [...]. Así como cuando Moλaꞅale recibió este nombre porque la nombró su abuelo quien la curó. El abuelo soñó con renacuajos (piolaꞅae) que se movían todos juntos y se agitaban en el agua dando vueltas repetidamente. Entonces el anciano soñó estos animales como un signo de curación para Luisa que desde entonces y hasta ahora tiene ese nombre. Lo mismo sucedió con Atamana a quien Luciano había nombrado así. Se presume que fue él quien la nombró a partir de un sueño donde el nombre le fue revelado, pero no se sabe su significado."*

Si bien el nombre se revela en los sueños, la asignación de nombres funciona de la siguiente manera: cuando muere una persona, su nombre vuelve al conjunto del que será tomado para designar a otro individuo algún tiempo después. Los nombres permanecen vacantes en tanto los parientes sientan tristeza al recordar al muerto, por lo general por más de una década después de su fallecimiento. Pasado ese tiempo, cuando un anciano sueña con la persona fallecida suele considerar que el nombre "desea volver" y se lo impone a algún niño o niña de su familia que haya superado las etapas iniciales de la vida.

En la ceremonia de imposición del nombre, suelen relatar el sueño y tomar a la criatura en brazos o imponerle las manos explicitando el nombre. En las genealogías de los grupos pilagá se encuentra regularmente una repetición de nombres en dos o tres generaciones alternas.

(Palmer [1997] 2005: 12) afirma que entre los wichí la transmisión del nombre y la pertenencia a una parentela (bandas, del padre o de la madre) no es prescriptiva y se decide en base a las circunstancias, no a un principio fijo.

A diferencia de la cultura pilagá, al no existir un repertorio de nombres de persona ni repetirse; cada uno individualiza al portador y, al igual que entre los pilagá, se revelan en los sueños o durante la vigilia. Son, en buena parte, secretos porque durante un tiempo sólo los conoce la familia sanguínea. Existen dos procedimientos posibles para la designación de un individuo en la niñez. Señala Barúa (2001: 29) que el nombre del nacido siempre surge de una revelación onírica. Esto ocurre tanto con los "nombres arbóreos" como con "los nombres de eventos". En el caso de los nombres arbóreos, entre los wichí bazaneros (provincia de Formosa) se busca una chaucha de algarroba de doble vaina y se la coloca debajo de la cabeza del soñador para provocar un nombre que sea pronunciado en el sueño y que el progenitor del nombre (abuelo, shamán) va a tratar de retener. Los nombres de eventos surgen para reparar situaciones anómalas y determinan qué cosas y quiénes son los "potenciales enemigos" (particularmente dentro del grupo) para evitar futuras desgracias y alianzas matrimoniales con parientes consanguíneamente cercanos (Barúa 2001: 43).

Por otra parte, De los Ríos (1976) da cuenta de un segundo procedimiento entre los wichí del Pilcomayo en Salta, Argentina. En algunos casos, los nombres se asignan después del nacimiento y se conocen recién cuando el niño o niña ha desarrollado las capacidades necesarias para sobrevivir. El nombre nace y muere con la persona. La precaución en imponer socialmente el nombre se extiende hasta que el hijo es adolescente. Por ello, si la persona sufre una alteración y deja de ser tal, su nombre carece de sentido.

Según relata la mitología, los nombres fueron fijados por *Tokfwaj* (*op. cit.* 1976: 69) y los shamanes recuperan esos nombres de las palabras pronunciadas por las teofanías.

De los Ríos relata varios testimonios de la relación esencial entre nombre y persona. Un individuo llamado *Hatani womek* ('que se asusta del mono') debe su nombre a que cuando pequeño había un mono que le venía a sacar las pulgas del pelo de su madre, pero cuando se convirtió en shamán, lo nombraron *Choislihen* porque *choisli* significa 'cantar' y con ello, dejó su antiguo nombre por este nuevo.

La idea de que el cambio de estado del sujeto es acompañado del cambio de su nombre está presente en este relato. Cabe destacar que al existir nombres de duelo en la terminología de parentesco, que registran la pérdida de los parientes, sugiere que la muerte no sólo afecta el estado de la víctima. No obstante, los parientes cercanos no cambian su nombre propio ante esta circunstancia.

Como el nombre generalmente muere junto con la persona se entiende el sentido de la interdicción del nombre de los muertos, la imposibilidad de pronunciarlo y de repetirlo. Esta es otra razón por la que su ocurrencia en el discurso sea muy difícil de captar o no aparezca con facilidad.

4 Comentarios finales y conclusiones

Todas las comunidades lingüísticas tienen nombres propios y en este sentido se ha considerado un rasgo universal. Dentro de los grupos chaqueños existen algunas variaciones en cuanto a la clase de los nombres y muy pocas variaciones en cuanto a los procedimientos para la asignación de los nombres. En estudio se encuentra el caso de la comunidades nivacle que como los wichí hablan una lengua de la familia mataguaya y que habitan en Formosa desde antes de principio de siglo XX. Es interesante señalar que durante exploraciones e incursiones realizadas en las comunidades nivacle desde el año 2013 hemos registrado la existencia de un conjunto cerrado de nombres y también de un sistema de designaciones como la que describimos para el wichí, que incluso llegan a presentar afijos de género similares.

En cuanto a la división del espacio y la clasificación de los grupos, entre los pilagá y los wichí no se registran diferencias en los modos de categorización (desde luego, la mayor variabilidad se presenta en la forma, no en el modelo). Las semejanzas en la organización semántica sugieren la presencia de un área cultural extremadamente fuerte, con grupos conectados de manera asidua por temporadas y por motivos específicos (celebraciones, enfrentamientos, trabajos en ingenios, convivencia en misiones, entre otros) con resultados diversos (Braunstein y Vidal, en prensa).

En este trabajo hemos abordado los aspectos funcionales de los nombres de persona, el sistema de denominación utilizado por ambos pueblos y las reglas para crearlos. Sólo en pilagá existe un corpus de nombres relativamente cerrado, en wichí no hay nombres de antemano, sólo reglas para crearlos. La condición es que los nombres no se repitan en wichí, a diferencia del pilagá para quienes la repetición asegura la continuidad de la genealogía.

Para los pilagá existen dos tipos de nombres que pueden atribuirse a una misma persona, pero el segundo tipo aparece mucho tiempo después del nacimiento. En wichí todos los nombres propios (incluidos los nombres de persona) poseen significado, determinado por una conexión causal o histórica con la referencia.

Morfosintácticamente, también son clases bien distintas. Los nombres de persona en wichí son derivados de sustantivos o verbos y conforman un grupo caracterizado por terminaciones de género que no ocurren con otros sustantivos o con verbos. Los nombres pilagá del conjunto cerrado llevan determinantes, aspecto que no colabora en la distinción con respecto a otras clases de sustantivos. No obstante, el sistema de determinantes se utiliza frente a sustantivos definidos e indefinidos, comunes o de masa. Con la descripción morfosintáctica de los nombres de persona en pilagá, hemos puesto a prueba la hipótesis de que la función apositiva es relevante para su caracterización como nombre propio. Asimismo, mostramos que muchos nombres de persona van acompañados de sufijos de género, aspecto de singular importancia, puesto que en ambas lenguas difícilmente el género está marcado en los sustantivos (Vidal 2001: 86; Nercesian 2011: 262).

Finalmente, hemos presentado una aproximación integral a los nombres de persona no sólo desde la perspectiva de su forma sino también de su uso y significado. Los hemos comparado además con otros nombres propios en las respectivas lenguas y hemos señalado lo que tienen en común y aquellos rasgos en lo que difieren los sistemas de designación usados por ambas sociedades. Puesto que no se había abordado este tema hasta ahora en las descripciones gramaticales de las clases de palabras ni en pilagá, ni en wichí y que tampoco existen estudios de los nombres de persona en las lenguas chaqueñas desde ninguna teoría lingüística particular, el presente capítulo se propuso como una contribución a la documentación lingüística y un aporte al conocimiento del Chaco como resultado de las investigaciones en terreno realizadas a lo largo de veinte años.

Agradecimientos: Agradezco a Verónica Nercesian por la lectura del manuscrito y la posibilidad de discutir el análisis de los nombres wichí. A José Braunstein su interés por este trabajo y por haberme sugerido la lectura de algunos materiales antropológicos sobre los nombres. Mi agradecimiento también a Ícalo Vicente y Elsa Graciela Bramajo por su colaboración en la traducción de los nombres wichí y a José Miranda por haberme asistido en la sistematización de los nombres pilagá. Los trabajos de campo se realizaron con varios subsidios. El Proyecto DoBeS financió los viajes de campaña a las comunidades wichí hasta el año 2006. Entre 2009 y 2012, las siguientes instituciones y proyectos contribuyeron a financiar los trabajos de campo: FONCyT/PICTR 1827 "El Chaco como área lingüística: contacto relaciones y tipología" y CONICET/PIP 2010–2013 "Estudio gramatical y fonológico del wichí y del nivacle. Aportes a la documentación lingüística del Gran Chaco". Recientemente, se recibió apoyo del proyecto NSF 1263817 "Documentation and Comparative Lexicon and Morphosyntax of Pilagá and Nivacle of Northern Argentina".

Abreviaturas

A	prefijo de la clase activa
ADV	adverbio

ASP	aspecto
AUM	aumentativo
B	prefijo de la clase no activa
CI	sufijo de cierre de incorporación nominal
CL	clasificador
CL.deict	clasificador deíctico
CPT	completiva
COP	cópula
conj	conjunción
DEM	demostrativo
DIM	diminutivo
DIR	direccional
Esp	préstamo del español
EXIST	cópula existencial
FEM	femenino
INTERR	interrogativo
LOC	locativo
MASC	masculino
NEG	negación
NMLZ	nominalizador
Obj	objeto
PL	plural
POS	posesivo
PROH	prohibitivo
PT	partícula temporal
RLTV	relativo
SI	sujeto indefinido

Referencias

Abbott, Barbara. 2002. Definiteness and proper names: some bad news for the description theory. *Journal of Semantics* 19. 191–201.

Alford, Richard.1988. *Naming and Identity: A Cross-Cultural Study of Personal Naming Practices*. New Haven: Hraf Press.

Anderson, John. 2003. On the structure of names. *Folia Lingüística* 37. 347–398.

Anderson, John. 2004. On the grammatical status of names. *Language* 80. 435–474.

Barúa, Guadalupe. 2001. *Semillas de Estrellas. Los nombres entre los wichí*. Buenos Aires: Editorial Dunken.

Bauer, Gerhard. 1996. Übergangsformen zwischen Eigennamen und Gattungsnamen. *Name Studies* II, 1616–1621.

Bean, Susan 1980. Ethnology and the Study of Proper Names. *Anthropological Linguistics* 22(7). 305–316.

Braunstein, José. 1978. Las bandas matacas. Gentilicios. *Scripta Ethnologica* V(1). 82–90.

Braunstein, José. 1983. *Algunos rasgos de la organización social de los indígenas del Gran Chaco*. Trabajos de Etnología 2. Buenos Aires: Universidad de Buenos Aires.

Braunstein, José. 1992. Presentación. *Hacia una nueva carta étnica del Gran Chaco*, IV, 1–8. Las Lomitas: Centro del Hombre Antiguo Chaqueño.

Braunstein, José y Pablo Wright. 1989. Tribus tobas. *Hacia una Carta étnica del Gran Chaco*, I. Informe PID/CONICET 444/88. Las Lomitas: Centro del Hombre Antiguo Chaqueño.

Braunstein, José y Alejandra Vidal. En prensa. The Gran Chaco: convergence of languages and peoples. En Rhodes, R., T. Güldemann y P. McConvell (eds.), *The Languages of Hunter-Gatherers. Historical and global perspectives*. Cambridge: Cambridge University Press.

Croft, William y D. Alan Cruse. 2000. *Cognitive Linguistics*. Cambridge: Cambridge University Press.

De la Cruz, Luis M. 1993. Apuntes para una topología del espacio toba. *Suplemento Antropológico* 28. 427–482. Asunción: Universidad Católica.

De los Ríos, Miguel. 1976. Hacia una hermenéutica de nombre en la etnia mataco. *Scripta Ethnologica* III.3, 2. 63–88.

Dell' Arciprete, Ana. 1991. Los lugares de los pilagá. *Hacia una Carta Étnica del Gran Chaco* II, 58–85. Las Lomitas: Centro del Hombre Antiguo Chaqueño.

Dell' Arciprete, Ana. 2003. La clasificación toponímica del espacio territorial pilagá. En Messineo C., M. Malvestitti y R. Bein (eds.), *Estudios en lingüística y antropología. Homenaje a Ana Gerzenstein.*, 269–297. Buenos Aires: Universidad de Buenos Aires.

Dixon, Robert M. W. 1979. Ergativity. *Language* 55. 59–138.

Hockett, Charles. 1971. *Curso de Lingüística Moderna*. Buenos Aires: Editorial Universitaria de Buenos Aires.

INDEC (Instituto Nacional De Estadística y Censos). (2004–2005). *Encuesta Complementaria de Pueblos Indígenas*. Publicación online: http://www.indec.mecon.ar/webcenso/ecpi/index_ecpi.asp

Kurylowicz, Jerzy. 1980. The linguistic status of proper names. *Onomastica* 25. 5–8.

Marlett, Stephen. 2008. The form and use of names in Seri. *International Journal of American Linguistics* 74 (1). 47–81.

Marmaridou, A. Sophia. 1989. Proper Names in Communication. *Journal of Linguistics* 25(2). 355–372.

Montani, Rodrigo. 2007. Vocabulario textil del arte wichí. Entre la lexicografía y la etnografía. *Mundo de Antes* 5, 41–72.

Najlis, Elena. 1968. Dialectos del mataco. *Anales de la Universidad del Salvador* 4. 232–241. Buenos Aires: Universidad del Salvador.

Nercesian, Verónica. 2011. *Gramática del wichí, una lengua chaqueña. Interacción fonología-morfología-sintaxis en el léxico*. Tesis de Doctorado. Universidad de Buenos Aires.

ORCAWETA (Organización Capitanía Weenhayek y Tapiete). 2011. "Resultados del censo Weenhayek". *Plan Estratégico de desarrollo del pueblo weenhayek 2011–2015*. Tarija, Bolivia.

Palavecino, Enrique 1933. Los indios pilagá del Río Pilcomayo. *Anales del Museo Nacional de Historia Natural*. Tomo xxxvii, 517–582. Buenos Aires: Museo Nacional de Historia Natural Bernardino Rivadavia.

Palmer, John H. 1995. Wichi toponymy, *Hacia una Carta Étnica del Gran Chaco VI*, 3–63. Centro del Hombre Antiguo Chaqueño. Las Lomitas, Formosa.

Palmer, John H. [1997] 2005. *La buena voluntad wichí. Una espiritualidad indígena*. Buenos Aires: Grupo de Trabajo Ruta 81 [Título original: *Wichi Goodwill, Ethnographic Allusions*. PhD Dissertation. Oxford University].

Saeger, James S. 1999. Warfare, reorganization and readaptation at the margins of the Spanish rule. The Chaco and the Paraguay (1573–1882). En Frank Salomon y Stuart Schwartz (eds.), *The Cambridge History of the Native Peoples of the Americas. Volume III, South America*, 257–286. Cambridge: Cambridge University Press.

Scarpa, Gustavo y Pastor Arenas. 2004. Vegetation units of the Argentine semi-arid Chaco: The Toba-Pilagá perception. *Phytocoenologia* 34(1). 133–161. Berlín: Stuttgart.

Terraza, Jimena. 2009. Grammaire du wichi: phonologie et morphosyntaxe. PhD Dissertation. Université du Québec à Montréal.

Van Langendonck, Willy. 2007. *Theory and Typology of Proper Names.* Trends in Linguistics. Studies and Monographs 168. Berlín: Mouton de Gruyter.

Vidal, Alejandra. 1995. *Noun Classification in Pilagá (Guaykuruan).* M.A.Thesis. University of Oregon.

Vidal, Alejandra. 1997. Noun classification in Pilagá (Guaykuruan). *Journal of Amazonian Languages* 1.1. 58–111.

Vidal, Alejandra. 2001. *Pilagá grammar (Guaykuruan family, Argentina).* PhD Dissertation. Eugene, Oregon: University of Oregon.

Lucía Golluscio

2 Huellas de trayectorias y contactos en el sistema lingüístico: el caso vilela (Chaco)

1 Introducción

El pueblo vilela tal como se lo conocerá a partir el siglo XVIII es, más que en otros casos, resultado de procesos antropo-dinámicos que nacen en épocas previas a la conquista española y adquieren desarrollos complejos en el marco de experiencias prolongadas de reducción, encomiendas y relocalizaciones desde el siglo XVI. Su lengua, actualmente en extremo peligro, ha sido una de las menos documentadas y estudiadas de la Argentina. La ubicación de dos hablantes ya ancianos a fines de 2003 en el marco de un proyecto de documentación de cuatro lenguas del Chaco[1] ha provisto una oportunidad única para registrar y describir el vilela moderno en forma colaborativa y avanzar en el esclarecimiento de la historia de las relaciones entre los pueblos y las lenguas en América del Sur.

Las lenguas conservan rastros de la historia de sus pueblos. El objetivo del presente artículo es poner a prueba la hipótesis que sustenta esta investigación, a saber, que el vilela es una *lengua de absorción y decantación* en cuyo sistema lingüístico confluyen rasgos de distintas lenguas de América del Sur habladas por pueblos con quienes las parcialidades vilela-hablantes han tenido contacto prolongado desde tiempos pre-coloniales hasta el siglo XX.

A la luz de evidencias externas de las relaciones de contacto, pre-colonial, colonial y/o en la etapa del estado nacional, de hablantes de lengua vilela con otras lenguas (por vecindad, intervención colonial y/o convivencia en ámbitos laborales), en este artículo me propongo examinar el impacto de tales contactos en el sistema lingüístico vilela según registros documentados en terreno. En particular, examinaré algunos fenómenos morfológicos, sintácticos y fonético-fonológicos en vilela que muestran (a) continuidades e innovaciones con respecto a las lenguas andinas y el lule, (b) la incorporación de rasgos chaqueños, (c) la combinación de rasgos andinos y chaqueños y (d) el impacto del guaraní, esto último, en un avance preliminar.

La investigación[2] se sustenta en: (a) los datos de campo provistos por Mario López (actualmente 81 años; trilingüe vilela-español-guaraní) y su herma-

---

1 Cf. Chaco Languages Project en http://www.mpi.nl/DOBES/projects/chaco.
2 Esta investigación ha sido posible gracias a los conocimientos de nuestros consultantes Mario López y Gervasia Casal (en adelante ML y GC) sobre la lengua y la cultura de su pueblo.

na, Gervasia Casal (actualmente 78 años), los dos hablantes vilelas localizados a fines de 2003; (b) la colección de textos registrados por Elena Lozano (1970, 1977, 2006); (c) el Padrenuestro recogido en la obra de Hervás y Panduro ([1787] 1990)[3] y reproducido en Adelung y Vater (1813); (d) el registro en audio, transcripción, traducción y anotación de la narrativa histórico-mítica[4] recogida en el Chaco a fines del siglo XIX (Llamas 1910).

El artículo está organizado con la siguiente estructura. Luego de esta sección introductoria (§ 1), en § 2 expongo un breve panorama de los desplazamientos y contactos de los pueblos de habla vilela entre Andes, Chaco y región guaranítica, así como de la situación sociopolítica y sociolingüística actual del Pueblo vilela y en § 3 describo el perfil tipológico de la lengua vilela. Las secciones siguientes (§ 4 a § 6) sintetizan algunas evidencias relevantes de continuidad y transformación/innovación en el sistema lingüístico. § 4 está centrada en el análisis de algunos rasgos morfológicos vilelas a la luz del quechua y el aymara, por un lado, y del lule descripto por Maccioni (1877, 2008 [1732]), por otro. Para ello, partiendo del reconocimiento del vilela como lengua predominantemente sufijante, me centro en algunos procesos de formación de palabras y en los sistemas gramaticales que expresan (a) posesión, (b) locación y (c) pluralidad, en tanto muestran evidencias de fusión de estratos provenientes de distintas lenguas con diversa antigüedad de contacto. A continuación (§ 5), exploro aspectos de la sintaxis compleja vilela, para identificar estrategias propias y posibles rasgos compartidos con otras lenguas vecinas. En § 6 me interesa mostrar que el sistema fonológico del vilela documentado en terreno revela una convergencia de rasgos andinos y chaqueños junto con muestras del im-

Incorporo, además, la información lingüística procesada en la base de datos de la investigación "Tipología areal de las lenguas del Chaco" –DFG (Alemania)-CONICET (Argentina) en cooperación con el Departamento de Lingüística, MPI-EVA (2009–2011) y PICT 01827/2009–2012 (Universidad de Buenos Aires-ANPCyT/Ministerio de Ciencia y Tecnología, Argentina). Agradezco a los miembros del equipo su colaboración. Gran parte de la investigación etnohistórica fue realizada en el marco de una beca otorgada por el Instituto Iberoamericano de Berlín en 2013. Finalmente, mi reconocimiento a Bernard Comrie, Marcelo Domínguez, Hebe González, Sven Grawunder, Felipe Hasler, Verónica Nercesian, Willem de Reuse, Alejandra Vidal, Pedro Viegas Barros y Raoul Zamponi por el intercambio de reflexiones teóricas, hipótesis y datos respecto del tema de este artículo.

3 Luego de la primera vez que se las cite, las fuentes misioneras serán referenciadas en § 2 por las iniciales de sus autores, por razones de espacio y fluidez para la lectura: Adelung y Vater (Ad), Camaño 1778 en Furlong Cardiff 1955 (C/FC); Furlong Cardiff (FC); Gilij (G); Hervás y Panduro (H); Jolís (J); Lozano, Pedro (Lo); Maccioni (M).

4 Esta ha sido una tarea colaborativa encarada con ML a mediados de 2009. El proceso de olvido-recuerdo lingüístico experimentado por nuestro consultante es descripto en Golluscio y González (2008).

pacto del guaraní, esto último respaldado por las evidencias externas provistas por las fuentes y los testimonios obtenidos en el campo. La participación de nuestro consultante principal, ML, ha sido clave en este reconocimiento. En § 7 resumo las conclusiones.

Por último, los resultados presentados contribuyen a enfatizar el rol relevante que tienen los así llamados hablantes "terminales" o "últimos" hablantes no sólo en la documentación y preservación de su lengua, sino muy especialmente en la comprensión y conocimiento de las relaciones genealógicas y de contacto en un área específica.

2 Entre los Andes y el Chaco: evidencias externas del contacto del vilela y sus hablantes con otras lenguas y pueblos de América del Sur

La lengua y el pueblo vilelas han sido considerados extintos o casi extintos por la bibliografía especializada.[5] Sin embargo, más que de una absoluta e irreversible desaparición del "mundo vilela", nuestra investigación de campo ha dado cuenta de complejos fenómenos de invisibilización social resultantes de "procesos históricos de desestructuración cultural y política, dispersión geográfica, retroceso demográfico y relaciones interétnicas conflictivas" de larga data (Domínguez et al. 2006: 199).

Ubicado su hábitat posiblemente en el Chaco occidental, según las primeras noticias del siglo XVI (Camaño 1778 en Furlong Cardiff 1955; Tovar 1961; Braunstein y Vidal en prensa) o quizás en las primeras faldas de la Cordillera de los Andes, como sugería Lafone Quevedo (1895), tal vez en la región salteña o muy próxima a ella (Furlong Cardiff 1939: 43), la historia de los vilelas parece haber estado signada por los desplazamientos, así como por el contacto y aun fusión con otros pueblos desde épocas pre-coloniales. Más aún, como afirmamos en otro lugar (Domínguez et al. 2006), es posible que en un tiempo escasamente anterior a la entrada de los españoles, tales movimientos poblacionales se hayan intensificado debido a la presión conjunta de los grupos guaycurúes

---

5 Cf. Fontana (1977) [1881]; Lehmann-Nitsche (1925); Hernando Balmori (1959); Martínez Sarasola (1992); cf también n. 14. Sobre lenguas del mundo, cf. Moseley (2010) (http://www.unesco.org/culture/languages-atlas/en/); Lewis et al. (2013) (http://www.ethnologue.com/).

por el este (principalmente tobas y mocovíes) y mataco-mataguayos por el norte, todos ellos en expansión (Susnik 1972).

Los vilelas aparecen nombrados en las fuentes con ese nombre tardíamente, recién en crónicas del siglo XVII (C/FC 1939: 36, 39ss.; Furlong Cardiff 1955: 118, 125–27; Hernando Balmori 1959: 6–7). En tempranas épocas del contacto, es posible que grupos de habla vilela hayan sido encomendados[6] a los vecinos de las ciudades de Esteco, Tucumán y Salta (cf. Mapa 1) junto con indígenas nombrados en las fuentes genéricamente como "lules" (Furlong Cardiff 1939: 69). Sin embargo, los grupos lules y vilelas conservaron su identidad propia en las descripciones que hacen de cada pueblo las fuentes misioneras (C/FC 1955: 125 ss.; Gilij ([1780–84] 1965); Hervás 1990; Jolís ([1789] 1972).

Es muy probable que las parcialidades de habla vilela hayan estado desde épocas pre-coloniales en contacto con pueblos y lenguas de la llamada "Esfera Inca".[7] La parte sur del Imperio Inca, el *Kollasuyu*, se extendió sobre el norte del territorio del actual Chile y el noroeste de la Argentina actual, cubriendo parte del territorio correspondiente a las actuales provincias argentinas de Salta, Jujuy, Tucumán, Catamarca, La Rioja, áreas fronterizas de Santiago del Estero y oeste de Chaco y Formosa. El quichua se ha hablado por siglos en gran parte de esa área (Nardi 1962). Recordemos que las fuentes ubican a los vilelas para el siglo XVI en esa región, más exactamente en la banda ubicada entre el río Salado y el Bermejo (cf. Mapa 1).[8] A partir de ese siglo, el contacto e interacción con distintas variedades de la lengua quechua puede haberse extendido y profundizado con las estrategias de intervención colonial y especialmente misionera.

---

6 La encomienda fue una institución colonial de la Corona española consistente en la cesión real de un grupo de indígenas a un súbdito español en compensación por los servicios militares prestados al Rey, que comprometía al beneficiario a proteger y educar a los aborígenes en la religión católica y recaudar los impuestos a cambio de recibir los beneficios obtenidos del trabajo que realizaban los indígenas.

7 "Se llama 'Esfera Inca' el área que cae dentro de los límites del Tahuantisuyo, 'El Imperio de las Cuatro Regiones', en el momento de su más amplia extensión, bajo el Inca Huayna Capac (c. 1520)" (Adelaar con Muysken 2004: 165; mi traducción).

8 Las parcialidades de habla vilela parecen haber compartido el hábitat con los grupos de indígenas genéricamente llamados "lules" y "tonocotés", muchos de los cuales podrían haber sufrido en los siglos siguientes procesos de cambio de lengua hacia el llamado quichua santiagueño. Esta variedad de quechua se habla hasta nuestros días en Santiago del Estero y en áreas urbanas que reciben migración interna (por ejemplo, Buenos Aires y Gran Buenos Aires) y cuenta actualmente con cerca de 60.000 hablantes (Zamponi 2008, xxviii). Sobre la difusión del quechua en el norte argentino, cf. Alderetes (2001, 56–99). Sobre quichua santiagueño, cf. también Bravo (1975, 1989) y Albarracín de Alderetes (2011), entre otros.

El pueblo vilela se trasladó entre los siglos XVII al XIX de oeste a este a través del Chaco, siguiendo la línea del río Bermejo. Mientras, como anticipé más arriba, "sus antiguas tierras eran los commedios entre el río Salado y el Bermejo, hacia los 27 grados más o menos" (C/FC 1955: 126), acosados por los españoles los vilelas se retiraron a orillas del río Grande o Bermejo, donde los ubican las primeras crónicas,[9] al sur de los "matacos" (o wichí, pueblo mataguayo) y enfrentados a los abipones, mocovíes y tobas (guaycurúes) (cf. Mapa 1).

Según el Padre Jarque:

> Era común voz que algunos de aquellos pueblos del Chaco, como el de los Belelas, tuvieron su origen de Indios ya cristianos, que de las Provincias del Paraguay, Río de la Plata, Tucumán y aun del Perú, huyéndose de la tierra de españoles, por no servirles, se alejaron entre infieles, a aquel paraje (a una y otra banda del Bermejo, tres o cuatro jornadas, antes que éste desagüe en el río Paraguay) donde sus descendientes, aunque infieles, se conservaban con algunas costumbres de cristianos, juntándolos a rezar sus caciques algunos días, cultivando la tierra, y criando ovejas para sustentarse, absteniéndose de guerra ofensiva, en particular contra los españoles ... (citado en Furlong Cardiff 1939: 43).

Este comentario reforzaría las propuestas de etnogénesis para explicar la aparición tardía de los vilelas con esa denominación y del vilela como lengua que ha recogido y procesado a lo largo de los siglos influencias diversas en su sistema fonológico, gramatical y léxico, que subyacen a esta investigación.

Entre 1631 y 1632, se despobló la ciudad de Concepción del Bermejo y sus sobrevivientes partieron rumbo a Corrientes. Los aborígenes reducidos que los acompañaron fueron destinados, una parte, a esa ciudad y aledaños y el resto, a Santa Fe (Altamirano 1979). La reducción católica de Santa Ana de los Uácaras (cf. *waká, uacá o vacaás*, nombre de una de las parcialidades vilelas, en párrafo siguiente), cerca de San Cosme, en Corrientes, se formó con aborígenes de esta procedencia (Hernando Balmori 1967). Cf. Mapa 1.

En las obras del siglo XVIII, los misioneros hablan de la "nación vilela" y reconocen –con pequeñas diferencias– distintas parcialidades unidas por la misma lengua, entre ellas: "Vilelas propios, Chunupíes, Pazaínes, Atalalás, Unuampas, Yeconoampas, Vacaás, Ocoles, Ipas, Yecoanitas y Yooes" (C/ en

---

9 La mención histórica más antigua de los vilelas se remonta a 1628, en la extraviada *Relación de un viaje al Chaco*, de Luis de Vega. Lozano (1733) cita una *Información jurídica de los descubrimientos hechos por el Gobernador Ledesma en sus expediciones al Chaco*, de 1630, en la cual se hace referencia a una expedición a la población de "Ococolot", en las márgenes del río Bermejo, "formada por las naciones de Guamalcas, Chulupíes y Velelas" (cf. Hernando Balmori 1959: 89). *Ococolot* es palabra vilela: *okoko-lat* [sapo-LOC]; también lule.

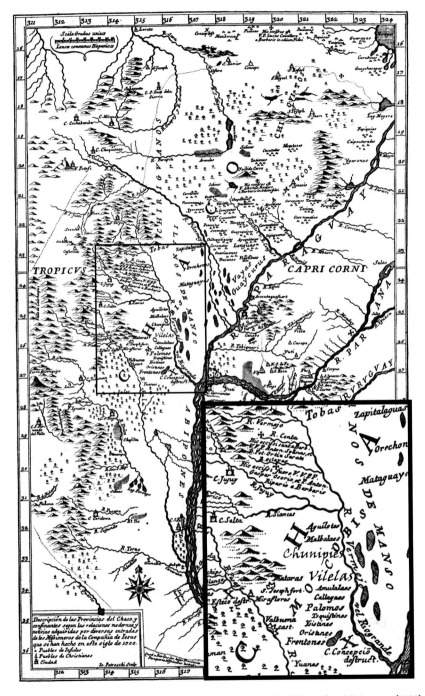

Mapa 1: Ubicación de parcialidades de habla vilela en el s. XIII según el P. Lozano (1733).

Furlong Cardiff 1955: 118).[10] "El P. Hervás que recibió los informes del mismo Camaño, coincide con él en la nómina citada pero omite a los Ipas, consignando en su lugar a los Sinivipís" (Lafone Quevedo 1895: 51).[11]

Luego de los largos años de esclavitud a través de las encomiendas y de crueles ataques de los españoles, los vilelas solicitaron cobijo al obispado de Salta (cf. Mapa 1) y en 1735 fueron destinados a la misión de San José, a orillas del río Salado, en jurisdicción de Santiago del Estero (Vitar 1997: 238). Al núcleo original, se sumaron luego grupos de otras parcialidades de habla vilela, llegando al número de 1500 indígenas reducidos (Furlong Cardiff 1939: 91). Sometidos a sucesivos traslados, pestes y demandas de trabajo intensivo por parte de los vecinos de la ciudad de Santiago del Estero, todo lo cual resultaba en nuevas fugas hacia el Chaco, los pocos que quedaron pasaron en 1761 al nuevo asentamiento de la misión, puesta a cargo de los jesuitas, en Petacas, a orillas del río Salado (cf. Mapa 1). El P. Bernardo Castro en su informe consigna 380 al momento del traspaso de la misión a los jesuitas (Furlong Cardiff 1939: 91), mientras Jolís (1972) registra para 1767 la cantidad de 656 vilelas en Petacas.

Como resultado de nuevas entradas al Chaco, se fundarían otras tres misiones con parcialidades vilelas: Nuestra Señora del Pilar o Macapillo[12] (1762) y Nuestra Señora del Buen Consejo u Ortega (1763) –a orillas del río Salado en jurisdicción de Salta y cercanas a las reducciones lules– y Nuestra Señora de la Paz o Valtoleme,[13](ca. 1764), en jurisdicción de Santiago del Estero (Furlong Cardiff 1939: mapa en 132, 144).

En 1780, luego de la expulsión de los jesuitas, los sobrevivientes vuelven a la selva y durante mucho tiempo no se tiene noticia de ellos (Lozano 1970; 2006: 18). Las agrupaciones que habían podido eludir la experiencia de las reducciones, más aquellas que lograron fugar y retornar al Chaco se concentra-

---

10 Cf. la distribución de las distintas parcialidades provista por Rivet y Loukotka (1952: 1148). Se respetan las mayúsculas usadas en las fuentes históricas. Hay variaciones no solo en los nombres de las parcialidades vilela-hablantes, sino en la ortografía con la que las fuentes los transcriben.

11 Parece evidente que "sinivipís", "senepíes" y "sinipís" corresponden a un mismo grupo. Chinipí, resultante seguramente de una posterior modificación (cf. 6.3), es la denominación vigente. Otras denominaciones utilizadas por nuestros consultantes son vilela y waká (Llamas 1910).

12 *Macapillo* parece ser préstamo léxico vilela: *ma* 'agua', *acapilo* 'un tipo de abeja' (C/FC 1955, 126).

13 Nótese que Valtoleme, el nombre documentado para esta Reducción, proviene del lule. Viegas Barros ofrece la siguiente etimología: "*walto* 'nombre de una especie de patos' y *leme* 'nido'" (2001: 23).

ron sobre ambas márgenes del curso medio del río Bermejo. Así lo atestiguan los diarios de exploración de muchas de las expediciones fluviales realizadas desde fines del siglo XVIII hasta mediados del XIX (cf. referencias más amplias en Domínguez et al. 2006).

Posteriormente, parte de estos grupos iniciarán sucesivos procesos migratorios: unos se desplazan hacia el noroeste, integrándose con comunidades wichí del SO de la provincia de Salta (cf. Pelleschi en Lafone Quevedo 1895) y otros se extienden hacia el este, hasta las costas del río Paraná en el área de la ciudad de Resistencia. Es en ese lugar donde las fuentes históricas ubican los últimos grandes asentamientos vilelas a fines del siglo XIX. Por entonces, las únicas parcialidades que aparecen citadas en las fuentes son *vilela* (en sentido estricto), *ocol, chunupí* y *senepí*. También a fines del siglo XIX, dos testimonios, recogidos uno en el área de Resistencia (Llamas 1910) y otro en la ciudad de Corrientes (Ambrosetti 1894), dan cuenta de su encuentro con grupos vilelas que aún conservaban la lengua, pero ya se encontraban en condiciones muy frágiles. Masacres en el marco de la Guerra de la Triple Alianza (Fontana 1977),[14] epidemias de viruela y las miserables condiciones de trabajo semi-esclavo y mala alimentación existentes en los ingenios, algodonales y obrajes aceleraron la retracción demográfica vilela hacia fines del siglo XIX y principios del siglo XX (sobre este período, cf. referencias en Domínguez et al. 2006).

La pista de los vilelas se pierde al comenzar el siglo XX a raíz de la falta de referencias en las fuentes bibliográficas. Los escasos datos etnográficos recogidos por distintos antropólogos, lingüistas e investigadores a lo largo de los últimos cien años ya no refieren a asentamientos o agrupaciones vilelas, sino a pequeños grupos familiares integrados socialmente en comunidades con otros pueblos indígenas o en barrios periféricos de distintas localidades chaqueñas.[15]

En síntesis, una mirada cronológica sobre los datos expuestos revela un acelerado proceso de desestructuración cultural y un progresivo abandono de las prácticas tradicionales y de la lengua originaria por parte del Pueblo vilela que culmina, en nuestros días, con una situación caracterizada por los siguientes rasgos: (a) una población significativamente baja y dispersa, no reconocida política ni jurídicamente; (b) carencia de una comunidad con base territorial; (c) una red social de parentesco dispersa, cuya identidad no parece estar organizada alrededor de nociones de "pueblitud" (*people-ness*); (d) diáspora e inte-

---

14 Contienda fratricida en la que Argentina, Brasil y Uruguay se enfrentaron contra Paraguay entre fines de 1864 y 1870.
15 Lehmann-Nitsche (1925); Hernando Balmori (1959); Martínez Crovetto (1995); Lozano (1970, 1977, 2006); Terán (1995).

gración cultural con otros aborígenes chaqueños y con la sociedad no indígena y (e) una actitud manifiesta y extendida de ocultamiento de la identidad étnica y lingüística (Domínguez et al. 2006). En cuanto al vilela en particular, es una lengua críticamente amenazada. Así lo indican los siguientes rasgos de su situación: (a) ausencia de comunidad de habla; (b) escasez extrema de hablantes; (c) corte de la transmisión intergeneracional y (d) cambio de lengua al español o al toba o mocoví (Golluscio y González 2008; Golluscio 2012b).

3 La lengua: perfil tipológico

La continuidad lingüística del vilela a través de los siglos resulta corroborada por la vigencia en el vilela moderno –llamamos así al documentado desde fines del siglo XIX hasta nuestros días– de los nombres de fauna y flora y las listas de palabras recogidas por los misioneros en los siglos XVII y XVIII, así como de las estructuras gramaticales, los rasgos fonético-fonológicos y el léxico de esos siglos registrados en el Padrenuestro recogido por Hervás (1990: 389).

El vilela es una lengua marcada en el núcleo (*head-marking*) que manifiesta un grado bajo de aglutinación, comparada con las otras lenguas chaqueñas, y una tendencia a la sufijación –Lafone Quevedo (1895), Lozano (1970, 1977, 2006); Comrie et al. (2010). Es una lengua de argumento pronominal, que marca en el verbo la referencia personal tanto al sujeto –a través de sufijos– como a objetos humanos –a través de proclíticos en proceso de gramaticalización, basados en los pronombres personales independientes. Respecto del orden de constituyentes, presenta una tendencia al orden OV en cláusulas declarativas simples con verbo monotransitivo, orden que puede variar en cláusulas dependientes o subordinadas. En el marco del sintagma nominal, el orden es núcleo-modificador en la construcción atributiva y poseedor-poseído en la construcción posesiva. En cuanto a la flexión verbal, el vilela exhibe seis categorías: persona (con una distinción entre primera persona plural inclusiva vs. exclusiva confusa entre los hablantes actuales); modo (indicativo, imperativo, prohibitivo e interrogativo); tiempo (futuro vs. no-futuro); aspecto, negación y número (singular y plural). Con respecto a la flexión nominal, el vilela presenta dos categorías: número y posesión, no género. La pluralidad se indica tanto en los sustantivos como en los verbos a través del sufijo -*l*. La posesión se expresa a través de sufijos idénticos a aquellos que se utilizan para la marcación de persona en el verbo. A pesar de ser una lengua marcada en el núcleo, manifiesta marca de casos periféricos (locativo e instrumental), rasgo que comparte con algunas lenguas andinas (Golluscio y González 2008; Golluscio 2009–10: 256).

Algunos autores pioneros en el tema reconocieron la presencia de rasgos de otras lenguas americanas en el vilela –Lafone Quevedo (1895); Tovar (1951); Hernando Balmori (1959: 1967), pero, con excepción de este último, ninguno de ellos se basó en datos recogidos en terreno. En este estudio me centro en algunos rasgos morfológicos, sintácticos y fonético-fonológicos presentes en el vilela moderno, rastreando posibles continuidades y transformaciones de fenómenos documentados en lenguas andinas centrales (quechua, aymara) y periféricas (el lule descripto por Maccioni (1877: 2008)), lenguas chaqueñas y guaraní.[16]

4 Rasgos morfológicos

En otro lugar hemos examinado dos rasgos morfológicos característicos del vilela que agrupan esta lengua con las andinas y establecen una frontera con las chaqueñas, a saber: la sufijación y la reduplicación (cf. Comrie et al. 2010). En este capítulo, analizaré algunos fenómenos de formación de palabras, como la formación de pronombres indefinidos y del adverbio de negación, para luego centrarme en la posesión y la locación. Cierro con un acercamiento a la marcación de la pluralidad, rasgo de difusión amplia en el área chaqueña.

4.1 La formación de pronombres indefinidos

En las lenguas chaqueñas centrales (guaycurúes y mataguayas) parece predominar la estrategia de formación de pronombres indefinidos a partir de una construcción existencial, como se ve en los ejemplos siguientes de toba y pilagá (guaycurúes) y chorote (mataguaya).

Toba
(1) **qayka**   *ka mačaqa*
     NEG.EXST D   cosa
     'No hay nada'
     (Messineo 2003: 120)

Pilagá
(2) **qaya'te**   *y-alik*
     NEG.EXST   A.1-comer
     'No hay nada, yo coma.' (= 'No hay nada para que yo coma.')
     (Vidal 2001: 343)

---

16 Para una definición de lenguas andinas periféricas, cf. Golluscio, Hasler y de Reuse (2014).

Chorote

(3) a. **'taepa, 'ta?ipa**
'nada, nadie'
(Gerzenstein 1983: 210)

b. **'taa**
'sin, no hay'
(Gerzenstein 1983: 221)

A diferencia de las anteriores, la lengua wichí (mataguaya) exhibe ítems léxicos propios para los pronombres indefinidos, como se ve a continuación:

(4) **tuk**
'alguien'
(Nercesian 2011)

En las lenguas andinas, en contraste con las chaqueñas centrales, predomina la formación de pronombres indefinidos en base a interrogativos.[17] Así, en quechua cuzqueño y quichua santiagueño, los pronombres indefinidos se forman a partir de los interrogativos más el sufijo *-pas* 'aditivo', como se puede ver en el cuadro siguiente:

Cuadro 1: Interrogativos e indefinidos en quechua cuzqueño y quichua santiagueño.

Interrogativo		Indefinido	
pi	quién	*pipas*	alguien, alguno
mayqen	cuál	*mayqenpas*	cualquiera
ima	qué	*imapas*	algo

Fuentes: Cerrón Palomino (2008: 221–222), quechua normalizado sobre cuzqueño y collavino; Alderetes (2001: 250) y Albarracín de Alderetes (2011: 270), quichua santiagueño.

En lenguas andinas periféricas, como el mapudungun, se registra un fenómeno en esa misma línea –cf., por ejemplo, **chem** *rume* [qué siquiera] 'alguno' (Héctor Mariano y Felipe Hasler, comunicación personal). Por último, en aymara, los interrogativos nominales funcionan a la vez como interrogativos y pronombres indefinidos, como ocurre con **khiti** 'quién, quien, alguien' (Cerrón-Palomino y Carvajal Carvajal 2009).

---

17 Agradezco a Felipe Hasler su colaboración para la búsqueda y sistematización de estos datos.

En vilela, hemos documentado estrategias combinadas. Por un lado, como en las lenguas chaqueñas, se ha documentado el uso de la negación existencial (5) en construcción con el sustantivo *nitemoy* 'gente' con una función similar a la de un pronombre indefinido (6).

(5) *ete tate-kis*   *nane-kis*   *ete **i'e**   tol-e*
    ya padre-1PL.EXCL.POS madre-1PL.EXCL.POS ya NEG.EXST morir-3
    'Ya nuestro padre y nuestra madre no están, están muertos.'
    (ML, datos propios)

(6) *nitemoy **i'e**   n-it-e*
    gente   NEG.EXST venir-CTR-3
    'No vino nadie.'
    (ML, datos propios)

Pero también, como en wichí, existen ítems léxicos propios (7a). En este caso, la negación aparece marcada en el verbo (7b):

(7) a. *tik*
       'algo'

    b. ***tik** peje ara-rop*
       algo fruta agarrar-NEG
       'Ninguna fruta agarraban.' (Lit. 'Alguna fruta no agarraban.')
       (Llamas 1910: 68)

Sugerentemente en la línea de las lenguas andinas, el pronombre *tik* se encuentra en la base de la formación de algunos pronombres interrogativos (*tikaet~tiket* '¿qué?', *tikeral* 'por qué'). Este último también funciona como conector causal 'por eso' (cf. *tikdal* en Llamas 2010: 75).

(8) a. ***tik-aet** wah-noh-ki-nah*
       qué-INT comer-FUT.INT-ir-1SG.INT
       '¿Qué voy a comer?'
       (Lozano 2006: 56)

    b. ***tikeral** inaq um-it-mi-ek   oho-e ikikbet*
       por_qué hijo dar-CTR-2-VD decir-3 hornerito
       '¿Por qué le diste el hijo?, dijo el hornerito.'
       (Lozano 2006: 62)

Esta forma coexiste con la estrategia vilela de construcción de cláusulas interrogativas:

(9) ha **kelwetke** nah t'e nah-oho-e
     ah por_qué a_mí DEM 1SG.OBJ-decir-3
     '¡Ah! ¿Por qué me dice eso?'
     (Lozano 2006: 64)

En síntesis, el vilela presenta una estrategia mixta de formación de pronombres indefinidos que presenta características tanto chaqueñas como andinas. Por un lado, utiliza la negación existencial para los pronombres indefinidos de significado negativo 'nada' y 'nadie', a la manera de las lenguas chaqueñas centrales. Por otro, exhibe un pronombre indefinido como ítem léxico no derivado coincidente con el pronombre interrogativo: tik 'algo, qué'. Este aparece además en la formación de otros interrogativos, a la manera de las lenguas andinas. Por último, el uso de derivados del indefinido como interrogativo –cf. tikeral 'por qué', utilizado con frecuencia en Lozano (1970, 1977, 2006) y reconocido por nuestros consultantes– alterna con la construcción interrogativa vilela, también presente en lule (Hernando Balmori 1967), cuya relación con la estrategia interrogativa aymara está en exploración.

4.2 La formación de un adverbio de negación

El propósito de esta breve sección es sugerir otras áreas de la morfología vilela cuya descripción sincrónica solo halla explicación sólida en la historia de múltiples contactos que caracteriza a esta lengua y a sus hablantes a través de los siglos. En este caso, ejemplifico con una forma recolectada por Giovanni Pelleschi a fines del siglo XIX durante su viaje a lo largo del río Bermejo recorriendo el Chaco de oeste a este.

(10) amadubbe
      'no'
      (Pelleschi en Lafone Quevedo 1895: 84)

Esta forma reúne el prohibitivo quechua ama y el sufijo de negación vilela -rub 'no' (-rop en vilela moderno). Ama es un lexema ampliamente registrado en las variedades australes de quechua (Ayacucho, Cuzco, Bolivia, Argentina) –Cerrón-Palomino (2003: 297); Willem de Reuse, comunicación personal– y que ya aparece como ayacuchano en el Vocabulario Políglota Incaico (Religiosos Franciscanos Misioneros 1905: 251)

4.3 Marcación de la posesión en vilela

Entiendo posesión en un sentido amplio, como un dominio semántico que abarca relaciones de propiedad, pertenencia, inclusión o parte-todo, parentesco –cf. en esta misma dirección, Bickel y Nichols (2011) y Aikhenvald (2013), entre otros. En las construcciones posesivas, se puede distinguir entre aquellas *marcadas en el núcleo (poseído)* –sufijos personales de poseedor y clasificadores posesivos que señalan las características del poseedor o de la relación entre ambos– y las *marcadas en el dependiente (poseedor)* –sufijos de genitivo (Bickel y Nichols 2011; Nichols y Bickel 2011). Veremos que, a diferencia de las lenguas andinas centrales (que manifiestan construcciones doblemente marcadas), en vilela existe un significativo desarrollo de construcciones posesivas marcadas en el núcleo.

En un trabajo anterior, hemos descripto de manera comparativa fenómenos ligados a la posesión en cuatro lenguas chaqueñas de distintas familias lingüísticas –pilagá (guaycurú), wichí (mataguaya), tapiete (tupí-guaraní) y vilela (afiliación en discusión)– identificando así en las lenguas chaqueñas centrales, a diferencia del vilela, paradigmas de afijos posesivos obligatorios (marcados en el núcleo) que indican propiedad inalienable y un tipo de clasificadores posesivos que contribuye a marcar la propiedad alienable (Comrie et al. 2010: 103 ss.). En este capítulo, me centraré particularmente en el análisis de los marcadores de posesión en vilela y exploraré su continuidad y transformación desde las lenguas andinas y el lule hasta el vilela moderno.

4.3.1 Sistema de sufijos posesivos vilelas

Es interesante notar que el vilela exhibe similitudes entre los paradigmas de persona verbal sujeto, sufijos posesivos y pronombres personales.

Como surge del cuadro 2, el marcador de persona del poseedor suele ser -*∅*, tanto cuando ocurre solo el poseído, como cuando se manifiesta la construcción nominal poseedor-poseído; en esos casos, la relación de posesión surge del mismo orden de palabras.

(11) *hate   nane*
hombre madre
'la madre del hombre'

Sin embargo, de acuerdo con los datos de campo, cuando el poseedor (de 3SG) es un referente activo en el contexto situacional o en el discurso, el núcleo puede estar marcado con el sufijo -*p*:

Cuadro 2: Pronombres personales independientes, sufijos verbales de persona y sufijos nominales posesivos en vilela.

Pronombres personales independientes	Sufijos verbales de persona	Sufijos nominales posesivos[18]
1SG *nah*	*-ki*	*-ki*
2SG *nam*	*-mi*	*-mi*
3SG ∅[19]	*-e*;	*-∅*
	-p (en 3SG.IMP)	*-p* (marcador de persona del poseedor) *-p* (clasificador relacional)
1PL.INCL *nitat*	*-bep*, *-ba* , *-be* (para el futuro)	*-bep*
1PL.EXCL *nakis*	*-kis*	*-kis*
2PL *na-le-m*	*-le-mi*	*-le-mi*
3PL ∅	∅	*-bep*

(12) Ante una pregunta:
  tahte   k-it-e
  con_quién ir-CTR-3
  '¿Con quién se va?'

El interlocutor puede contestar:
*nane-**p***
madre-3SG.POS
'(Con) su madre.'

A continuación, extenderé mi análisis de la marcación del posesivo de 3SG en vilela, a la luz de las lenguas andinas centrales (quechua y aymara) y el lule.

4.3.2 Continuidad y cambio de los sufijos de posesión andinos centrales en lule y vilela

El devenir del sufijo vilela de 3SG *-p* se debe interpretar en el marco de un fenómeno de intercambio más amplio en el área andina central y periférica.

---

18 Las construcciones posesivas con sufijo de poseedor alternan con construcciones de tipo "pronombre personal independiente + sustantivo", en las cuales la persona del poseedor está marcada en el pronombre personal.
19 Los pronombres personales independientes de tercera persona se sustituyen con demostrativos.

Recordemos la presencia de la oclusiva bilabial sorda en las formas pronominales independientes quechua y aymara, en el marcador posesivo de tercera persona aymara (*-pa*) y en el genitivo quechua (*-pa*), así como su difusión más amplia en otras lenguas del área (Torero 2002: 520–521).

En lule, como en vilela, el sufijo posesivo *-p* funcionaba como un marcador de 3SG (poseedor) en el núcleo, como se puede ver a continuación:

(13) *Pedro cué-l-p*   *uyé*
      Pedro niño-PL-3SG.POS NEG.EXST
      'Pedro no tiene niños' (Lit.: 'No hay niños de Pedro.')
      (Adelaar con Muysken 2004: 390; mi traducción)

(14) a. *uya*   'casa'
      b. *uya-p*   'su casa'
          (Maccioni 1877: 48)

En vilela, además de mantener la misma función del lule como marcador de 3SG en el núcleo, como vimos en (12), el sufijo *-p* funciona hasta nuestros días como clasificador relacional, marcando: (a) relaciones parte-todo y sus extensiones: (b) partes del cuerpo y (c) objetos manufacturados, como veremos a continuación:

4.3.2.1 El sufijo *-p* como marcador relacional en construcciones atributivas parte-todo

En vilela, se ha registrado el uso de *-p* en construcciones atributivas parte-todo; en esas ocurrencias *-p* aparece lexicalizado: no es más productivo y su significado básico posesivo no es ya transparente, como se ve en (15).

(15) *bukare arep*
      gallina huevo.CLR
      'el huevo de la gallina'

Esa función toma matices particulares en los grupos (b) y (c) que describo a continuación.

4.3.2.2 El sufijo -*p* como clasificador de partes del cuerpo u objetos de la esfera personal

(16) *isip* 'mano'

(17) *porop* 'canoa'

Algunos ítems léxicos se pueden identificar como préstamos del lule, como (16), que copio abajo como (18):

(18) V *isip* 'mano' (no segmentable) < L *is-p* [mano-3SG.POS] '**su** mano' (cf. Zamponi 2008: LIV, sobre este tema).

En casos como ése, ha desaparecido en vilela la función de 'posesivo 3 SG' que -*p* manifestaba en lule. La generalización de ese uso con partes del cuerpo y algunos objetos de la esfera personal[20] podría explicar este fenómeno como un caso de reanálisis del sufijo posesivo lule (relacionado quizá con el posesivo aymara) como clasificador relacional en vilela.

4.3.2.3 El sufijo -*p(e)* como clasificador de "producto manufacturado"

Hay un conjunto especial de pares de sustantivos que contrastan (a) algunos elementos "naturales" (menos -*p*) vs. (b) elementos similares que han sufrido alguna intervención "humana" o pueden ser fabricados/adueñados/poseídos/ consumidos por seres humanos (más -*p*), como demuestran los ejemplos del Cuadro 3 a continuación –cf. Hernando Balmori (1967), sobre este tema.

Cuadro 3: Uso de -*p(e)* como clasificador de "objetos manufacturados".

Elementos "naturales"	Elementos "humanos" fabricados/adueñados/poseídos/ consumidos por seres humanos
ko 'agujero'	*kop* 'pajita, pipa, "cualquier objeto con un agujero" (ML)'
oko 'mosca'	*okope* 'flecha'
jo 'calabaza'	*jope* 'olla, vasija calabaza'.

---

20 Cf. el predominio de -*bep* sobre -*p* para partes del cuerpo en Llamas (1910) y su uso con objetos de la esfera personal en Lozano (2006). El desarrollo de este tema excede los límites del artículo; véase un avance en Golluscio (2012a).

4.3.2.4 El sufijo -*pa* como marcador de deferencia

En vilela, el sufijo nominal -*pa* ha sido analizado como un determinante en distribución complementaria con -*pe* y -*te* (Lozano 2006: 120). Sin embargo, nuestras notas de campo, así como los ejemplos provistos por Hernando Balmori (1967) y Lozano (1970, 1977, 2006) revelan, quizá como extensión y generalización del significado posesivo básico que porta este sufijo en aymara, un matiz común asociado con el dominio de la cortesía. Dicha función atraviesa toda la historia de estas lenguas, ya que fue documentada en el siglo XVIII para el lule.

> *Lule*
> (19) *zac-***pa** 'señor de vasallos'
> (Maccioni 1877: 126)

> *Vilela*
> (20) a. *nitemoy* 'gente'
>   b. *nite-***pa** 'su señoría'
>   (Hernando Balmori 1967: 19)

> (21) a. *kiłeri* 'vieja'
>   b. *kiłeri-***pa** 'suegra'
>   (Lozano 2006: 120; ML, datos propios)

> (22) a. *inła* 'viejo'
>   b. *inła-***pa** 'suegro'
>   (Lozano 2006: 120; ML, datos propios)

> (23) a. *hate* 'hombre'
>   b. *hate-***pa** 'marido'
>   (Hernando Balmori 1967: 19)

El sufijo -*pa* parece, entonces, ocurrir como un índice no referencial (Silverstein 1976), que funciona como *marcador de deferencia* indexando una relación social asimétrica. En lule, -*pa* parece indexar una relación "dueño o amo/sirviente". En el vilela moderno, se conservan algunos ejemplos de dicha relación, pero -*pa* parece haberse especializado, marcando lingüísticamente relaciones de parentesco afinal.

En síntesis, se podrían trazar dos trayectorias principales del sufijo de posesión -*p(a)* desde su manifestación en aymara (lengua andina central) al vilela, con los siguientes hitos:

1. sufijo posesivo aymara -*pa* > sufijo posesivo lule -*p* > sufijo posesivo vilela -*p* > clasificador relacional vilela -*p*
2. sufijo posesivo aymara -*pa* > marcador de deferencia lule -*pa* > marcador de deferencia vilela -*pa*

4.4 Los sufijos locativos

Como adelantamos en § 3, el vilela presenta características de lengua centrada en el núcleo (*head-marking*) (Golluscio 2008: 2009–10). Sin embargo, como sucede con el lule, el uchumataqu (Hannß 2008) y otras lenguas de la "Esfera inca", manifiesta también marcadores de casos periféricos. A continuación, me centraré en los sufijos locativos documentados desde el siglo XVIII (*-lat~-let*) y (*-be*), este último también marcador instrumental.

4.4.1 El locativo *-lat/-let*

Este marcador locativo está presente en el corpus documental del vilela desde el Padrenuestro hasta nuestros días, y puede aparecer en combinación tanto con sustantivos o adverbios (24) como con verbos. En este último caso, o bien agrega un matiz de locación a la acción expresada por el verbo (25), o se sufija a formas verbales como marcador de cláusulas temporales, de manera similar a lo que ocurre en lule (cf. Golluscio, Hasler y de Reuse 2014).

(24) *Tate-kis   laué-**lát**   yasi-t*
      Padre-1PL.EXCL.POS arriba-LOC1 pararse-NMLZ1
      'Padre nuestro, [que estás] parado en las alturas …'
      (Hervás 1990: 389)

(25) *oho-e kiłeri tol-ke-**let**   kit-mi-ek*
      decir-3 vieja morir-ir-LOC1 ir-2-VD
      'La vieja le dijo: te vas a morir (allá).'
      (Lozano 2006: 53)

Un marcador formalmente semejante (*le* o *-le*), a veces reduplicado, ya aparecía en el lule descripto por Maccioni, como un sufijo nominal (26) o como partícula independiente, con función de preposición o nexo subordinante locativo (Maccioni 1877: 47).

(26) *uya-**le***
      casa-LOC
      'en casa'
      (Maccioni 1877: 43)

4.4.2 El locativo *-pe*/*-be*

Existe un sufijo *-pi* locativo en quechua, como se ve en el siguiente ejemplo:

(27) *pampa-**pi*** *puñu-n*
pampa-LOC dormir-3
'Duerme en la pampa.'
(Cerrón-Palomino 2008: 123)

En el marco de los hallazgos mencionados hasta ahora, propongo plantear el seguimiento del devenir de este marcador locativo en lule y vilela. Para esto, tomo tres hitos de documentación: Maccioni (1877, 2008), Llamas (1910) y los datos de campo con ML (desde 2003 hasta la actualidad).

Maccioni documentó el locativo lule *-pe* como un sufijo denominal:

(28) *cacay-**pe***
comer-LOC
'lugar para comer'
(Maccioni 1877: 92)

Veamos que un uso semejante, aunque sufijado a un sustantivo, aparece aun en testimonios en lengua vilela recogidos en el campo:

(29) a. *olo saw-e*
sol meterse-3
'el sol se metió'
(Silvio Fernández, citado en Hernando Balmori 1967: 21)

b. *olo-**pe*** *saw-e*
sol-LOC meterse-3
'el lugar donde el sol se mete (occidente)'
(Hernando Balmori 1967: 20–21)

Este sufijo tiene un escaso número de ocurrencias en el corpus documental vilela moderno disponible. Aparece, en cambio, con frecuencia el sufijo *-be*, con valor locativo y posibilidades de funcionar no solo como sufijo nominal, sino también verbal, como se ve a continuación.[21]

---

21 El cambio fonológico manifiesto, esto es, la sonorización de la oclusiva bilabial, se explica por la presencia vs. ausencia de consonantes sonoras que diferencia a los sistemas fonológicos lule y vilela (cf. § 6).

(30) *aje-**be***
campo-LOC2
'en el campo'
(ML, datos propios)

(31) *ni-rupa   ni-jasi-e-**be***   *ikewal-ek*
venir-abajo venir-sentarse-3-LOC2 gritar_de_dolor-3.VD
'[La garrapata] venía de abajo para sentarse y gritó.'
(Lozano 2006: 49)

Por último, el sufijo -*be* también puede expresar significado instrumental (cf.
Golluscio, Hasler y de Reuse 2014).

4.5 La marcación de pluralidad, un rasgo areal chaqueño

El vilela comparte la expresión gramatical de la categoría número con el resto
de las lenguas chaqueñas, a través de la oposición singular (no marcado) vs.
plural (marcado), a diferencia de las andinas. Además, coincide con las lenguas chaqueñas centrales (guaycurúes y mataguayas) en su manifestación formal, por medio de un afijo dento-alveolar lateral C(lat) (cf. tratamiento de este
tema y ejemplos en Comrie et al. 2010). Véanse, a continuación, un ejemplo de
plural en vilela en (32a) y uno en wichí en (32b):

(32) a. *inake-**lem**-pe*
hijo-PL-DET
'los hijos'
(Comrie et al. 2010: 101)

b. *lhamsi-**lis***
collar-PL
'collares'
(Comrie et al. 2010: 101)

5 Rasgos sintácticos

5.1 Orden de constituyentes

El orden de constituyentes documentado para el vilela desde la época de los misioneros jesuitas (siglo XVIII) es OV (en oraciones independientes y cláusulas principales).[22] Así se advierte en el siguiente ejemplo del Padrenuestro:

(33) *guac-tic ugue-led   nakis   um-moy-om*
     DEM   mal-LOC1 1PL.EXCL.PRO CAUS-salvar-2SG.IMP
     'También haz que nos salvemos del mal.' [Lit.: 'También del mal a noso-
     tros haz salvar.'] (mi traducción e interlinearización)
     (Hervás 1990: 389)

Es interesante notar que aun cuando la retracción de la lengua se encuentra en un grado muy avanzado y nuestros consultantes son hablantes fluidos de español, este orden ha sido el preferido desde los momentos iniciales del trabajo de documentación, cuando el trabajo de campo se encontraba todavía en el estadio del recuerdo lingüístico (Golluscio y González 2008).

(34) *nam kire laha-mi*
     vos   leña quemar-2SG
     'Vos quemaste la leña.' (ML, datos propios)

Este mismo orden se reproduce en las referencias pronominales de objeto de 1º y 2º persona, que preceden a la raíz, como se ve a continuación.

(35) *nam=oho-ki*
     2OBJ=decir-1SG
     'Te dije.' (ML, datos propios)

5.2 Estrategias de complementación y relativización

En este capítulo me centraré en las estrategias completivas y relativas en vilela. Con excepción del uso de formas conjugadas en el discurso directo y en las construcciones desiderativas (estructuras que en muchas lenguas presentan

---

[22] Nótese que es el mismo orden de constituyentes que caracteriza a las lenguas andinas centrales.

características particulares), las cláusulas completivas y relativas vilelas muestran un predominio del uso de formas no finitas y nominalizaciones, rasgo que
acerca el vilela a las estructuras andinas. Trabajos recientes señalan algo similar con respecto a las cláusulas adverbiales. Para el tratamiento en detalle de
estas últimas, cf. Golluscio (2009–10); van Gijn et al. (2013); Golluscio, Hasler
y de Reuse (2014).[23]

5.2.1 Estrategias completivas

Para este trabajo, he seleccionado dos tipos de estrategias diferentes: las combinaciones clausales con verbo de decir y las construcciones multiverbales monoclausales con verbo de deseo. Se han documentado las siguientes construcciones.

5.2.1.1 Con verbos de decir

Dos clases de estrategias completivas han sido registradas con verbos de decir:
parataxis para el discurso directo e hipotaxis, con una nominalización de acción o evento (Comrie y Thompson 2007) en relación de dependencia con la
principal, para el discurso referido. Esta doble estrategia, sin embargo, no es
exclusiva del vilela (se ha documentado al menos en lenguas andinas y tupí-
guaraníes) y es necesario aún explorar alcances y límites de su difusión en
América del Sur.

En cuanto al *discurso directo*, entonces, la completiva se expresa como una
cláusula con verbo flexionado yuxtapuesta a la cláusula matriz con verbo de
decir. Cada una mantiene su propia fuerza ilocutiva, como se ve en los siguientes ejemplos.

(36) ***latoj-om***   *nam=oho-ki* $_{VPPAL}$
     saltar-2SG.IMP 2SG.OBJ-decir-1SG.SUJ
     'Te digo que saltes.'
     (ML, datos propios)

(37) ***teok-it-el***   ***k-om***   *nam tate*   *oho-e* $_{VPPAL}$
     correr-CTR-CONV ir-2SG. IMP 2SG padre decir-3.SUJ

---

23 Los resultados de estas últimas investigaciones muestran una diferencia relevante entre el
vilela y las lenguas chaqueñas centrales respecto de la subordinación adverbial y, por el contrario, un acercamiento no solo con el lule, sino también con el mapudungun, en tanto exhiben tres rasgos en común: el uso de formas no finitas sin *switch reference,* construcciones de
raíces verbales seriales y sufijos subordinantes (cf. Golluscio, Hasler y de Reuse 2014).

"'¡Andá corriendo!', dijo tu padre."
(ML, datos propios)

El uso de parataxis para las completivas en discurso directo es una estrategia icónica extensamente difundida en las lenguas del mundo. Sin embargo, en el caso del vilela, a medida que profundizamos en el corpus, se hace más evidente un recurso particular, el uso de doble verbo de decir (38–39), que resuena a la estrategia documentada con frecuencia en mapudungun, caracterizada por la posibilidad de integrar un discurso directo dentro de otro (Hasler 2012; datos propios). Se observa, además, la combinación de formas conjugadas y converbales de verbos de decir para enmarcar un discurso directo (39), construcción también presente en quechua y aymara (Adelaar con Muysken 2004: 293).

(38) *oho-e* ᵥₚₚₐₗ *hate*   **tik oho-men**   *dupl-oho-ek*   *gima*
      decir-3   hombre algo decir-PROH.2SG 3.OBJ-decir-3.VD esposa
      "Dijo el hombre, 'no digas nada', le dijo a la esposa."
      (Lozano 2006: 40; revisión de glosa original con ML)

(39) *dah t'ettet jahagit nitomoj ete gosïlta-l*   *oho-e* ᵥₚₚₐₗ *gima*
      lejos DEM uno   hombre ya afligirse-CONV decir-3   mujer
      p-umhoq-oh   *ete pe-leʔug-banah*
      FUT_INM-cavar-FUT_INM ya   FUT_INM-entrar-1PL.FUT_INM
      oho-el   *oho-el*
      decir-CONV decir-CONV
      "Lejos, un hombre solo afligiéndose dice a su esposa: 'Voy a cavar (un pozo). Vamos a entrar abajo', dijo, dijo."
      (Lozano 2006: 36) (revisión de glosa original con ML)

Con respecto al *discurso indirecto*, como anticipé al comienzo de la sección, el vilela exhibe una estrategia de complementación a través de una nominalización de acción o evento (*-bep*), dependiente de una cláusula matriz. La relación poseedor-poseído (cf. 4.3.1) que se instaura entre el sujeto y la forma deverbal en *-bep* confirma el status de nominalización de esta forma (Malchukov 2006).

(40) **nane-kis**   **ahjel-bep**   **tate-kis**
      madre-1PL.EXCL POS encontrar-NMLZ3 padre-1PL.EXCL. POS
      ahjel-bep   **ʧinʧosin**   **olembe umbap ahto-el**   **label**
      encontrar-NMLZ3 quirquincho[24] antiguo grande terminar-CONV todo

---

24 Aparece mencionado en J (1972). Animal más grande que el tatú carreta (ML, comunicación personal).

oho-ri-k[25]_{VPPAL} ***tikiłtate***   ***olembe***
decir-REP-k   "ser extraño" antiguo
'Dicen que nuestra madre encontró, nuestro padre encontró a un animal más grande que el tatú carreta antiguo y grande comiendo todo, el ser extraño antiguo.'
(Llamas 1910: 67; glosa de ML, datos propios)

En síntesis, el discurso directo del vilela resulta muy parecido al andino, en particular al mapudungun. Su uso es muy frecuente y llena casi todo el campo del discurso referido, ya que las completivas en relación de dependencia de un verbo de decir construidas con nominalización en *-bep* documentadas –cf. (40)– han sido muy escasas.

5.2.1.2 Con verbo de deseo

La estrategia utilizada con verbo de deseo, muy activa hasta nuestros días, es una construcción monoclausal [verbo conjugado + marcador desiderativo *k'oe* 'querer (invariable)']; este último existe en la lengua como verbo independiente (41). Tal recurso (42) rememora el registrado para algunos usos limitados en la lengua toba (Messineo y Cúneo 2009–10), pero resulta más similar aún a la construcción desiderativa en mapudungun [*kïpa* (raíz del verbo 'querer') + verbo conjugado].[26] Sobre la difusión y distribución de esta estrategia en lenguas de la región y el mundo, cf. Haspelmath (2005).

(41)   *suk'et k'o-ki*
      vino   querer-1SG
      'Quiero vino.'
      (ML, datos propios)

(42)   ***suk'et lako-ki***   *k'oe*
      vino   tomar-1SG DES [querer (invariable)]
      'Quiero tomar vino.'
      (ML, datos propios).

---

25 Las funciones de los sufijos vilelas *-ri* y *-k~-ek* están en estudio.

26 "Una secuencia VERBO + VERBO 'querer' no flexionado, también existe en lule. El siguiente es un ejemplos de la gramática de Maccioni:

(a) *waleks-ts mai-tsi*
    saber-1SG MOD-DES ['querer']
    'Quiero saber.' (G: 33).

Cf. también ejemplos con flexión de sujeto sobre *maitsi-* en de Reuse y Zamponi (en preparación)." (de Reuse, comunicación personal).

En suma, se trata de construcciones multiverbales asimétricas de gran productividad, que exhiben un claro proceso de gramaticalización sufrido por el verbo modal desiderativo.

5.2.2 Estrategias de relativización

Se han reconocido las siguientes construcciones deverbales con valor clausal relativo: (a) construcción converbal en -el, sufijo que aparece con más frecuencia con función adverbial (Golluscio 2009–10: 253); (b) nominalización clausal en -t(e) (Comrie y Thompson 2007). En esta sección, examinaré las construcciones converbales en -el con valor relativo. Las nominalizaciones en -t(e) serán analizadas en 5.2.3.

Un tipo de construcción clausal adnominal, poco frecuente pero documentada al menos desde Llamas (1910), se caracteriza por la presencia del converbo en -el. Las construcciones converbales en -el resultan así cumplir una doble función: modificadora del verbo (función converbal propiamente dicha, la más frecuente –cf. Golluscio (2009–10)– y modificadora de sustantivos –cf. (43) abajo. Esta última, con límites difusos entre un atributo adnominal y una cláusula relativa reducida, presenta una distribución post-nominal, siguiendo el orden de constituyentes estándar del sintagma nominal vilela.

(43) *kiłeri wakal* **gose-we-l**
      vieja mujer triste-ES-CONV
      'La vieja mujer [que está] triste' ('vieja mujer con el corazón triste' –glosa de Llamas 1910: 75) (citado en Golluscio 2009–10: 253)

A veces, la interpretación converbal o participial resulta ambivalente, como se observa en los ejemplos siguientes. Mientras la primera construcción exhibe una clara función relativa atributiva (44a), la segunda (44b) podría leerse también como una predicación secundaria que modifica a la vez al verbo principal y al objeto directo (cf. Golluscio 2009–10: 267–268).

(44) a. *hate*   **wah-el**   *dupmawe* jasi-e
          hombre comer-CONV sabroso   sentar(se)-3.SUJ
          'El hombre que comía sabroso se sentó.'

      b. *nah am-it(e)-ki*   *hate* **wah-el**   *dupmawe*
          yo mirar-CTR-1SG.SUJ hombre comer-CONV sabroso
          'Yo miré al hombre comiendo sabroso.'
          (Golluscio 2009–10: 268)

5.2.3 Estrategias relativas o completivas: las nominalizaciones clausales en -*t(e)*

En vilela, se han documentado con frecuencia construcciones verbales nominalizadas en -*t* o -*te* que funcionan como cláusulas relativas o completivas. Recordemos que -*t* y -*te* han sido documentados como sufijos nominales, alomorfos de -*te* 'determinante' (-*t* después de vocal; -*te* después de consonante), en distribución complementaria con -*pe* 'determinante' (alomorfos -*p* y -*pe*) (Hernando Balmori 1967; Lozano 1970, 2006).

Aunque el estudio de estas estructuras está en proceso, es indispensable incluir la nominalización dentro de las estrategias de combinación de cláusulas consideradas esta investigación. Con ese fin, a continuación anticipo algunos de los usos registrados.

Por un lado, la nominalización en -*t(e)* puede ocurrir con función de *cláusula relativa atributiva*. En (45) aparece un ejemplo en -*t*:

(45) *"Tate -kis* **laué- lát** **yasi-t;"**[27]
padre-1PL.EXCL.POS arriba-LOC1 sentar(se)-NMLZ1
'Padre nuestro [que estás] sentado arriba ...'
(Extraído del texto del Padrenuestro recogido en Hervás (1990: 389); mi interlinearización y traducción).

Por otro lado, la nominalización en -*t(e)* ha sido documentada con función *completiva de sujeto*; también considerada por otros autores como *cláusula relativa libre (sin antecedente)* (Andrews 2007; para una revisión crítica de estos conceptos, cf. González y Ciccone 2009–10). Esta clase es de uso frecuente en el corpus textual disponible.

(46) **hapaha ne-t** *kiłeri umbap*
atrás venir-NMLZ1 vieja grande
'La que viene atrás es una vieja gorda.'
(Lozano 2006: 39)

---

27 Es significativo que Hervás (1990: 391) anota también una segunda forma <yasimiat> que parece haber sido descartada por los misioneros en la versión final del Padrenuestro enviada a Hervás. Esta aparece como forma verbal flexionada + subordinador (nominalizador) <yasi-mi-at> [parar(se)-2SG-NMLZ1] 'que estás parado', un tipo de estructura para cláusulas dependientes documentada no solo en vilela, sino también en lule y mapudungun (cf. Golluscio, Hasler y de Reuse 2014).

Por último, he seleccionado ejemplos del mismo lexema cumpliendo sendas funciones en la narrativa mítico-histórica recogida por Llamas (1910). En (47), el determinante *-t(e)* ocurre como marcador de nominalización con función relativa atributiva; (48), en cambio, ofrece un ejemplo de uso como marcador de completiva.

(47) *waha-rop   rupe-let   rupe n-it-e   tate-kis*
      ahora-NEG raíz-LOC1 raíz venir-CTR-3 padre-1PL EXCL.POS
      nane-kis   **waka-(u)mba-be-l-te**   *ma   umbap*
      madre-1PL.EXCL POS waka-hablar-TR-PL-NMLZ2 agua grande
      agi(t)lopa
      otro_abajo
      'Hace mucho tiempo, en el principio, en la raíz de los tiempos, vinieron nuestro padre, nuestra madre (nuestros ancestros) que hablaban waka= vilela, del otro lado del agua grande.'
      (Llamas 1910: 67; interlinearización y traducción ML y autora)

(48) *waha-rop   umb-om*   *umbap*
      ahora-NEG contar/hablar-NMLZ3 grande
      waka- (u)mba-be-l-te
      waka-contar/hablar-TR-PL-NMLZ2
      'La contada antigua y grande de los que hablaban vilela.'[28]
      (Esta construcción aparece como tema o título de la narrativa recogida por Llamas (1910: 67).)

En síntesis, en cuanto a las cláusulas completivas, el uso de formas verbales conjugadas con verbos de decir y deseo y la ocurrencia de un marcador desiderativo en proceso de gramaticalización para este último, que podría sugerir un acercamiento a las chaqueñas, aparece combinado con el uso de la nominalización en *-bep* (en algunos registros con verbo de decir),[29] lo cual vuelve a alejar a las completivas vilelas de las chaqueñas. Por su lado, el examen de las construcciones relativas vilelas también muestra un uso extendido de la nominalización clausal. Generalizando, entonces, tanto en las completivas como en las relativas predomina la nominalización, estrategia característica de las lenguas andinas. Aunque dicho recurso no es exclusivo de estas últimas, sino que está extendido también en las amazónicas, definitivamente plantea un límite en ese

---

28 Los 'vilela-hablantes', según traducción de ML. Llamas (1910) es el primer texto conocido donde se usa *waka-(u)mba-be-l-te* como gentilicio.
29 Se está estudiando el uso de la nominalización en *-bep* en cláusulas ecuacionales.

punto respecto de las lenguas chaqueñas, caracterizadas por el uso de formas verbales flexionadas.

5.2.4 Orden del subordinador adverbial y la cláusula

Las lenguas chaqueñas son todas lenguas de nexo subordinante inicial. Este parecería ser un rasgo areal muy fuerte, porque la tendencia dentro de las lenguas sudamericanas es tener nexo final subordinante o sufijo subordinante (Dryer 2005). Tal es el caso de las andinas, el lule y el vilela. Este último presenta nexo (partícula independiente) para las concesivas (*ɫuru* 'aunque'), como se ve a continuación, y sufijo para el resto de las adverbiales (Golluscio, Hasler y de Reuse 2014).

(49) *hate*   ***ɫe-w-e***   ***ɫuru***   ***baɫe-lat***   *kiɫk-it-at*
       hombre miedo-ES-3 aunque tierra-LOC1 bajar-CTR-3
       'El hombre, aunque tiene miedo, bajó al suelo.'
       (Lozano 2006: 96)

Respecto de este rasgo particular, entonces, las adverbiales acercan el vilela a las lenguas andinas, incluido el lule.

En la próxima sección, exploraré las posibles huellas de contacto que se manifiestan en los rasgos fonético-fonológicos documentados para el vilela.

6 Rasgos fonético-fonológicos[30]

Lozano (1970, 1977, 2006) desarrolló un inventario de fonemas vilelas basado en su investigación de campo, que sintetizamos en el siguiente cuadro.

Siguiendo a Lozano, el sistema de consonantes vilela comprendería un contraste de tres series de oclusivas –eyectivas (marcadas), plenas sonoras y

---

30 Agradezco a Sven Grawunder (MPI-EVA) por el riguroso análisis fonético de los recursos grabados en el campo y las grabaciones realizadas por Raúl Martínez Crovetto en la década de 1960, que arrojó luz sobre los hallazgos que se resumen en § 6 y, muy particularmente, por su perspectiva teórica y metodológica que permitió poner en valor los fenómenos producidos por un así llamado "hablante terminal" y encarar un análisis conjunto integral (cf. detalles en Grawunder y Golluscio 2014). Soy responsable de cualquier error de interpretación que pudiera surgir en esta presentación.

plenas sordas– en seis lugares de articulación. Hernando Balmori (1967) y Lozano (1970, 1977, 2006) documentan un contraste entre uvular sorda y velar sorda: <q> vs. <k>. Tal contraste parece desaparecido en ML (cf. Golluscio y González 2008; Grawunder y Golluscio 2014). ML, sin embargo, mantiene un triple contraste oclusivo, en el que se oponen una oclusiva sonora, una sorda no aspirada (plena) y una fonéticamente marcada (aspirada, eyectiva).

Cuadro 4: Inventario de fonemas propuesto por Lozano (1970, 1977), según Golluscio y González (2008).

	Bilabial	Dento-alveolar	Palatal	Velar	Uvular	Glotal
Oclusivas	p b	t d	ʧ	k g	q ɢ	ʔ
Eyectivas	p'	t'	ʧ'	k'	q'	
Nasales	m	n				
Flap		ɾ				
Fricativas		s				h
Aproximantes			j	w		
Lateral fricativa		ɫ				
Lateral aproximante		l				

A continuación, examinaré algunos rasgos del sistema consonántico vilela, a la luz de los sistemas de otras lenguas de la región.

6.1 El sistema consonántico vilela: entre ámbitos sordos y sonoros

La literatura ha destacado con frecuencia que el sistema fonológico vilela muestra muchos rasgos de proximidad con las lenguas andinas, incluido el lule. Sin embargo, a diferencia de aquellas, caracterizadas por la ausencia de consonantes sonoras (Lafone Quevedo 1895; Viegas Barros 2001), el vilela manifiesta un contraste consonántico sordo vs. sonoro en varios puntos de articulación: labial, dento-alveolar y velar,[31] como lo muestran los siguientes ejemplos:

---

31 El contraste velar vs. post-velar o uvular está actualmente en discusión; cf. Golluscio y González (2008); Zamponi (2008) y Grawunder y Golluscio (2014).

(50) a. *paje* 'abuela' b. *baɬe* 'tierra'
    c. *tate* 'padre' d. *dah* 'lejos'
    e. *kite* 'se fue' f. *gima* 'esposa/o'

Ausente en las lenguas mataguayas, el rasgo sonoridad en oclusivas resulta compartido por algunas lenguas guaycurúes, aunque en estos casos, es más reducido el alcance de puntos de articulación –cf. el sistema fonológico mocoví, por ejemplo, en Cuadro 5 a continuación:

Cuadro 5: Inventario consonántico comparativo entre vilela, lule, wichí y mocoví, según Zamponi (2008: xlvi).

Lule	Vilela	Mocoví	Wichí
i u	i u	i i:	i u
e o	e o	e e: o o:	e o
a	a	a a:	a α
p t k ʔ	p t k q ʔ	p t k q ʔ	p t k ʔ
p' t' k'	p' t' k' q'		p' t' k' kʷ
	b G	d G	
ts	tʃ	tʃ	tʃ
	tʃ'		tʃ'
		dʒ	
s	s h	s ʃ h	s x h hʷ
m n	m n	m n ɲ	m n
l	l	l ʎ	l
ɬ	ɬ		ɬ
		r	
w y	w y	w y	w y

Por el contrario, las oclusivas sonoras bilabial y dental/alveolar (no así la velar sonora, prácticamente ausente) son un rasgo relevante en las lenguas de las laderas de los Andes: cavineña (takana); cayuvava, mosetén, movima y yurakaré (aisladas) (cf. González 2012). Y, por supuesto, la sonoridad es un rasgo estructural de las lenguas tupí-guaraníes (cf. 6.6).

A pesar del contraste sonoro/sordo manifiesto en vilela, es de notar que las series sonoras en esta lengua presentan distintos niveles de estabilidad. Respecto de la bilabial sonora, ha sido registrada con frecuencia una alternancia entre labiales oclusivas/fricativas/aproximantes y aun velar aproximante [b ~ v ~ β ~ ʋ ~ w]:

(51) /*bapus*/ 'jovencita' > [bapus ~ βapus ~ wapus][32]

En cuanto a la oclusiva dental sonora, este sonido participa de una alternancia más amplia, entre las consonantes que se pronuncian en el borde superior de los alvéolos, esto es, [r ~ ɾ ~ d ~ l], como en los ejemplos siguientes:

(52) a. [ɾupe ~ dupe] 'mucho'
b. [lopa ~ dupa] 'abajo'.

Esta alternancia, presente en el vilela actual, fue registrada desde el siglo XVIII y muestra, además, estar extendida a varias otras lenguas de la región.[33] En este punto, resulta relevante recordar que los misioneros ya habían documentado que la variedad hablada por la parcialidad omoampa (de lengua vilela) carecía de <r> (Hervás (1990 en Furlong Cardiff 1939: 42). Esta afirmación está corroborada por la transcripción del préstamo español 'reino' como 'leino' en la versión del Padrenuestro en vilela (Hervás 1990: 389).[34] Por su parte, Lozano describe [d] y [ɾ] como alófonos del fonema /d/ en posición inicial (Lozano 2006: 109). Para más detalles, cf. Grawunder y Golluscio (2014).

6.2 Rasgos compartidos con los sistemas chaqueños: la fricativa lateral sorda

El sistema fonológico vilela exhibe una consonante fricativa lateral sorda (53). Ausente en casi la totalidad de las lenguas andinas y amazónicas, fue reconocido como un rasgo extendido en el área chaqueña (Comrie et al. 2010). Está presente en las lenguas mataguayas (54–55), con cuyos hablantes los vilelas mantuvieron contactos prolongados (cf. § 2), y sería necesario explorar más a fondo la relación de este sonido con las laterales largas guaycurúes (de Reuse, comunicación personal). Resulta sugerente, además, notar que la lateral sorda aparece también en algunas lenguas andinas periféricas, cuyo comportamiento de transición entre los Andes y el Chaco ha sido recientemente observado respecto de la sintaxis (Golluscio, Hasler y de Reuse 2014). En ese sentido, además de aparecer manifestado en la ortografía de Maccioni (1877, 2008) para el lule –cf. (56), ha sido documentado en el kunza/atacameño y el uchumataqu (Hannß 2008: 79–80; de Reuse, comunicación personal).

---

32 A partir de (51), excepto que se especifique otra fuente, todos los ejemplos de la sección están extraídos de Grawunder y Golluscio (2014).
33 Cf. el sistema consonántico toba (qom, guaycurú).
34 Cf. un fenómeno similar en el Padrenuestro en lule en esa misma obra (Hervás 1990: 388).

(53) *kɨle* 'mujer' (vilela)

(54) *lhetek* 'cabeza' (wichi, mataguaya)
      (Nercesian 2009–10: 204)

(55) *lhapesh* 'hace mucho tiempo' (nivakle, mataguaya)
      (Fabre 2009–10: 46)

(56) *<quilha>* 'joven (f.) (lule)
      (Maccioni 1877, 2008 citado en Zamponi 2008: xxxiv).

6.3 Alternancia coronal-velar: rasgo presente en vilela y lule

En Grawunder y Golluscio (2014) analizamos un fenómeno recurrente en el habla de nuestro consultante clave: la alternancia entre oclusivas coronales y velares. Es frecuente en el contexto de vocales altas e inicial de palabra o ataque silábico, pero también en sufijos. Este fenómeno, documentado desde el siglo XVIII, aparece también registrado ortográficamente en Llamas (1910) y es reconocido por Hernando Balmori (1967, n. 15, 14, citado en Viegas Barros 2001: 25). Cf. los ejemplos siguientes:

(57) a. [ikem ~ item] 'tigre'
      b. kanej-ki ~ kanej-ti] 'estoy cansado'
      c. [ḳihi ~ tʰihĩ ~ ti.fii ~ tifii ~ ḳ̟ihĩ ~ ṯihi ~ tʰɪfĩ] 'caballo'
          (ML, hablante, datos propios; cf. Hernando Balmori 1967)

Este tipo de alternancia consonántica se explica como un adelantamiento (*fronting*) que implica un cambio de punto de articulación de dorsal (velar) a coronal. Sin embargo, el orden inverso t/k también ha sido documentado. Nuestra hipótesis es que si bien tal fenómeno es producto de una compleja interacción de factores (hablante, transcriptor, percepción, frecuencia del cambio), podría adquirir su explicación en el marco más amplio de los procesos de coronalización/palatalización/asibilación de dorsales documentados en vilela y ampliamente extendidos en el área chaqueña (cf. 6.5 abajo; González 2012 y en este volumen; Golluscio y Grawunder 2014).

Por último, es interesante notar un fenómeno que parece guardar relación con éste, documentado en lule. Zamponi en su ensayo sobre la fonología y la representación gráfica del lule, identifica para esta lengua el siguiente proceso, que involucra adelantamiento de la velar sorda con palatalización y aun asibilación en contextos de vocales anteriores. El sonido representado ortográficamente por Maccioni como <c> correspondería a [ts]/_<e>, <i> y [k] en otras posiciones (Zamponi 2008: xxiv).

6.4 La palatalización: un rasgo prevalente de la fonología chaqueña difundido en el vilela

Existen claros ejemplos de palatalización y aun asibilación como procesos en marcha en vilela, que implican adelantamiento y asibilación en los casos "K" > "C" > "T" y asibilación en la otra dirección "T" > "C" (Grawunder, comunicación personal). Veamos a continuación los siguientes ejemplos:

(58) a. <kirimít> 'negro' (Llamas 1910) vs. [cʰɪɾəmitˀ ~ kᶜiɪɾəmitˀ] (ML)

     b. <teté> 'esta' (Llamas 1910), <t'ete> DEM (Lozano 2006) vs. [cᶜɛtə ~ t̪'ɛtɛ] (ML)

O bien, como documentó Hernando Balmori en la década de 1960:

(59) <cqii-hi ~ chihi ~ tihi ~ kihi> 'caballo' (Hernando Balmori en Balmori D. 1998; las dos últimas también en ML, datos propios)

Por último, evidencias de palatalización y aun asibilación surgen de la comparación de registros desde el siglo XVIII, en los que participan también oclusivas velares y coronales, con adelantamiento o no –cf. ejemplos y tratamiento detallado en Grawunder y Golluscio (2014).

Tal hipótesis se confirma con ejemplos en los que participan otras consonantes:

(60) <sinipí, sinivipí> 'nombre de parcialidad de habla vilela' → <chinipí> (Hernando Balmori 1959: 1967; Lozano 1970, 2006; ML, datos propios)

En estudios sobre otras lenguas del Chaco y vecinas (como el lule), se han identificado también procesos de palatalización. Siguiendo a González (2012), en todas las lenguas mataguayas (con excepción del chorote), se registran fenómenos de adelantamiento y palatalización. Interesante para nuestra investigación, la autora presenta datos de tres variedades –wichí del Bermejo (Chaco y Formosa, Argentina), wichí nocten (Bolivia) y wichí de Departamento Rivadavia (Salta, Argentina), cuya distribución geográfica, según la autora:

> Va en un eje que se direcciona de este a oeste, respectivamente. Esta distribución se correlaciona con patrones de palatalización: "la variedad del Bermejo (al este) es la que presenta patrones de palatalización plena, en tanto que para las variedades noctén y de Rivadavia (al oeste) las fuentes reportan adelantamiento de las articulaciones posvelares y fonemas velares co-articulados. En todos los casos, los segmentos involucrados son las consonantes dorsales." (González 2012: 11–12).

Para más detalles de análisis y ampliación de las referencias citadas, cf. González (2012) y, como ya anticipamos, Grawunder y Golluscio (2014).

Para cerrar esta aproximación a los fenómenos fonético-fonológicos, en las secciones siguientes introduciré dos procesos registrados en vilela que revelan las huellas del contacto de sus hablantes con contextos guaraní-parlantes: la africativización de [j] y la pre-nasalización.

6.5 Africativización de la [j]: hacia ámbitos guaraníticos

La africativización de la [j] es un fenómeno general del guaraní paraguayo y aun del español paraguayo. A pesar de la escasez de hablantes vilelas para confirmar la difusión de este rasgo, es interesante destacar su sistematicidad en el habla de nuestros hablantes claves. Así surge de los siguientes ejemplos:

(61) <yiní> (Llamas 1910) > [ʤiní] 'jabalí'
 (ML, datos propios)

(62) [jewe ~ ʤewé] 'arco iris'
 (variación en ML y GC, datos propios)

Este fenómeno ocurre especialmente en contextos de vocales altas, como surge de la comparación con los ejemplos siguientes:

(63) joqo (Lozano 2006) > [joko] (ML, datos propios) 'tatú'

(64) joki (Lozano 2006) > [joki] (ML, datos propios) 'avestruz'

6.6 La pre-nasalización: indexando la sonoridad (Grawunder, comunicación personal)

Por último, en Grawunder y Golluscio (2014) analizamos varias emisiones que presentan evidencias claras de pre-nasalización, un fenómeno característico de las oclusivas en guaraní (Gregores y Suárez 1967) –cf. (65a–b). Nuestra hipótesis es que este rasgo pudiera haberse difundido en el vilela, dadas las evidencias de contacto entre hablantes de vilela y el área guaranítica desde el siglo XVI hasta la actualidad (cf. § 2).

(65) a. [ᵐba͡ɬej̣ɭatˀ] 'en la montaña', [ᵐba͡ɬɛ~ ba͡ɬɛ] 'tierra, suelo'
 b. [ⁿdʒ̊ɛ̞ɣwɛ̞͡~ ⁿd̥ʃɪgwɛ] 'arco iris'
 (ML, datos propios)

c. dubepp ~ ndobepp 'pierna, parte superior'
   (Pelleschi en Lafone Quevedo 1895: 76, 77)

Dada la historia de vida de nuestro consultante clave, en interacción permanente desde su niñez con la Provincia de Corrientes (Argentina), ámbito guaraní-parlante (cf. Domínguez et al. 2006 y Golluscio y González 2008), se podría suponer que se trata de un rasgo idioléctico. Sin embargo, la pre-nasalización aparece ya registrada como un fenómeno de variación en el vocabulario recogido por Pelleschi en el Chaco a fines del siglo XIX, comentado por Lafone Quevedo (1895) –cf. (65c).

Importante para la hipótesis central que sustenta esta investigación, el vilela carece de esa característica como rasgo estructural. Adquirido seguramente por las situaciones de contacto documentadas en las fuentes desde el siglo XVII y en testimonios de campo desde fines del siglo XIX, en el contexto del sistema vilela moderno la pre-nasalización oficia como una indexación de la sonoridad (Grawunder, comunicación personal).

En síntesis, el examen del inventario consonántico vilela desde una perspectiva tipológico-areal ha permitido identificar la convergencia de rasgos presentes en lenguas de distintas familias y distintas áreas lingüísticas sudamericanas que parecen haber ido configurando el sistema de la lengua vilela moderna en su unidad y diversidad. Así, por un lado, se pueden reconocer semejanzas con los sistemas andinos y el lule, especialmente la oposición entre consonantes marcadas y plenas y la existencia de sonidos glotálicos. Pero, a diferencia de aquellos, el vilela exhibe consonantes sonoras en varios puntos de articulación. Por otro lado, respecto de las lenguas chaqueñas, dos aspectos resultan significativos: el vilela comparte con las lenguas mataguayas un rasgo extendido en el Chaco y ausente en la mayor parte de América del Sur, como es la presencia de la consonante lateral sorda, así como un interesante fenómeno de alternancia de oclusivas con adelantamiento (*fronting*) de velar a coronal, que podría vincularse con fenómenos de palatalización que implican coronalización, proceso activo en el área. Ambos fenómenos han sido registrados también en lule. Por último, el habla de nuestro consultante clave presenta rasgos de africativización (asibilación) de [j] y de pre-nasalización, que confirman la continuidad del contacto de sus hablantes con el guaraní.

7 Conclusiones

Esta investigación, en paralelo con otros estudios realizados y en curso tendientes a elaborar una tipología areal de las lenguas del Chaco y vecinas (cf.

n. 2 y Referencias), ha contribuido a comprobar en el vilela moderno, a partir de una estructura básica que la alinea tipológicamente con las andinas, la difusión de rasgos de las dos lenguas más influyentes de los Andes centrales, el quechua y el aymara, así como de otras lenguas chaqueñas y de áreas vecinas (en particular, el guaraní), que atravesarían la historia de la lengua desde, al menos, el siglo XVI. Sin embargo, simultáneamente se han puesto en evidencia procesos de resistencia, en todos los niveles del sistema lingüístico. A continuación, desplegaré estos hallazgos con más detalle.

Primero, en trabajos anteriores, se reconocieron fenómenos morfo-sintácticos compartidos con las lenguas andinas que alejan tipológicamente al vilela de las lenguas chaqueñas centrales, a saber: (a) su rasgo sufijante; (b) la reduplicación nominal y verbal productiva; (c) la presencia de posposiciones y marcadores de casos periféricos; (d) la ausencia de sistemas deícticos que marquen distancia, dirección y posición y (e) la ausencia de sistemas posesivos obligatorios que distingan propiedad/pertenencia alienable-inalienable (cf. Comrie et al. 2010, entre otros).

Segundo, además de compartir con las lenguas andinas las características enumeradas más arriba, el vilela manifiesta transferencias morfológicas y léxicas no solo del quechua, sino muy especialmente del aymara. La antigüedad de la incorporación de estos préstamos está indicada por su completa integración al sistema lingüístico vilela. En este artículo me centré en el marcador de caso periférico locativo, integrado plenamente a la morfología vilela. La morfología parece ser un dominio a la vez de convergencia e innovación, pero siempre en relación con las lenguas andinas. Por un lado, el sufijo posesivo vilela -*p*, marcado en el núcleo, podría plantear una continuidad con el sufijo posesivo aymara -*pa* (más que con el genitivo quechua -*pa*), pero a la vez lo reanaliza, siguiendo dos trayectorias: (a) como clasificador relacional (parte-todo, partes del cuerpo y objetos manufacturados) y (b) como marcador de deferencia. Por el otro lado, en cuanto al caso locativo, el vilela incorpora (a) un sufijo locativo formal y funcionalmente similar al locativo alativo lule (-*le* ~ -*lat* ~ -*let*) y (b) el locativo inesivo (-*be*), también marcador de instrumental. Sin embargo, la extensión de su uso como sufijos verbales, así como la no incorporación del marcador de genitivo quechua (claramente ligado a lenguas marcadas en el dependiente) podría mostrar una resistencia tipológica del vilela, básicamente estructurada como lengua marcada en el núcleo.

Tercero, en otros dominios morfosintácticos, como el de formación de palabras, el vilela exhibe estrategias mixtas. Mientras algunos procesos de derivación, como el de formación de un adverbio de negación, combinan un lexema andino (quechua) con un sufijo vilela, otros, como la formación de pronombres indefinidos manifiestan la convergencia del sistema andino y el chaqueño. Por último, para la categoría 'número' (nominal y verbal) el vilela asume un rasgo ampliamente difundido en el Chaco: la marcación de pluralidad (ausente en las andinas) y, específicamente, el uso de un afijo en -*l*, como existe en las lenguas chaqueñas centrales.

Cuarto, la sintaxis de la cláusula compleja vilela revela un alejamiento de las estrategias chaqueñas y, por el contrario, una fuerte impronta andina. Los resultados de una investigación anterior nos permitieron confirmar una diferencia significativa entre el vilela y las lenguas chaqueñas centrales respecto de la subordinación adverbial y, por el contrario, proponer una llamativa cercanía no solo con el lule, sino también con el mapudungun (Golluscio, Hasler y de Reuse 2014). Aun cuando es necesario profundizar más el estudio de las estrategias de complementación y relativización en vilela, los datos presentados en este trabajo permiten fortalecer esa posición, no solo por el uso extendido de nominalizaciones, sino incluso por los recursos retóricos utilizados para el discurso directo, esto es, el discurso directo dentro del discurso directo, de uso frecuente en lenguas andinas centrales y también en mapudungun. Sin embargo, la nominalización es un recurso extendido mucho más allá de los Andes y podría vincular el vilela con el área amazónica. Posibles huellas de trayectorias y contactos de los pueblos de habla vilela que es necesario explorar en el futuro.

Quinto, el inventario fonético-fonológico vilela moderno parece ser el campo que con mayor nitidez manifiesta los efectos de la complejidad de los procesos antropo-dinámicos sufridos por los pueblos de habla vilela, desde las épocas pre-coloniales hasta la actualidad. Así, muestra evidencias de las trayectorias y contactos de sus hablantes entre ámbitos sordos (predominantes en quechua, aymara, lule y lenguas mataguayas) y sonoros (lenguas de las laderas de los Andes, algunas guaycurúes y guaraní), con la convergencia de rasgos andinos, rasgos extendidos entre las lenguas del área chaqueña (especialmente la presencia de una consonante lateral sorda y de fenómenos de palatalización y asibilación) y rasgos del guaraní (en particular, fenómenos de africativización de [j] y pre-nasalización).

En suma, así como el Pueblo vilela es producto de un complejo proceso de etnogénesis, su lengua, sin dejar de mantener una entidad diferenciada reconocible a lo largo del corpus documental recogido desde el siglo XVII, manifiesta procesos de incorporación, decantación y convergencia resultado de las trayectorias y contactos de sus hablantes desde épocas pre-coloniales hasta el siglo XX, características estas últimas que es necesario tomar en cuenta al intentar explicar su fragilidad actual y su futuro comprometido.

Abreviaturas

Siempre que ha sido posible, se han unificado en español las convenciones, abreviaturas y traducción de los ejemplos utilizados en el artículo, en vistas a una mayor coherencia en la presentación. Para el vilela se han seguido, en general, "The Leipzig Glossing Rules" (http://www.eva.mpg.de/lingua/files/morpheme.html).

1	primera persona
2	segunda persona
3	tercera persona
A	prefijo pronominal de la clase A (pilagá, Vidal 2001, 2008);[35] participante activo o agente (toba, Messineo y Cúneo 2009–10)
A	Cactivo
CAUS	causativo
CLR	clasificador relacional (-p)
COMP	comparativo
COMPL	cláusula completiva
CONV	converbo
CTR	marcador de control
D	deíctico
DEM	demostrativo
DES	desiderativo
ES	esivo
EXCL	exclusivo
EXST	existencial
FUT	futuro
FUT_INM	futuro inmediato
IMP	imperativo
INCL	inclusivo
INT	interrogativo
LOC	locativo
LOC1	locativo alativo (-lat y alomorfos)
LOC2	locativo inesivo (-be)
MOD	modal
NEG	negación
NMLZ	nominalizador
NMLZ1	nominalizador1 (-t(e))
NMLZ2	nominalizador2 (-om)
NMLZ3	nominalizador3 (-bep)
OBJ	objeto
PAS	pasado

35 Dentro del sistema de alineamiento en pilagá (guaycurú), se distingue un conjunto de prefijos pronominales para agentes semánticos (Clase A) y otro para pacientes semánticos (Clase B) (Vidal 2001, 2008).

PL	plural
POS	posesivo
PRO	pronombre independiente
REP	reportativo (-*ri*)
SG	singular
SUB	subordinador temporal (-*let*)
SUJ	sujeto
TR	transitivizador
VD	variante dialectal (Lozano 1970)

Referencias

Adelaar, Willem F. H. con Pieter Muysken. 2004. *The languages of the Andes*. Cambridge: Cambridge University Press.

Adelung, J. Ch y J. S. Vater. 1813. *Mithridates oder allgemeine Sprachenkunde mit dem Vater Unser als Sprachprobe in beynahe fünfhundert Sprachen und Mundarten*. Dritter Theil. Zweyte Abtheilung. Berlín: Vossische Buchhandlung.

Aikhenvald, Alexandra Y. 2013. Possession and ownership: a cross linguistic perspective. En Aikhenvald, Alexandra y R. M. W. Dixon (eds.), *Possession and ownership: a cross-linguistic typology. Explorations in linguistic typology*, 1–64. Oxford: Oxford University Press.

Albarracín de Alderetes, Lelia I. 2011. *La quichua. Gramática, ejercicios y diccionario quichua-castellano*. Volumen 2. Buenos Aires: Dunken.

Alderetes, Jorge. R. 2001. *El quichua de Santiago del Estero. Gramática y vocabulario*. Tucumán: Facultad de Filosofía y Letras, Universidad Nacional de Tucumán.

Altamirano, Marcos. 1979. Leoncito, el último cacique Vilela. *Todo es Historia*. 141: 82–93. Buenos Aires.

Ambrosetti, Juan B. 1894. Apuntes sobre los indios chunupíes (Chaco austral) y pequeño vocabulario. *Anales de la Sociedad Científica Argentina* 37. 51–160.

Andrews, Avery D. 2007. Relative Clauses. En Timothy Shopen (ed.) *Language Typology and Syntactic Description* (Second edition), Volume 3, 206–236. Cambridge: Cambridge University Press.

Bickel, Balthasar y Johanna Nichols. 2011. Obligatory possessive inflection. En Matthew S. Dryer y Martin Haspelmath (eds.), *The World Atlas of Language Structures Online*. Leipzig: Max Planck Institute for Evolutionary Anthropology. (Disponible en línea en http://wals.info/chapter/59, consulta 10-02-2011).

Braunstein, José y Alejandra Vidal. En prensa. Gran Chaco: the convergence of languages and peoples. En Richard Rhodes, Tom Güldemann y Patrick McConvell (eds.), *Hunter-gatherers in historical and global perspective*. Cambridge: Cambridge University Press.

Cerrón-Palomino, Rodolfo. 2008. *Quechumara: estructuras paralelas de las lenguas quechua y aymara*. La Paz: Plural.

Cerrón-Palomino, Rodolfo y Juan Carvajal Carvajal. 2009. Aimara. En Mily Crevels y Pieter Muysken (eds.), *Lenguas de Bolivia. Tomo 1. Ámbito andino*, 169–214. La Paz: Plural.

Comrie, Bernard, Lucía Golluscio, Hebe González y Alejandra Vidal. 2010. El Chaco como área lingüística. En Zarina Estrada y Ramón Arzápalo (eds.), *Estudios en lenguas amerindias*

2: *Contribuciones al estudio de las lenguas originarias de América*, 85–131. Hermosillo: Universidad de Sonora.

Comrie, Bernard y Sandra A. Thompson. 2007. Lexical Nominalization. En Timothy Shopen (ed.), Language Typology and Syntactic Description, 334–381. Volume 3, (Second edition). Cambridge: Cambridge University Press

De Reuse, Willem J. y Raoul Zamponi. [En preparación]. *A grammar of Lule, with texts and dictionary*. Ms.

Domínguez, Marcelo, Lucía Golluscio y Analía Gutiérrez. 2006. Los vilelas del Chaco: desestructuración cultural, invisibilización y estrategias identitarias. En Lucía Golluscio y Silvia Hirsch (eds.), *Historias Fragmentadas, Identidades y Lenguas: los Pueblos Indígenas del Chaco Argentino Indiana* 23. 199–226.

Dryer, Matthew S. 2005. Order of adverbial subordinator and clause. En Martin Haspelmath, Matthew S. Dryer, David Gil y Bernard Comrie (eds.), *The World Atlas of Language Structures*, 382–385. Oxford: Oxford University Press.

Fabre, Alain. 2009–10. El sufijo -*sh* del nivacle (mataguayo) como instrumental, incremento de valencia y subordinador. En Lucía Golluscio y Alejandra Vidal (eds.), *Les Langues du Chaco. Structure de la phrase simple et de la phrase complexe. Amerindia* 33/34. 43–72.

Fontana, Luis J. 1977 [1881]. *El Gran Chaco*. Buenos Aires: Solar/Hachette.

Furlong Cardiff, Guillermo. 1939. *Entre los Vilelas de Salta*. Buenos Aires: Academia Literaria del Plata.

Furlong Cardiff, Guillermo. 1955. *Joaquín Camaño S.J. y su "Noticia del Gran Chaco" (1777)*. Escritores Coloniales Rioplatenses, VIII. Buenos Aires: Librerías del Plata SRL.

Gerzenstein, Ana. 1983. *Lengua chorote. Variedad 2*. Buenos Aires: Universidad de Buenos Aires, Facultad de Filosofía y Letras, Instituto de Lingüística.

Gilij, Filippo S. 1965. *Ensayo de historia americana*. Tovar, Antonio (Trad.) *Fuentes de la historia colonial de Venezuela*. Vols. 71–73. Caracas: Biblioteca de la Academia Nacional de la Historia. [Original italiano: 1780–84].

Golluscio, Lucía. 2009–10. Los converbos en -*(e)l* y la combinación de cláusulas en vilela. En Lucía Golluscio y Alejandra Vidal (eds.), *Les Langues du Chaco. Structure de la phrase simple et de la phrase complexe. Amerindia* 33/34. 249–285.

Golluscio, Lucía. 2012a. El vilela como lengua de absorción y decantación. Congreso Internacional de Americanistas, Viena, julio 2012.

Golluscio, Lucía. 2012b. Del olvido al recuerdo lingüístico: creación colaborativa de una metodología para la documentación de una lengua indígena en extremo peligro (vilela, Chaco argentino). En Virginia Unamuno y Ángel Maldonado (eds.), *Prácticas y repertorios plurilingües en Argentina*, 171–200. Bellaterra: GREIP-Universidad Autónoma de Barcelona.

Golluscio, Lucía y Hebe González. 2008. Contact, attrition and shift in two Chaco languages: the cases of Tapiete and Vilela. En David Harrison, David Rood y Aryenne Dweyer (eds.), *Lessons from Documented Endangered Languages*, 195–242. Amsterdam/Filadelfia: John Benjamins.

Golluscio, Lucía, Felipe Hasler y Willem de Reuse. 2014. Adverbial subordination at the peripheries of the Andean and Chaco linguistic areas. Ponencia presentada en Annual Meeting SSILA/Linguistic Society of America, Minnesota. 4 enero.

González, Hebe. Este volumen. El Chaco como área lingüística: una evaluación de los rasgos fonológicos. Chapter 4, 165–203.

González, Hebe. 2012. Fonología de las lenguas chaqueñas y andinas: rasgos tipológicos y areales. En Hebe González y Beatriz Gualdieri (eds.), *Lenguas indígenas de América del Sur 1. Fonología y léxico*, 39–58. Mendoza: Sociedad Argentina de Lingüística.

González, Hebe y Florencia Ciccone. 2009–10. Nominalización y relativización en tapiete (tupí-guaraní): aspectos morfo-sintácticos. En Lucía Golluscio y Alejandra Vidal (eds.), *Les Langues du Chaco. Structure de la phrase simple et de la phrase complexe. Amerindia 33/34.* 313–332.

Grawunder Sven y Lucía Golluscio. 2014. Lengua o hablante. Investigando la alternancia t>k en vilela. *LIAMES*. 41–72.

Gregores, Emma y Jorge Suárez. 1967. *A description of colloquial Guarani*. The Hague–Paris: Mouton & Co.

Hannß, Katya 2008. *Uchumataqu. The lost language of the Urus of Bolivia. A grammatical description of the language as documented between 1894 and 1952*. ILLA Nº 7. Leiden: Research School of Asian, African and Amerindian Studies. (CNWS Publications, Vol. 158).

Hasler, Felipe. 2012. *El sistema de evidencialidad en mapudungun y sus transferencias al español mapuchizado*. Tesis para optar al grado de Magíster en Lingüística. Universidad de Chile.

Haspelmath, Martin. 2005. 'Want' complement clauses. En Martin Haspelmath, Matthew S. Dryer, David Gil y Bernard Comrie (eds.), *The World Atlas of Language Structures*, 502–505. Oxford: Oxford University Press.

Hernando Balmori, Clemente. 1959. Doña Dominga Galarza y las postrimerías de un pueblo y una lengua. *Revista de la Universidad 9*. 85–98.

Hernando Balmori, Clemente. 1967. Ensayo comparativo Lule-Vilela: sufijos -p y -t con un breve texto vilela. *Estudios de área lingüística indígena*. Buenos Aires: Centro de Estudios Lingüísticos, Facultad de Filosofía y Letras, Universidad de Buenos Aires.

Hervás y Panduro, Lorenzo. 1990 [1787]. I. *Vocabolario Poligloto*. II. *Saggio pratico delle lingue*. Tomos XX y XXI de *Idea dell'universo che contiene storia della vita dell'uomo, viaggio statico al mondo planetario, e storia della terra, e delle lingue*. Cesena: Biasini. Edición con estudio introductorio y edición facsímil de Manuel Breva-Claramonte y Ramón Sarmiento. Historiografía de la Lingüística Española. Madrid: Sociedad General Española de Librería.

Jolís, José. 1972. *Ensayo sobre la historia natural del Gran Chaco*. [Original italiano: 1789. *Saggio sulla storia naturale della provincia del Gran Chaco*]. Resistencia: Universidad Nacional del Nordeste.

Lafone Quevedo, Samuel A. 1895. La lengua Vilela o Chulupí. Estudio de filología chaco-argentina fundado sobre los trabajos de Hervás, Adelung y Pelleschi. *Boletín del Instituto Geográfico Argentino*. XVI. 37–324.

Lehmann-Nitsche, Roberto. 1925. La astronomía de los vilelas. *Revista del Museo de La Plata* XXVIII. 210–233.

Lewis, M. Paul, Gary F. Simons, and Charles D. Fennig (eds.). 2013. *Ethnologue: Languages of the world, Seventeenth edition*. Dallas, Texas: SIL International. http://www.ethnologue.com (consulta 2013–12–07).

Llamas, Alfredo de. 1910. *Uakambabelté ó Vilela. Lenguas indígenas ab-orígenes. Mi contribución primera al estudio de la historia antigua*. Corrientes: Teodoro Heinecke.

Lozano, Elena. 1970. *Textos vilelas*. La Plata: CEILP.

Lozano, Elena. 1977. Cuentos secretos vilelas: I La mujer tigre. *VICUS Cuadernos*. Lingüística I. 93–116.

Lozano, Elena. 2006. *Textos vilelas* (con notas lingüísticas, etnográficas y etno-históricas de la autora), editado por Lucía Golluscio. Buenos Aires: Instituto de Lingüística, Universidad de Buenos Aires.

Lozano, Pedro. 1941 [1733]. *Descripción chorográfica del Gran Chaco Gualamba*. Córdoba: Colegio Máximo de Córdoba. 1941. Reedición a cargo de Radamés Altieri. Tucumán: Universidad Nacional de Tucumán.

Machoni de Cerdeña [Maccioni], Antonio. 1732. *Arte y vocabulario de la lengua Lule y Tonocoté*. Madrid: Herederos de Juan García Infanzón. [Edición 1877 e Introducción, a cargo de Juan Larsen. Buenos Aires: P. E. Coni]. [Edición 2008, a cargo de Riccardo Badini, Tiziana Deonette, Stefania Pineider. Introducción de Riccardo Badini, Raoul Zamponi. Cagliari: CUEC/Centro di Studi Filologici Sardi.]

Malchukov, Andrej. 2006. Constraining nominalization: function-form competition. *Linguistics* 44–45. 973–1008.

Martínez Crovetto, Raúl. 1995. *Zoonimia y etnología pilagá, toba, mocoví, mataco y vilela*. J. Pedro Viegas Barros (ed.). Buenos Aires: Universidad de Buenos Aires. Facultad de Filosofía y Letras. Instituto de Lingüística.

Martínez Sarasola, Carlos. 1992. *Nuestros paisanos los indios*. Buenos Aires: Emecé.

Messineo, Cristina. 2003. *Lengua toba (guaycurú): aspectos gramaticales y discursivos*. No 1. Ph.D. dissertation. Munich: Lincom Europa.

Messineo, Cristina y Paola Cúneo. 2009–2010. Construcciones seriales en toba. En Lucía Golluscio y Alejandra Vidal (eds.), *Les langues du Chaco. Structure de la phrase simple et de la phrase complexe. Amerindia* 33/34. 217–248.

Moseley, Christopher (ed.). 2010. *Atlas of the world's languages in danger. 3ra. Edición. París:* UNESCO Publishing. Online versión: http://www.unesco.org/culture/en/endangeredlanguages/atlas.

Nardi, Ricardo. 1962. El quichua de Catamarca y La Rioja. *Cuadernos del Instituto Nacional de Investigaciones Folklóricas* 3. 189–285.

Nercesian, Verónica. 2009–2010. Construcciones de verbos seriales en wichí (mataguayo). Características sintácticas y semánticas. En Lucía Golluscio y Alejandra Vidal (eds.), *Les langues du Chaco. Structure de la phrase simple et de la phrase complexe. Amerindia* 33/34. 187–216.

Nercesian, Verónica. 2011. *Gramática del wichí, una lengua chaqueña. Interacciones fonología-morfología-sintaxis en el léxico*. Tesis Doctoral. Universidad de Buenos Aires.

Nichols, Johanna y Balthasar Bickel. 2011. Locus of marking in possessive noun phrases. En Matthew S. Dryer y Martin Haspelmath (eds.), *The World Atlas of Language Structures Online*. Leipzig: Max Planck Institute for Evolutionary Anthropology. (Disponible en http://wals.info/chapter/24, consulta 10-02-2013).

Religiosos Franciscanos Misioneros de los Colegios de Propaganda Fide del Perú. 1998 [1905]. *Vocabulario políglota incaico. Quechua, Aimara, Castellano*. Editado por Rodolfo Cerrón-Palomino. Lima: Ministerio de Educación de Perú.

Rivet, Paul G y Čestmir Loukotka. 1952. Langues de l'Amérique du Sud et des Antilles. *Les langues du monde*, 941–1198. Nouvelle Edition. París: Champion.

Silverstein, Michael. 1976. Shifters, linguistic categories, and cultural description. En Keith H. Basso y Henry A. Selby, *Meaning in Anthropology*, 11–56. Albuquerque: University of New Mexico Press.

Susnik, Branislava. 1972. *Dimensiones migratorias y pautas culturales de los Pueblos del Gran Chaco y de su periferia. Enfoque etnológico*. Resistencia: Instituto de Historia, Facultad de Humanidades, Universidad Nacional del Nordeste.

Terán, Buenaventura. 1995. Figuras del Panteón vilela. *Humanismo Siglo XX. Estudios dedicados al Dr. Juan Adolfo Vázquez*, J. Schobinger (comp.). 187–195. San Juan: Ed. Fundación Universidad de San Juan.

Torero, Alfredo. 2002. *Idiomas de los Andes: lingüística e historia*. Lima: Instituto Francés de Estudios Andinos, Editorial Horizonte.

Tovar, Antonio. 1951. Un capítulo de lingüística general. Los prefijos posesivos en lenguas del Chaco y la lucha entre préstamos morfológicos en un espacio dado. *Boletín de la Academia Argentina de Letras* 20. 360–403.

Tovar, Antonio. 1961. *Catálogo de las lenguas de América del Sur*. Buenos Aires: Sudamericana.

Van Gijn, Rik, Lucía Golluscio, Hebe González y Alejandra Vidal. 2013. Adverbial subordination strategies in the Chaco and beyond. SSILA/Linguistic Society of America Annual Meeting, Boston, enero 2013.

Vidal, Alejandra. 2001. *Pilagá grammar (Guaykuruan family, Argentina)*. Ph.D. dissertation. University of Oregon.

Vidal, Alejandra. 2008. Affectedness and viewpoint in Pilagá: a semantically aligned case marking system. En Soeren Wichmann y Mark Donahue, *The typology of active-inactive alignment*, 412–430. Oxford: Oxford UniversityPress.

Viegas Barros, J. Pedro. 2001. *Evidencias del parentesco de las lenguas lule y vilela*. Colección Folklore y Antropología 4. Santa Fe: Subsecretaría de la Provincia de Santa Fe.

Vitar, Beatriz. 1997. *Guerra y misiones en la frontera chaqueña del Tucumán* (1700–1767). Biblioteca Histórica de América. Madrid: Consejo Superior de Investigaciones Científicas.

Zamponi, Raoul. 2008. Sulla fonologia e la rappresentazione ortografica del lule. En Introducción de Riccardo Badini y Raoul Zamponi a Maccioni de Cerdeña, Antonio (2008 [1732]) *Arte y Vocabulario de la Lengua Lule y Tonocoté*. Riccardo Badini, Tiziana Deonette, Stefania Pineider (Eds.), XXI–LVIII. Cagliari: CUEC/Centro di Studi Filologici Sardi.

Mutua Mehinaku & Bruna Franchetto

3 *Tetsualü:* The pluralism of languages and people in the Upper Xingu

1 Introduction

The Kuikuro word *tetsualü* can be translated as 'mixed,' like a mixture of colours, of different foods or of different sizes:

(1) *tetsualü hige-i   hüge   kapohondu*[1]
     mixed   DPROX-COP arrow size
     'These arrows are different sizes.'

Tetsualü is also a mixture of languages and dialects, a mixture of ethnic groups over a person's life history. This text[2] centres on the idea of *tetsualü* in relation to people and languages. The Upper Xingu is *tetsualü*; Ipatse Village is *tetsualü*; each Upper Xingu person is *tetsualü*.

    The Upper Xingu, situated in the southern transitional forests in the Brazilian Amazon, is one of the two surviving Amazonian multilingual and multiethnic regional systems and the clearest examples of small to medium-sized complex societies from Amazonia, which preserves a long indigenous history, spanning over a thousand years ago until the present day (Heckenberger 2001, 2009, 2011). The sociocultural formation of the Upper Xingu was constituted in a continuous process of transformation and recreation. This region is inhabited by speakers of all three of the largest South American linguistic groupings (Arawak, Carib, and Tupi), as well as a language isolate (Trumai), creating a unique multiethnic and multilinguistic cultural system (Fausto et al. 2008; Franchetto 2011). In five villages on the eastern tributaries of the Upper Xingu

---

1 The Kuikuro data are transcribed using the (sub-phonemic) orthography currently used by the Kuikuro. The correspondences between written symbols and the sound they represent (when not obvious) are as follows: ü (high central unrounded vowel), j (palatal voiced consonant), g (uvular flap), ng (velar nasal), nh (palatal nasal), nkg (pre-nasalized voiced velar stop). The abbreviations for glosses in the interlinear morpheme-to-morpheme translation are given at the end of the chapter.
2 This article is at the same time a synthesis and a reformulation of Mutua Mehinaku's MA dissertation, (Mehinaku 2010), under the supervision of Bruna Franchetto. Mutua is a native speaker of Kuikuro and a member of the Kuikuro village of Ipatse, where he was born. Franchettós linguistic and anthropological research among the Kuikuro began in 1977.

river, 600 Amerindians known as Kuikuro speak a dialect of the Upper Xingu Carib Language (LKAX), one of the two Southern branches of the Carib family (Meira & Franchetto 2005; Meira 2006). Kalapalo, Nahukwá and Matipu – Kuikuro's neighbours – speak other dialects of the same language.[3] As a result, Upper Xingu people are essentially *tetsualü*, 'mixed.'

Our aim is to explain the multicultural and plurilingual formations of the Upper Xingu peoples. The fact that these peoples are seen to be linguistically homogenous within each village and culturally homogenous within the borders of the Upper Xingu regional system limits our understanding of their complexity.

The encounters of persons, cultures and languages are our initial topic of discussion; Mutua tells his own exemplary (hi)story. The marriage between Ipi and Kumatsi – Mutua's mother and father, respectively – shows one of the origins of the mixture typical of extended families. Marriage to a *tikinhü* (other people) has helped stimulate the circulation of linguistic and cultural elements that enrich knowledge and forms of expression. Hence, for example, it was Mutua's grandmother Sesuaka, from her Mehinaku side, who taught Kuikuro women how to make porridge from sweet manioc (*maisahalu*) and fine manioc flour. This history of amalgamations through marriages teaches us that Upper Xingu people are not culturally equal. Each people read a common background in a different way. The Mehinaku and Kalapalo cannot eat certain fish species eaten by the Kuikuro when their children are small. On the other hand, the Kuikuro consider *ketimatoho*, 'that which cannot be eaten,' foods that do not mean the same thing to the Mehinaku and Kalapalo. These divergences were problems in the day-to-day lives of Mutua's parents together. Each group has its view of the 'others': politics are specific but at the same time they are all kin, whether true or distant.

In the second part, dedicated to the different languages manifested in the songs, we can see the rich mixtures that took place and that remain captured in the songs of the intra and inter-village rituals. *Akinha*, 'narratives,' *ailene*, 'dance', and *eginhene*, 'song', are the core of joy and happiness. Without *gekuilene*, 'animation,' the village becomes profoundly sad.

While the first and second parts will focus on 'mixture' as an end result, in the third part we will turn to the narratives that recount the emergence of differentiation, focusing on the case of the Upper Xingu Carib peoples. Heckenberger (2001) writes of the prehistorical existence of large, densely populated

---

3 LKAX is an agglutinative, head final and ergative language. The main results of more than thirty years of research among the Kuikuro can be seen in Franchetto (1986, 1990, 1995, 2000, 2003, 2006, 2008, 2010), Franchetto & Santos (2009, 2010), Franchetto et al. (2007, 2013).

villages. These same villages began to divide, new villages sprang up, the language fragmented and dialects formed, and these in turn became strong sources of identity for the Carib-speaking groups of the Upper Xingu. It did not take long for these variants to come together again, forming new *tetsualü*, new 'mixtures'.

After the encounter with the *kagaiha*, the White People, the Portuguese language arrived and led to the production of even more complex behaviours, thoughts and ways of living among the Upper Xinguanos. This is the focus of the last part. The concept of *tetsualü*, when referring to the language of the new generation, acquired another meaning and value insofar as Portuguese became a bridge of communication between different peoples. The lexica and grammars of indigenous languages like Kuikuro absorbed words and expressions from the Whites, and "the smell of White People" arrived. As chief Jakalu says: "*Kagaiha leha igei kutsako*", 'we are turning White,' with a tone of reproach concerning the rapid changes witnessed by himself and other *haingoko*, '(senior) adults.' Fragments of White People's language appear ever more frequently in the speech of the younger generation, and not just in conversations focused on the affairs of the *kagaiha*. The elders, called *ngiholo*, 'ancients,' are marginalized or excluded from this new type of communication. It is the new generation that is the agent of the new technologies of the Whites – technologies of the gaze and the word. The elders are left with the responsibility of caring for the fundamental traditions and this condition is today a constant topic of discussion in Upper Xingu villages.

2 *Tikinhü ake kitandu ügühütu engage*: The pathways of marriage with other people (as told by Mutua)

I first received the name Akuyu, the childhood name of my paternal grandfather, born of Mehinaku parents, speakers of Arawak. From my maternal grandfather – whose father was Nahukwa and mother Kuikuro – I acquired the name *Hitagü*. In my father's culture, an individual receives various names during their lifetime. Later, therefore, he gave me the name *Ui*, 'snake,' and later *Yumui*. My mother continued to call me *Hitagü*, without changing.

It is part of my personal *akinha* (narrative) that I am the outcome of an interethnic marriage and the grandson of the first translator and mediator between *kagaiha* and *kuge*, the Whites and the Upper Xingu people.

The Upper Xingu is a multilingual system composed of different ethnic groups connected by marriages, many interethnic festivals and ceremonial exchanges. These groups have lived in the Upper Xingu without wars for a long time, at least three centuries. We are beginning only now to understand the history of the formation of this complex system more clearly, as the historical narratives told by elders are combined with the findings of archaeological, ethnological and linguistic research. Hearing various languages spoken is thus the norm in an Upper Xingu village and I grew up listening to and speaking two languages simultaneously. Before the Portuguese language arrived, there was no lingua franca in our culture. Each ethnic group had (and still has) its own language.

2.1 Kin and marriage

In the Upper Xingu various kinship paths exist that together form an extremely dense network. There has been interethnic marriage in the Upper Xingu for a long time, through engagements, arranged marriages, common marriages and bride abduction. The desired marriage is with an important person: (i) *ojotse*, the professional 'wrestler' of the *ikindene* fight, (ii) *uãgi* 'worker,' (iii) *kangahagi* 'fisherman,' (iv) *ologi*, 'artist,' (iv) *anetü limo* 'sons (or daughters) of chiefs.' Parents want to marry their son to a woman who works well, knows how to make hammocks and mats, spin cotton, the daughter of a chief.

My father's marriage succeeded on the side of my grandmother Sesuaka, because my father's father was her brother. My mother is my father's parallel cousin on both my paternal and maternal grandfathers' sides. The marriage was consolidated on my grandmother's side because the family is close, *sinagüko*, 'their roots are together', *nhengagüko* 'their lines are together.'

Marriage to other people from the Upper Xingu was only possible because they involved groups integrated with the Xinguano cultural system. This is still important today, though it does not exclude marriages outside the Upper Xingu. In Kuikuro we call the other Upper Xingu peoples *tikinhü* and in Mehinaku *pütaka*. You could not marry non-Xinguano peoples in the past because they were all wild (*ngikogo*). People were wary, though this is not actually the best word to translate what we call *kinhakatsu*: it would be better translated as a 'loathing' of another people. Why did they loathe these other peoples? Because they are warriors who live from hunting and eat the meat of 'creatures' (*ngene*). The peoples of the Upper Xingu do not eat game meat, apart from capuchin monkey and some large birds (like curassow, doves, guans, etc.). Our staple diet is fish, manioc bread and porridge made from finely ground manioc flour.[4]

---

4 However, we do not eat, of course, just any species of fish, just as the hunting peoples do not eat every kind of game.

However, it not easy to marry between indigenous groups from the Upper Xingu itself either, since each people has its own elements, distinct from the others. When the marriage takes place, the husband and wife must learn, integrate and accustom themselves to the culture of the people where they are living. The village elders explain that a man who marries a woman from another indigenous group has to be *egohohüngü*, an unweak person: he cannot have an inferior status in his own village. On the first day the groom is welcomed and must fight all the wrestlers from the other village. This is what happened to my father Kumatsi when he arrived in the Kuikuro village for the first time. Soon after his arrival, he heard the sound of the village's wrestlers stamping their feet on the ground. He had to accept the invitation to fight: refusal to do so would lead to him being 'mistreated' by the local people, he would not win their respect. That is why only those with prestige can marry a girl from another village.

When we marry, the spouse must teach us all the names of the people with whom we must henceforth be ashamed to communicate, including the names of siblings-in-law. Gregor says that the Mehinaku (1977: 284) "circumvent the taboo by means of a convention of referring to a name without actually mentioning it. For example, since species of fish and other fauna are used for personal names, the Mehinaku have worked out a number of circumlocutions that avoid referring to the species by their names."

In the past, before Portuguese terms existed as potential anthroponyms, there was another way of avoiding the names of affines. A descriptive term or words from another indigenous group were used, as Gregor describes. The Mehinaku used Kuikuro words designating monkey as way of avoiding the name of an affine called *pahü*, 'monkey,' in Mehinaku. To avoid the name *umüngi*, 'annatto,' in Kuikuro, we can use the Arawak term *yuku*. Indeed I believe this has been an essential factor in the circulation of loan words among the Upper Xingu languages.

Today there are various alternatives or options for avoiding the names of affines. Take my case. My father-in-law is called Pelé. When I want to speak about the football player Pelé, I call him 'my father-in-law' and I call my father-in-law 'player.' I have another father-in-law, my father-in-law's brother, called *Inhu* ('freshwater snail'). To avoid using this term, I use the Portuguese word 'caramujo.' The table elaborated by Gregor (1982: 274) inspired me to produce the table 1.

Today the arrival of Portuguese has provided another means for us to avoid affinal names. Even though this resource is available only to those who speak the *kagaiha* language, it is increasingly used.

The Upper Xingu kinship system was formed, therefore, through the cultural approximations of various peoples who arrived in the region. Interethnic

Tab. 1: Names used to 'circumvent' the father-in-law's name.

Kuikuro affine term/name	Translation of the name	Descriptive term used to avoid the name	Translation of the descriptive term
Akandoho	bench	*kiküpo*	used to sit on
kajü gitügü	monkey head	*nhepuē/ nakangimbüngü*	stinking penis/something that does not bathe
tanhe igü	wolf fish tooth	*trairão* (Portuguese)	wolf fish
umüngi	annatto	*yuku*, annatto (Arawak); *ketekugitsoho*	used to paint oneself, in Kuikuro
ahi igü	pike characin tooth	*kanga anetügü*	chief of the fishes
ekege	jaguar	*kengeni*	that which attacks us
ekege inhatügü	jaguar paws	*kengeni hüloho*	used to walk by that which attacks us
entungi/etuī	uluri	*tame'aū*	uluri in Kamayurá
tuã	water	*ketekuhitsoho*	used by us to bathe
kagutu	jakui flute	*titsanginhü/ tsijuhitsoho*	what is respected/ what is used to make us grimace
tihagi	stingray	*jawewýt*	stingray in Kamayurá

marriage is one of the main features of this system. Observing my own family, it is clear that we have been mixing, becoming *tetsualü*, since the distant past. My ancestors include Waura, Kalapalo, Nahukwa, Mehinaku and Kuikuro.

Gregor (1982: 305) cites various Mehinaku remarks concerning their marriages to other peoples from the Upper Xingu. He writes that Takwara, the name of a figure from his ethnography, had married a Kamayurá woman and explains that the biggest difficulty faced by him was linguistic comprehension and making friends with people from the village. He remained in the men's house all the time and felt deeply ashamed. As he did not know how to speak the language, he was also ashamed to ask for a girlfriend and continued to live unsuccessfully in spaces belonging to other people. When the spouse comes from another indigenous group, the first year is extremely complicated. The former girlfriends or boyfriends (*isajope*) or the current ones (*isajo*) pressurize and perturb them. This behaviour of upsetting 'foreign' spouses (in Mehinaku, *inheri* [iɲɛɾi] male; *ītsui* [ītsui], female) is typical of the Upper Xingu peoples, although it is sometimes done silently among the Mehinaku. Gregor writes:

"Taking the form of nasty practical jokes, the hazing is justified on the grounds that the outsider has 'stolen' a potential spouse. When the victim, for example, gets into his hammock after dark he finds it filled with ashes and earth" (1977: 316). Indeed *hatüe* men and women really suffer at the hands of their spouses' lovers.

Kumatsi, my father, also tells of the difficulty of communicating with my mother Ipi. Kumatsi tells us about two fundamental and contrasting aspect of the Upper Xingu multilingualism. Firstly it is the village where the individual is born that determines his or her primary language. It is true that a village, a 'community,' differs from others through the language that prevails there, and that there is not only a discourse but also a practice that maintains the predominance of one language, pushing the others into the background, almost hidden in the spaces between the houses. On the other hand, nobody stops speaking their own maternal language when they go to live in another village: not only do they not stop, they steadfastly maintain it. This is how bilingual people come about, although the two languages that they know and speak are not on the same level of knowledge, less still of use. The *tetsualü*, the 'mixed people,' always know more than one language, but must obey the precise rules governing their potential use. Another aspect worth noting is that when an individual learns another language, he or she also becomes able to speak all its variants: someone who knows Kuikuro can also understand Kalapalo, Matipu and Nahukwa, while knowing Mehinaku allows the person to understand Wauja. Conversation with my father took place in a typically multilingual Upper Xingu form: myself speaking in Kuikuro, but understanding Mehinaku; Kumatsi speaking in Mehinaku, but understanding Kuikuro.

From Kumatsi's testimony we know that he already understood a bit of Kuikuro, knowing the names of some objects, such as bow, arrow, manioc bread, water. This surprised some of the Kuikuro. Here we can recall that, soon after the flu and measles epidemics, the Nahukwa – just three families of whom had survived – were taken by their kin to the Mehinaku village. Kumatsi had Nahukwa friends when he was a child and was able to hear another language from them, just as his small friends were also able to learn the Mehinaku language. From what he himself says, although able to understand a Carib language well, he was unable to speak Kuikuro with any fluency. He says that he never persisted with the learning process because he knew that he would never be able to speak like a native: "it's better to stay with 'my language': when people really don't understand, I speak *nahiruta*, I risk speaking in Kuikuro only if it's inevitable."

It was very interesting to analyze the various marriages that have taken place in my family. The mixture of languages and cultures began at least as far back as my great-grandparents. The marriage history shows clearly that bilingualism began in my family with my grandmother Sesuaka: she spoke two languages perfectly. Yuta never stopped speaking Mehinaku and had a good understanding of Kalapalo. Kumatsi was born from my grandfather's first marriage. Later his wife, the mother of Kumatsi (my father), died, victim of sorcery. The widower then decided to marry a Kalapalo woman, perhaps because he felt more affinity with this people. He had a bilingual daughter, my father's sister, who speaks two languages equally well, Mehinaku and Kalapalo. This made me realize that I have an affinity with the Kalapalo because of this history, I can live with the Kalapalo without problems, though I will never be seen, today, as a descendent of a Kalapalo family. Kumatsi was also first married to a Wauja woman. In his testimony, he recounts that he had no problem communicating with her because "we spoke the same language."

Finally, I myself am a result of the complex mixture of these marriages. Indeed this mixture continues today: I am married to a woman with a Kuikuro father and Yawalapiti mother. My brother Jamalui decided at his own initiative – in other words, without the any intervention from my parents – to marry a daughter of the Kuikuro chief. My sisters are all married to Kuikuro men. However, my younger brother resumed the mixture in an even more radical fashion. He married a woman with a Xavante father and Terena mother. My father actually wanted us to marry Mehinaku women, but there was no way we were going to repeat what he suffered in the villages of other peoples. My younger brother was the only one who fulfilled his wishes.

3 *Aki opogisatühügü:* Encounter between languages

The transcriptions of the songs sung among the Kuikuro enable us to observe that they contain various languages.

As can be seen in the table below, based on proposals by Bruna Franchetto and Carlos Fausto, the Kuikuro have 15 rituals with distinct origins and different *sepagü*, or complex 'organizations':

Tab. 2: The Kuikuro rituals (1).

Ritual	Theme	Musical expressions	Ikongo 'companion'	Gender category	Languages
Egitsü Kwaryp, intertribal	memory of a dead chief	*auguhi igisü*	*Auguhi Hohogi Atanga*	male vocal	Carib/Arawak/Tupi
		atanga igisü uruã flutes		instrumental	
Tiponhü ear piercing, intertribal		*tiponhü igisü*		male vocal	Arawak/Carib
Hagaka Javari, intertribal	celebration of a deceased chief, ritual specialist or master archer	*Hagaka igisü*		male vocal	Tupi
Jamugikumalu intratribal with a final intertribal festival	revolt of the women; origin of the Itaõ Kuegü (Hyper-women)	*Jamugikumalu igisü*		male and female vocal	Arawak/Carib
		jocular songs		female vocal	Carib
Tolo female songs corresponding to the jacuí musical pieces, intratribal with a final intertribal festival	love and yearning, female songs corresponding to the *kagutu* musical pieces	*Tolo igisü*		female vocal	Carib
Nduhe Tawarawanã, intratribal					Arawak/Carib
		Nduhe hekugu/ ongosügü true festival	Kuaku igisü	male vocal	Arawak/Carib
		Kanga unduhugu festival of the fish		male vocal	Arawak
		Hugoko		male vocal	Arawak
			Kuaku igisü song of the parrot	male vocal	Arawak

Tab. 2: (continued)

Ritual	Theme	Musical expressions	Ikongo 'companion'	Gender category	Languages
Takwaga intratribal with a final intertribal festival				male instrumental	
Kagutu jacuí flutes		Kagutu igisü		male instrumental	
			Jokoko	male vocal	Carib
			Pagapaga 'toad'	male vocal	Carib
Hugagü humming-bird festival, intratribal	pequi season		Kuaku kuegü	male vocal	Arawak/Carib
			Tsitsi	male vocal	Arawak/Carib
				male vocal	
Hüge oto 'owner of the arrow'			Gipugape 'what was the top'	male vocal	Arawak/Carib
Aga type of mask, intratribal				male vocal	Tupi
			Tahaku 'bow'	male vocal	Tupi
hagaka				vocal	Tupi/Trumai
Jakui katu type of mask, intratribal			piju	male vocal	Arawak/Carib
Kuãbü[5] type of mask, intratribal	social critique and commentaries on everyday life			male vocal	Karib
Kuigi igisü 'manioc songs,' intratribal				male vocal	Arawak/Carib

5 The Bakairi say that the spirit of the kuãbü mask lives on the river bottom: it is in fact a fish spirit.

We can now analyse how the languages were amalgamated during the era when the groups were merging and the process of learning in various ways from other peoples. As a result the singer does not understand what he is singing in other languages. Let us see which rituals and songs are performed by the Kuikuro masters. The songs of seven rituals show a clear influence from Arawak. The songs of three are in Carib, three have two 'alternating' languages and one ritual is in a Tupi language.

3.1 *Egi akisü tetsualü*: The mixed languages of the songs

The composition of the *kuãbü* songs and the *hagaka* insults is free and preferably, though not always, made in the native language of the singer/composer. Each singer is at liberty to create his way of singing, speaking and thinking.

In the example below we can see how the Kuikuro composer made use of the words and musical structure of another indigenous group, though I cannot translate the lyrics since the performer used a *kuãbü* song made in the Bakairi language,[6] without comprehending it. The Bakairi also perform this ritual. In the song we can see vestiges of the Bakairi language, like *umitauni* (in Bakairi, the word is *numitau*). It is possible to invent as well as recompose the musical pieces using ideas and words from other songs, retaining its structure (beginning, middle and end).

Composer: Tsaná Kuikuro

Eh eh eh eh eh eh eh ...
Umitauni bene (repeated twice)
Ihutakani
Autani ihutakani
Nukatuni hagitsua
ihutakani
autani ihutakani
Nukatuni hagitsua
Ihutakani
Autani nihutakani

---

6 The Bakairi language belongs to the Carib family. It is close to Arara and Ikpeng but also has elements in common with the Upper Xingu Carib language. Most Bakairi are bilingual in their own language and Portuguese (source: ISA website).

3.2 *Kuigi igisü*, The Manioc Song[7]

Kuigi igisü is the song of a dangerous spirit, the manioc spirit, *Isuhu* in Kuikuro and *Kukuhü* in Mehinaku and Wauja.

The masters of song say that all manioc songs are chants: as such, they are in Arawak, although other songs from this ritual are in Carib. The song is performed to animate the manioc spirit so that the swidden will have the vitality to grow.

The song chosen below contain words that sound Arawak but that are impossible to translate since there are vestiges of an ancient language:

> *Hééé hééé!!*
> *Kefehiju, Kefehiju*
> *Natu tíga, natu tíga*
> *Junufafa uleheji, uleheji*
> *Afukagi*
> *Kefehijugi, kefehijugi*
> *Natu kefeiju*
> *Uleui kefeiju*
> *Kefeiju kefeiju*
> *Kefe íjugi*
> *Kefe kefe íjugi*
> *Kami, kami*
> *Kaami, kaami hu*
> *Nufetege ekuatafata*
> *Nufetege uakanhiuaku*
> *Uakanhiuaku nitsa*

3.3 The *Hagaka* ritual

Each ethnic group from the Upper Xingu calls the same ritual by a different name, depending on their language. We can see an example here: the Kuikuro call Javari *ihagaka*, 'arrow with a wax ball on the tip.' In Yawalapiti the name is *ihralaka* (an adaptation of the Carib *ihagaka*). The Mehinaku and Wauja borrow the term from the Tupi *Yawari*.

The *Hakaga* originated with the journey of a boy called Kusu Gitugü (Curassow-Head), an ancestor of the Trumai, who decided to leave the village because his fiancée had refused to marry him. Distraught, he left his village, heading in any direction, with the intention of marrying a girl from another village. In the past it was common to hear accounts of these kinds of events in

---

7 Also known as *i igisü* (tree song), *agü igisü* (seed song), *atuhi igisü* (digging stick song).

the historical narratives of the Upper Xingu peoples. Kusu Gitugü eventually came across the village of the Panheta where he met the warrior Hoi and where he heard and learnt all the *Hagaka* songs. Afterwards he returned to his home village with the new knowledge and taught the songs to his people. The transcriptions of the *Hagaka* songs show that the young Trumai man learnt in fact from an ancestral people of the Kamayurá, today extinct. Below we transcribe a suite of chants-songs from the *Hagaka*:

I.
Kaká Kakáaaaa kaijehe
Kakaijeee
Ejemooo gamo
Kakaijeee
Kawagimo gamo
Kakaijeee

Prawairu

II.
Otene
Há há haije
Otenegi
Wagigamo jetügamo
Jetüwa
Otenegi
Hojü hojü tatama
Hügapaga
Jetiwa
Otenegi

III.
Eninijo eninijoha
hai hai
ege nupanu panu
jeiwanu jawagi
Eninijo eninijoha
Hai hai haahi

IV.
Hürapari jarawe
Jawari hiju
Enijanija amo
Jawari huju
Waijeee ihijehe
Aiha hai

V.
Jawariri (tawariri) ju
Ehajehe aiha hai
Tawaririju
Hai

VI.
Aihe aiheeehu
Ehehe nutserihiju
Iraitü mamanhu heijawarimo
Ehe jawari ehe jawari
Kanupa kanupa (há)
Ehehe nutserihiju

VII.
Ehehe nutserihiju
Itsuerueru nutserihiju
Ure ure kumarinawi
nutserihiju
Matürakumaginawi
Nutserihiju

In this suite we encountered one word in Kuikuro, *kaka*, the name of the laughing falcon, but the rest is all in a language similar to Kamayurá. I also encountered *kanupa*, an Arawak word with the same meaning of the Kuikuro *taĩpane*, 'prohibited, taboo.' The song as a whole is no longer comprehensible, but some words in Kamayurá (Tupi-Guarani) are identifiable, like *hürapara*, 'my bow,' *utahakugu* in Kuikuro, or *hürapari jarawe*, 'master of the bow,' *tahaku oto* in Kuikuro, and *iraity*, 'wax,' *okonho* in Kuikuro.

3.4 The *Aga* ritual

Aga is a mask ritual, the incorporation of the homonymous *itseke*. The *akinha* tells that they were also learnt from the Panheta people, the same who taught the *Hagaka* songs to the Trumai ancestors. These songs also contain vestiges of the Kamayurá language, as we can see in the song below:

Juhigege
Juhigegege juhigege
Auje wegemanowe

In this song only the Kamayurá word *auje*, 'ready, finished,' is recognizable, equivalent to *aiha* in Kuikuro.

3.5 The *Unduhe* ritual

The language of the *unduhe* songs always seems to be in Arawak. The *Unduhe* ritual was learnt by the figure Ongosügü, an ancestor of the Kuikuro. Every time he went to his swidden he heard people shouting and, curious having heard them so often, he went to look for them. He encountered a people: it was the *itseke*, who were holding a festival. He learnt from them, listening and observing the way to perform the festival. Afterwards he told everyone that he had encountered an *itseke* festival and that he needed to do the same with his people, which would allow him to transmit all that he had learnt from the *itseke* masters. Below we transcribe one song:

> *Nduhe: Ongosogü*
>
> *Jana Jana kumagi*
> *Nutuagihitenu*
> *Awiri nujana*
> *Efenu nujana*
> *Awigi nujana*
> *Efenu nujana*

The songs transcribed thus far enable us to observe the presence of the prefix *nu-* from the Mehinaku language, terms from the Yawalapiti language like *awiri*, 'beautiful,' and *egi* or *eri*, which would be *exü*, 'soot or charcoal' in Mehinaku. The syllable *gi*, with the grapheme {g} representing the uvular flap of Upper Xingu Carib, involves the transposition of *ri*, with the grapheme {r} representing the alveolar tap of the Arawak language for speakers of the Carib language. We can also observe the term *nu-jana* 'my painting' in Mehinaku. *Nutuahiju* could be *nutupiyu* 'I came to you.' *Huni, uni*, is equivalent to *unü*, 'water' in Mehinaku.

A long time ago these songs may have been readily comprehensible, but undoubtedly their comprehension has gradually been lost over time. The majority of songs appear to be *tolope*: that is, songs performed for the first time by the mythic figures Ongosügü and Jagihunu, and later passed on by those who heard them.

For the Kuikuro, the groups performing in the ritual are the same figures from the origin *akinha* (the Kalapalo perform *unduhe* differently, but the origin is the same). In the first nine suites, the songs pertain to the whitemouth croaker fish: they are performed in the first part and later in the last part of the festival. Again we encounter various Arawak words: *uni* or *unü*, 'water,' *nujana*, 'my painting,' *eju*, 'mosquito', *nutua* 'I came,' *kawaka*, 'far', *efitsigi* or *epitsiri* 'women's annatto,' *awiri*, 'beautiful.'

In the *ikongo* (companion) to *unduhe*, called *agaka*, we encounter various suites of songs that pertain to animals, fish and birds. Arawak and Carib coexist in these songs: the potoo and *napigi* birds sing in Carib, while electric eel and *hagagi*, the seriema bird, sing in Arawak.

3.6 Jakuikatu

Jakuikatu is another mask ritual that forms part of the fifteen Kuikuro rituals. The songs are *ilanhango*, 'from that side,' from another people from the other side – or Arawak, in other words.[8] We listened to the recordings closely and came to the conclusion that, despite the name of the festival clearly being Tupi in origin (meaning small beautiful guan), most of the songs are in an Arawak language similar to Yawalapiti, as can be seen in the transcription on the next page:

> *Ijukutsü nhuka*
> *Ijukutsü nhuka atsa*
> *Igiwagiwanuka atsa*
> *Iualauatixu atsa*
> *Ijukutsü nhuka*
> *Ijukutsü nhuka atsa*

In the above song we can observe the mark of negation in the Upper Xingu Arawak language: *aitsawa* in Mehinaku, *aitsaha* in Wauja and *atsa* in Yawalapiti. The majority of the Jakuikatu songs reveal a strong influence of the Yawalapiti language, as well as Mehinaku and Wauja. A small portion of the Jakuikatu songs, however, is in the Carib language:

> *Kukake itão*
> Always with us, woman
>
> *Anhotoa anügüa*
> For you to be an artisan
>
> *Elogitsua*
> For you to be like the Great Artisan Ologi

---

8 All the Upper Xingu groups are *tikinhü* or *telo itagü* (from another place) from the Kuikuro perspective. The Arawak are *ilanhango*, 'another from that side.' The other Carib groups are *itagindzingoko*, 'those who speak the same language' (root *itagi*, speech/speak). On the other hand, from the perspective of the main or central Kuikuro village (Ipatse), the Kuikuro from other, smaller villages are *kimügükope*, 'those who had the same face,' recalling that these villages were formed from the main village.

Tahandotoiha
For you to be gossipy

Anügüa
For you to be

We have, then, a mixture of languages, dovetailing of rituals and cross-referencing: this is the Upper Xingu system.

3.7 Tolo

Tolo is a female ritual that was 'formalized' or 'made official' only recently. Although the songs, all in Carib, have existed for a long time, women were prohibited from singing them as they were sung by men via the *kagutu* and *kuluta* flutes. The songs were only ever performed by male songmasters. There are songs that were composed by the *itseke*, and others that were perhaps invented more recently, given that they speak of figures and place names, such as fishing camps and river meanders.[9]

Togokige, ball of cotton[10]

togokige tsange engikeke uinha
you will cut cotton thread for me

uhisü kilü egei
my darling said

uhisü kilü egei
my darling said

kagaihate manga utai utonohoingo
when I am among the whites, I shall be yearning (for you)

itate hüte manga utai utonohoingo
when I am in the burity palm grove, I shall be yearning (for you)

---

9 Franchetto (1997) and Franchetto & Montagnani (2011, 2012) analyse the Tolo songs and their relation with the suites of Kagutu flutes. See also Basso (1985).
10 The ball of spun cotton is a fundamental cultural element. In the past women spun many balls of cotton to give as *inhakigügü*, special presents to their lovers (*ajo*). The woman is delighted to see her *ajo* using what she made with love and feels proud to be a mistress of cotton spinning. A good cotton spinner was much desired by men because she could produce cotton adornments. Another word with the same meaning as *inhakigügü* is *nhãbüa*, 'dark' or 'darkness,' *uinhãbüalü* 'that which I can give in the dark,' so nobody can see and know when the present is being given. In our culture, romantic liaisons are hidden, even by those who are unmarried. Making the romance public reveals that the person wants to marry, and so the marriage occurs. Giving presents establishes a relationship with the *ajo*, 'lover,' and the object given secures and strengthens the relation and the mutual feelings.

3.8 Jamugikumalu

The term *Jamugikumalu* is Arawak, Yamurikumalu, again with the adaptation of the alveolar tap for the Carib uvular flap. It means 'Hyper-Women-Chiefs,' recalling the *akinhá* recounting its origin. Like Tolo, it is a ritual performed exclusively by women.[11]

Listening to the songs performed in the Jamugikumalu festival, we can establish that most of them are in Carib and a minority in Arawak. The songs are those taught by the spirit-animals to the Jamugikumalu during their voyage below the earth, before they climbed to the surface at different points of the Carib Upper Xingu territory, heading towards what would be their land and their village. Below we provide one example in Carib and another in Arawak:

> *Ongogu* – Rufescent Tiger Heron (*Tigrisoma lineatum*):
>
> *Uotipügü otohake*
> My food is matrinxã fish
>
> *Uopekugu igapisu*
> My food is wolf fish
>
> *Übüngetüingi iheke*
> So it does not choke me (with its bones)
>
> *Oooh oooh*
>
> *Alua* (*Ajua* in Kuikuro), 'bat':
>
> *Alua ihoho kuhehe*
> *Alua inukanatu eheee*
> I am Bat

The animals helped to compose the Jamugikumalu songs. The festival's origin narrative itself contains the sequence of songs that are performed in the festival: the Carib and Arawak languages merge and alternate the whole time.

3.9 Ahugagü

The (A)hugagü ritual recalls the origin of pequi and of betrayal, with the involvement of various *itseke* at the moment of discovering the pequi tree. As it was something new, many animals wanted to be its owner and feed off its fruits, but Tãugi and his brother Aulukuma prevented other animals from eat-

---

11 See Basso (1985) and Franchetto (1999) for ethnographies of the mythical and ritual sides of Jamugikumalu.

ing them. Tapir, for example, wanted to try the fruit, but Tãugi told Agouti to lie down on the middle of the path, pretending to have been poisoned by the pequi fruit. Bat wanted to eat it too, but he was forced to eat just the husk and, of course, he found it bitter. And so it continued. Only Parrot, Tãugi's daughter (pet), managed to be the inventor or creator of the ritual songs. At the beginning of the story, Tãugi had no idea that the pequi existed. Afterwards he paid attention to what his daughter Parrot was saying and saw her strange excrement. To discover what it was, he asked his wife to spin a small cord from burity palm fibre. Then Tãugi tied his daughter's foot to discover why she was so happy. And that is how the Hugagü ritual began.

The presence of the Arawak language in the Hugagü songs is explained by the fact that Parrot sings everything in the language of *ilainhango*, 'the other people from that side.' This is the transcription of one of the songs:

Ijepene tüka ahahu
Ninhunitsa aaaa ahahu haja ahu
Ihijepene, ihijepene
Ihijepene a há ahu
Igi hualakumagi nutuagitenu
Kujakujakugimagi nutuagitenu

3.10 *Hüge Oto*, master of the arrow

The songs of Hüge Oto are divided into various suites. As we saw in Table 2, shown above, this is an interethnic festival. The idea of performing this ritual came from the fight between *Kangatahugu* (Lesser Anteater) and *Ekege* (Spotted Jaguar).

Below is an example:

Ejuku ejukutani
Janumaka enügepügü
Kalaminha
Ejukutani

Once again the words are in Arawak but with a hint of Carib. *Janumaka* is 'jaguar' in Arawak: *enügepügü* seems to be a distorted Carib word (*ingu-ki-pügü*, eye-remove-PERF).

3.11 *Kehege*, chants

Kehege in Carib, *kewere* in Kamayura, *exekeki* in Arawak, the 'chant' itself is fundamental to our therapeutic cures. Tãugi, along with his grandparents Kuamutsini and Kaginditsugu, were the creators of the chants.

Kimagunetoho, 'made to give birth'

Fu, fu.
Nagi nagi
Nagi nagi hiju
Kataisalatini
Atsinhaũ
amugika hu
anitsumagika
fu!
Fu!

Here we need to observe how the *kehege* is performed: first the chant is sung in Arawak. When it is finished, the *kehege oto* blows on the patient's body and asks for the desired effect in Carib. Hence every chant is composed by an Arawak part and a Carib part. The former represents the connection with the origin narrative, while the latter comprises the performative formula intended to ward off or eliminate the problem.[12]

3.12 Song of the shaman

Nuajuni (repeated 3 times)
my maraca

Uni jatamagi natu
I am a shaman of the water

Ui jatamagi hinatu
I am a shaman of the snake

Juajuni (repeated 3 times)
my maraca

In the song of the shaman we once again encounter an Arawak language: *natu,* *uni* 'water,' *ui* 'snake,' and *jatama* 'shaman.' When the shaman discovers that the patient's soul (*akuã*) has been abducted by an *itseke* of the earth, he begins to sing "I am the shaman of the snake" and he goes to recover the soul (*akuã* *tüilü*). When an *itseke* of the water captures the patient's soul, the shaman will sing "I am a shaman of the water."

Different in terms of their origins and performance, *kuãbü* is an intraethnic ritual, while *hagaka* is interethnic. Both are *itseke* rituals. *Kuãbü* transmits its

---

12 See also Franchetto (1989) and Fausto et al. (2008) for more ethnographic and linguistic information on *kehege.*

message via songs (in Carib among the Carib, each people in their own language), while *hagaka* transmits its message via speech: more specifically, in the insults (in Carib among the Carib, each people in their own language) aimed at the 'cousin,' the verbal genre typical to this festival. I noted that the intention to insult is the same since in both rituals the insults can be made directly or discretely (so the rival does not perceive them). The Kuikuro explain that in the *kuãbü* ritual too only the cousin has the right to speak by singing to the other cousin. One *kuãbü* song composition says: "if you were my cousin, I would let you criticize me by singing." This makes it clear that ideally only the cross-cousin can challenge by singing. The languages only become mixed in the interethnic festival concluding the Hagaka ritual, when we hear insults in all the languages spoken by the guest and host villages. The same universe of different languages and dialects is recreated every time that the villages come together in a festival or when the messengers who invited the guests reply in their own language to the discourses made by the chief of the invited village (*anetü itaginhu*, 'speech of the chief'), which are in his language: Kuikuro versus Kamayurá, Wauja versus Kalapalo, Kalapalo versus Kuikuro, and so forth.

In the songs we find loan words from Portuguese and, as we saw, the Bakairi language, a significant element in terms of understanding the formation of the Upper Xingu's ritual complexity. In the primordial time, *kuge*, 'people,' like the Kuikuro, learnt from the *itseke* and, in turn, the *kuge* passed on this knowledge to other *kuge*, such that the songs were passed from person to person. Over the course of this transmission, the songs considered true lost some of the meaning and became incomprehensible, but the rhythm, the interweaving of the songs and the effect all remain the same.

4 Kitaginhu agaketühügü: Divided languages

Our analysis confirms what other researchers have already identified: the strong presence of Arawak occupation in the Upper Xingu region. This did not happen by chance. The origin *akinha* (narrative) explains that the creator twin brothers belonged to two separate peoples: Aulukuma, our ancestor, was of Arawak origin and named all things in Arawak. Taũgi was an ancestor of the whites and used to name his creations with Carib words. Anthropology, ethnology and archaeology tell us that as each people arrived in the Upper Xingu, in the majority of cases seeking refuge from the whites, they took their culture and absorbed the culture that they met there. This is also what the songs show us, not so much from the musical viewpoint, but from the linguistic, anthropological and historical viewpoint.

Within the Xingu Indigenous Land there are four regions: the Upper, Middle, Lower and Eastern Xingu. The Upper Xingu is occupied by nine distinct ethnic groups: the Kuikuro, Kalapalo, Nahukwa and Matipu, who form the Carib-language subsystem; the Yawalapiti, Wauja and Mehinaku, speakers of two Arawak languages, the latter two speaking variants of the same language; and the Aweti and Kamayurá (or Apyap, as my informant Kanawayuri Kamaiurá says), speaking two languages from the Tupi-Guarani family, part of the Tupi trunk. In the Middle Xingu live two peoples, the Ikpeng (Carib) and the Trumai (an isolated language), and in the Lower Xingu another two peoples, the Kayabi (Tupi-Guarani) and the Yudja (Tupi). To the east of the Xingu Indigenous Park live the Kĩsêdje and the Tapayuna, both speaking Ge languages. These indigenous lands are multilingual. Has it always been so?

Archaeological research appears to show that the first peoples to inhabit the Upper Xingu region were potters who spoke (and still speak) a language from the Arawak linguistic family, while the peoples speaking a Carib language arrived in the region some time later (Heckenberger 2001). Various other peoples arrived in the Xingu afterwards to form the Xinguano cultural system. Each helped shape the Xinguano culture and today we can appreciate the complex outcome of this process, including its linguistic diversity.

The Upper Xingu region was denominated the 'uluri area' by the Brazilian ethnologist Eduardo Galvão (1960), called by the Upper Xingu Carib people as *kutãupügüiko*, 'our grandfather'. The word *uluri*, Kamayurá in origin, has entered the Portuguese language and refers to the pubic covering used by women (a bark triangle with a burity palm cord). In Kuikuro this attire is called *etungi*. Among the peoples living in the southern area of the Xingu Indigenous Land the women do indeed traditionally use the uluri. Today we can see the end result of this great mixture of cultures and languages of the peoples living in the Xingu Land.

4.1 The Upper Xingu Carib language: A history of separations between peoples

Until the mid twentieth century, the description of Bakairi made by Karl Von den Steinen (published in 1892) was undoubtedly the best work on a Carib language and on a southern Carib language in particular. Steinen's book also included a comparison of Bakairi words with those from northern Carib languages and a preliminary classification and reconstruction of the family's proto-language. The importance of Steinen here derives from the fact that in 1887 he was the first to record a list of words from what he called Nahuquá: this is the term that he used for all the variants of the Carib language spoken by the indigenous peoples living along the shores of the Culuene, Buriti and Culiseu rivers. This list, together with other lists containing words of the other Upper Xingu languages, was published as an appendix to *Entre Os Aborígenes do Brasil Central* (1940), the first major ethnography of the Upper Xingu region.

Before continuing with this history, we can step back in time to consider the results of the archaeological research conducted in the territory of the Upper Xingu Carib peoples, especially the Kuikuro, the oral narratives of these peoples, and new comparative linguistic studies. This other, older piece of history relates to the formation of the so-called Upper Xingu system.

The findings of archaeological research lead us to conclude that the occupation of the basin of the Xingu river headwaters, including the Culuene, had begun at the start of the eleventh century and continued at least until the end of the eighteenth century. The Arawak groups probably originated from the west, a hypothesis reinforced by the linguistic affinities between the Arawak groups of the Xingu – the Waurá/Mehinako and Yawalapiti – and groups from the same family situated to the west of the Upper Xingu (see Seki & Aikhenvald 1992). The Arawak were the first to migrate to the region, occupying a much larger territory in the past than the area known since the end of the nineteenth century. From the seventeenth century onwards the area was penetrated in successive waves by Carib groups coming from west of the Culuene, as well as Tupi groups and other peoples, including the Trumai and various Ge groups. This was a period when the impacts of the Europeans were being felt and when the pluriethnic constitution of the region and its intertribal relations was beginning. The second half of the eighteenth century and the nineteenth century saw the configuration of the intertribal system encountered by Steinen in the Upper Xingu in 1884 and 1887.

Studies of the relations between the Carib Upper Xingu language and the languages of other southern Carib groups reveal the latter to be midway between the northern and Upper Xingu languages (Meira & Franchetto 2005). The hypothesis is that a single Carib block, located between the east of the Middle Xingu and the Middle Tocantins, separated from the contingent that would later occupy the region to the east of the headwater basin, the ancestors of the contemporary Upper Xingu Carib. At a later date, other movements led to the fragmentation of this original block, giving rise to the Bakairi, Apiaka, Jaguma (Yaruma), Arara and Ikpeng. Arara, Ikpeng and the extinct Jaguma language are close enough to each other linguistically to be considered dialectal variants of the same language (Franchetto 2001). Bakairi (Kurâ), on the other hand, shares some characteristics of the Ikpeng/Arara/Jaguma grouping (perhaps more like the northern Carib languages) and others closer to the Upper Xingu Carib. Here it should be recalled that the Bakairi lived for a long time, more than a century at least, in close interaction with the Upper Xingu peoples along the region's headwater rivers (the Curisevo and Batovi).

Narratives confirm that the Yaruma (we say Jaguma) inhabited the region to the east and southeast of the Culuene, between the Xingu and Araguaia rivers, establishing the affiliation of the Yarumá with the Carib family and the Arawine with the Tupi-Guarani family. Krause (1936) provided information that gives us a glimpse of how the region east of the Upper Xingu basin was occupied by the Carib groups. The Kuikuro really did not understand what the Yaruma said: for them, it was another language. The Yaruma were warriors: they warred with other neighbouring ethnic groups, as explained by the authors who have written about the *akinhá* (narratives) of these peoples. It is told that the Yaruma chief managed to kill a great warrior of the Jukahamaĩ (Txukarra-mae, Kayapó). Krause based his account on a list of Apiaká works collected by Ehrenreich (1895) and on the Yaruma data collected by Hermann Meyer during his voyages to the Xingu region in 1896 and 1899. In his 1936 publication, Krause also presented a comparison of probable 'Apiaká' cognates with the various Nahukwá dialects recorded by Steinen and Meyer himself, and with Bakairi, as documented by Steinen. Krause concluded that there was a "close linguistic kinship between the Yarumá and the Carib tribe of the Apiaká on the Lower Tocantins." Meyer observed a greater distance from the set of 'Nahuquá' dialects (Franchetto 2001) and that the linguistic kinship with the 'Karaiba' of the Xingu was much less than with the Apiaká. Furthermore the Yarumá did not belong to the cultural province of the Xingu headwater region. At the start of the twentieth century there were no more reports of the *Jaguma otomo*.

Analyzing narratives and ethnographic and archaeological data, the hypothesis already mentioned is that the Carib Upper Xingu peoples had migrated from the region to the east of the Culuene river. Today archaeological studies reinforce the idea ventured by linguists that these Carib-speaking peoples had separated around 1700. According to Franchetto and Heckenberger, the proto-Kuikuro and proto-Matipu living at the site or village of *Oti*[13] separated around 1850 (Franchetto 2001). The ancestors of the Kalapalo entered the re-

---

13 There are no 'names' of peoples in the Upper Xingu: the ethnonyms used by the *kagaiha* (whites) are derived from place names: toponyms and the names of 'villages' merge. A people is always X *ótomo*, 'the owners of X,' where X is a toponym (Franchetto 1986).

gion via the Culuene River and the Jagamü (ancestors of the Nahukwá) between the *Angahuku* (Mirassol) and *Kugitihu* (Culiseu) Rivers.

We can try to schematize how the large villages at the time of *Oti* separated between the Kuikuro ancestors and the Uagihütü, on one hand, and the ancestors of the Kalapalo and the Jagamü, on the other.

According to a narrative told by the contemporary Matipu, the ancestors of the Kalapalo and the Jagamü, the ancient Nahukwá, lived together in the large village of *Timpa*. The Kalapalo version, though, states that they had converged to live together in another large village, *Kuakutu*, which the Kalapalo remember.

The master of narratives Jamiku Matipu (66 years old) recounts[14] that many peopled lived in *Timpa* village: in fact, there were five large villages, one next to the other. Consequently there were no more fish left in the nearby rivers and lakes. People began to subsist on game: they began to eat tapir and deer because there was nothing else left. Fish were already scarce. To solve the problem, one brave Indian is said to have explored the region, looking for the village of *Timpa*, walking in the direction of a region where he had seen fire smoke. Suddenly they heard someone shout from the other side of the river. They realized that the cry was strange and went to tell the *anetü* Ahiguata. In response the *anetü* (chief) sent someone who understood any language spoken by other peoples. They explain that this person had heard the 'speech' of the yellow-chinned spinetail after the ear piercing ritual and therefore understood everything.

This polyglot saw that the man shouting was a friendly Bakairi called Koisa, who was telling them that he had found a place with fish. The two *anetü* from *Timpa* therefore decided to split the village population. Half went to found a new village. They arrived at the place they wanted and at night heard the roar of a jaguar, called *Ahua* in our language. The chiefs decided to name their new village *Ahuahütü*, 'place of Ahua.'

This is said to be the time when Steinen appeared (presumably at the end of the nineteenth century, therefore). They remained there for a long time and the whites began to appear, bringing their tools with them. The village of Ahua become the arrival point for the whites, stirring envy among their neighbours

---

14 Jamiku's narrative was recorded by Bruna Franchetto and Mara Santos in the town of Canarana on November 5th 2009, where Jamiku was accompanying his son while the latter was hospitalized in the Health Clinic. The recording forms part of the material collected for the Matipu and Nahukwá Documentation Project, coordinated by Franchetto and supported by CFDD-MJ and the Museu do Índio-RJ. The interview was conducted by Aigi Nahukwá, Jamiku's son.

who began to *kugihe hagatelü,* 'cast strong sorcery,' to kill off the people living there. Consequently the surviving population decided to move to *Ihumba,* while other families went to meet up with their families in an old Kalapalo village, probably *Kuakutu.* "Later we moved again to *Amagü,* where I was born," Jamiku recounts. He was about seven years old when his parents decided to live with the people from *Uagihütü,* since just seven families of their people, the Jagamü, were still alive. Afterwards they went to establish another village at *Ahangitaha.* "I was the one who opened that first place, later the Kuikuro arrived, as a result we left and founded *Magijape.* My poor father was always very keen to return to *Jagamü,* but he did not know that one day I would return there," recalls Jamiku, who today lives in *Jagamü,* the place of origin of the *Jagamü/*Nahukwá.

The other half of the village decided to stay at *Timpa.* Soon after its inhabitants migrated to the headwaters of the Culuene River. Today we can see the consequences of this long process: the *Jaramü/*Nahukwá and Uagihütü/Matipu were reduced to a tiny number of families and merged. The *jagamü* variant predominated over the *uagihütü* variant. The population is now growing rapidly.

This process of peoples and languages splitting and uniting enabled the formation of the dialectal variations of the Upper Xingu Carib language. The Kuikuro claim that the speech of the *Uagihütü otomo samakilüi,* 'was the one that fell,' while the speech of those who founded the new and first Kuikuro village remained *titage* 'erect.' I return later to the question of these dialectal variants, which for us are 'languages' and as such distinguish one people from another. Let us continue the history of the Upper Xingu Carib, as told by other actors.

The Kuikuro elders recall the name of the first village of our people, *Oti,* located to the west of the Culuene River. According to oral narratives, a number of chiefs and their followers left *Oti* following internal political conflicts. This led to the creation of new villages: these chiefs apparently claimed that there was no fertile land left at *Oti* to plant swiddens. The elder Agatsipá, for example, now deceased, pointed to the origin of the Kuikuro people, saying *'ilango-penginhe'* and indicating an area south of the current village of Ipatse, confirming that *Oti* was situated on the upper course of the *Angahuku,* today known as the Mirassol River.

According to the narratives of the elders, the name Kuikuro came into being when Mütsümü, chief of *Oti,* the first Kuikuro village, discovered a lake containing many *kuhi* fish. He therefore named the place of the first village *kuhi ikugu,* meaning 'lake of the kuhi fish,' today pronounced Kuikuro by the whites (Mutua Mehinaku 2006).

When Mütsümü's group was already living at Kuhikugu, Ihikutaha arrived to visit: he was a chief too, still young at the time. So a new village of chiefs was formed and little by little the population grew. Many of those who had stayed at *Oti* began to join the *Kuhikugu* people.

This narrative also tells of the internal conflicts between the chiefs of one village. Afterwards *Oti* divided and became *Uagihütü.* Only those who remained there, those who remained at *Oti*, became *Uagihütü.* In the brief conversation that follows the *Kopogipügü* narrative, we hear about the origin of the dialectal differences: "We made our language stand up straight, the folk from Lahatuá made our own words walk upright, while the speech of the Uagihütü 'fell.'"

What happened to the *Uagihütü,* the ancestors of those we today call Matipu?

Tikugi, a Matipu elder, narrates[15] that after leaving *Oti*, the Matipu ancestors went to found another village. At first they stayed at *Hotu.* Later then went to found *Akugi embipe,* where the fertility of the lands for swidden cultivation subsequently became exhausted. They left for another place, therefore, and founded first *Uagihütü* village and then *Tatehengo.* While they were living in *Uagihütü* village, they received news of the arrival of the Villas Bôas brothers. It was there that a terrible measles epidemic assailed them, brought by the Roncador Xingu expedition.

Another testimony was given by Jamatua, chief of the Matipu village of Ngahünga.[16] He was born in the old Kalapalo village, *Kunugijahütü*, from where he later moved with his family to the village of *Kahindzu,* and from there to *Uahütü* village. He says: "afterwards we joined up with the remaining Nahukwa because there we so few of us left. Orlando therefore took us to the Leonardo Post from where we could choose our new place." With the help of the Kamayurá, they chose Magijape.

The Kuikuro judge themselves to have a straight (*titage*) speech in contrast to the speech of the Kalapalo/Nahukwá (the other) which is perceived to be 'curved, moving in jumps and waves' (*tühenkgegihongo*) or 'back-to-front' or 'inside-out' (*inhukilü*).

During a linguistic documentation workshop held in Ngahünga village between October and November 2009, the teacher Kaman Nafukwa[17] wrote this small bilingual text to help understand the play of perspectives involved:

---

15 Tikugi's narrative was recorded on video by Takumã and Münai, Kuikuro filmmakers, at the end of October 2009 as part of the Matipu and Nahukwá Documentation Project, coordinated by Franchetto and supported by CFDD-MJ and the Museu do Índio-RJ.

16 Jamatua's narrative was recorded on video by Takumã and Münai, Kuikuro filmmakers, at the end of October 2009 as part of the Matipu and Nahukwá Documentation Project, coordinated by Franchetto and supported by CFDD-MJ and the Museu do Índio-RJ.

17 Kaman is the son of a Kalapalo father and Matipu mother. He took the surname Nafukwa having lived in Magijape, a village defined as Nahukwa. In 2009, Kaman obtained a teaching

Matipu, Kalapalo, Nahukwá kingalü Kuikuro akisü heke, iheīgü (ihotagü). Üleatehe titsilü itaginhuko heke: iheīgü (ihotagü), tühenkgegihongo. Inke tsapa tandümponhonkoki, ugupongompeinhe küntelü, anha inhüigü gehale tükenkgegiko, nügü hungu higei.

Sagage gehale Kuikuroko heke tisitaginhu tangalü, iheīgü gehale, tühenkgegiko gehale. Inhalü gitage ínhani anümi.

Sagage gehale titsilü ihekeni, inhalü gitage itaginhuko anümi.

Translation: About languages

The Matipu, Kalapalo and Nahukwá talk about their relation to the Kuikuro language: *iheīgü (ihotagü).*

This is why we say that their language is *iheīgü (ihotagü), tühenkgegihongo.* It means as though it were coming down a hill or when there are bends in the path. The Kuikuro hear our speech in the same way: *iheīgüi, tühenkgegiho* too. They hear it to be different from their own language.

We also speak and hear their speech to be different from our language (especially the language's musicality).

The Kalapalo also call the Kuikuro *ihotagü,* 'twisted mouth,' a prejudiced and playful view. Uganga, the old mother of Jamutuá, a Matipu chief, stated the following in an interview recorded between the end of October and the start of November 2009, once again during the linguistic documentation workshop coordinated by Bruna Franchetto:

> When I was still a child I lived in Lahatua village with my mother, where I learnt to speak *ihotagü,* like the folk from Lahatua (Kuikuro) speak. Later my mother died and my uncle Aküjülü Kuikuro went to fetch me to live in the village of the Kalapalo. So I forgot the *ihotagü* speech and learnt my language, Kalapalo.

In return the Kuikuro call the Kalapalo *utsi,* because they call other people *ütsi,* and *ngagupohongo,* "other people, people from outside" (literally someone who lives on the other side of the boundary with another people/culture).

In the distant past, when the Kuikuro/Matipu lived in one large village, we were one and the same people, just as the Kalapalo/Nahukwa were one and the same. Over the course of history we moved away from each other, generating 'new' languages (variants) with their own characteristics. The ancient Matipu variant (*Uagihütü*) is on the brink of extinction due to the strong influence of the Kalapalo/Nahukwa variant.[18]

---

diploma in the area of Languages, Arts and Literature, today PROESI (Indigenous Higher Education Program).

18 The expressions used by the speakers to comment on and define their distinct 'ways' of speaking led the linguists to explore the topic in more depth. Silva & Franchetto (2011) look to explain the fundamental difference between the Upper Xingu Carib variants in terms of distinct phrasal prosodies. The article seeks to define the empirical base of the expressions used by

4.2 From differentiation to mixture

In the Upper Xingu region we encounter various integrated cultures, with the different languages forming an object of integration and separation in the communicational context between the different peoples. The differences between the languages assume a fundamental meaning in terms of marking internal differences. Each people interprets and denominates shared concepts, values and rituals in accordance with its own language. The Kwaryp ritual or festival is called *egitsü* by the Kuikuro, Kalapalo, Matipu and Nahukwa. The Mehinaku and Wauja call the festival *kayumai* and *kaumai*, respectively, while the Kamayurá use the term *kwaryp*, meaning 'joy of the Sun.'[19] Other examples can be cited. Take the 'men's house' for example (the house of sacred flutes or rituals): the Carib-speaking peoples call this structure *kuakutu*, while the Mehinaku and Wauja use a very similar term, *kuakuhü*, which suggests an Arawak origin for the name and, perhaps, the institution which it denotes.[20] The Kamayurá uses the term *tapy'j*, signifying 'hider,' the place where the men hide the sacred flutes. 'Wild Indian' is *ngikogo* in Carib, *waxayu* in Mehinaku, and *waraju* in Aweti. The whites are called *kagaiha* by the Carib peoples, *kaxaüpa* by the Mehinaku and *kara'y* by the Kamayurá.

Another example of the translation of general and basic concepts into the Upper Xingu cosmology is given by the modifiers that signify an entity in its maximum (or minimum) sized or spirit-animal version: *kumã* in Wauja, Mehinaku and Yawalapiti is equivalent to *kuẽgü* in the Carib languages, and *watu* in Aweti. Each language expresses fundamental concepts in different ways that nonetheless allow the dialogue between the Xinguano peoples.

While there is a general tendency to express shared ideas in distinct languages, there are also, albeit to a much lesser extent, loans from one language to another. Certainly various words have moved from Arawak to Carib, as we can see in the case of the 'men's house.' I also encountered some loan words from other Upper Xingu languages in the Trumai language.

---

speakers to comment on each other's speech in a play of perspectives in which one is the mirror of the other.

19 Although the Kamayura arrived after the others, theirs is the predominant language for designating the rituals for the (and by the) Whites. This is the case of the Kuarup ritual, whose original word is kwaryp. The same applies to the Jawari ritual, which in Carib is called *ihagaka*. In Arawak, however, the term Yawari is also used, loaned from the Kamayura language.

20 As we have seen, the majority of the Kuikuro ritual songs are in languages of other ethnic groups of the Upper Xingu, especially Arawak, which suggests that the base of the Xinguano ritual system is itself Arawak.

A few words have shifted between Carib and Tupi: the word for capuchin monkey in Carib, *kajü*, comes from the Tupi-Guarani (Kamayurá) *ka'i*, or *ka'jyt* in Aweti. Below is a list of fish names:

Tab. 3: Comparison of words in the Upper Xingu languages.

Carib (KK, KP, NH, MT)	Arawak (MK,WJ)	Tupi (KM/AW)	Trumai	English	Scientific name
Tuguhi	*tulupi*	*uruwi tuzuí*		Spotted sorubim	*Pseudoplatystoma coruscans*
Tagahi	*talapi*	*Tarawí ywã'já*			
akuakuegü	*jakuakuama*	*wakwakumari*			*Serrasalmus nattereri*
Akua	*jakua*			piranha	*Pygocentrus (Serrasalmus) nattereri*
Ugake	*ulaki*	*Wyrape*		electric eel	*Electrophorus electricus (Gymnotidae)*
Uguta	*muluta*	*Parearet*	*muluta* (AW)	sailfin catfish	*Pterygoplichthys multiradiatus (Loricariidae)*

Additionally the banded leporinus fish is called *ahügü* in Carib and *jawyrÿ* in Kamayurá. The *kuluta* flute in Kuikuro is also known as *kuluta* in Arawak, *kuruta* in Kamayurá and *karytu* in Aweti. Pequi fruit compote is *tuma* in Carib and *tukumaya* in Trumai.

In terms of rituals, the exchange ritual is called *uluki* in Kuikuro, *huluki* in Arawak and *mojtara* in Kamayurá. The name of the women's festival derived from the Arawak term *jamugikumalu, yamurikuma, jamurikumã*.

It is also interesting to analyze other kinds of data where the cultural differences between the Upper Xingu peoples are reflected. In the Carib languages of the Upper Xingu, we use the root *ahehi* to translate 'to write and film': *ahehi* has the meaning of 'to trace lines, scratch.' As far as I know, the Kamayurá use a very similar idea: *ikara'j pyret* ('what was scribbled'). In Upper Xingu Arawak, meanwhile, the concept of graphism and painting, *yanati*, is used to express the concept of writing.[21]

---

21 The 'identification' between writing and graphism (the designs that transform beings) is fairly widespread among indigenous Amazonian peoples.

5 *Kagaiha akisü etĩbepügü*: The arrival of the language of the Whites

Before meeting Steinen at the end of the nineteenth century, the masters of the narratives inform us that the first whites arrived via the *Agaso* or *Angahuku* river, today known as the Mirassol, whose shores were home to many populous villages at the time. The narrators list the villages attacked by the Whites: *Agapa otomo, Ugihihütü otomo, Agatahütü otomo, Uahütü otomo, Sahutaha oto-mo, Kunagü, Ahakugu otomo, Isanga otomo, Ĩtagü otomo, Ipatse otomo*. This list of ancient villages by itself gives us an idea of the many settlements located along the *Angahuku* river. How did these peoples vanish? The same narratives tell us that the Whites and the diseases which they brought killed off most of them. These were peoples who spoke other variants of the Upper Xingu Carib language. *Amagü otomo* spoke another variant of Kuikuro. The accounts say that there were cannibals, like the *Sahutaha otomo*, who ate the children and placentas of women who had recently given birth.[22]

Long before Steinen, the bandeirantes (pioneers) had penetrated the region in the 1660s or even earlier. At the time these 'Indian hunters' scoured the eastern portion of the Upper Xingu basin, imprisoning and murdering the Indians. In 1684 the famous trailblazer Antonio Pires de Campo launched a punitive expedition from São Paulo to Bananal, the 'island of the Karajá.' At this time the Kuikuro were living on the shores of Tahununu lake, to the east of the lower Culuene (Dole 2001: 68).

Later, around 1755, another expedition of bandeirantes, this time led by Antonio Pires de Campo Filho, penetrated Brazil's central west region, today the state of Mato Grosso, accompanied by other Indians. The peoples of *Anga-huku* and others heard the name Antonio Pires as Pai Pires and transformed it into Pai Pirá, or *Paipegü*, a transposition, *igükugipügü*, from Portuguese to the Upper Xingu Carib language. This is a clear example of how a 'foreign' word may be understood and pronounced.

In the account of his voyage, Steinen says that he never got to see the peoples living along the shore of the Culuene River, but even so he presents a list containing their supposed ethnonyms. He was, I can confidently say, also the first ethnologist to write the names of the indigenous peoples incorrectly. Undoubtedly it was the ancestors of the Mehinaku who supplied this information to Steinen. Today we know that the Mehinaku call the Kuikuro *Yanapuk-*

---

22 See Franchetto (1992, 1993) for Kuikuro oral history on White People's arrival in the Upper Xingu, as well as on their role as personages mentioned in ceremonial speeches (chief's speech).

wa, angahukogo, which is why the list of villages on the Culuene made by Steinen contains names such as: *anuakugu, anahuku, aluiti, yamurilumá* or *yaurikumá, apalakiri, puikuru* or *guikuru, mariape, guaipiri, yanumakapü(hü)* or *yanumapü(hü)-nahuquá.* All are names given by the Mehinaku to villages formerly inhabited by the Carib peoples of the Culuene,[23] but transcribed in a very proximate manner.

We also have a new proper noun resulting from the exchange between the chief Tagukage and Steinen. Kalusi is Carlos processed by Kuikuro phonology and thus adapted to its syllabic structure (CV). In addition, we encounter a much older loan word here: *kamaga.* This comes from the Portuguese word 'camarada,' comrade, and entered the Upper Xingu Carib lexicon as a widely used term, becoming a synonym of *ãda* and *supisü,* meaning 'accompanists, followers, entourage.' Both *kamaga* and *ãda* almost always occur in 'possessive' form, but they can also occur without relational affixes (in the example below, the third person prefix *i(s)-* and the suffix *-gü*):

(2) *i-kamaga-gü > itsamagagü* 'his group'
  is-ãda-gü

The other synonym of *kamaga* is *supisü* – from *(i)supijusü,* 'his *piju*' – a name deriving from *piju,* the *itseke*/mask that always accompanies the *jakuikatu itseke*/mask. We can also observe that the elderly narrator explains the use of the root *inhakagü* through the name *sobõu* (Portuguese 'sabão', soap), another loan word adopted after *kamaga,* more recently.

At the time various loan words from Portuguese were already found in Kuikuro, as in the other Upper Xingu languages, including [atatu] *atatu,* 'soldado' or soldier: a name present in the narratives concerning the events and figures from the era of the bandeirantes to the voyage of Karl Von den Steinen and the beginning of the twentieth century.

Most of the loans words, however, were terms referring to tools – the objects that the indigenous peoples were actually able to acquire. These are some of them:

(3) [posɛ] *pose*   'foice'   scythe
  [kaʂahina] *kagahina* 'carabina' carbine rifle
  [kɔla] *kola*   'colar'   necklace
  [paʂatsu] *pagatsu*   'prato'   plate

---

23 The term Culuene is itself of Arawak origin (Mehinaku and/or Wauja): kulu (shell), ene (river), or in other words, river of shells.

[kuʧɛ] *kuje*	'colher'	spoon
[paʂaka] *pagaka*	'barraca'	tent
[kaʂamɛ] *kagame*	'arame'	wire
[kupɛtu] *kupetu*	'cobertor'	blanket
[tiɲeʂu] *tinhegu*	'dinheiro'	money
[papɛ] *pape*	'papel/carta/ caderno/livro'	paper/letter/ notebook/book

As we can see in this word list, the appropriation of the sounds of the Portuguese nouns led to changes as they were adapted to Kuikuro phonetics and phonology:
- CCV > CV.CV
- alveolar tap [ɾ] > uvular flap [ʂ]
- voiced occlusives (b, d, g) > voiceless occlusives (p, t, k)
- p > h
- ʎ > ʝ

The native lexicon has absorbed other new words thanks to the predominance of football, a neotradition:

(4)	[atraɸiu] *atrafiu*	'trave'	crossbar
	[ⁿgɔlɛru] *nkolegu*	'goleiro'	goalkeeper
	[katʃiʊ] *katxiu*	'escanteio'	corner
	[apitu] *apitu*	'apito/juiz'	whistle/referee
	[ʃuisi] *juisi*	'juiz'	referee
	[ɸauta] *falta*	'falta'	foul
	[ᵐbɔʎ] *bola*	'bola'	ball
	u-bola-gü 1-bola/ball-REL	'minha bola'	my ball
	[ʃutɛra] *chuteira*	'chuteira'	boot
	u-chutera-sü 1-chuteira/boot-REL	'minha chuteira'	my boot

Observing the examples from this football vocabulary, we can see that new sounds have been introduced into Kuikuro speech through the loan words (the alveolar tap, the labiodental fricative, the palatal fricative) as well as new letters (f, r, tx, ch). At the same time, some of these words may be 'possessed,' in which case they receive the relational inflection provided by Kuikuro grammar: new signs, 'old' clothing.[24]

---

24 I found just two works referring to neologisms and loan words in indigenous languages in Brazil: Fialho (2002) and Albuquerque (2009).

The younger generation are already accustomed to hearing and using the expression 'new technologies,' though these were already familiar before the advent of computers, as shown by the following common words, none of them recent additions:

(5)
[ahaɟu] *ahaju*	'rádio'	radio
[latena] *latena*	'lanterna'	torch
[mɔto] *moto*	'motor'	motor/motorbike
[ahiɟão] *ahijão*	'avião'	airplane
[bisi] *bisi*	'bicicleta'	bicycle
[lãʃa] *lancha*	'lancha'	launch (motorboat)

The so-called 'new technologies' have been a portal for the entry of various loan words, today regularly used by younger people:

(6)
[tɛleɸisãu] *telehisãu*	'televisão'	televisión
[paɾabɔlikʌ] *parabolika*	'parabólica'	satellite dish
[kaɾahatɔ] *kagahato*	'gravador'	recorder
[ĩtɛhɛnɛʃi] *itehenetxi*	'internet'	internet
[kõputadɔ] *komputadó*	'computador'	computer

Other loan words came to denote other new objects present in the everyday life of the village:

(7)
[isikɔhʌ] *isikoha*	'escova'	brush
[pautsi] *pautsi*	'balde'	bucket
[saɔ] *sao*	'sal'	salt
[pisikɔitu] *pisikoitu*	'biscoito'	biscuit
[kaɾamɛlu] *kagamelu*	'caramelo'	toffee

As we have seen above, most of these loan words have been and are appropriated by Kuikuro grammar. They can be the argument of postpositions (*-na*, allative; *-te*, locative):

(8) *aldeia-na*   'para a aldeia'   to the village

(9) *sidadi-te*   'na cidade'   in the city

These nouns can also be 'possessed.' Illustrated below are some of the paradigms involved, where each radical receives, as well as the personal prefix and numerical suffix, the allomorph of the relational suffix of a particular class of inflections (Santos 2007, 2009):

(10) 'computador' (computer):

u-komputado-sü	'my computer'
o-komputado-sü	'your computer'
i-komputado-sü > itsomputadosü	'his computer'
ku-komputado-sü	'our (1+2 incl.) computer'
ti-komputado-sü > titsomputadosü	'our (excl.) computer'
ku-komputado-sü-ko	'all our (incl.) computer'

(11) 'televisão' (television):
u-telefisãu-sü
e-etelefisão-sü
i-telefisão-sü > itselefisãosü
ku-telefisãu-sü
ti-telefisãu-sü > titselefisãusü
ku-telefisãu-sü-ko

The examples show that the phonological process of palatization occurs regularly in these loans when the personal prefix is (C)i and the first consonant of the root is [t] or [k] (Franchetto 1995):

t,k > ts /(C)i_____

There are, however, loan words that do not seem to be 'swallowed' by Kuikuro grammar. Some do not undergo this phonological process of palatization, including 'sabão' (soap):

(12) *u-sobõu-gu*	my soap
o-sobõu-gu	your soap
i-sobõu-gu	his soap vs *i-so-gu > ijogu*, 'his uncle'
ku-sobõu-gu	our (incl.) soap
ti-sobõu-gu	our (excl.)soap vs *ti-so-gu > tijogu* 'our uncle'
ku-sobõu-gu-ko	our (incl.) soap (all of us)
12-soap-REL-PL	

Others cannot be inflected by the 'possession' paradigm, even when they denote parts of the body, elements that are necessarily relational:

(13) [mau] 'mão' hand
[brasu] 'braço' arm

An important instance of the grammatical limits to the appropriation of loan words is what Franchetto calls 'phonological incorporation' (Franchetto 2010a). In Kuikuro the argument always forms a phonological unit with its head. Hence the subject of an intransitive verb and the object of a transitive verb occur before the verb and, together with the verb, they form a phonological word with a single main stress, which falls on the final syllable of the argument (Silva & Franchetto, 2011). In the example below, the syllable bearing the main stress is in bold and underlined:

(14) *ta<u>**hi**</u>nga*
      'cayman'

      *[tahi<u>**nga**</u> ingilü]*   *uheke*
      cayman see-PNCT 1-ERG
      'I saw a cayman.'

This does not happen with loans:

(15) *ka<u>**mi**</u>sa*   'camisa'   shirt
      *ka<u>**mi**</u>sa ingilü uheke* 'I saw a shirt'
      kami<u>sa**</u> ingilü uheke*

So far we have spoken about loan nouns. What about verbs, though? Until a short time ago there was just one verb, or a term which functions as a verb in Portuguese:

(16) [hẽde] *hende* 'vender' sell

Once absorbed by Kuikuro, this word refuses to behave as a verb and ends up as a noun:

(17) a. *u-hende-sü*
          1-sell-REL
          'my sale/my craftwork'

      b. *hende-i u-i-tsai*
          sell-COP 1-be-INTC
          'I'm going to sell'

      c. *u-moto-gu-pe*
          1-motor-REL-ex
          'I am selling my motor'

Verbs and nouns are not absorbed as loans in the same way.

Today new objects and events are increasingly incorporated into the indigenous language as loan words rather than being 'digested.'

To give an idea of today's 'mixed' speech:

Jakalu:

TrsJK	*Tingi iheke uã, angi nkgulehüle* **kasulina** *engipini,* **dusentu**
TpJk	he thought: how many [litres of] **gasolina** [petrol] do you have? We have **duzentos** [two hundred]
TrsJK	*lepene ogopijü sem gehale* **cabou,** *inhalübeha eükintokoi, inhalüha* **bausa** *ogopitsoi.*
TpJk	Afterwards to return 100 will be needed, **acabou** [it's finished], there won't be a **balsa** [raft] for the return trip
TrsJK	**tá aqui** *Kokoti etsa hegei* **quarta-feira** *leha igiabeha ingeta*
TrsJK	Kokoti is going to travel, because he is being called to go there

Janamá:

TrsJM	**você tá lá longe você não pode resolver só** *etsote*
TrpJm	You can't solve the problem there from afar, only when you come here
TrsJM	**ano passado** *atamini gele ila* **nossa** *inhalüha,* **bagunça porque** *ekü leha*
TrJm	**Nossa** [wow], **ano passado** [last year] was really **bagunça** [a mess], **porque** [why]?
TrsJM	*ige ingi leha kunhümi* **projetu** *ingi leha* **resolvei** *kunhümi leha*
TrpJm	we don't think much about **projetos** [projects] any more, how to **resolver** [solve] something else.
TrsJM	**membruko** *tüilü ehekeni tudo üle hunguki*
TrrpJm	so the **membruko** [members] know about this
TrsJM	*Sila heke* **não sei o que** *tüma* **cheki** *tüihoni* **assinai**
TrpJm	Sila, **não sei o que** [nobody knew who] could **assinai** [sign] the **cheki** [cheque]

In Jakalu's dialogue there is no translation for various items of vocabulary from Portuguese, something which is common today with the insertion of isolated words:

- Names of objects: *kasulina, bausa, kaminhãu, dieseu, motorista, boka, tinhegu, transpoti* ...
- Time: days of the week
- Numbers, measures (*litru*);
- Discursive particles (*kabou, tá aqui, iÞtãu, se tiver* ...)
- Verbs: *hesoufei, kumprikai*

Jakalu uses measures of time and quantities in Portuguese, something that has already become dominant: Kuikuro terms are being abandoned and are only used by those elders unfamiliar with White people's language and things (the very old, the *ngiholo*). He does not inflect nouns in Portuguese, he uses just two verbs as nouns (*hesoufei*, *kumprikai*, with the copula suffix -*i*) and only one whole phrase: *ai funai tem que arrumar duzentu* [so FUNAI has to provide two hundred]. Even so there are many occurrences of Portuguese terms in his discourse.

Janama's discourse contains many whole phrases and expressions in Portuguese and few statements are made that do not contain at least one word in Portuguese. Not only is the vocabulary of loan words richer, he also inflects some nouns:

(18) *membru-ko* 'membros' members
     (-*ko*, PL)

(19) *cinegrafista-ko* 'cinegrafistas' filmmakers

(20) *PDPI planu-sü* 'o plano do PDPI' the PDPI plan
     (-*sü*, REL)

There are other verbs which continue to be non-inflected (stem and the copula -*i*), but the Portuguese past participle does appear (*diskuluido*):

(21) *assina-i*
     orienta-i
     resolve-i
     diskuluido

These two discourses are special but at the same time emblematic: in other words, they are not exceptional today. The Kuikuro language is mixing with Portuguese.

We hear entire phrases which are only completed in Kuikuro:

(22) não é falta de falar, falta ele cumprir o que foi acertado ***ike***
     (*i-ke* 'with him')
     'it's not a lack of talking, it's a lack of him doing what was agreed ***ike***'
     (*i-ke* 'with him')

(23) se ele demorar Paraisu-***te gehale*** (-*te*, LOC; *gehale*, again)
     'if he is late Paraisu-***te gehale***' (-*te*, LOC; *gehale*, again)

(24) eu vou tentar deixar papel ***inha*** (*inha*, 3.DAT, 'for him')
     'I'll try to leave paper ***inha***' (*inha*, 3.DAT, 'for him')

(25) ***inhalü muke*** não pode sair nem assina**i *tatila*** banku-***te***
(*inhalü*, negation; *muke*, intensifier of negation; *tatila*, NEG; *-te*, LOC)
'you cannot leave or sign at the bank'

(26) *ele vai chegar domingo, ai segunda-feirai ele pode assinar*
(*-i*, COP)
'he is going to arrive on Sunday, so he can sign on Monday'

This new mixture adds a new colour to language and speech. What will the future of the Upper Xingu and Kuikuro linguistic *tetsualü* be like? Will Portuguese keep on entering until it eventually dominates and excludes the indigenous language? Is a new language being born?

6 Kuikuro online

Around 2000, the younger generation of Kuikuro had their first contact with a computer. They succeeded in creating their first *aki humini*, 'sender of words,' or e-mails. The chance to access a computer became the main reason for travelling to the city. The presence of the so-called 'new technologies' allowed something positive for young indigenous people: communication with Whites and other Indians.

In the Xingu one movement very recently began to acquire the political strength to train new leaders. In 2007, the Portal of Xingu Indigenous Organization, through a partnership with the Ministry of Communication, was able to install four internet points in villages of the Upper Xingu. This undoubtedly became a new weapon in our struggle.

For the chiefs, this tool would facilitate the monitoring of the indigenous territory, but initially they banned children aged between 8 and 15 from using the internet. They said that children needed to learn appropriate behaviour before they could discover the internet of the Whites. Even so many young people became "addicted to the internet." They heard other peoples say that "the Kuikuro swidden is the internet, they don't know how to make swiddens anymore." The Kuikuro were accused of changing as a people, of becoming White. Was it envy? Many people felt this strongly.

The electronic devices really did change our everyday life profoundly: radio, stereo players, television, and so on. Festival days are no longer the same.

Young people set up accounts on Orkut, MSN, blogs, Skype, Facebook, YouTube and Twitter. Many asked: why did they do it? How can Indians have internet accounts? Denying the right to have and do what the White elite has and does. Let us return to the matter in question: the Kuikuro language or indigenous languages, or better, the *tetsualü* language on and of the internet.

On May 26th 2010 Kaman Nahukwa, whose Orkut name is Estudante, wrote to Mutua, called Rei da Selva on Orkut, asking how he could apply for a master's degree scholarship:

> *Oi,* **Rei** *ande uge inde Canaranate* **reuniãozinho** *tsihetsühügü.* **Olha amigo,** *ukita eheke angoloi ekugu,* **mamãe** *Bruna kilü uanke uheke Matipute tisatahehijühata: Mutuá heke atsange kitse ina sitote, ngikona ngampa uanke* **bolso** *tüilü igakaho tüilü iheke, nügü uanke iheke Bruna kilü. üleatehe hüle igei ukita eheke uahetinhombatomi eheke luale ekugu tsekegüi osi kitse, ingukgingike hōhō aetsingoi katahehisatühügü Pavuru, Diauarum e Leonardote lamuke kutegatühügü, üleatehe egea ukita eheke,* **como grande colega de estudo.** *ukilü uanke* **mamãe** *heke ületa Matipute, üilepe nügü iheke uheke: einde tita uamigusü tigati etetohoti eitsohote, nügü uanke iheke uheke.* **Amigo** *aitsingompe hüngü nahã kingukgingui tuhuti tsünahã eheke. Oi Rei,* **Salvadona** *igei utelüti uitsagü utahehijüinha tsuein ekugu, üleatehe egea ukita eheke, atahehitsomi uinha* **avisando tudo** *sügühütuki, uhutomi uheke utelü igakaho. Ahehitse ina uinha katute ekugu, uama uanke tüilü eheke, etelü igakaho egena* **riuna?** *Ihumike uinha ahehitse ina uge* **Orkut.**

We can see the words in Portuguese mixed in among the Kuikuro language.

When Portuguese dominates the communication between indigenous people who speak the same language, words from the latter may enter. Here are some examples (this time translating Portuguese into English).

Yakálo Bállack (Kalapalo) wrote to Farato (Matipu):

> *Hey there little Farato, how are you? why do want to get together with my sister first. I separated from my wife, I don't want to return, I'm going today to my village* **ületsügütse Büukü Utetanileha**

The use of indigenous languages on the internet is still fairly limited, even on the part of indigenous users, but no studies of the topic exist yet.

7 Final remarks

In this article, we wished to contribute to the explanation of the multicultural and plurilingual formations of the Upper Xingu peoples, starting from the beginning, as registered in native oral history and archaeological research, to the arrival of White People and of their language and technologies. We crossed the ways of conjoining and disjoining people and languages before and during the genesis of the Upper Xingu, one of the two surviving Amazonian regional multi-ethnic and multilingual systems. If the Upper Xingu has its living counterpart or its mirror image in the so called Upper Rio Negro system, in Northwestern Amazon, more and more archaeologists and ethnologists, working together, are discovering that Lowland South America was full of these complex regional systems, whose decline and destruction began soon after the arrival of the European conquerors. Languages were always in transit, facing opposite forces of absorption and adaptation, on one side, and resistance for maintaining distinct identities, on the other side. Amerindian societies and people have been always, in varying degrees, *tetsualü*.

We crossed the ways that conjoined and disjoined people and languages. The Upper Xingu system continues to receive and absorb other *ügühütu*, 'ways of being and speaking'.

This work is intended as a reflexive and cautious analysis, capable of showing the world that native Amerindians are creative peoples who have evolved differently to European civilization. Native Amerindians are now ready to contribute to the linguistic and anthropological discourses with their own words in academic or scientific environments, in conjoined enterprises of producing knowledge with wise White People.

Abbreviations

1	first person
2	second person
3	third person
12	first plural inclusive
AL	allative
CONT	continuative (aspect)
COP	copula
DAT	dative
DPROX	proximal deictic
ERG	ergative
INTC	intentional (mood)
LOC	locative
PL	plural
PNCT	punctual (aspect)
REL	relational ('possession' suffixes)

References

Albuquerque, Francisco Edviges. 2009. Os tratamentos dos empréstimos na língua Apinayé. Sílvia Lucia Bigonjal Braggio & Sinval Martins de Sousa Filho (orgs.), *Línguas e Culturas Macro-Jê*, 15–24.Goiânia: CAPES, Editora Vieira.

Basso, E. 1985. *A Musical View of the Universe: Kalapalo Myth and Ritual Performances*. Philadelphia: University of Pennsylvania Press.

Dole, Gertrude E. 2001. Retrospectiva da história comparativa das culturas do Alto Xingu: um esboço das origens culturais alto-xinguanas. In Franchetto, B. & M. J. Heckenberger (eds.) *Os Povos do Alto Xingu. História e Cultura*, 63–76. Rio de Janeiro: Editora da UFRJ.

Ehrenreich, Paul. 1895. *Materialien zur Sprachenkunde Brasiliens*, 149–176. Berlin: Zeitschrift für Ethnologie 27.

Fausto, C., Franchetto, B., M. J. Heckenberger. 2008. Language, ritual and historical reconstruction: towards a linguistic, ethnographical and archaeological account of Upper Xingu Society. In: *Lessons from Documented Endangered Languages*. David K. Harrison, David S. Rood and Aryenne Dwyer (eds.), 129–158. Amsterdam: John Benjamins Publishing Company (Typological Studies in Language 78).

Fialho, Maria Helena Sousa da Silva. 2002. Considerações sobre neologismos em Karajá. *Anais do I Encontro Internacional do Grupo de Trabalho sobre línguas Indígenas da ANPOLL*. Tomo I, 111–117. Belém: EDUFPA.

Franchetto B. & G. M. Ferreira dos Santos. 2010. Cartography of expanded CP in Kuikuro (Southern Carib, Brazil). In Camacho, J., Gutiérrez-Bravo, R. and Liliana Sánchez (eds.) *Information Structure in Indigenous Languages of the Americas, Syntactic Approaches*, 87–113. New York: Mouton de Gruyter.

Franchetto, B. & M. J. Heckenberger (eds.). 2001. *Os Povos do Alto Xingu. História e Cultura*. Rio de Janeiro: Editora da UFRJ.

Franchetto, B. & M. Santos. 2009. Tempo Nominal em Kuikuro (Karib Alto-Xinguano). Terceira edição especial da Revista *Virtual de Estudos da Linguagem – ReVEL*, "Estudos linguísticos de línguas indígenas brasileiras". http://www.revel.inf.br

Franchetto, B. & T. Montagnani. 2011. Flûtes des hommes, chants des femmes. Images et relations sonores chez les Kuikuro du Haut Xingu. *Gradhiva* 13 2011. 94–111. Musée du quai Branly.

Franchetto, B. & T. Montagnani. 2012. When Women Lost *kagutu* Flutes, to Sing *tolo* Was All They Had Left: Gender Relations among the Kuikuro of Central Brazil as Revealed in Ordeals of Language and Music. *Journal of Anthropological Research* 68(37). 339–355.

Franchetto, B. (ed.) 2011. *Alto Xingu. uma sociedade multilíngüe*. Rio de Janeiro: Museu do Índio, Programa de Pós-Graduação em Antropologia Social – PPGAS, Museu Nacional, UFRJ, CNPq. http://www.ppgasmuseu.etc.br/publicacoes/Alto_Xingu.pdf

Franchetto, B. 1986. *Falar Kuikúro. Estudo etnolinguístico de um grupo karíbe do Alto Xingu*. Tese de Doutorado, Programa de Pós Graduação em Antropologia Social, Departamento de Antropologia, Museu Nacional, UFRJ.

Franchetto, B. 1989. Forma e significado na poética oral Kuikúro. *Amerindia* 14, Laboratoire d'Ethnolinguistique. Paris: CNRS. 13–17

Franchetto, B. 1990. Ergativity and Nominativity in Kuikúro and Other Carib Languages. In: Doris Payne (ed.) *Amazonian Linguistics. Studies in Lowland South American Languages*, 407–428. Austin: University of Texas Press.

Franchetto, B. 1992. O aparecimento dos caraíba: para uma história kuikúro e alto-xinguana. In: Manuela C.da Cunha (ed.) *História dos Índios no Brasil*. São Paulo: Companhia das Letras. 6339–356

Franchetto, B. 1993. A celebração da história nos discursos cerimoniais kuikúro (Alto Xingu). In: Eduardo Viveiros de Castro e Manuela Carneiro da Cunha (eds.) *Amazônia Etnologia e História Indígena*. São Paulo: NHII/USP, FAPESP.

Franchetto, B. 1995. Processos fonológicos em Kuikuro: uma visão auto-segmental. Leo Wetzels (ed.) *Estudos Fonológicos das Línguas Indígenas Brasileiras*. Rio de Janeiro: Editora UFRJ.

Franchetto, B. 1997. Tolo Kuikúro: Diga cantando o que não pode ser dito falando. *Invenção do Brasil, Revista do Museu Aberto do Descobrimento*, 57–64. Ministério da Cultura.

Franchetto, B. 2000. Rencontres rituelles dans le Haut Xingu: la parole du chef. In: Aurore Becquelin Monod and Philippe Erikson (eds.) *Les Rituels du Dialogue. Promenades ethnolinguistiques en terres amérindiennes*, 481–510. Nanterre: Societé d'Ethnologie.

Franchetto, B. 2003. L'autre du même: parallélisme et grammaire dans l'art verbal des récits Kuikuro (caribe du Haut Xingu, Brésil). *Amerindia* 28, numéro Langues caribes. 213–248.

Franchetto, B. 2006. Are Kuikuro Roots Lexical Categories? In: Ximena Lois and Valentina Vapnarski (eds.), *Lexical Categories and Root Classes in Amerindian Languages*, 33–68. Bern: Peter Lang.

Franchetto, B. 2008. Absolutivo e Ergativo pensados a partir do Kuikuro. *Amerindia* 32. 37–56.

Franchetto, B. 2010. The ergativity effect in Kuikuro (Southern Carib, Brazil). In: Spike Gildea and Francesc Queixalós (eds.). *Ergativity in Amazonia*, 121–158. Philadelphia: John Benjamins Publishing Company.

Franchetto, B., Lima S. & M. Santos. 2013. Count/mass distinction in Kuikuro: On individuation and counting. *Revista Linguistica* 9(1). 55–78.

Franchetto, B., Santos, M. & M. Mehinaku. 2007. Concepts and forms of pluraliy in Kuikuro (Southern Carib, Brazil). *Proceedings of the 4th Conference on the Semantics of Underrrepresented Languages in the Americas*. University of Massachusetts Occasional Papers (SULA 4). Amherst: GLSA, University of Massachusetts. 99–116.

Galvão, E. 1960. Áreas culturais do Brasil: 1900–1959. *Boletim do Museu Paraense Emílio Goeldi* 8.

Gregor, T. 1977. *Mehinaku: the drama of daily life in an Upper Xingu village*. Chicago: University of Chicago Press.

Gregor. T. 1982. *Mehinaku: o drama da vida diária em uma aldeia do Alto Xingu*. São Paulo: Ed. Nacional: [Brasília]: INL (Brasiliana; 373).

Heckenberger, M. J. 2001a. Estrutura, história e transformação: a cultura xinguana na *longue durée*, 1000–2000 d.C. In: Franchetto, B. and M. J. Heckenberger (eds.) *Os Povos do Alto Xingu. História e Cultura*. Rio de Janeiro: Editora da UFRJ. 21–62

Heckenberger, M. J. 2001b. Epidemias, índios bravos e brancos: contato cultural e etnogênese no Alto Xingu. In: Franchetto, B. and M. J. Heckenberger (eds.) *Os Povos do Alto Xingu. História e Cultura*, 77–110. Rio de Janeiro: Editora da UFRJ.

Krause, F. 1936. *Die Yaruma- und Arawine-Indianer Zentralbrasiliens*. Berlin: Baessler-Archiv.

Mehinaku, M. 2010. *Tetsualü: Pluralismo de línguas e pessoas no Alto Xingu*. Rio de Janeiro: UFRJ MA thesis.

Meira, S. 2006. A Família lingüística caribe (Karib). *Revista de Estudos e Pesquisas* 3(1/2). 157–174.

Meira, S. and B. Franchetto. 2005. The Southern Cariban Languages and the Cariban Family. *International Journal of American Linguistics* 71(2). 127–190.

Meyer, H. 1897. Über seine Expedition nach Central-Brasilien. *Verhandlungen der Gesellschaft für Erdkunde zu Berlin* 24. 172–198.

Meyer, H. 1900. *Berichte über seine Zweite Xingu-Expedition*. Inedit.

Santos, G. M. Ferreira dos. 2007. *Morfologia Kuikuro: Gerando Nomes e Verbos*. Rio de Janeiro: UFRJ PhD thesis.

Seki, L. & A. Aikhenvald. 1992. *Estudo histórico-comparativo das línguas aruák do Xingu*. Ms.

Silva, G. Romling & B. Franchetto. 2011. Prosodic distinctions between the varieties of the Upper-Xingu Carib language: Results of an acoustic analysis. *Amerindia* 35: La structure des langues amazoniennes. 41–52.

Steinen, K. Von den. 1940 [1894]. *Entre os Aborígenes do Brasil Central*. São Paulo: *Revista do Arquivo Municipal*. Separata.

Hebe A. González

4 El Chaco como área lingüística: una evaluación de los rasgos fonológicos[1]

1 Introducción

Este capítulo presenta evidencia fonológica que sustenta la hipótesis del Chaco como área lingüística. En él se describen rasgos fonológicos que por su carácter tipológicamente marcado y su distribución geográfica son susceptibles de ser considerados propios del área (por ejemplo, segmentos uvulares, sistema de laterales atípico, nasales sordas, sonorantes silábicas). Además, se identifican rasgos cuya co-ocurrencia (por ejemplo, palatalización, armonía vocálica) caracteriza la fonología de las lenguas chaqueñas haciendo de esta región un área lingüística diferente de, por ejemplo, la región andina o la región de las tierras bajas de Bolivia. El trabajo asume un enfoque desde la lingüística de contacto que postula que dadas las condiciones sociolingüísticas pertinentes, aun los rasgos fonológicos tipológicamente marcados pueden traspasar las fronteras genéticas contribuyendo, así, a la constitución de áreas lingüísticas.

El artículo propone la distinción de un área vasta, compuesta por la región andina, la región chaqueña y el sur del continente, cuyas lenguas se distinguen por sus segmentos uvulares, eyectivos y, en menor medida, obstruyentes laterales. Dentro de esta área, la región chaqueña, por un lado, comparte los rasgos antes mencionados y, por el otro, despliega rasgos fonológicos propios que la diferencian (complejidad del subsistema de los segmentos laterales, nasales sordas y consonantes silábicas, entre otros).

Con fines metodológicos, dentro de la región chaqueña distinguimos una zona nuclear y zonas periféricas (Comrie et al. 2010; Golluscio, Hasler y de Reuse 2014). La zona nuclear está geográficamente circunscripta a las inmediaciones del río Pilcomayo (frontera natural entre Argentina y Paraguay) y el río Bermejo, y lingüísticamente representada por las familias guaycurú y mataguaya, principalmente. Al mismo tiempo, hay zonas geográficamente periféricas

1 La autora agradece el auspicio de los proyectos PIP-Consejo Nacional de Investigaciones Científicas y Técnicas (CONICET) 08 N⁰ 108 "Hacia una tipología fonológica de las lenguas indígenas de América del Sur"; PICTR-Agencia Nacional de Promoción en Ciencia y Técnica (ANPCyT) 2007 1827 "El Chaco como área lingüística: contacto, relaciones históricas y tipología" y CICITCA-Universidad Nacional de San Juan 143 "Sistemas fonológicos de lenguas indígenas sudamericanas: descripción y caracterización tipológica."

en los alrededores de la región definida como el Gran Chaco (por ejemplo, la zona colindante con las tierras bajas de Bolivia), pero también zonas 'lingüísticamente periféricas' representadas por lenguas que no han sido tradicionalmente consideradas lenguas chaqueñas, aunque sus hablantes hayan compartido y compartan territorio y rasgos culturales –por ejemplo, las lenguas tupí-guaraní (TG) de la región–. Es decir, la diferenciación que aquí se propone nos permite distinguir lenguas pertenecientes a familias lingüísticas prototípicamente chaqueñas, aunque geográficamente alejadas de la zona nuclear propuesta (por ejemplo, el kadiwéu perteneciente a la rama guaycurú del Norte de la familia guaycurú) e, inversamente, lenguas amazónicas (por ejemplo, el tapiete de la familia TG), cuyos hablantes han habitado la región en estrecho y prolongado contacto con grupos indígenas chaqueños. Somos conscientes de que esta distinción refleja, de alguna manera, nuestro conocimiento del estado actual de la documentación de las lenguas de la región, dado que poseemos mayor y más detallada información sobre las lenguas de las familias mataguaya y guaycurú, que sobre las lenguas enlhet-enenlhet o zamuco, por ejemplo. Tomamos esta decisión metodológica provisoria con el fin de establecer una estructura organizativa para el análisis de nuestros datos.

En este trabajo sostenemos que si bien la región chaqueña exhibe rasgos compartidos con otras áreas, cuya rareza tipológica sugiere escenarios de contacto, también se identifican en ella rasgos propios, a saber: (1) un complejo sistema de segmentos laterales, que se oponen, por un lado, a través del uso de más de un punto de articulación, en el caso de las lenguas guaycurúes (rasgo compartido con las lenguas andinas) y, por el otro, de modos de articulación, como en las lenguas mataguayas, las lenguas enlhet-enenlhet (enlhet y sanapaná) y el vilela; (2) la existencia de segmentos posvelares que, en las lenguas chaqueñas, despliegan un mayor abanico de oposiciones fonológicas (sobre la base de la sonoridad y del modo de articulación) con respecto a lo que se observa en las lenguas andinas; (3) la oposición entre obstruyentes sordas y eyectivas, y, específicamente, la presencia de sonorantes glotalizadas (4) la oposición sobre el modo de articulación del subsistema de nasales y (5) la productividad de la armonía vocálica y su interacción con el proceso de palatalización, que no se observa en las lenguas de las regiones vecinas. Sabemos que estos rasgos no constituyen por sí solos la justificación de la región chaqueña como área lingüística, pero consideramos que son lo suficientemente marcados y característicos de las lenguas del área como para completar argumentativamente trabajos que abordan el estudio de rasgos morfo-sintácticos y léxicos de las lenguas chaqueñas. Además, consideramos que el agrupamiento de rasgos, tanto más cuanto estos son tipológicamente marcados, así como los rasgos que caracterizan los procesos fonológicos (por ejemplo, palatalización) y su interacción con otros procesos fonológicamente activos (por ejemplo, armonía vocálica) son buenos indicadores de difusión areal.

El artículo se organiza como sigue. Luego de una presentación de los aspectos metodológicos relacionados con la investigación (§ 2), se mencionan los trabajos que han abordado el estudio de la naturaleza de las relaciones entre las lenguas de la región (§ 3). Luego, se analizan los rasgos fonológicos tipológicamente marcados que caracterizan los sistemas fonológicos de las lenguas del área y los procesos fonológicos que caracterizan algunas lenguas del área (§ 4). Finalmente, se presentan las conclusiones (§ 5).

2 Aspectos metodológicos

A fin de brindar al lector un panorama claro, tanto de la naturaleza de los datos analizados, como de las herramientas utilizadas para su análisis, se presentan en esta sección las lenguas y variedades consideradas en este estudio, las fuentes consultadas, los rasgos analizados y la base de datos contra la cual se han contrastado las tendencias identificadas.

2.1 Las lenguas y las fuentes

Las lenguas examinadas pertenecen a seis familias lingüísticas y se listan junto con las fuentes consultadas para cada lengua o variedad en la Tabla 1. Los trabajos de carácter comparativo entre lenguas o familias lingüísticas de la región son citados en el transcurrir de la exposición.

Esta no es una lista exhaustiva de las lenguas que se hablan en la región chaqueña; por ejemplo, la presencia de lenguas TG no se limita al tapiete;[2] asimismo, la documentación disponible varía en cuanto a la profundidad y cantidad de información que brinda. Si bien en su gran mayoría se trata de

---

[2] Como lengua cuyo origen ha sido largamente discutido en la literatura especializada (Schmidt 1938; González 2005), incluimos el tapiete para ahondar en el conocimiento de las relaciones entre este y otros grupos chaqueños, ya que una de las hipótesis más plausibles es la de un origen cultural y lingüístico chaqueño, con un proceso de abandono y cambio lingüístico hacia una lengua TG. Otras lenguas de la familia TG que se hablan en la región chaqueña son: chiriguano (Dietrich 1986, 1996), chané (de origen arawak), guayakí o aché, guarayo (Dietrich 1990; Newton 1992) y guaraní (Gregores y Suárez 1967; Velázquez-Castillo 1996; Dietrich 2002). Además en la provincia de Santiago del Estero, Argentina, se habla el quechua santiagueño (Alderetes 1994).

Tabla 1: Lista de lenguas y fuentes.

Familias		Lenguas	Fuente
mataco-mataguaya		chorote	Gerzenstein (1978, 1983); Carol (2011)
		nivaclé	Stell (1972); Campbell y Grondona (2007); Gutiérrez (en prensa)
		wichí Dpto. Rivadavia, Salta (Argentina)	Censabella (2009); Terraza (2009a, b)
		wichí weehnayek (Bolivia)	Claesson (1994)
		wichí Bermejo Formosa y Chaco (Argentina)	Nercesian (2008, 2011a)
		maká	Gerzenstein (1994)
lule-vilela		lule	Zamponi (2008) sobre Maccioni (1877, 2008 [1732])
		vilela	Lozano (1970, 2006); Viegas Barros (2001); Golluscio y González (2008); Grawunder y Golluscio (2014)
guaycurú	guaycurú del Sur	pilagá	Vidal (2001)
		mocoví	Gualdieri (1991, 1998, 2012); Grondona (1998)
		toba	Messineo (2003)
	guaycurú del Norte	kadiwéu	Sandalo (1995); Nonato y Sandalo (2007)
zamuco		ayoreo	Bertinetto (2009, 2010)
enlhet-enenlhet		enlhet	Unruh y Kalisch (2003)
		sanapaná	Silva Gomes (2012)
tupí-guaraní		tapiete	González (2005, 2008)

lenguas de descripción relativamente reciente, hay lenguas cuya documentación se encuentra en un sólido proceso de desarrollo (por ejemplo, el wichí (mataguaya)[3] y el toba (guaycurú)) y otras de las que se dispone de muy poca información fonológica (por ejemplo, las lenguas enlhet-enenlhet). Por otra parte, cada una de ellas representa diferentes grados de vitalidad y perfiles sociolingüísticos. Por ejemplo, el lule (lule-vilela (LV)) es una lengua extinta que se hablaba en la reducción de San Esteban de Miraflores, en los márgenes del río Bermejo, provincia del Chaco, Argentina, en el siglo XVI. De esta lengua sólo se posee una gramática producida por el jesuita Antonio Maccioni publicada en 1732 y reeditada en 1877 y 2008 (Badini 2008), a partir de cuyo estudio Zamponi (2008) hipotetiza el sistema de sonidos. Por su parte, en un franco proceso de extinción se encuentra el vilela (LV) del cual se poseen documentos publicados por Lozano (1970, 1977, 2006) y descripciones lingüísticas más recientes, realizadas a partir de datos proporcionados por sus últimos hablantes (Golluscio y González 2008; Golluscio 2009–10; Grawunder y Golluscio 2014; Golluscio este volumen).

En el otro extremo, se puede mencionar, nuevamente, el wichí, cuya vitalidad actual se ve reflejada en el grado de monolingüismo de sus hablantes, su dispersión geográfica y su gran variedad dialectal. Tanto para el wichí como para otras lenguas del área, se han tenido en cuenta las variedades según las localizaciones donde fueron recogidos los datos presentados en las descripciones disponibles. Esto significa que las denominaciones utilizadas en este trabajo son provisorias y no necesariamente designan variedades dialectales, ya que el estudio dialectal tanto del wichí como de otras lenguas de la región aún se encuentra en proceso.

El Mapa 1 muestra la ubicación geográfica de las lenguas del Chaco examinadas en este trabajo. [4] Los puntos en el mapa indican las localidades de donde provienen los datos de las fuentes consultadas, pero la localización efectiva de los asentamientos indígenas va más allá de estas localidades y, sobre todo en las inmediaciones del río Pilcomayo, varía en función del movimiento de los ríos y de la propia dinámica de la población que hace que los asentamientos muchas veces cambien de lugar (Luis María de la Cruz, c. p.).[5]

---

3 En este trabajo adopto el nombre propuesto por Fabre ([2005] 2014) para la denominación de esta familia.
4 La delimitación geográfica de la región chaqueña ha sido proporcionada por la Fundación para la Gestión e Investigación Regional (FUNGIR) de Formosa, Argentina. Para apreciar la distribución geográfica de los pueblos indígenas del Gran Chaco hacia principios del s. XX ver Mirones (2009).
5 En otras palabras, a una lengua puede corresponderle más de un punto en el mapa, situación que puede reflejar la variación dialectal que presenta una determinada lengua. Para un

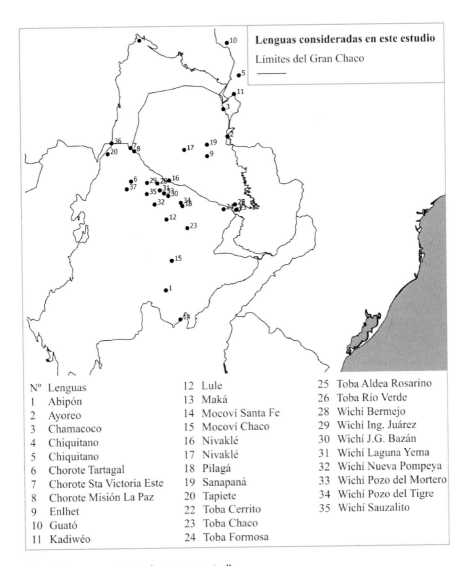

Mapa 1: Lenguas consideradas en este estudio.

N° Lenguas
1 Abipón
2 Ayoreo
3 Chamacoco
4 Chiquitano
5 Chiquitano
6 Chorote Tartagal
7 Chorote Sta Victoria Este
8 Chorote Misión La Paz
9 Enlhet
10 Guató
11 Kadiwéo
12 Lule
13 Maká
14 Mocoví Santa Fe
15 Mocoví Chaco
16 Nivaklé
17 Nivaklé
18 Pilagá
19 Sanapaná
20 Tapiete
22 Toba Cerrito
23 Toba Chaco
24 Toba Formosa
25 Toba Aldea Rosarino
26 Toba Río Verde
28 Wichí Bermejo
29 Wichí Ing. Juárez
30 Wichí J.G. Bazán
31 Wichí Laguna Yema
32 Wichí Nueva Pompeya
33 Wichí Pozo del Mortero
34 Wichí Pozo del Tigre
35 Wichí Sauzalito

panorama exhaustivo de los asentamientos wichís en el área, ver Braunstein y Messineo (2009).

2.2 La base de datos y los rasgos analizados

En este trabajo se examinan tanto rasgos fonéticos, como oposiciones fonológicas compartidas. Dado que una nueva oposición fonológica puede desarrollarse a partir de la difusión de un rasgo fonético, ambos niveles son necesarios para una mejor comprensión de la distribución y del proceso de difusión de rasgos en el área. Por ejemplo, el proceso de palatalización, muy activo en las lenguas de la familia guaycurú, ha dejado huellas en sus sistemas fonológicos: los fonemas /tʃ/ y /dʒ/ del toba y el mocoví son el resultado de la fonologización de los alófonos palatalizados de las correspondientes oclusivas, y lo mismo sucede en pilagá, lengua en la que la distribución de los fonemas /tʃ, ʎ, ñ/, siempre en posición de ataque silábico, refleja la fonologización de los alófonos palatalizados de /t, l, n/, respectivamente. Inversamente, la región chaqueña se caracteriza por la ausencia del uso fonológico de la nasalidad, aunque se documente su manifestación fonética en contextos articulatorios específicos como, por ejemplo, la nasalización de vocales después de consonantes nasales, la fricativa glotal [h] y las consonantes aspiradas en wichí (Nercesian 2011a: 81a).

Con el fin de apreciar la incidencia de un rasgo en el área y en el conjunto más amplio de las lenguas de América del Sur, los datos se contrastaron con la información que se desprende de una base de datos fonológicos correspondiente a 248 lenguas del subcontinente (González, Gil Bustos y Castro Alaniz 2013).[6] Se obtuvo, así, un panorama más preciso del porcentaje efectivo de lenguas que despliegan un rasgo en particular y esta información se volcó en mapas. En este sentido, nuestra aproximación metodológica es inductiva, acercándose, así, a lo que Muysken llama 'enfoque estándar' y equipara con el enfoque de abajo hacia arriba (*bottom-up-approach*) (Muysken et al. este volumen).

---

6 Se trata de una base de datos construida en el marco de los proyectos PIP 114–200801 Hacia una tipología fonológica de las lenguas indígenas de Sudamérica y CICITCA (UNSJ) 2014–15 Sistemas fonológicos de lenguas indígenas sudamericanas: descripción y caracterización tipológica, cuyo objetivo es examinar las maneras cómo los sistemas fonológicos de las lenguas indígenas de América del Sur se diferencian entre ellos, identificando los diferentes tipos, a través de un examen de rasgos fonéticos y oposiciones fonológicas. Para la construcción de esta base de datos utilizamos el programa FileMaker, con el fin de incorporar y cotejar información sobre rasgos fonéticos, fonológicos y gramaticales en un gran número de lenguas, y el programa QGIS (Sistema de Información Geográfica (SIG)) para la elaboración de mapas.

3 El Chaco como área lingüística

Un área lingüística es tradicionalmente definida como una región delimitada geográficamente que incluye lenguas de diferentes familias lingüísticas y en las que se identifican rasgos estructurales compartidos, que no se encuentran en otras lenguas de la misma familia habladas fuera del área (Campbell, Kaufman y Smith-Stark 1986; Aikhenvald y Dixon 2001; Thomason 2001).[7] Aun cuando hay consenso respecto de los factores involucrados en la conformación de un área lingüística, la literatura especializada abunda en discusiones en torno a la naturaleza y las características específicas de cada uno de ellos (tipo de región geográfica, naturaleza y número de rasgos compartidos, número y tipo de relación (genética o no) de las lenguas involucradas). No es nuestra intención hacer un repaso exhaustivo de este debate, sino, más bien, referirnos a él cuando la argumentación así lo requiera, sin olvidar que el concepto adquiere características diferentes según el tipo de escenario en el cual se ha desarrollado el contacto y, no menos importante, la toma de posición teórico-metodológica del investigador.

Es el carácter marcado de un número de rasgos fonológicos compartidos (además de morfosintácticos) una de las razones que ha llevado a postular ya sea una relación genética entre la familia guaycurú y la familia mataguaya (Viegas Barros 2013a) o una relación de difusión de rasgos inducida por el contacto y el bilingüismo prolongado (Braunstein 1996; Gerzenstein 2002; Gerzenstein y Gualdieri 2003; Comrie et al. 2010). En los últimos años, un número creciente de investigaciones ha abordado el estudio de la región chaqueña, poniendo de manifiesto la convergencia de estructuras morfosintácticas entre las lenguas del área (Fabre 2007; Messineo y Gerzenstein 2007; Comrie et al. 2010; Messineo 2011; Van Gjin et al. 2013; Golluscio, Hasler y de Reuse 2014; Messineo, Carol y Manelis Klein en prensa), léxicas (Messineo y Cúneo 2007; Cúneo, Dante y Tacconi 2009; Messineo, Scarpa y Tola 2010), además de fonológicas (Gerzenstein 2002; Gerzenstein y Gualdieri 2003; González 2012; González y Castro Alaniz 2013). Este corpus de investigaciones se completa con estudios antropológicos, arqueológicos y etnográficos que han mostrado la convergencia de rasgos culturales entre los grupos indígenas de la región (Arenas 2003, 2004; Arenas y Suárez 2007; Braunstein y Messineo 2009; Combès, Villary y Lowreyz 2009; Vidal y Braunstein en prensa). Una postura contraria a la expresada, implícita o explícitamente, en los trabajos citados se sostiene en

---

7 Escenarios alternativos se describen y discuten en Thomason (2001); Campbell (2006b); Muysken (2008).

Campbell y Grondona (2012) y Campbell (2013) para quienes el Chaco no constituye un área lingüística.

En relación a los rasgos fonológicos, Campbell y Grondona (2012) concluyen que ninguno de ellos constituye un rasgo areal, sosteniendo como principales argumentos **(i)** la presencia del rasgo en lenguas fuera del área, generalmente la región andina y del sur del continente (por ejemplo, ausencia de oclusivas sonoras, fricativa bilabial sorda), **(ii)** la ausencia del rasgo en algunas lenguas del área (por ejemplo, armonía vocálica, consonantes glotalizadas) y **(iii)** la ausencia de características idénticas para procesos específicos (por ejemplo, la palatalización o la armonía vocálica). Consideramos que estos argumentos son, por lo menos, discutibles y no reflejan la complejidad del área. Por ejemplo, la presencia de un rasgo en otra región del continente y, de la misma manera, la ausencia del rasgo en algunas lenguas del área no invalida automáticamente su carácter de rasgo areal, dado que esta situación ha sido ampliamente documentada en la literatura (Campbell, Kaufman y Smith-Stark 1986: 562–63; Thomason 2001: 128; Chirikba 2008: 27; Muysken et al. este volumen). En todo caso, plantea, por un lado, la pertinencia del concepto de escala del área (Muysken 2008) y, por el otro, la complejidad del escenario de movimientos y contactos entre las poblaciones involucradas.

En este trabajo analizamos con mayor detenimiento las características constitutivas y la distribución dentro y fuera del área de algunos de los rasgos fonológicos propuestos que juzgamos más relevantes. Al hacerlo, consideramos que cada rasgo tiene un 'peso específico' como rasgo areal relacionado con su carácter más o menos marcado desde el punto de vista tipológico (Campbell 2006b; Muysken et al. este volumen). Por ejemplo, en las lenguas chaqueñas, esta metodología permite distinguir rasgos tales como 'presencia de fricativas laterales' de 'ausencia de oclusivas sonoras', rasgos que se diferencian notablemente por su frecuencia en las lenguas del mundo; de esta manera, el rasgo marcado 'presencia de fricativas laterales' en lenguas genéticamente no relacionadas representa un indicador que sugiere difusión fonológica entre las lenguas de la región.

4 Principales rasgos fonológicos

Los rasgos fonológicos que se analizan en las secciones siguientes son rasgos que por su carácter tipológicamente marcado (segmentos posvelares, eyectivos, obstruyentes laterales y nasales sordas) constituyen indicadores sugerentes de difusión areal.

4.1 Segmentos

4.1.1 Segmentos posvelares[8]

Las lenguas chaqueñas se caracterizan por desplegar rasgos fonológicos tipológicamente marcados entre los cuales se encuentran los segmentos posvelares: oclusiva uvular sorda [q], su contraparte sonora [G], las fricativas uvular sorda [χ], sonora [ʁ], faríngea sonora [ʕ] y nasal [N] (Comrie et al. 2010; González 2012). Este tipo de segmentos, poco frecuente en las lenguas del mundo, está documentado sólo en el 17 % de las 567 lenguas examinadas por Maddieson (2013: 1) en el *World Atlas of Language Structure* (*WALS*). La misma tendencia se observa en las lenguas indígenas de América Latina: de un total de 243 lenguas examinadas, sólo 37 (15 %) despliegan algún tipo de segmento posvelar. Veinticuatro lenguas poseen fonemas uvulares, 14 (53 %) de las cuales se hablan en la región chaqueña. El uso fonológico de la región posvelar (exceptuando la región glotal) caracteriza, además de las lenguas de la región chaqueña, a las lenguas andinas y a las lenguas del extremo sur.[9] La distribución geográfica de los segmentos posvelares en las lenguas de América Latina se presenta en el Mapa 2. Allí se observa que el Chaco es particularmente denso respecto de la concentración de lenguas con este tipo de segmentos que, además, se distinguen por desplegar mayor complejidad, en cuanto a las oposiciones fonológicas en la región posvelar, a diferencia de, por ejemplo, las lenguas andinas. Por un lado, oponen los segmentos oclusivos uvulares sobre la base de la sonoridad (/q/ vs. /ɢ/) en las lenguas guaycurúes y el vilela, lenguas en las que /ɢ/ puede realizarse fonéticamente [ʕ ɣ ʁ]). Por el otro, presentan alófonos fricativos posvelares [č] que, en el caso del maká (mataguaya), entra en oposición con su contraparte velar y glotal (/x/ vs. /χ/ vs. /h/).[10] En cualquier caso,

---

8 Un primer análisis de la distribución de la oposición fonológica entre obstruyentes sordas, eyectivas; segmentos postvelares y segmentos laterales, basado en un corpus de cuatro lenguas de distintas familias habladas en el Chaco argentino, se presentó en Comrie et al. (2010).
9 Otra lengua del extremo sur que exhibe segmentos posvelares es el aonek'enk (tehuelche) /q/, /q'/, /ɢ/ y /χ/ (Fernández Garay 1996; Viegas Barros 1997). El kakán, lengua hablada por los diaguitas, habría tenido, también, la oposición entre /k/ y /q/ (Hasler 1984 en de Granda 1999: 111; Nardi 2009: 177).
10 El estatus de la fricativa uvular [χ] en wichí es objeto de discusión. Según los autores, este sonido es considerado alófono de su contraparte velar (Claesson 1994; Terraza 2009b) o fonema (Nercesian 2011a). Desde el punto de vista diacrónico, Viegas Barros postula para el protomataguayo la oposición /x/ vs. /χ/ entre las fricativas dorsales, siendo el maká, según este autor, la lengua que habría preservado esta oposición. Para una discusión detallada del estatus de las fricativas dorsales en las lenguas mataguayas ver Viegas Barros (2002).

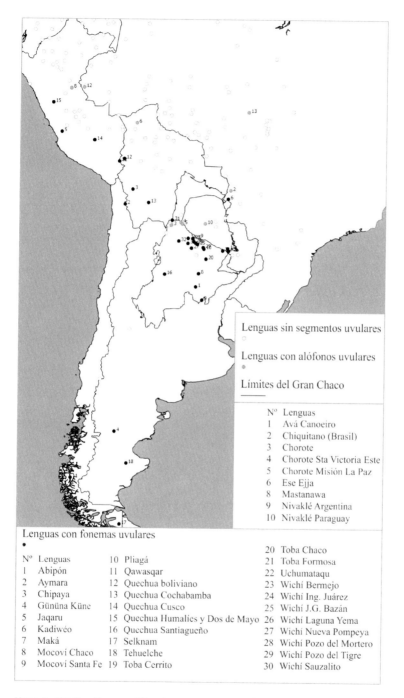

Lenguas sin segmentos uvulares

Lenguas con alófonos uvulares

Límites del Gran Chaco

Nº	Lenguas
1	Avá Canoeiro
2	Chiquitano (Brasil)
3	Chorote
4	Chorote Sta Victoria Este
5	Chorote Misión La Paz
6	Ese Ejja
8	Mastanawa
9	Nivaklé Argentina
10	Nivaklé Paraguay

Lenguas con fonemas uvulares

Nº	Lenguas		
1	Abipón	10	Pliagá
2	Aymara	11	Qawasqar
3	Chipaya	12	Quechua boliviano
4	Gününa Küne	13	Quechua Cochabamba
5	Jaqaru	14	Quechua Cusco
6	Kadiwéo	15	Quechua Humalíes y Dos de Mayo
7	Maká	16	Quechua Santiagueño
8	Mocoví Chaco	17	Selknam
9	Mocoví Santa Fe	18	Tehuelche
		19	Toba Cerrito
		20	Toba Chaco
		21	Toba Formosa
		22	Uchumataqu
		23	Wichí Bermejo
		24	Wichí Ing. Juárez
		25	Wichí J.G. Bazán
		26	Wichí Laguna Yema
		27	Wichí Nueva Pompeya
		28	Wichí Pozo del Mortero
		29	Wichí Pozo del Tigre
		30	Wichí Sauzalito

Mapa 2: Distribución geográfica de segmentos posvelares en las lenguas de América del Sur.

no hay otras lenguas en el subcontinente que hagan oposiciones fonológicas de este tipo en la región uvular, que de por sí son muy poco frecuentes en las lenguas del mundo.[11]

Consideramos, entonces, que la presencia de consonantes posvelares es un rasgo lo suficientemente raro como para proponer su estatus de rasgo areal. Aunque compartido con las lenguas de la región andina, distingue netamente estas dos regiones del resto de las lenguas del continente y, en todo caso, plantea la necesidad de un concepto de área complejo en el que convergen diferentes patrones: por un lado comparte una isoglosa con las lenguas andinas y las del sur del continente y, por el otro, crea una isoglosa al interior del área.

4.1.2 Segmentos eyectivos

Otro rasgo que caracteriza la fonología de las lenguas de la región chaqueña, andina y del sur del continente es la presencia de segmentos eyectivos. Aunque marcado, este rasgo está más extendido entre las lenguas del subcontinente.[12] Aun así, las lenguas con segmentos glotalizados no son muy numerosas: sólo el 22 % de las lenguas de nuestra base de datos (52 lenguas) presenta algún tipo de segmento glotalizado, ya sea como alófono (23 %) o como fonema (77 %).

En las lenguas chaqueñas, importa observar la frecuencia y la distribución de estos segmentos. Las lenguas mataguayas y el vilela poseen una serie de segmentos eyectivos, que, según los autores, han sido considerados, ya sea secuencia de fonemas (wichí weenhayek (Claesson 1994)) o como segmentos únicos (wichí bermejeño (Nercesian 2011a) y cuya distribución se restringe a la posición de ataque silábico. Aunque las lenguas guaycurúes no hacen uso fonológico de este tipo de segmentos, en kadiwéu (guaycurú del norte) todas las obstruyentes sordas son eyectivas (Nonato y Sandalo 2007: 101);[13] en tanto que en mocoví y pilagá (guaycurú del sur), los segmentos eyectivos son alófonos de su contraparte plena en posición de ataque inicial, como en las lenguas mataguayas. Es decir, los alófonos eyectivos de las lenguas guaycurúes reflejan

---

11 Sobre todo si se tiene en cuenta que sólo en un puñado de regiones en el mundo se identifican lenguas con este tipo de segmentos, a saber: el Cáucaso (Chirikba 2008: 47), Asia Central y el Noreste Asiático, y el este y sur de África (Maddieson 2011: 2).

12 Sin embargo, son escasos los estudios que encaran una descripción fonética exhaustiva de este tipo de segmentos, que, incluye, además, a los segmentos implosivos y las resonantes glotalizadas.

13 Lo mismo sucede en bororo, lengua de la familia bororo (macro-je), cuyos hablantes estuvieron en estrecho contacto con hablantes del kadiwéu (Nonato y Sandalo 2007).

el contexto de ocurrencia de su contraparte fonológica en las lenguas mataguayas. Finalmente, una característica llamativa de la fonología de algunas lenguas del área es la presencia de sonorantes (nasales, laterales y semivocales) eyectivas que han sido descritas en las lenguas mataguayas (wichí bermejeño, chorote y nivaclé), y en enlhet (enlhet-enenlhet), lengua en la que la distribución de estos segmentos se restringe a posición final de palabra (Bertinetto 2009).

Resumiendo, si bien la glotalización es un rasgo más extendido que, por ejemplo, los segmentos posvelares, consideramos que es relevante por las oposiciones fonológicas que se han desarrollado, su carácter alofónico en las lenguas guaycurúes, la existencia de un sistema de sonorantes glotalizadas y la ausencia de este último tipo de segmentos en otras lenguas con segmentos eyectivos como las lenguas quechuas.

4.1.3 Líquidas

El inusual sistema de segmentos líquidos que, entre otras cosas, opone las laterales sobre el modo de articulación, no es común entre las lenguas indígenas de América del Sur. Además, en ninguna otra región del subcontinente se manifiesta, como en la región chaqueña, un agrupamiento de lenguas con este tipo de sistema. La particularidad no se limita a la presencia de laterales fricativas o sordas, sino a una organización diferente de los segmentos líquidos que, en algunas lenguas, implica ausencia de segmentos vibrantes y oposición de segmentos laterales sobre la base del modo de articulación.

Para apreciar la singularidad del sistema en las lenguas del área, es necesario analizarlo en el contexto de las lenguas del subcontinente que se caracterizan por poseer algún tipo de segmento líquido, con una tendencia a la ausencia de oposición fonológica entre la vibrante simple [ɾ] y la aproximante lateral [l]. A partir de un análisis de 243 lenguas, se observa que sólo el 24 % hace este tipo de oposición, siendo [ɾ] el alófono más frecuente entre las lenguas que carecen de esta oposición.

Esta situación contrasta significativamente con las lenguas de la región chaqueña, cuyos sistemas fonológicos cuentan con más de un segmento lateral e incluso, en algunos casos, no poseen segmentos vibrantes. La ausencia de segmentos vibrantes caracteriza las lenguas mataguayas, el pilagá y el kadiwéu (guaycurú) y el enlhet y sanapaná (enlhet-enenlhet), lo que indudablemente constituye un rasgo poco común.[14] Pero, además, las lenguas mataguayas y el sanapaná (enlhet-enenlhet) despliegan un sistema particular de seg-

---

14 El chamicuro, lengua maipure hablada en Perú es otra lengua que tampoco posee segmentos vibrantes, aunque presenta la oposición entre las aproximantes lateral alveolar /l/ y palatal /ʎ/ (Parker 1991).

mentos líquidos porque presentan un subsistema complejo, en el cual las laterales contrastan sobre la base del modo de articulación, oponiendo las aproximantes, a las fricativas y las africadas.[15] Los sonidos que componen este sistema de laterales tipológicamente marcado han sido descritos ya sea como lateral fricativa [ɬ], lateral sorda [l̥] o segmentos co-articulados [ˣl] [ᵏl]) (Gerzenstein 2002; Campbell 2012).[16]

Las lenguas mataguayas son las que despliegan una mayor complejidad en el subsistema de las laterales. Gerzenstein (1978: 30) postula para el chorote una oposición sobre la base del carácter sonoro / sordo del segmento lateral, definido como una articulación lateral dental sonora [l], con un alófono sordo [l̥], cuando se encuentra en posición final de palabra y antes de consonante sorda o sonora. Pero, además, la aproximante /l/ se opone a /ˣl/ a la cual define como una "consonante dental sonora articulada simultáneamente con una fricativa velar sorda" (1978: 41) que, cuando precede a [k], se encuentra en libre fluctuación con una "consonante lateral dental sonora articulada simultáneamente con una oclusiva velar sorda" [ᵏl] (1978: 41). La presencia de este segmento en chorote no es un detalle menor, ya que se trata de un sonido extremadamente raro documentado también en nivaclé (Stell 1972; Campbell 2012; Gutiérrez en prensa).[17] Recientemente, Carol (2011: 27) postula para la misma variedad *iyojwa'(a)ja'*, hablada en Argentina, una triple oposición en el sistema de las sonorantes, nasales y laterales, que distingue los segmentos llanos, de los glotalizados y los aspirados. En ese estudio, los segmentos laterales son definidos por Carol como una secuencia de tipo [hl] o un segmento ensordecido [l̥] Carol (2011: 25). En cuanto al nivaclé, el subsistema de laterales es aun más llamativo: por un lado, no incluye la aproximante [l], lo cual constituye un rasgo notoriamente marcado[18] y, por el otro, el contraste involucra la lateral fricativa [ɬ] y la lateral africada [kl]. Estos segmentos se diferencian por

---

15 Otras lenguas que hacen un uso fonológico del modo de articulación de las laterales son el trumai (Guirardello 1999) y el movima (Haude 2006), ambas lenguas aisladas, habladas en Brasil y Bolivia, respectivamente, que tienen la triple oposición /l/ vs /ɬ/ vs. /ɾ/. Por otro lado, el chipaya posee una lateral fricativa /ɬ/ que se opone a /l/ y /ʎ/ (Dedenbach-Salazar Sáenz 2007) y alófonos sordos de la aproximante lateral [l̥] antes de consonantes sordas se reporta en inga, lengua quechua hablada en Colombia (Tandioy y Levinsohn 1989: 27).

16 Gutiérrez (en prensa), en el marco de la Teoría de la Optimalidad, propone un análisis de /kl/ en nivaclé según el cual este segmento es, por un lado, el resultado de un proceso diacrónico de fortalecimiento de la obstruyente lateral [ɬ] y, por el otro, debe ser sincrónicamente considerado como segmento subyacente.

17 Véase posición contraria en Campbell (2012: 264).

18 Según Stell (1972: 26–27) "el fono [l] ha sido documentado sólo en dos casos en contexto intervocálico: [si'le si'le] 'flauta' y [uku luku] 'buho'". Estas dos palabras, sin embargo, presentan un patrón reduplicativo poco común en las lenguas chaqueñas.

su distribución y frecuencia: en nivaclé /kl/ contrasta con /ł/ y con /k/ en posición de ataque. Algo similar sucede en chorote, lengua en la que /l/ ocurre en posición inicial, media y final de palabra (en cuyo caso se ensordece), en tanto que /ˣl/ sólo ocurre en posición inicial y media (Gerzenstein 1978).

La oposición sobre la base del modo de articulación entre las laterales también ha sido documentada en variedades de wichí. Se distinguen dos tipos de análisis (igualmente aplicables a otros segmentos complejos) que difieren en cuanto al grado de complejidad que le otorgan al subsistema: unos consideran que el ensordecimiento de la articulación lateral es una consecuencia fonética de su adyacencia con la fricativa glotal [h], lo que supone un análisis de los segmentos complejos como bifonemáticos y, por lo tanto, la ausencia de oposición de las laterales sobre la base del modo de articulación (Claesson 1994). Otros otorgan carácter unitario y fonológico a la lateral fricativa (o ensordecida) (Viñas Urquiza 1974; Terraza 2009b; Nercesian 2011a). Así, Terraza (2009b: 46), por ejemplo, postula para la variedad de wichí hablada en el Departamento de Rivadavia (Salta, Argentina) dos fonemas laterales [l] y [ł] que se oponen sobre la base del modo de articulación. Lo mismo sucede en wichí del Bermejo (Formosa y Chaco, Argentina) aunque en esta variedad los segmentos laterales se agrupan, como en chorote, en tres series: aproximante [l], preglotalizada [ʔl] y fricativa [ł] (Nercesian 2011b). Su distribución en la palabra refleja la asimetría que existe entre ellos: /l/ y /ł/ comparten un mayor número de contextos de aparición, en tanto que su contraparte preglotalizada está sujeta a restricciones fonotácticas más estrictas que restringen su presencia a posición de ataque silábico en interior de palabra. En relación al maká, la información que poseemos postula el contraste fonológico en base al carácter sordo / sonoro de la articulación (Gerzenstein 2002: 3). Un segmento aparentemente similar al descrito en nivaclé es el que reporta para el sanapaná (enlhet-enenlhet) Silva Gomes (2012: 3), quien lo describe como un segmento complejo conformado por un trazo articulatorio velar y otro lateral [xł] que puede ocurrir tanto en posición de ataque como coda silábica (Silva Gomes 2012: 7). En tanto, en enlhet se postula un fonema /ł/ que se distingue de la secuencia consonántica /lh/, poco frecuente en la lengua (Unruh y Kalisch 1999: 8). En vilela el contraste fonológico involucra a la aproximante lateral /l/ y la lateral fricativa sorda /ł/ (Golluscio y González 2008; Grawunder y Golluscio 2014). Finalmente, queremos señalar que sólo tres lenguas de nuestra base de datos (korubo (pano) (Oliveira 2009), urarina (aislada) (Manus 2008) y nivaklé (mataguaya)) carecen de laterales aproximantes, aunque, llamativamente, sí poseen un segmento lateral obstruyente.[19]

---

19 Desde el punto de vista fonético, el korubo, lengua pano hablada en el sudeste del estado de Amazonas, Brasil, presenta un fonema lateral fricativo /ł/, que despliega siete alófonos uno de los cuales es la aproximante lateral [l] (Oliveira 2009: 77–79).

Tabla 2: Distribución de segmentos laterales en las lenguas chaqueñas.

Familias	aproximante		fricativas	africada	eyectivas	Lenguas
	alveolar	palatal				
Mataco-mataguaya	/l/ [l] [ɬ]		/ˣl/ [xl] [kl]			chorote (Gerzenstein 1978)
	/l/ /lʲ/ /ʔl/ /ʔlʲ/ /hl/ /hlʲ/					chorote (Carol 2011)
	(l)		/ɬ/	/kl/		nivaclé
	/l/		/ɬ/			maká
	/l/		/ɬ/			wichí Rivadavia
						wichí weehnayek (Bolivia)
	/l/		/ɬ/		/ʔl/	wichí Bermejo
lule-vilela	/l/		/ɬ/			vilela
guaycurú	/l/ [lː] l [ʟ]					toba
	/l/ [lː] l					mocoví
	/l/ l					pilagá
	/l/ /lː/					kadiwéu
enlhet-enenlhet	/l/		/xl/			sanapaná
	/l/		/ɬ/			enlhet
zamuco	–					ayoreo
TG	–					tapiete

Las lenguas guaycurúes, por su parte, no despliegan un sistema complejo y atípico de laterales y, en ese sentido, el sistema de segmentos líquidos se asemeja más a las lenguas de la región andina, ya que poseen dos segmentos laterales que contrastan en las regiones dento-alveolar y palatal. Aun así, Messineo describe para el toba un alófono velar [ʟ] de la lateral aproximante [l] que, previsiblemente, ocurre antes de la consonante postvelar [q] (2003: 42); el mismo

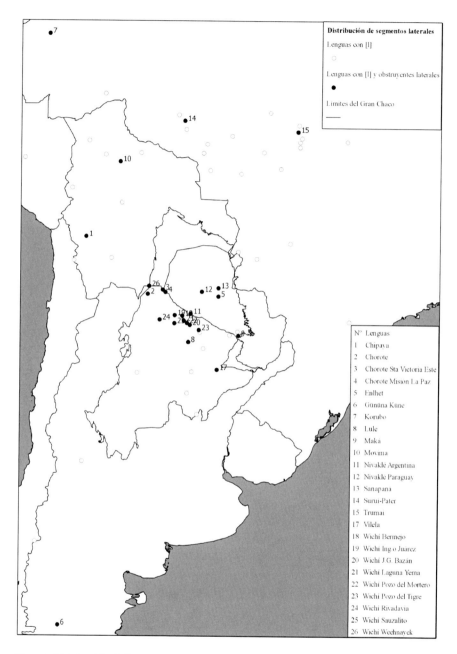

Distribución de segmentos laterales

Lenguas con [l]

○

Lenguas con [l] y obstruyentes laterales

●

Límites del Gran Chaco

———

N°	Lenguas
1	Chipaya
2	Chorote
3	Chorote Sta Victoria Este
4	Chorote Misión La Paz
5	Enlhet
6	Gününa Küne
7	Korubo
8	Lule
9	Maka
10	Movima
11	Nivaklé Argentina
12	Nivaklé Paraguay
13	Sanapana
14	Suruí-Pater
15	Trumai
17	Vilela
18	Wichí Bermejo
19	Wichí Ing.o Juarez
20	Wichí J.G. Bazán
21	Wichí Laguna Yema
22	Wichí Pozo del Mortero
23	Wichí Pozo del Tigre
24	Wichí Rivadavia
25	Wichí Sauzalito
26	Wichí Weehnayek

Mapa 3: Distribución de lenguas con y sin obstruyentes laterales (González 2014–15).

segmento [ʟ] es descrito por Stell (1972: 27) como alófono de [kl] antes de [ˀa], en nivaclé (mataguaya). Además, el pilagá y el kadiwéu, como las lenguas mataguayas, carecen de segmentos vibrantes, lo que es un patrón muy poco común de oposición fonológica entre las lenguas indígenas de América Latina.

En base a estos datos, consideramos que no sólo las laterales obstruyentes son mucho más raras en los sistemas fonológicos de las lenguas indígenas de América Latina que lo que se ha sugerido, sino que, además, todo el sistema de los segmentos líquidos distingue a las lenguas de esta región de otras lenguas del continente, ya que la ausencia de la vibrante simple [ɾ] es común a las lenguas mataguayas, algunas lenguas guaycurúes y las lenguas enlhet-enenlhet, sanapaná y enlhet. La Tabla 2 muestra la distribución del subsistema de las laterales en las lenguas chaqueñas. El Mapa 3 distingue las lenguas con algún tipo de lateral obstruyente, de aquellas que no exhiben ningún tipo de lateral obstruyente. Si bien existen lenguas con laterales obstruyentes en otras regiones de América del Sur (chipaya, movima, gününa küne, trumai, suruí-pater, korubo, urarina), la concentración de este tipo de lenguas en la región chaqueña es evidente.

Dado el carácter atípico de estos segmentos, resulta de particular interés la realización de estudios fonéticos detallados que brinden información sobre las características acústicas y articulatorias, como el de Nercesian (2008: 18) y Cayré Baito (2012) sobre las consonantes plenas, glotalizadas y aspiradas del wichí. Al respecto, Ladefoged y Maddieson (1995: 198–199) advierten sobre la tendencia a caracterizar este tipo de sonidos como secuencias de tipo [hl] o [lh] y, en el mismo sentido, señalan la falta de descripciones fonéticas detalladas en las descripciones disponibles.

4.1.4 Nasales

Esta sección aborda el sistema de los segmentos nasales, dado que algunas lenguas chaqueñas presentan nasales sordas y glotalizadas que funcionan ya sea como fonemas o como alófonos. El carácter marcado de las nasales sordas, el escaso número de lenguas que las oponen a su contraparte sonora, junto con el desarrollo de esta oposición en lenguas no emparentadas hacen de este rasgo un candidato a rasgo areal.[20] Las lenguas que despliegan nasales sordas en la región son el ayoreo, el chorote y el wichí (mataguaya).[21]

---

20 Otra lengua, cercana a la región chaqueña, en la que las nasales pre-glotalizadas se oponen a su contraparte no glotalizada es el movima (aislada) (Haude 2006).

21 En cuanto a los puntos de articulación sobre los cuales se oponen las nasales en las lenguas chaqueñas, el patrón de oposición se amolda a lo que se observa en las lenguas indígenas

En wichí las nasales sordas ocurren ya sea al interior de un morfema o como resultado de procesos morfofonológicos. Según Claesson (1994: 3), en wichí weenhayek, tanto los segmentos nasales sordos como la lateral sorda resultan de un proceso de coalescencia en virtud del cual se ensordecen cuando están seguidos por sufijos cuya primera consonante es la glotal [h]: el segmento glotal desaparece, aunque se manifiesta a través del ensordecimiento del segmento que lo precede. Las nasales sordas serían, así, la manifestación de secuencias subyacentes de tipo /nh/. Aun concordando con este análisis e invocando procesos fonológicos que involucran el lugar del acento y la estructura silábica, Terraza (2009b) considera la forma resultante [n̥] segmento único que funciona como variante alofónica de su contraparte sonora en posición de ataque inicial y medio (Terraza 2009b: 40). Pero, además, la autora presenta una lista de palabras en las que las nasales sordas ocurren al interior de un lexema y no pueden explicarse como resultado de un proceso morfofonológico (Terraza 2009b: 41). Por su parte, Nercesian postula para el wichí del Bermejo el contraste entre nasales sonoras y sordas sobre la base de pares mínimos, brindando espectrogramas que ilustran las diferencias acústicas entre estos dos tipos de sonidos (Nercesian 2008) y documenta, como en las otras variedades, nasales sordas que resultan de procesos morfofonológicos similares. En el mismo sentido, Carol (2011: 24) postula para el chorote nasales sordas (o aspiradas) que se oponen a su contraparte sonora y glotalizada, apartándose, así, del análisis propuesto por Gerzenstein (1978) quien no consigna tal distinción. Finalmente, Bertinetto et al. (2010) brinda una detallada descripción de este segmento en ayoreo, lengua que, junto con el chamacoco (zamuco), opone las nasales sordas a las sonoras.[22]

---

de América del Sur, donde las nasales se oponen en dos ([m], [n]) y tres ([m], [n], [ɲ]) puntos de articulación (González 2008). Las lenguas mataguayas (con excepción, tal vez, del nivaclé, lengua para la cual las fuentes presentan análisis diferentes /m, n, ñ/ (Campbell y Grondona 2007) y /m, n/ (Stell 1972; Gutiérrez en prensa)), oponen las nasales en los puntos bilabial [m] y alveolar [n], y lo mismo sucede en vilela. En tanto, las lenguas guaycurúes, el sanapaná y el tapiete oponen las nasales, además, en la región palatal. Finalmente, el ayoreo y el enlhet se apartan de este patrón: el primero por oponer sus segmentos nasales sobre un cuarto punto de articulación, el velar; el segundo por oponerlos sobre tres puntos, siendo el tercero (además del bilabial y el alveolar) el velar, y no el palatal como se esperaría de acuerdo con las tendencias observadas.

22 Según Manelis Klein, en toba una "nasal sorda dental ocurre en posición final de la palabra cuando la oclusiva glotal está antepuesta" (1978: 27), Messineo (2003) no consigna, sin embargo, este alófono.

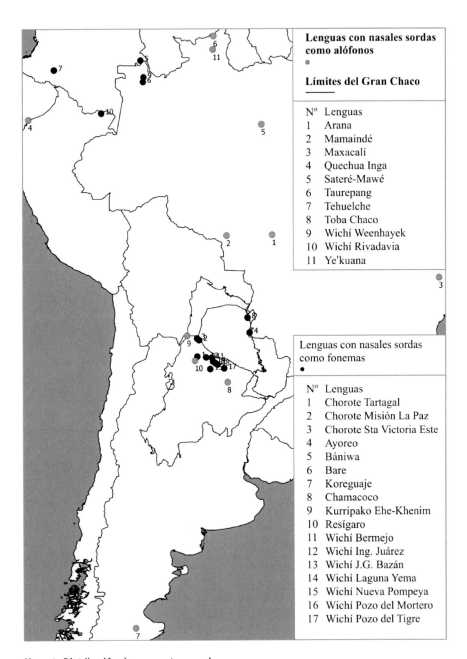

Mapa 4: Distribución de segmentos nasales.

El carácter marcado de este tipo de segmento se desprende del análisis de 228 lenguas examinadas en las que se observa que sólo el 9 % posee nasales sordas, entre las cuales 5 % las despliega como alófonos y 4 % como fonemas.[23] El Mapa 4 muestra la distribución geográfica de las nasales sordas en las lenguas de América Latina.

4.2 Procesos fonológicos: palatalización y armonía vocálica

Dos procesos fonológicos que caracterizan la fonología de algunas lenguas del Chaco son la palatalización y la armonía vocálica, cuyas características se presentan en este apartado.

4.2.1 Palatalización

A pesar de que la palatalización es un fenómeno fonológico común en las lenguas del mundo que, además, caracteriza la fonología de un cierto número de lenguas indígenas del subcontinente, en América Latina se identifican regiones cuyas lenguas se diferencian por los tipos y alcance de la palatalización que despliegan. En el Chaco, la palatalización es un fenómeno extendido que traspasa las unidades genéticas, al tiempo que lenguas genéticamente relacionadas, aunque geográficamente alejadas de la región chaqueña no exhiben esta alofonía o no lo hacen de la misma manera que las lenguas más prototípicamente chaqueñas. Si bien algunas lenguas de la región andina despliegan palatalización, el fenómeno presenta características crucialmente diferentes a lo que se observa en las lenguas chaqueñas, ya que contrariamente a estas, en aquellas la palatalización se desencadena en contexto de consonantes palatales.[24]

La palatalización puede manifestarse a nivel fonológico como un proceso automático, alofónico e independiente de cualquier información gramatical; o

---

23 Otras lenguas para las cuales se han descrito nasales sordas son el quechua inga (Tandioy y Levinsohn 1989), el sateré-mawé (TG) (Pereira da Silva 2006: 38) y el resígaro (Seifart c.p. en Bertinetto 2010), donde ocurren como alófonos de sus contraparte sonora. En tanto, en baré (maipure) (Aikhenvald 1995: 5) y kurripako (arawak) (Granadillo 2006) funcionan como fonemas.

24 En aymara, por ejemplo, la fricativa alveolar [s] se realiza [ʃ], cuando se encuentra precedida de [tʃ, j, ñ] (Hardman 2001: 32)) lo que claramente constituye un fenómeno distinto al descrito para las lenguas del Chaco. En tanto, en chipaya (Olson 1967) y en el quechua del Cuzco (Rodríguez Champi 2006: 5), el proceso se limita a la palatalización de [s] que se realiza [ʃ] cuando se encuentra precedida de [i].

bien, puede hallar su contexto de ocurrencia a nivel morfofonológico en la frontera de morfemas que despliegan los rasgos fonéticos apropiados. En la gran mayoría de las lenguas del subcontinente, la palatalización es un proceso puramente fonético-fonológico que afecta a un solo segmento, generalmente coronal [t] o [s] en el contexto de un segmento anterior (por ejemplo, [i] [j] [e]) (González y Gil Bustos 2013). En las lenguas chaqueñas, por el contrario, la palatalización se manifiesta a nivel morfofonológico, apartándose, así, de la tendencia que se observa en las lenguas del mundo (Bateman 2007: 44). Esto se ve principalmente en las lenguas guaycurúes (con excepción del kadiwéu) y mataguayas. En estas familias se observa un proceso de palatalización plena de los segmentos de dos clases naturales de sonidos: coronales [t, d, s, n, l] (lenguas guaycurúes) y dorsales [k] y [x], (con adelantamiento de segmentos posvelares [q, χ], en las lenguas mataguayas).[25] Esto ocurre en contacto, principalmente, con segmentos anteriores, aunque en chorote (mataguaya) la palatalización puede, además, ser desencadenada por segmentos altos posteriores [u], [ʊ] y [hw] (Carol 2011), patrón poco común en las lenguas del mundo.

Es interesante observar la distribución del fenómeno al interior del área. Sobre la base de la palatalización se distinguen dos variedades de mocoví (guaycurú): en la variedad santafecina (MSF), la palatalización es un proceso puramente fonológico que sólo afecta a la fricativa alveolar sorda [s] (Gualdieri 1991, 2012); en tanto, en la variedad hablada en la provincia del Chaco (MCH) el proceso involucra todos los segmentos coronales a nivel fonológico y morfofonológico, lo que puede explicarse por el mayor contacto que los hablantes mocovíes de esta zona han tenido y tienen con hablantes tobas (Gualdieri 2003), en cuya lengua la palatalización actúa tanto a nivel morfofonológico (con un mayor número de segmentos afectados) como fonológico (González en prensa). En el mismo sentido, Nercesian (2011) observa que el proceso de palatalización distingue variedades de wichí (mataguaya): sincrónicamente, no ocurre en la variedad salteña (aunque esta variedad posee una oclusiva velar palatalizada /kʲ/, pero se manifiesta en la variedad bermejeña donde los hablantes tienen mayor contacto con las lenguas guaycurúes, toba y pilagá. Es decir, tanto las variedades geográficamente más cercanas a la región noreste (provincias del Chaco y Formosa) de mocoví como de wichí exhiben este proceso.

El proceso de palatalización en chorote (mataguaya) muestra mayor heterogeneidad que en las otras lenguas mataguayas: por un lado, despliega pala-

---

25 De acuerdo a la articulación que resulta de este proceso, se distinguen dos patrones: la palatalización plena (las consonantes coronales y dorsales se vuelven segmentos palatales (k → tʃ)) y la palatalización secundaria (cualquier consonante se vuelve un segmento co-articulado (p → pʲ)).

talización plena, como en las lenguas chaqueñas, y, por el otro, palatalización secundaria como en las lenguas de las tierras bajas de Bolivia.[26] En cuanto al vilela, los datos ilustran, en el contexto de vocales altas, palatalización plena y secundaria con dirección regresiva como en las lenguas guaycurúes (Golluscio este volumen).[27]

Finalmente, el caso del tapiete (TG) es interesante por que en esta lengua se distinguen dos procesos de palatalización, no relacionados. Por un lado, hay palatalización plena de [s] antes de [i] ([s] → [ʃ]/__ [i]), fenómeno documentado en otras lenguas TG del área que se explica como resultado de un proceso diacrónico. Por otro lado, se observa un fenómeno similar de palatalización al descrito para las lenguas mataguayas que afecta a un segmento dorsal en el contexto de una vocal anterior (/k/ → [tʃ] /__ [e]), diferenciándose de otras dos lenguas TG de la región, avá-guaraní y guaraní paraguayo, donde [k] no se palataliza en el mismo contexto (González en prensa). Este último tipo es un fenómeno que probablemente se explica como un fenómeno de contacto, dado los intensos y prolongados contactos que este pueblo ha mantenido con otros grupos chaqueños.

Resumiendo, consideramos que en las lenguas chaqueñas el proceso reviste de características propias que lo distinguen de otras áreas del subcontinente: **(i)** la palatalización representa una isoglosa que distingue variedades de mocoví y wichí más cercanas al núcleo geográfico donde se concentran las lenguas de las familias guaycurú y mataguaya; **(ii)** por lo menos una lengua guaycurú, el kadiwéu, alejada de ese núcleo geográfico, no despliega palatalización y **(iii)** por lo menos una lengua TG del Chaco, el tapiete, presenta un tipo de palatalización cercano al de las lenguas mataguayas, no documentado en otras lenguas TG (González en prensa).

4.2.2 Armonía vocálica y restricciones fonotácticas

Los diferentes procesos de armonización vocálica documentados constituyen un rasgo que caracteriza la fonología de las lenguas mataguayas y guaycu-

---

26 Por ejemplo, el chiquitano exhibe palatalización secundaria progresiva que, por su naturaleza, no actúa sobre una clase de sonido específica. Otras lenguas de la región Guaporé-Mamoré con palatalización son: ese ejja (takana), baure (arawak), karitiana (tupí-arikém), uru-eu-uau-uau (tupí-guaraní) y kujubí (chapakura).

27 Al respecto, Grawunder y Golluscio (2014) investigan la alternancia entre las oclusivas coronal [t] y velar [k] en el contexto de vocales anteriores en vilela. Este tipo de alternancia está específicamente relacionada con y documentada en el proceso de palatalización en las lenguas del mundo (Calabrese 2005). Sin embargo, la asibilación de [k] → [tʃ] en el contexto de vocales anteriores no parece ser frecuente en esta lengua.

rúes.[28] Específicamente, las lenguas guaycurúes (que presentan inventarios vocálicos pequeños, de tipo [i, e, a, o]) ejemplifican el fenómeno de armonía palatal que implica no sólo la expansión de rasgos vocálicos, sino, además, reestructuraciones fonotácticas, reorganización de la estructura silábica y expansión de la palatalidad consonántica.[29]

Según Gerzenstein y Gualdieri (2003), en las lenguas guaycurúes la armonía vocálica desencadena la expansión de los rasgos [alto] y [redondeado] en contextos de sufijación y prefijación. Por ejemplo, en mocoví (tanto en la variedad chaqueña como en la santafecina) (1), en toba (2) y en pilagá (3) el segmento [i] de un sufijo provoca la expansión, de derecha a izquierda, del rasgo [alto] sobre las vocales de la base; esta expansión es bloqueada por las vocales [a] y [o].

(1) [pa'**e**-ñi]   'está caliente'   → [pa'**i**-ñi]   'hace calor'

(2) [qor-**e**mek-i] 'cuchara'   → [qor-**i**mik-i] 'la cuchara de uds.'

(3) [s-**ede**-ñi]   'escribir'   → [s-**idi**-ñi]   'yo escribo'
     (Gerzenstein y Gualdieri 2003: 3–4)

La manifestación de la armonía vocálica se ilustra también a través de condicionamientos fonotácticos: el rasgo [+alto] de la primera vocal de la raíz se expande hacia la vocal epentética del marcador de persona, tanto en mocoví (4), como en toba (5) y pilagá (6).

(4) n**V**-tʃiga'   → nitʃiga'   'se pudre'
     (Gualdieri 2003: 5)

(5) s**V**-wi   → si-wi   'yo vengo'
     (Gerzenstein y Gualdieri 2003)

(6) l**V**-ki̯okena   → li-ki̯okena   'su tobillo'
     (Vidal 2001: 61)

---

28 Para una descripción exhaustiva de la armonía vocálica en las lenguas guaycurúes, ver Viegas Barros (2013b).

29 La 'palatalidad' es un rasgo que se manifiesta no sólo a nivel de la armonización vocálica y de los procesos de asimilación consonántica, sino también a nivel de la estructura silábica. En pilagá, por ejemplo, cuando una vocal alta /i/ ocurre en posición inicial de palabra se desencadena un proceso de resilabificación como consecuencia del cual el segmento vocálico adquiere rasgos consonánticos [y] (por ejemplo, la concatenación del prefijo i- 'P.POS1' a la raíz oleʔ 'fuego' resulta en la forma y-o.leʔ [yo.leʔ] CV.CVC 'mi fuego' (Vidal 2001).

Estos dos casos de expansión de los rasgos vocálicos se diferencian, sin embargo, en cuanto a su interacción con el proceso de palatalización. Aunque en ambos se crea el contexto para la aplicación del proceso, sólo cuando los rasgos vocálicos se expanden del sufijo a la raíz se palatalizan los segmentos coronales, como se ilustra en (7) y (8). Por el contrario, la palatalización no se aplica, aun cuando la vocal epentética que se armoniza en base al rasgo [+alto] de la primera vocal de la raíz léxica crea el contexto, en cuyo caso, los segmentos coronales [n, s, l] del marcador de persona no se palatalizan, como se mostró en 4–6.

(7)   mocoví
      -etesek   'sobrino'   → [r-itiʃik-iʔ]   'tu sobrino'
      -awelese   'tripas'   → [r-abiʎic-i]   'tus tripas'
      (Gualdieri 2012: 67)

(8)   Toba
      -wete 'nuera'   → qar-witʃi-i   'la nuera de ustedes'
      (Messineo 2003: 61)

Otra manifestación de la armonización vocálica se observa en toba (9) y en mocoví (10): cuando entre la vocal epentética del marcador de persona y la primera vocal de la raíz se interpone un segmento posvelar, la primera se armoniza con la segunda (Gerzenstein y Gualdieri 2003). [30]

(9)   sV-ʔilwi   → si-ʔilwi   'busco agua'
      sV-qolget   → so-qolget   'dudo'
      dV-ʔala   → da-ʔala   'el/ella se sorprende'
      yV-po-ɢan   → ya-po-ɢon   'el/ella profetiza'
      (Messineo 2003: 56–57)

---

30 De la misma manera, se prohíbe la adyacencia de vocales anteriores y segmentos posteriores: las secuencias de consonantes uvulares seguidas de vocales anteriores no están permitidas y cuando esto ocurre, como consecuencia de procesos morfológicos, una vocal epentética no anterior se inserta.

      mocoví natoɢ-oi: 'ustedes escupen'
              nemaɢ-ai   'a la izquierda de uds.'
              (Gualdieri 1998: 46)

      toba   qaw-alaq-ay   'uds. obedecen'
              qo'-oq-oy   'la comida de uds.'
              (Messineo 2003: 54–55)

(10)　ño-qo'ɢon　'yo orino'
　　　ña-qa'ɢanñi　'yo me siento'
　　　(Gerzenstein y Gualdieri 2003)

En las lenguas mataguayas también se pueden observar procesos de armonización vocálica. Gerzenstein (1994: 71) reporta para el maká un proceso morfofonológico que afecta las raíces nominales en construcciones posesivas e involucra segmentos palatales: las raíces que comienzan con las vocales [e] y [o]
alternan con [i] cuando se encuentran precedidas por ciertos marcadores posesivos, cuyas formas contienen segmentos palatales como y-, in- y *wit*- (11).

(11)　a.　Ø-etsi' 'tu casa'
　　　　　ɬ- etsi' 'su casa

　　　b.　y-itsi'　'mi casa'
　　　　　in-itsi'　'nuestra casa (incl.)'
　　　　　wit-itsi'　'la casa'
　　　　　Gerzenstein (1994: 71)

La misma autora describe para el chorote un proceso similar: las vocales [e] y
[a] se realizan [i] y [e, ej] respectivamente, cuando preceden los sufijos con
segmentos palatales -*si*, -*sj* y -*jis(s)* (12).

(12)　a.　kinte?　'diente'
　　　　　'kinti-jis 'dientes'

　　　b.　tate　'tirar'
　　　　　i-'tjeti-si 'tiran'
　　　　　(Gerzenstein 1983: 47)

El levantamiento de la altura vocálica en el contexto de palatales también es
descrito por Carol (2011) para la misma variedad, aunque como un proceso

---

Lo mismo sucede en el contexto de prefijación, aunque se advierten diferencias dialectales:
en el mocoví del Chaco (MCH), una vocal epentética posterior [o] es obligatoriamente insertada
porque la articulación de la primera consonante de la raíz es uvular, en tanto, en el mocoví de
Santa Fe (MSF), esta consonante es realizada como una oclusiva velar. Es decir, en la variedad
santafecina es el segmento uvular el que se adelanta como consecuencia de su contacto con
la vocal anterior.

　　mocoví　MCH　i-qome:na → jo-qome:na　'mi abuela'
　　mocoví　MSF　i-qome:na → i-kome:na　'mi abuela'
　　(Gualdieri 2012: 72)

automático desencadenado por un contexto fonético más amplio que incluye los segmentos /y, hy, ʔy, Cʸ/: las vocales /e, a/ se realizan /i, e/, respectivamente, en este contexto (13).[31] Según Carol (2011: 76), la palatalización precede a la asimilación vocálica, es decir que no hay interacción entre los procesos de palatalización y armonía vocálica como en mocoví.[32]

(13)   a.   [hl-etik] 'su cabeza'
           i-hyitik 'mi cabeza'

       b.   [ʔa-**tat**-e] 'lo tiro'
           i-tʸ**et**-e   'lo tira'
           (Carol 2011: 73)

Finalmente, queremos señalar un caso adicional de armonización vocálica que involucra al tapiete, lengua en la que se observa un fenómeno similar que, si bien no puede ser equiparado al de las lenguas guaycurúes y mataguayas, llama la atención por su ausencia en otras lenguas TG: la vocal central [ɨ] de los prefijos marcadores de persona y causativo, que, además funciona como vocal epentética no especificada, se armoniza con la primera vocal alta posterior [u] de la raíz léxica a la que se antepone (14); el proceso sólo afecta estos prefijos (González 2005). [33]

---

31 De hecho, este tipo de fenómeno es lo que lleva a Carol a postular un sistema de seis vocales subyacentes, sobre la base de alternancias tales como [ʔa-*lan*] 'mato', [ʔi-*lʲan*] 'mata' / [ʔa-*lan*] 'saco', ʔi-*lʲen* 'saca' (2011: 28).

32 Campbell y Grondona (2012: 641) describen este rasgo como "certain vowel alternations suggestive of vowel harmony", señalando que "most of the languages of the Chaco lack vowel harmony, while several other SA languages have it, e.g. Mosetén, Chacobo, Yaminawa (Panoan)", sin especificar en qué medida el fenómeno descrito, por ejemplo en mosetén, es más representativo del fenómeno de armonía vocálica que lo que ha sido documentado en las lenguas chaqueñas. En palabras de Sakel (2004: 36–40), "Vowel harmony or rather 'vowel assimilation' is very restricted in Mosetén. [...] vowel harmony spreads towards the left in the word. It leads to a change from a vowel into /i/ or /ə/." (2004: 36).

33 Un caso similar a lo descrito en tapiete, aunque mucho más restringido, es lo que se reporta para el wichí de Rivadavia, variedad en la que se postula una regla morfofonológica de acuerdo a la cual la vocal alta anterior [i] del sufijo de negación *hit'e* se vuelve [u] cuando se encuentra precedido de la vocal [u] *hit'e* → *hut'e* (Cayré Baito y Carpio 2009: 96–99; Terraza 2009b).

(1)   *wahat-ɬe*   *i-tson-hu-hut'e*   *n-qolo*
      pescado-espina   3-pinchar-APL-NEG   1POS-pie
      'La espina de pescado no se me clavó en el pie'
      (Terraza 2009b: 50)

(14) a. *shu-ku'a*
      1POS-cintura
      'mi cintura'

   b. *ndu-kupe*
      2POS-espalda
      'tu espalda'

   c. *mbu-pupu*
      CAUS-hervir
      'hacelo hervir'
      (González 2005: 81)

Resumiendo, consideramos que la productividad de la armonía vocálica en las lenguas guaycurúes, principalmente, pero también en algunas lenguas mataguayas, sugiere que este rasgo no debe ser tan rápidamente descartado como posible rasgo areal, tanto más cuanto manifestaciones de armonización vocálica se observan también en lenguas, como el tapiete (TG), para cuya familia no se ha descrito este tipo de proceso.

4.3 Consonantes silábicas

El patrón silábico de las lenguas chaqueñas se ajusta a las tendencias universales CV y CVC, con una clara tendencia a evitar la pérdida de ataque (lenguas mataguayas y guaycurúes).[34] Los diferentes tipos de estructura silábica y de sílaba máxima que se postulan para cada lengua y cada variedad se explican por las decisiones analíticas que se toman respecto de los segmentos coarticulados (glotalizados, aspirados y palatalizados).[35] A nivel fonotáctico se observa cierto paralelo en la distribución de las consonantes plenas, glotalizadas y aspiradas que aparecen en posición de ataque inicial en las tres variedades de wichí (mataguaya) y en mocoví (guaycurú), lengua en la se describen alófonos pre-glo-

---

34 En las lenguas mataguayas, las sílabas sin ataque son marginales: sólo están descritas en wichí de Rivadavia, variedad en la que sólo ocurren en posición inicial y manifiestan una baja frecuencia. Para evitar este patrón, se implementan estrategias de reposición del ataque a través de procesos de resilabificación. En chorote, por ejemplo, /y/ se inserta entre dos vocales para evitar secuencias de tipo VV en frontera de morfemas (Carol 2011: 75) y lo mismo sucede en wichí de Rivadavia.

35 Por ejemplo, alófonos aspirados [pʰ], [tʰ], [qʰ] y [t͡ʃʰ] en wichí de Rivadavia (Terraza 2009b); fonemas simples /pʰ/ /tʰ/ /qʰ/ en wichí del Bermejo (Nercesian 2011a) o secuencia de consonantes (/ph/ en wichí weenhayek (Bolivia) (Claesson 1994)).

talizados de /g/ y /G/ en esta posición. De la misma manera, en chorote, el fonema glotalizado kʸ(') sólo ocurre en posición inicial de palabra (Carol 2011).

Pero lo que aquí nos interesa señalar es la presencia de un rasgo poco común que comparten las lenguas guaycurúes y mataguayas como es la existencia de consonantes silábicas, lo que involucra, fundamentalmente, a los segmentos sonorantes alveolares [n] y [l], pero también a las obstruyentes [d] y [s]. Consonantes silábicas, [n] y [l], han sido descritas en wichí del Bermejo (Nercesian 2011a: 137) y en wichí de Rivadavia (Terraza 2009b), pero también en la variedad de nivaclé hablada en Paraguay (Gutiérrez en prensa) y en toba donde la fricativa [ɬ] y aproximante lateral /l/, respectivamente, pueden funcionar como núcleo silábico (Messineo 2003: 52). Por su parte, en pilagá, las obstruyentes [d] y [s], que por su naturaleza se ubican en el nivel medio-bajo de la Escala Jerárquica de la Sílaba, también pueden funcionar como núcleo silábico. Este patrón contrasta notablemente con lo que se observa en América del Sur, donde, hasta donde sabemos, son muy raras las lenguas con sílabas, cuyos núcleos puedan estar ocupados por consonantes.[36]

5 Conclusiones

El objetivo de este trabajo ha sido aportar a la discusión en torno a la postulación de la región chaqueña como área lingüística. Hemos mostrado la distribución geográfica de los rasgos considerados, con el fin de evaluar su difusión no sólo en los límites del Chaco, sino también en el contexto más amplio de América del Sur. Los mapas que se presentan a continuación ilustran estos patrones de agrupamiento de rasgos, mostrando la distribución geográfica de rasgos en principio no relacionados, pero marcados tipológicamente. El Mapa 5: Co-ocurrencia de segmentos uvulares y obstruyentes laterales y el Mapa 6 exhiben la distribución geográfica de lenguas en América del Sur que despliegan la co-ocurrencia de consonantes uvulares y nasales sordas con obstruyentes laterales, respectivamente, segmentos muy poco comunes y característicos de varias lenguas de la región chaqueña. Por último, el Mapa 7 muestra la distribución geográfica de las lenguas de América del Sur que despliegan armonía vocálica y palatalización.

---

36 Según Olson (1967: 302) el chipaya (uru-chipaya) es una lengua de este tipo, donde una sibilante puede ocupar el núcleo silábico. Lenguas con segmentos nasales silábicos son el panare (caribe) (Price 1984) y el kamsá (Howard 1972: 80).

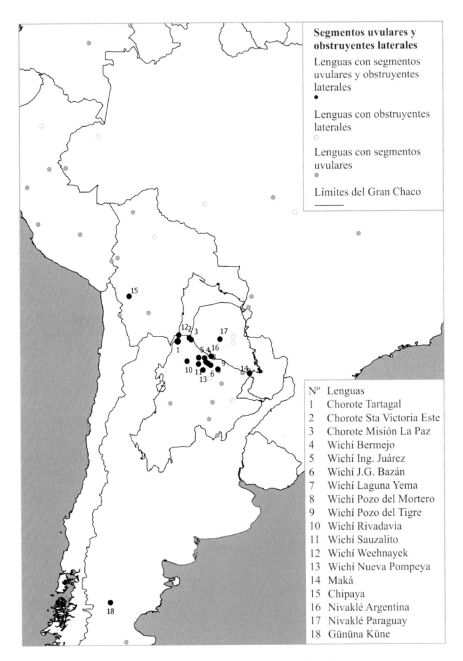

Segmentos uvulares y obstruyentes laterales

Lenguas con segmentos uvulares y obstruyentes laterales
●

Lenguas con obstruyentes laterales
○

Lenguas con segmentos uvulares
●

Límites del Gran Chaco
———

N°	Lenguas
1	Chorote Tartagal
2	Chorote Sta Victoria Este
3	Chorote Misión La Paz
4	Wichí Bermejo
5	Wichí Ing. Juárez
6	Wichí J.G. Bazán
7	Wichí Laguna Yema
8	Wichí Pozo del Mortero
9	Wichí Pozo del Tigre
10	Wichí Rivadavia
11	Wichí Sauzalito
12	Wichí Weehnayek
13	Wichí Nueva Pompeya
14	Maká
15	Chipaya
16	Nivaklé Argentina
17	Nivaklé Paraguay
18	Gününa Küne

Mapa 5: Co-ocurrencia de segmentos uvulares y obstruyentes laterales.

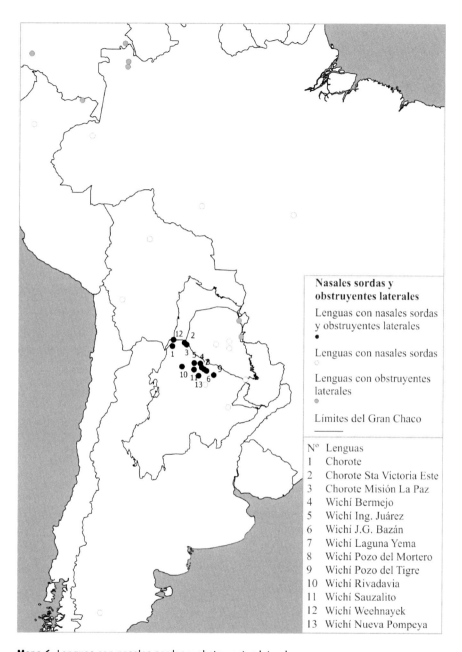

Mapa 6: Lenguas con nasales sordas y obstruyentes laterales.

Nº	Lenguas
1	Añun
2	Apuriña
3	Ayoreo
4	Bare
5	Cavineña
6	Chiquitano (Bolivia)
7	Embera Chami (Antioquia)
8	Karaja
9	Kashibo-Kakataibo
10	Lakondê
11	Maká
12	Mamindé
13	Matsés
14	Mocoví Santa Fe
15	Mocoví Ch
16	Nivaklé Argentina
17	Paresí
18	Pilagá
19	Puinave
20	Rikbaktsá
21	Sanuma (Venezuela)
22	Tapiete
23	Toba Chaco
24	Toba Formosa
25	Wai wai
26	Wapishana
27	Wiwa

Palatalización y armonía vocálica

Lenguas con palatalización y armonía o asimilación vocálica

Lenguas con palatalización

Lenguas con armonía vocálica

Límites del Gran Chaco

Mapa 7: Lenguas con palatalización y armonía o asimilación vocálica.

Existe la idea de que un área lingüística debe exhibir varios rasgos compartidos o 'isoglosas' que contribuyen a su delimitación (Campbell 2006a). Sin embargo, como sugiere Thomason (2001: 101), consideramos que el número de rasgos necesarios para la identificación de un área no importa tanto como hablar en términos de área débil o fuerte: un solo rasgo compartido caracteriza un área débil, en tanto que una mayor cantidad de rasgos fortalece el estatus de la región como área lingüística. En la región chaqueña es el agrupamiento de rasgos fonológicos tipológicamente marcados lo que fortalece la hipótesis de la región como área lingüística. Si bien el estudio de estos rasgos debe acompañarse e interpretarse en el marco de otros que evalúan la difusión de rasgos morfo-sintácticos estructurales, no es menos cierto que los rasgos fonológicos han sido aceptados (a veces como único indicador) de difusión areal en otras áreas estudiadas (Chirikba 2008). En ese sentido, consideramos que, desde el punto de vista fonológico, las lenguas examinadas reflejan no sólo la existencia de características comunes, sino, muy particularmente, la presencia de rasgos tipológicos compartidos menos comunes. Finalmente, consideramos que las particularidades fonéticas de ciertos segmentos (obstruyentes laterales, nasales sordas, obstruyentes posvelares sonoras) y la complejidad de los fenómenos fonológicos que caracterizan las lenguas de esta familia torna su estudio un campo prometedor de enriquecimiento para la teoría fonológica, la lingüística areal y la lingüística de contacto.

Referencias

Aikhenvald, Alexandra Y. 1995. *Bare*. München – Newcastle: LINCOM EUROPA.

Aikhenvald, Alexandra Y. y R. M. W. Dixon. 2001. Introduction. En R. M. W. Dixon y Alexandra Y. Aikhenvald (eds.) *Areal diffusion and genetic inheritance. Problems in comparative linguistics*, 1–26. Oxford: Oxford University Press.

Alderetes, Jorge R. 1994. *El quechua de Santiago del Estero. Gramática y vocabulario.* Tucumán, República Argentina: el autor.

Arenas, Pastor. 2003. *Etnografía y Alimentación entre los Toba-Ñachilamole#ek y Wichí-Lhuku'tas del Chaco Central (Argentina)*. Buenos Aires: el autor.

Arenas, Pastor. 2004. Los vegetales en el arte del tatuaje de los indígenas del Gran Chaco. En María Susana Cipolletti(ed.) *Los mundos de abajo y los mundos de arriba. Individuo y sociedad en las tierras bajas, en los Andes y más allá*, 248–274. Quito, Ecuador: Abya Yala.

Arenas, Pastor y María Eugenia Suárez. 2007. Woods employed by Gran Chaco Indians to make fire drills. *Candollea*. 62. 23–40.

Badini, Riccardo. 2008. Introduzione. En Introducción de Riccardo Badini y Raoul Zamponi a Maccioni, Antonio (2008 [1732]) *Arte y vocabulario de la lengua lule y tonocoté*.

Riccardo Badini, Tiziana Deonette y Stefania Pineider (eds.), VIII–XX. Cagliari: CUEC/ Centro di Studi Filologici Sardi.

Bateman, Nicoleta. 2007. A crosslinguistic investigation of palatalization. San Diego: University of California dissertation.

Bertinetto, Pier Marco. 2009. Ayoreo (Zamuco). A grammatical sketch. *Quaderni del Laboratorio di Linguistica*. 8, 1–59.

Bertinetto, Pier Marco. 2010. Le nasali sorde dell'ayoreo: prime prospezioni. *Quaderni del Laboratorio de Linguistica*. 9, 1: 1–15.

Braunstein, José. 1996. Clasificación de las lenguas y pueblos del Gran Chaco. En Herminia E. Martín y Andrés Pérez Diez (eds.) *Lenguas indígenas de Argentina (1492–1992)*, 19– 32. San Juan: Editorial Fundación Universidad Nacional de San Juan.

Braunstein, José y Cristina Messineo (eds.). 2009. *Hacia una nueva carta étnica del gran Chaco VIII*. Buenos Aires: Centro del Hombre Antiguo Chaqueño.

Braunstein, José y Alejandra Vidal. En prensa. The Gran Chaco. Convergence of Languages and Peoples. En Richard Rhodes, Tom Güldemann y Patrick McConvell (eds.) *The Languages of Hunter-gatherers. Historical and Global Perspective*. Cambridge: Cambridge University Press.

Calabrese, Andrea. 2005. *Markedness and economy in a derivational model of phonology*. Berlin: Walter de Gruyter.

Campbell, Lyle. 2006a. Areal linguistics. En Brown, Keith (ed.) *Encyclopedia of Language and Linguistics*, 454–460. Oxford: Elsevier.

Campbell, Lyle 2006b. Areal linguistics: A closer scrutiny. En Yaron Matras, April McMahon y Nigel Vincent (eds.) *Linguistic areas. Convergence in historical and typological perspective*, 1–31. Basingstoke and New York: Palgrave Macmillan.

Campbell, Lyle 2012. Typological characteristics of South American indigenous languages. En Lyle Campbell y Verónica Grondona (eds.) *The Indigenous Languages of South America. A Comprehensive Guide*, 259–330. Berlin: De Gruyter Mouton.

Campbell, Lyle 2013. Language contact and linguistic change in the Chaco. *Revista Brasileira de Linguística Antropológica*. 5(1). 259–291.

Campbell, Lyle y Verónica Grondona. 2007. Internal reconstruction in Chulupí (Nivaklé). *Diachronica*. 24(1). 1–29.

Campbell, Lyle y Verónica Grondona. 2012. Languages of the Chaco and Southern Cone. En Lyle Campbell y Verónica Grondona (eds.) *The Indigenous Languages of South America. A Comprehensive Guide*, 625–754. Berlin: Mouton deGruyter.

Campbell, Lyle, Terrence Kaufman y Thomas C. Smith-Stark. 1986. Meso-america as a linguistic area. *Language*. 62(3). 530–570.

Carol, Javier. 2011. *Lengua chorote (mataguayo). Estudio descriptivo*. Tesis Doctoral. Universidad de Buenos Aires.

Cayré Baito, Lorena. 2012. *Fonología de la lengua wichí (familia mataco-matuaguaya). Una aproximación desde la perspectiva de la fonología generativa*. Tesis Doctoral. Universidad Nacional de Córdoba.

Cayré Baito, Lorena y María Belén Carpio. 2009. Aproximación a los tipos de asimilación más frecuentes en wichí. En Ana Fernández Garay y Marisa Censabella (eds.) *Estudios fonológicos de continua dialectales: mapuche y wichí*, 83–110. Santa Rosa, La Pampa: Universidad Nacional de La Pampa.

Censabella, Marisa. 2009. Sistema fonológico y sincronía dinámica de seis variedades orientales del continuum wichí. En Ana Fernández Garay y Marisa Censabella (eds.) *Estudios fonológicos de continua dialectales: mapuche y wichí*, 111–144. Santa Rosa, La Pampa: Universidad Nacional de La Pampa.

Claesson, Kenneth. 1994. A phonological outline of mataco-noctenes. *International Journal of American Linguistics*. 60(1). 1–38.

Combès, Isabelle, Diego Villar y Kathleen Lowreyz. 2009. Comparative studies and the South American Gran Chaco. *Tipití: Journal of the Society for the Anthropology of Lowland South America*. 7(1): 1–34.

Comrie, Bernard, Lucía A. Golluscio, Hebe A. González y Alejandra Vidal. 2010. El Chaco como área lingüística. En Zarina Estrada Fernández y Ramón Arzápalo Marín (eds.) *Estudios de lenguas amerindias 2: contribuciones al estudio de las lenguas originarias de América*, 85–132. Hermosillo, Sonora: Editorial Unison.

Cúneo, Paola, Patricia Dante y Temis Tacconi. 2009. Tipología léxica. Una aproximación a dos lenguas chaqueñas: toba (guaycurú) y maká (mataguaya). *Cadernos de Etnolinguística*. 1(2). 1–15.

Chirikba, Viacheslav A. 2008. The problem of the Caucasian Sprachbund. En Pieter Muysken (ed.) *From linguistic areas to areal linguistics*, 25–94. Amsterdam. Philadelphia: John Benjamins.

De Granda, Germán. 1999. Historia lingüística y tipología genética del quechua de Santiago del Estero, Argentina. *Revista Andina*. 17(1). 109–129.

Dedenbach-Salazar Sáenz, Sabine. 2007. Chipaya official alphabet 2005 (revised). Disponible en: http://dobes.mpi.nl/.

Dietrich, Wolf. 1986. *El Idioma Chiriguano: Gramática, textos, vocabulario*. Madrid: Instituto de Cooperación Iberoamericana.

Dietrich, Wolf. 1990. Chiriguano and Guarayo word formation. En Doris L. Payne (ed.) *American Lingüistics: Studies in Lowland South American Languages*, 294–320. Austin: University of Texas Press.

Dietrich, Wolf. 1996. El problema de la clase del adjetivo en Chiriguano y en otras lenguas del grupo Tupí-Guaraní. En Herminia E. Martín, y Andrés Pérez Diez (eds.) *Lenguas indígenas de Argentina (1492–1992)*, 33–40. San Juan: Editorial Fundación Universidad Nacional de San Juan.

Dietrich, Wolf. 2002. Guaraní criollo y guaraní étnico en Paraguay, Argentina y Brasil. En Mily Crevels, Simon Van De Kerke, Sérgio Meira y Hein Van Der Voort (eds.) *Current Studies on South American Languages*, 31–41. Leiden: Research School of Asian, African, and Ameridian Studies (CNWS). The Netherlands: Universiteit Leiden.

Fabre, Alain. 2007. Morfosintaxis de los clasificadores posesivos en las lenguas del Gran Chaco (Argentina, Bolivia y Paraguay). *UniverSOS* 4. 67–85.

Fabre, Alain. [2005] 2014. Los pueblos del Gran Chaco y sus lenguas, segunda parte: Los mataguayos. Artículo publicado en *Suplemento Antropológico*, 40/2 (2005): 313–435. Asunción, Paraguay. Consultado en http://www.ling.fi/Entradas%20diccionario/Dic=Mataguayo.pdf [Última modificación: 23/05/2014].

Fernández Garay, Ana. 1996. Fluctuaciones en el sistema fonológico del Tehuelche o Aonek'enk. En Herminia E. Martín y Andrés Pérez Diez (eds.) *Lenguas indígenas de Argentina (1492–1992)*, 41–50. San Juan: Editorial Fundación Universidad Nacional de San Juan.

Gerzenstein, Ana. 1978. *Lengua Chorote. Tomo 1*. Buenos Aires: Instituto de Lingüística. Facultad de Filosofía y Letras. Universidad de Buenos Aires.

Gerzenstein, Ana. 1983. *Lengua Chorote. Variedad 2. Estudio descriptivo – comparativo y vocabulario*. Buenos Aires: Instituto de Lingüística. Facultad de Filosofía y Letras. Universidad de Buenos Aires.

Gerzenstein, Ana. 1994. *Lengua Maká. Estudio descriptivo*. Buenos Aires: Instituto de Lingüística, Facultad de Filosofía y Letras, Universidad de Buenos Aires.

Gerzenstein, Ana. 2002. Las consonantes laterales y las labializadas en lenguas mataguayas del Chaco argentino-paraguayo. m.i.

Gerzenstein, Ana y Beatriz Gualdieri. 2003. La armonía vocálica en lenguas chaqueñas de las familias guaycurú y mataguaya. *LIAMES* 3. 99–112.

Golluscio, Lucía. 2009–10. Los converbos en -(e)l y la combinación de cláusulas en vilela (lule-vilela). En Lucía Golluscio y Alejandra Vidal (eds.). *Les Langues du Chaco. Structure de la phrase simple et de la phrase complexe. Amerindia* 33/34, 249–285.

Golluscio, Lucía. Este volumen. Huellas de trayectorias y contacto en el sistema lingüístico: el caso vilela (Chaco). *Chapter* 2, 77–120.

Golluscio, Lucía y Hebe González. 2008. Contact, attrition and shift in two Chaco languages: The cases of tapiete and vilela. En K. David Harrison, David S. Road y Arianne Dwyer (eds.) *Lessons from documented endangered languages*, 195–242. Amsterdam/ Philadelphia: John Benjamins Publishing Co.

Golluscio, Lucía, Felipe Hasler y Willem de Reuse. 2014. Adverbial subordination at the peripheries of the Andean and Chaco linguistic areas. Ponencia presentada en The Society for the Studies of the Indigenous Languages of the Americas (SSILA) / Linguistic Society of America Annual Meeting, Minnesota, 4 January.

González, Hebe A. 2005. *A grammar of Tapiete (Tupi-Guarani)*. Pittsburgh: University of Pittsburgh dissertation.

González, Hebe A. 2008. Una aproximación a la fonología de tapiete (tupí-guaraní). *LIAMES*, 8: 7–44.

González, Hebe A. 2012. Fonología de las lenguas chaqueñas y andinas: rasgos tipológicos y areales. En Hebe A. González y Beatriz Gualdieri (eds.) *Lenguas indígenas de América del Sur. Fonología y procesos de formación de palabras*, 40–58. Buenos Aires: Sociedad Argentina de Lingüística.

González, Hebe A. 2014. Procesos fonológicos como rasgos areales: el caso de la palatalización en las lenguas chaqueñas. *LIAMES* 14. 11–39.

González, Hebe A. y Gabriel Castro Alaniz. 2013. Patrones fonotácticos en tres lenguas del Chaco: la sílaba en wichí (mataco-mataguaya), pilagá (guaycurú) y tapiete (tupí-guaraní). En Griselda Bombelli y Lidia Soler (comps.) *Oralidad: miradas plurilingües desde la fonética y la fonología*. Córdoba, Argentina: Buena Vista.

González, Hebe A. y Marcela Gil Bustos. 2013. La palatalización en las lenguas indígenas de Sudamérica. Trabajo presentado en las Terceras Jornadas Internacionales de Fonética y Fonología. Universidad de Mar del Plata: Mar del Plata, Argentina, 26–28 Septiembre.

González, Hebe A., Marcela Gil Bustos y Gabriel Castro Alaniz. 2013. Base de datos fonológicos de lenguas indígenas de América del Sur. San Juan – Buenos Aires: DILA – CAICyT

Granadillo, Tania. 2006. *An ethnographic account of language documentation among the Kurripako of Venezuela*. Arizona: University of Arizona dissertation.

Grawunder, Sven y Lucía Golluscio. 2014. ¿Lengua o hablante? Investigando la alternancia coronal-velares en vilela. *LIAMES* 14. 41–72.

Gregores, Emma y Jorge A. Suárez. 1967. *A description of colloquial Guarani*. The Hague – Paris: Mouton de Gruyter.

Grondona, Verónica. 1998. *A grammar of Mocovi*. Pittsburgh: University of Pittsburgh dissertation.

Gualdieri, Beatriz. 1991. La palatalización en dos variedades mocovíes. En Gerzenstein, Ana (comp.) *Temas de Lingüística Aborigen*, 59–69. Buenos Aires, Argentina: Instituto de Lingüística, Facultad de Filosofía y Letras, Universidad de Buenos Aires.

Gualdieri, Beatriz. 1998. *Mocovi (Guaicuru). Fonologia e morfosintasse*. Tese de Doutorado. Universidade Estadual de Campinas.

Gualdieri, Beatriz. 2003. La palatalización en mocoví. Informe presentado para el proyecto *Endangered Languages- Endangered Peoples of Argentina*. Buenos Aires: Facultad de Filosofía y Letras, Universidad de Buenos Aires – Dept. of Linguistics, Max Planck Institute. Disponible en: http://dobes.caicyt.gov.ar/corpora/dobes/Chaco/Mocovi/Studies/Linguistics/Phonology/Annotations/clmocovifono2.pdf

Gualdieri, Beatriz. 2012. Observaciones dialectológicas sobre la fonología mocoví (Guaycurú). En González, Hebe A. y Beatriz Gualdieri (eds.) *Lenguas indígenas de América del Sur. Fonología y procesos de formación de palabras*, 59–72. Buenos Aires: Sociedad Argentina de Lingüística.

Guirardello, Raquel. 1999. *A reference grammar of Trumai*. Texas: Rice University dissertation.

Gutiérrez, Analía. 2014. La ambigüedad fonológica de los segmentos complejos: el caso de la consonante nivaclé kl. *LIAMES* 14. 105–123.

Hardman, M. J. 2001. *Aymara*: LINCOM EUROPA.

Haude, Katharina. 2006. *A grammar of Movima*. Nijmegen: Radboud University dissertation.

Howard, Linda. 1972. Fonología del camsa. En Instituto Lingüístico de Verano (ed.) *Sistemas fonológicos de idiomas colombianos*, 77–92. Bogotá: Editorial Towsend.

Ladefoged, Peter y Ian Maddieson. 1995. *The Sounds of the World's Languages*. Oxford: Blackwell.

Lozano, Elena. 1970. *Textos Vilelas*. La Plata: Centro de Estudiantes de Ingeniería de La Plata.

Lozano, Elena. 1977. Cuentos secretos vilelas: I. La mujer tigre. *VICUS* Cuadernos. Lingüística I, 93–116, Amsterdam: John Benjamins.

Lozano, Elena. 2006. *Textos vilelas* (con notas lingüísticas, etnográficas y etno-históricas de la autora), editado por Lucía Golluscio. Buenos Aires: Instituto de Lingüística, Facultad de Filosofía y Letras, Universidad de Buenos Aires.

Machoni de Cerdeña [Maccioni], Antonio. 1732. *Arte y vocabulario de la lengua Lule y Tonocoté*. Madrid: Herederos de Juan García Infanzón. [Edición 1877 e Introducción, a cargo de Juan Larsen. Buenos Aires: P. E. Coni]. [Edición 2008, a cargo de Riccardo Badini, Tiziana Deonette, Stefania Pineider. Introducción de Riccardo Badini, Raoul Zamponi. Cagliari: CUEC/Centro di Studi Filologici Sardi.]

Maddieson, Ian. 2013. Uvular consonants. En Matthew S. Dryer y Martin Haspelmath (eds.) *The World Atlas of Language Structures*. Leipzig: Max Planck Institute for Evolutionary Anthropology (Available online at http://wals.info/chapter/6, Accessed on 2014-05-03)

Manelis Klein, Harriet E. 1978. *Una gramática de la lengua toba: morfología verbal y nominal*. Montevideo: Universidad de la República.

Manus, Phyllis. 2008. Notas sobre la fonología del idioma urarina. *Datos Etno-Lingüísticos* 53. (Colección de los archivos del ILV) 1–60: Lima, Perú: Instituto Lingüístico de Verano.

Messineo, Cristina. 2003. *Lengua toba (guaycurú). Aspectos gramaticales y discursivos*. Munich: LINCOM EUROPA.

Messineo, Cristina. 2011. Aproximación tipológica a las lenguas indígenas del Gran Chaco. Rasgos compartidos entre toba (familia guaycurú) y maká (familia mataco-mataguaya). *Indiana* 28. 182–225.

Messineo, Cristina, Javier Carol y Harriet Manelis Klein. En prensa. Deixis y contacto en la región del Gran Chaco: los demostrativos en las lenguas guaycurúes y mataguayas. En Aurolyn Luykx (ed.) *Indigenous Languages in Contact* [Edición especial]. *International Journal of the Sociology of Language.*

Messineo, Cristina y Paola Cúneo. 2007. Morfología derivacional y composición nominal como recursos de clasificación etnobiológica en dos lenguas indígenas del Chaco: toba (guaycurú) y maká (mataguaya). Trabajo presentado en III Conference on Indigenous Languages of Latin America, University of Texas at Austin, 25–27 Octubre.

Messineo, Cristina y Ana Gerzenstein. 2007. La posesión de dos lenguas indígenas del Gran Chaco: toba (guaycurú) y maká (mataguayo). *LIAMES* 7. 61–80.

Messineo, Cristina, Gustavo Scarpa y Florencia Tola (eds.). 2010. *Léxico y categorización etno-biológica en grupos indígenas del Gran Chaco.* Santa Rosa: Universidad Nacional de La Pampa.

Mirones, Ricardo. 2009. Mapa IV.1. Carta étnica del Gran Chaco en el umbral del siglo XX. En AA.VV. *Atlas sociolingüístico de pueblos indígenas en América Latina. Tomo I.* Ecuador: AECID, FUNPROEIB Andes y UNICEF.

Muysken, Pieter. 2008. Introduction: Conceptual and methodological issues in areal linguistics. En Pieter Muysken (ed.) *From linguistic areas to areal linguistics*, 1–24. Amsterdam–Philadelphia: John Benjamins.

Muysken, Pieter C., Harald Hammarström, Joshua Birchall, Rik Van Gijn, Olga Krasnoukhova y Neele Müller. Este volumen. Linguistic areas, bottom up or top down? The case of the Guaporé-Mamoré. *Chapter* 5, 205–237.

Nardi, Ricardo. 2009. El kakan, lengua de los diaguitas. En José Braunstein y Cristina Messineo (eds.) *Hacia una nueva carta étnica del Gran Chaco VIII*, 175–193. Buenos Aires: Centro del Hombre Antiguo Chaqueño.

Nercesian, Verónica. 2008. El contraste plena/glotalizada/aspirada en las consonantes alveolares del wichí (mataco-mataguaya). Una aproximación desde la fonología articulatoria. m.i.

Nercesian, Verónica. 2011a. *Gramática del wichí, una lengua chaqueña. Interacción fonología-morfología-sintaxis en el léxico.* Tesis Doctoral. Universidad de Buenos Aires.

Nercesian, Verónica. 2011b. Interacciones morfofonología, morfosintaxis y mofosemántica en el dominio de la palabra en wichí (mataguaya). *RASAL* 1/2. 93–120.

Newton, Dennis. 1992. The function of time words in guarayu. En Shin Ja Hwang y William R. Merrifield (eds.) *Language in context: Essays for Robert E. Longacre*, 499–502. Arlington: University of Texas/The Summer Institute of Linguistics.

Nonato, Rafael Bezerra y Filomena Sandalo. 2007. Uma comparação gramatical, fonológica e lexical entre as famílias Guaikurú, Mataco e Bororo: um caso de difusão areal? *Boletim Museo Paraense Emílio Goeldi. Ciências Humanas.* 2(2). 91–107.

Oliveira, Sanderson Castro Soares de. 2009. *Preliminares sobre a fonética e a fonologia da língua falada pelo primeiro grupo de índios Korúbo recém-contatados.* Tese de Mestrado. Universidade de Brasília.

Olson, Ronald D. 1967. The syllable in Chipaya. *International Journal of American Linguistics.* 33(4). 300–304.

Parker, Stephen. 1991. *Estudios sobre la fonología del chamicuro.* Lima: Ministerio de Educación. Instituto Lingüístico de Verano.

Pereira Da Silva, Raynice G. 2006. *Estudo fonológico da língua Sateré-Mawé.* München: Lincom GmbH.

Price, Jana. 1984. *Estudio del sistema de sonidos del idioma panare*. Caracas: Universidad Católica "Andrés Bello".

Rodríguez Champi, Albino. 2006. Quechua del Cusco. En Stephen A. Marlett. (ed.) *Ilustraciones fonéticas de lenguas amerindias*. Lima: SIL Internacional. Universidad Ricardo Palma.

Sakel, Jeanette. 2004. *A grammar of Mosetén*. Berlin – New York: Mouton de Gruyter.

Sandalo, Maria Filomena. 1995. *A grammar of Kadiwéu*. Pittsburgh: University of Pittsburgh dissertation.

Schmidt, Max. 1938. Los Tapietés.*Revista de la sociedad científica del Paraguay*, 28–63.

Silva Gomes, Antonio Almir. 2012. Aspectos fonológicos da língua sanapaná. En Leda Bisol y Gisela Collischonn (Org.) *Anais IV Seminario Internacional de Fonología*. 1–9. Porto Alegre: Universidade Federal do Río Grande do Sul.

Stell, Noemí Nélida. 1972. *Fonología de la lengua aˣluˣlaj*. Buenos Aires: Universidad de Buenos Aires: Facultad de filosofía y Letras, Centro de Estudios Lingüísticos.

Tandioy, Francisco J. y Stephen H. Levinsohn. 1989. Fonología comparativa de los dialectos del Inga. En Rodolfo Cerrón-Palomino y Gustavo Solís Fonseca (eds.) *Temas de Lingüística Andina*, 21–37. Lima, Perú: CONCYTEC.

Terraza, Jimena. 2009a. El repertorio fonológico del wichí de Rivadavia. En Ana Fernández Garay y Marisa Censabella (eds.) *Estudios fonológicos de continua dialectales: mapuche y wichí*, 41–82. Santa Rosa, La Pampa: Universidad Nacional de La Pampa.

Terraza, Jimena. 2009b. *Grammaire du Wichi: phonologie et morphosyntaxe*. Thèse de Doctorat. Université du Québec.

Thomason, Sarah G. 2001. *Language contact. An introduction.*Washington, D.C.: Georgetown University Press.

Unruh, Ernesto y Hannes Kalisch. 2003. Enlhet-Enenlhet. Una familia lingüística chaqueña. *Thule, Rivista italiana di studi americanistici*. 14/15 207–231.

Van Gijn, Rik, Lucía Golluscio, Hebe González y Alejandra Vidal. 2013. Adverbial subordination strategies in the Chaco and beyond. Paper presented at the 87th Annual Meeting of the Linguistic Society of America, Boston, Massachusetts, 3–6 January.

Velázquez-Castillo, Maura. 1996. *The Grammar of Possession: Inalienability, incorporation and possessor ascension in guaraní*. Amsterdam/Philadelphia: John Benjamins.

Vidal, Alejandra. 2001. *Pilagá grammar*. Eugene: University of Oregon dissertation.

Viegas Barros, J. Pedro. 1997. Aspectos de la fonología del proto-chon: consonantes prevelar, velares, uvulares labializadas y glotales. Trabajo presentado en las III Jornadas de Lingüística Aborigen, Universidad de Buenos Aires, 20–23 de mayo.

Viegas Barros, J. 2001. Evidencias de la relación genética lule-vilela. *Liames*, 1. 107–126.

Viegas Barros, J. 2002. Fonología del proto-mataguayo: las fricativas dorsales. En Mily Crevels, Simon Van De Kerke, Sérgio Meira y Hein Van Der Voort (eds.) *Current Studies on South American Languages*, 137–148. Leiden, The Netherlands: Research School of Asian, African, and Ameridian studies (CNWS), Universiteit Leiden.

Viegas Barros, J. 2013a. La hipótesis de parentesco Guaicurú-Mataguayo: estado actual de la cuestión. *Revista Brasileira de Lingüística Antropológica*. 5(1). 293–333.

Viegas Barros, J. 2013b. *Proto-guicurú. Una reconstrucción fonológica, léxica y morfológica*. Muenchen: LINCOM EUROPA.

Viñas Urquiza, María Teresa. 1974. *Lengua mataca. Tomo 1*. Buenos Aires: Centro de Estudios Lingüísticos. Facultad de Filosofía y Letras. Universidad de Buenos Aires.

Zamponi, Raoul. 2008. Sulla fonologia e la rappresentazione ortografica del lule. En Introducción de Riccardo Badini y Raoul Zamponi a Maccioni, Antonio (2008 [1732]) *Arte y vocabulario de la lengua lule y tonocoté*. Riccardo Badini, Tiziana Deonette y Stefania Pineider (eds.), pp. XXI–LVIII. Cagliari: CUEC/Centro di Studi Filologici Sardi.

Pieter Muysken, Harald Hammarström, Joshua Birchall,
Rik van Gijn, Olga Krasnoukhova, and Neele Müller
5 Linguistic areas, bottom-up or top-down? The case of the Guaporé-Mamoré[1]

1 Introduction

In the most extreme case, there are two opposite ways of looking at the notion of linguistic area or Sprachbund:

BOTTOM-UP. One starts looking for similarities between the languages of a particular region, similarities which cannot be explained through common ancestry or through typological pressure or chance. Historical linguists may thus stumble upon the "unusual" spread or patterning of features in a particular area. Once enough of these features have been found, a plausible case for a linguistic area can be made. This is a traditional way of defining a linguistic area. In this paper we will call this standard approach the bottom-up perspective, and exemplify it with the wide-ranging study of Crevels and Van der Voort (2008) on the Guaporé-Mamoré at the border of Bolivia and the Brazilian state of Rondonia.

TOP-DOWN. The alternative is that one takes a preselected, independent, and supposedly cross-linguistically valid set of features, and then tries to determine whether the distribution of these features shows areal bias, in terms of the geographic density of particular feature specifications: they are more likely to occur inside that area than outside of it.

Now that increasingly large systematic data sets are becoming available for many languages and regions and 'areal' explanations are sought after for different phenomena, it is useful to compare these approaches and test their strengths and weaknesses. Do these approaches yield similar results, or are

1 This paper was written with the support of the European Research Council "Traces of Contact" Grant to the LinC group at the Centre for Language Studies, Radboud University Nijmegen. Muysken is responsible for the overall concept and the final text. Birchall coded the argument marking features. Van Gijn coded the subordination features. Hammarström developed the quantitative models for testing sprachbunds. Krasnoukhova coded the Noun Phrase features, and Müller the TAME features. We would like to thank the editors of the volume, Bernard Comrie and Lucía Golluscio, for their insightful comments on the paper. We gratefully acknowledge the earlier contributions of Mily Crevels and Hein van der Voort through the Vidi project "Language diversity in the Guaporé region." Part of this paper was presented earlier at the Department of Linguistics at Stockholm University and in the LinC colloquium in Nijmegen.

they very different in nature? How do they stand in terms of validation against some independently established criterion?

In this paper we will take data from four areas of grammatical structure: argument marking (coded by Birchall), subordination (coded by Van Gijn), the noun phrase (coded by Krasnoukhova), and TAME marking (tense/aspect/ mood/evidentiality, coded by Müller). These data are compared for 22 languages, thirteen from the Guaporé-Mamoré region in a broad sense, and nine from outside of the region. The key question we were originally asking ourselves is: do the thirteen languages from the region pattern more closely together than the overall set of languages as a whole, including the nine outsiders? It turned out that a somewhat different formulation was better, but we return to this below.

In section 2 the notion of linguistic area is further discussed, on the basis of the definition given in Thomason (2001), as applied to the Guaporé-Mamoré region, as well as some further methodological issues, and section 3 presents an outline of the current study. In section 4 the main quantitative results are given, using new measures, and section 5 concludes this paper.

It should be noted that there may not be so much difference between top-down and bottom-up approaches, as described above. Linguists may often work top-down to find areas, but they just do not do the bookkeeping. They validate the area with respect to controls, but in a very informal manner only. We propose a way of objectivizing this procedure and providing a quantitative basis for it, allowing significance testing.

2 The notion of linguistic area or Sprachbund applied to the Guaporé-Mamoré region

Campbell (2006) provides a comprehensive survey of the various definitions of 'linguistic area' or, alternatively Sprachbund (Trubetzkoy 1928). In the present paper, we take as a starting point Thomason's definition (2001: 99):

> ... a geographical region containing a group of three or more languages that share some structural features as a result of contact rather than as a result of accident or inheritance from a common ancestor.

This definition contains a number of key elements which call for independent justification for our perspective, when we want to apply it to the Guaporé-Mamoré region, its languages, and typical features, on the basis of the Crevels and Van der Voort (2008) study.

GEOGRAPHICAL REGION. The geographical region involved is the basin of the Guaporé and Mamoré rivers. As argued by Crevels and Van der Voort (2008), the region also shows shared cultural features, e.g., subsistence patterns, territorial subgroups with animal names. There is also considerable intermarriage between the different groups. There is also considerable shared cultural lexicon in words for e.g. 'maize', 'banana', 'bean', and 'chicha'.

THREE OR MORE LANGUAGES. The region is home to various languages from no less than 8 families and 11 isolates, thus totalling 19 different lineages.

SHARED STRUCTURAL FEATURES. A number of features are shared in the region such as a high incidence of prefixes, evidentials, directionals, verbal number, lack of nominal number, classifiers, and an inclusive/exclusive distinction. These features are fairly general, however.

CONTACT. Of course it remains to be established that the common features are due to contact, but there is considerable evidence for intensive contact between the languages in the region.

NOT ACCIDENT. As per tests carried out in the remainder of this paper.

INHERITANCE FROM A COMMON ANCESTOR. It is highly unlikely, given the present state of knowledge, that any or all of the languages in the area under consideration have a common ancestor demonstrable by similarities in basic vocabulary (Hammarström 2014 and references therein).

One of the issues to be considered here is how exactly to define and motivate the area under consideration. A strict geographical definition of the Guaporé-Mamoré region would exclude Cavineña, Moseten and Leko since their territories are part of the Beni river system and not the Mamoré. Karo would also be excluded. In order to include these languages, we would need to label the area as something different or at least be clear about the mismatch between the geographical terminology used for the region and our sample. The term Upper Madeira was used in Ramirez (2006) and Nimuendaju (1925) in reference to the geographical region, and not specifically a linguistic area. This term usually includes the Tupian culture area, which is technically not part of the Guaporé or Mamoré river systems, but rather of the Ji-Paraná/Machado system.

A similar issue concerns the exact locations of the Wichi and Tapiete varieties documented. The northern varieties are spoken near the upper reaches of the Mamoré headwaters and may have been in closer contact with Yurakaré and Moseten than, for example, Lakondê was in contact with Itonama. Considering these as completely distinct from the Guaporé-Mamoré sample may raise some bias in the analysis.

Eriksen (2011), using a large GIS-integrated data base, argues that there was ethnic specialization for trade in specific goods, and hence an incentive to differentiate from neighbours. This may lead to conscious manipulation of language. Such a scenario predicts structural convergence but lexical divergence, since conscious manipulation typically targets lexicon but cannot access grammar.

It will be interesting to see if our data support the region as composed of multiple smaller areas (Lévi-Strauss 1948 defines three culture areas for this region: Moxo-Chiquitos, Chapacura, and Tupi) or if there is evidence for treating the region as an area without distinct subdivisions (like the Marico cultural complex argued for by Maldi 1991) – see Crevels and Van der Voort (2008) for discussion.

Three further methodological issues will need to be discussed before turning to our own research: the relation to genealogical historical linguistics, the predictive power of linguistic areas, and the issue of gradience.

The traditional perspective on linguistic areas is rooted in historical linguistics and the assumption of language families and crucially involves the notion of shared innovations, as can be seen in Table 1, based on Lindstedt (2000).

Tab. 1: The main grammatical features of the most important Balkan languages arranged implicationally. Table rearranged from the data in Lindstedt (2000).

	Balkan Slavic	Albanian	Greek	Balkan Romance	Balkan Romani
Object reduplication (= clitic doubling)	+	+	+	+	+
Relativum generale (= invariant relative clause marker)	+	+	+	+	+
Goal / location merger	+	+	+	+	(+)
Analytic comparison	+	+	(+)	+	+
Volo (= *want*) future	+	(+)	+	+	+
Dative / possessive merger	+	+	+	+	-
Past future as conditional	+	+	+	(+)	(+)
Enclitic articles	+	+	(+)	+	(+)
Evidentials	+	+	-	(+)	(+)
Habeo (= have) perfect	(+)	+	+	(+)	-
AUX(+COMP) + finite verb	+	(+)	+	(+)	+
Prepositions instead of cases	+	(+)	(+)	(+)	(+)

In the Balkans, the languages that participate in the linguistic area all belong to families (ultimately all part of Indo-European) also spoken outside the region: Balkan Slavic, Balkan Romance, Balkan Romani, or languages for which older material is available: Albanian, Greek. The branches or varieties of the present day Balkan region have all undergone changes that are not found in the earlier varieties or varieties outside of the region. Crucial then is the fact that there have been shared innovations.

The same holds for the postulated linguistic area of the Vaupés, where speakers of Arawakan (Aikhenvald 2002), Tucanoan, and Nadahup (Epps 2007) languages have interacted for a long time. All three groups have maintained their languages as separate entities, at least as far as the lexical shapes are concerned, as well as almost all morphemes; there has been little lexical borrowing. The Arawak language directly influenced by Tucano is Tariana, but other Arawak languages are not. Of the Nadahup languages, Hup has been affected by Tucano, but a language slightly further away, Dâw, much less, and Nadëb not at all. Thus the linguistic area is not simply postulated because features are shared, but because there are other languages of the same families that do not share the areal features.

In the Guaporé-Mamoré, in contrast, there are mostly isolates and small families, and other ways need to be found to argue that there is reason to assume that the languages in the region form a linguistic area or Sprachbund.

This brings us to the second methodological issue. Masica (2001) and Matras (2011) warn that assembling lists of shared features for areally adjacent languages has no explanatory value unless chance can be ruled out in favour of a specific contact scenario. That is, any set of languages may share a certain amount of features, to some degree, just by chance alone, and such cases obviously do not warrant an explanation in terms of language contact. In the present study, we explicitly test the amount of shared features for statistical significance.

As regards gradience, we may return again to Lindstedt (2000) for an illustrative example in his "Balkanization factor"; each Balkan language receives a score proportional to the number of features shared in the Balkan Sprachbund. In Table 1, the languages are arranged in terms of their degree of Balkanization, with Balkan Slavic being most Balkanized and Balkan Romani least Balkanized. Thus a Sprachbund may exhibit gradience in language membership, from "core" languages in the Sprachbund to "non-core" languages. This situation probably is found elsewhere as well, although it is rarely discussed in such explicit terms. Thus the Balkans can be characterized as a Sprachbund with "soft" boundaries: there is no sharp transition from Sprachbund to non-Sprachbund.

There is also gradience in features: "core" features in the Balkans would be Object reduplication or clitic doubling and a *Relativum generale* or the use of an invariant relative clause marker. In contrast, "non-core" features would be AUX(+COMP) + finite verb constructions and the use of prepositions instead of morphological case endings. Again, gradience in features is something found in many linguistic areas.

It is a challenge to build either kind of gradience into a quantitative model. In this paper, we perform tests that allow for gradience in the Sprachbund boundary and once a Sprachbund is identified, all features can be graded as to how well they characterize the Sprachbund in question.

Quantification of linguistic areas is a new field of study, though work in dialectology (Grieve et al. 2011 and references therein) has been targeting related questions about areal distributions of linguistic features. Grieve et al. (2011) discuss the problem of dividing a given region into dialect areas given a set of features and their geographical distribution. The problem of finding a linguistic area also starts out from a set of features and their geographical distribution, but is different from that of dialect area division (as defined in Grieve et al. 2011) for a number of reasons. For example, a dialect area requires a conglomerate of features whereas a linguistic area requires a conglomerate of features *which are due to contact*. Furthermore, a given area that needs to be dialect divided ultimately stems from one single (proto-)language meaning that all feature values of the dialects derive from the specific values the proto-language had. This is valuable information that can be used as a model constraint. In the case of a given area that needs to be searched for linguistic areas, there is no such guarantee, i.e., we cannot assume that all, or even a subset of, the features derive from a specific value of a proto-area or the like.

The first (and, to our knowledge, *only*) paper to directly address the question of finding linguistic area(s) given a set of features and their geographical distribution is Daumé (2009), who develops a Bayesian framework for linguistic-area searching and applies it to data in the World Atlas of Linguistic Structures (Haspelmath et al. 2005). In short, it describes a model for generating the observed data as a constrained mix of inherited, contact-induced and random features. It then searches heuristically for appropriate parameters for this mix that are highly likely given the actual WALS data. Among these parameters are the number of and locations of linguistic areas. This model is actually unnecessarily complicated for the dataset used in this paper. In our case, we can disregard genealogical inheritance (since the bulk of the languages of the Guaporé-Mamoré area are not related genealogically) and we can afford to do exhaustive searching. Furthermore, it has a few design choices, such as the use of the Pitman-Yor process to constrain the number of linguistic areas, that appear to have no other motivation than mathematical elegance.

None of the previous approaches allow for areas with "soft" or "gradient" boundaries, which is the focus of one of the test batches developed in the present paper.

3 Design of the current study

In this section we will outline the various features coded in our study. In section 3.1 argument marking in described, in 3.2 subordination, in 3.3 the noun phrase, and in 3.4 TAME marking.

3.1 Argument marking (coded by Birchall)

The questionnaire on argument marking codes for 80 structural features related to the way that core, oblique and derived arguments are encoded in the declarative main clause morphosyntax of the languages in our sample. Following standard practice in modern comparative linguistics, we start by examining the morphosyntactic treatment of prototypical semantic roles across different construction types, focusing on major distinctions such as intransitive subject (S), transitive agent (A), transitive patient (O) and ditransitive recipient (R). In some languages, further argument types are also considered, such as in split intransitive systems.

The primary areas of argument marking explored in the questionnaire include:

- Constituent order for S, A, O, R and obliques
- Head-marking of core arguments on the predicate, along with the grammatical features realized through markings such as person, number, gender and clusivity.
- Dependent-marking of core arguments and whether animacy plays a role in the realization of case markers.
- Treatment of oblique arguments and the number of formal distinctions made between them.
- The alignment of different argument types across various coding properties, and whether alignment patterns vary across different syntactic types of arguments (nominal vs. pronominal) or different tense and aspectual values.
- The presence of split intransitive and inverse alignment systems and their major typological parameters.

– Valency changing operations, with focus placed on their marking in the clause, the treatment of their derived arguments, and the major typological and semantic distinctions within the construction types.

Each feature is based on independent structural criteria, and the feature values coded for each language can be empirically verified by data available in our consulted sources and do not rely solely on the labels used by the various authors.

3.2 Subordination strategies (coded by Van Gijn)

The questionnaire on subordination strategies as it is used in this study[2] connects a number of semantically defined fields to the presence or absence of individual morphosyntactic features in the construction(s) encoding these semantic fields.

The choice of semantic fields or independent variables is basically determined by three factors: i) they are an adapted subset of the categories used by Cristofaro (2003), which allows for a comparison of the South American patterns with the global patterns found by Cristofaro; ii) they should yield a reasonably good representation of the subordination strategies a language uses, meaning that semantic relation types are chosen that are expected to yield different results, iii) information should be available from grammars for the majority of them, restricting the categories to the most common types. These considerations have led to the semantic types as given in Table 2.[3]

If a language in the sample has a construction that can be used to encode one or more of these semantic fields, it is taken into consideration. By taking this approach, we go well beyond the classic or canonical conception of subor-

---

2 The questionnaire on subordination strategies used for this paper is an adapted version of a much larger questionnaire developed by Rik van Gijn. In the original set-up of the questionnaire, the units of comparison are constructions rather than languages. In order to make the results for subordination more comparable to the other linguistic features discussed in this paper, an adaptation was made by which the systems of subordination strategies of languages as a whole are compared, and in which the number of data points per language is significantly reduced and less refined, for instance in the number of semantic relation types considered. The original approach as well as the algorithm that derives language signals from the constructions are explained and defended more thoroughly in Van Gijn and Hammarström (in preparation).

3 SoA stands for State of Affairs, defined as entities that "can be located in relative time and can be evaluated in terms of their reality status" (Hengeveld and MacKenzie 2008: 166). The subscripts 'M' and 'S' stand for 'main' and 'subordinate', respectively.

Tab. 2: Semantic relation types for subordination strategies.

Temporal (simultaneous, anterior)	SoA_S places SoA_M in a temporal perspective, indicating that SoA_M takes place at a moment after or overlapping with SoA_S.
Purpose	SoA_M is carried out in order to bring about SoA_S.
Phasal (terminative)	SoA_M indicates that some entity discontinues the temporal development of SoA_S in which s/he is involved as an agent.
Perception (see)	SoA_M expresses an act of visual perception; SoA_S expresses the state or action which is perceived.
Relatives (S, A, O)	SoA_S restricts the reference of some entity that is involved in SoA_M by describing a situation in which this same entity is involved as an A, S, or O argument.

dination, including clause combinations, nominalizations, non-finite clauses, serial verb constructions, auxiliary verb constructions, verb-verb compounds and derivational affixes (e.g. desiderative or causative markers). For this reason, we use the term subordination strategies rather than subordination.

The questions in the questionnaire concern the morphosyntactic encoding of the different semantic relation types. They have the general format "For semantic relation type X, is there a construction for which Z is true?", Z referring to a particular morphosyntactic characteristic. The answer possibilities are yes, no, do not know, and does not apply. Based on previous typological work (especially Lehmann 1988, Cristofaro 2003, Malchukov 2006 and Bickel 2010), four major concerns guide the questions in the questionnaire:

- Finiteness/deverbalization: it is often the case that subordinate or dependent predicates have fewer inflectional possibilities than independent or superordinate predicates. The questions that relate to this parameter are meant to determine what verbal categories can be marked independently on the subordinate event-denoting unit (EDU). Chosen variables for this version of the questionnaire are subject agreement and tense.
- Nominalization: questions relating to this parameter determine how noun-like the EDU is. Chosen variables: the (im)possibility to take case markers/ adpositions, and the possibility of marking the subject as a possessor. Nominalization as a subordination strategy is one of the areal features of the Guaporé-Mamoré area mentioned by Crevels and Van der Voort (2008).
- Flagging: subordinate EDUs may or may not have a dependency marker associated with them (a marker that is added to the verbal or nominal inflection of the EDU mentioned above, and that does not occur on independent verbal predications). Questions that relate to dependency marking

concern the morphological status of the marker (bound or free). A special question concerns whether languages in the sample can mark switch reference on their temporal clauses, as this is also one of the Guaporé-Mamoré features noted by Crevels and Van der Voort (2008).

- Linearization: this pertains, for the version used in this study, only to the position of relativized NPs with respect to their restricting EDU.
- Integration: some of the semantic fields may be encoded by tighter constructions such as serial verb constructions, auxiliary verb constructions, verb-verb compounds and even derivational affixes. This is one of the areas in which a construction-based approach can yield more precise results. In the adaptation for this paper, three levels of integration are discerned: combinations of independent EDUs, constructions where the subordinate and superordinate EDUs are separate, but obligatorily contiguous words, and morphologically bound combinations of EDUs (affixes and V-V compounds).

The connection of the semantic relation types with the morphosyntactic features yields 38 data points per language.

3.3 The noun phrase (coded by Krasnoukhova)

The questionnaire is constructed in order to profile the structure of the noun phrase (NP) in the languages in the sample. We use the following working definition of an NP: a series of words, with a noun as its central constituent, which behaves as a single syntactic unit, and typically functions as an argument in a clause.

The NP questionnaire consists of 47 main questions and 29 sub-questions and covers such aspects as:

- Constituent order within the NP. Four modifier categories are taken into account: demonstratives, lexical possessors, numerals, and adjectives. All these are approached as semantic categories.
- Presence and realization of agreement within the NP. The agreement features considered are number, gender and physical properties, taking demonstratives, numerals and adjectives as potential agreement targets.
- Presence and conditions on the realization of number within the NP.
- Noun categorization devices, such as classifiers, and gender and noun class systems.
- Attributive possessive constructions. The parameters under investigation include: head vs. dependent marking of possession, the presence and for-

mal realization of the alienable/inalienable distinction, and the possessive strategies used by the languages in the sample.
–   Spatial deixis, with a focus on semantic features that can be encoded by adnominal demonstratives.
–   The availability of marking of temporal distinctions within the NP.

For some questions the answer values consist of 'yes', 'no' or 'not applicable', whereas for others, specific values are given as options. This concerns questions that cannot be answered adequately with an affirmative or negative response and require a more elaborate range of values. A detailed discussion and analysis of the NP features can be found in Krasnoukhova (2012).

3.4 TAME marking (Tense/Aspect/Mood/Evidentiality, coded by Müller)

The TAME questionnaire has four topic sections, one for each semantic category coded. All questions apply to non-negative, non-interrogative main clauses. Exceptions are the questions for negative imperative, and for purposive and irrealis which often occur in subordinate clauses. There are 38 questions distributed as follows:
–   Tense has five (three independent, two dependent).
–   Mood has 14 (all independent).
–   Aspect has eight (all independent).
–   Evidentiality has eight (seven independent, one dependent).

A dependent question can only be posed if one of the options in an independent question is realized. All independent questions can be answered in any order.

The questionnaire focuses on morphosyntactic marking including affixes, clitics, particles and auxiliaries (and for some questions, also repetition/reduplication). The questions differ in the way they have to be answered; the possibilities range from positive answers (yes, affix, clitic, particle, auxiliary, repetition, imperative marker plus negation, and values from zero to four in the case of remoteness distinctions) to negative (no) and neutral (unknown, not applicable). Each question has a value key that gives the possible answers.

The main challenge with TAME lies in the close connections between the categories and the need arises to specify each feature in a way that clearly distinguishes it from others. Markers can inherently belong to more than one category or acquire meanings similar to the original one, e.g. a future marker might also be used for intentional and/or irrealis and the other way around. A present marker might be used for progressive and general truths, and a direct/ visual evidential marker can have certainty values. In order to untangle the various meanings the questionnaire applies the "dominant parameter" and "prototype" principle introduced for typology by Dahl (1985), which means that a marker is entered under the question applying to its predominant meaning. If a marker has more than one major meaning of equal weight it is entered under every feature that applies to it.

The questions are designed to cover all major TAME features but do not go into fine detail. The tense section asks specifically for present, past and future tense as well as for remoteness distinctions for past and future. The mood/ modality section asks for realis/irrealis, imperative (split into several questions according to person and number), prohibitive, intentional, potential, certainty/ uncertainty (dubitative), frustrative, purposive, and desiderative. The aspect section asks for perfective/imperfective, perfect, habitual, continuative, iterative, and completive/incompletive. The evidentiality section asks for firsthand versus secondhand information (reportative) and quotative, third hand information, visual, inference and assumption.

All sections can easily be expanded, but the current goal is to present a broad picture of which categories are featured in a language and therefore categories with the best comparative values were chosen. For a more detailed discussion on coding TAME features see Müller (2013).

Appendix 1 illustrates the coding scheme adopted in this study.

3.5 Motivation for the language sample

A group of 22 mostly unrelated languages are studied here, of which 13 belong to the Guaporé-Mamoré river in a wide sense, and nine further away (although some are spoken in the Chaco region adjacent to the area under consideration). We have chosen these languages both to maximize genealogical diversity and because good grammars are available for them. Appendix 2 lists the languages in the present sample.

A total of 161 logically independent features are coded for these languages, as described in the previous sections.

4 A quantitative approach to linguistic areas

In this section we will explore some possible quantitative definitions of linguistic area. There are at least two points of contention that are left open within the definition of Thomason, namely:

- *soft/hard boundary*: Does the area have a hard boundary around it or does it decay in a more continuous manner?
- *convergence/cherry-picked*: Is the area such that the entire typological profiles have converged or is the number of shared features small relative to the total number of features in the languages? For example, if the Balkan Sprachbund is of the convergence type it makes sense to speak of a 'Balkan type' language, whereas if the Balkan Sprachbund only entails sharing a small number of features, members could be typologically very diverse on the whole, apart from those features.

We will first test hypotheses of convergence (sub-)area(s) in the Guaporé-Mamoré with a soft boundary. Any extant hard boundary Sprachbund would be expected to show up with a very non-linear, step-like, decay curve in our tests for soft boundary Sprachbunds. We informally inspect the curves accordingly rather than performing a separate explicit test.

Second we will test hypotheses of cherry-picked Sprachbund(s) with hard boundaries. To cherry-pick a set of features from a feature pool is computationally tractable if the area boundaries are hard, but we are unaware of a computationally tractable way to cherry-pick in our formalization of soft boundaries.[4]

In both cases, we will define a Bund-factor as a score for how well a given area(+features) tends to conform to the Sprachbund definition. We then enumerate all geographically coherent subsets (= areas) of the 22 languages and score them. For soft boundary convergence-Sprachbunds, enumerating all areas amounts to enumerating all centrepoints, i.e., the 22 languages. For hard-boundary cherry-picked Sprachbunds, enumerating all areas amounts to enumerating all centrepoints multiplied by all sizes, i.e., 22 languages * 21 sizes = 462 areas.

Since nearly all the languages in question are genealogically unrelated, genealogical inheritance can hardly be responsible for any major patterns in the data. We use permutation tests to check the areality of patterns of the

---

4 When picking with a hard boundary, it is always optimal to pick the feature with the highest agreement for the area considered, regardless of which features have so far been picked. In the case of soft boundaries, there may be dependencies, which makes the picking process highly non-trivial.

shared features, ruling out chance as an explanation. Using permutation tests to check for areality obviates the need to consider potential universal functional dependencies[5] among features – if there are such dependencies they should be reflected uniformly in areally coherent versus non-areally coherent subsets of languages. Thanks to a number of control languages outside the Guaporé-Mamoré area, the present test set is able to distinguish whether the Guaporé-Mamoré area as a whole is a big Sprachbund or whether the languages there reflect universal principles in language design. Any remaining areally patterned sharing of features must thus be due to contact, as required in the Sprachbund definition.

4.1 Soft-Boundary Convergence Sprachbunds

Assuming a centre point language l and an area with a soft boundary, an area is defined by that centre point l and a decay parameter k, the idea being that the typological distance from l should increase with geographical distance. If there is a sharp increase in typological distance at some geographic distance, then a hard boundary can be said to exist, otherwise not.

First, it is necessary to give an operational definition of Typological Distance. We will use the simplest kind of measure that assumes that all features are of equal weight, namely the Hamming distance:

Given two languages, their typological distance is =

$$\frac{\text{the number of features where the languages have a different value}}{\text{the number of features where both languages have a value}}$$

For example, between Cavineña [cav] and Mekens [skf], there are 125 (out of the total 164) features which are defined for both languages. Of these, they differ in 56 features so their distance is $56/125 \approx 0.448$.

Note also that no distinction is made between feature agreement as to the absence of a feature and agreement as to presence of a feature. For example, one question might be 'has nominal number' – if both languages lack it, i.e. has a N-value, it counts as much as when both languages have it, i.e. has a Y-value. This is consistent with the methodology of Crevels and Van der Voort (2008) who count, for example, lack of nominal number as a shared feature.

Now, for example, consider Cavineña (see Table 3). If there is a Sprachbund centered at Cavineña, we would expect the typological distance to increase as we get further away from Cavineña (see Figure 1 for a plot).

---

5 Areal-specific functional dependencies (cf. Dunn et al. 2011) are probably not distinguishable from Sprachbunds.

Tab. 3: Example geographical and typological distances from Cavineña.

	Movima	Mosetén	Leco	Itonama	Kanoé	Baure	Wari'
Geographical distance (km)	118.7	193.9	228.3	253.4	257.6	265.7	371.0
Typological distance	0.508	0.512	0.400	0.555	0.457	0.621	0.632

We may try to fit a line using standard linear regression to show how much of a relationship there is, giving a slope k and the Pearson correlation coefficient r measuring how well the line fits. In the case of Cavineña, typological distance does not increase with geographical distance. Also, there is nothing to suggest a non-linear relationship, as in Figure 1.

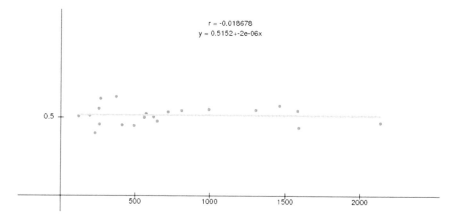

Fig. 1: A plot of geographic distance (x-axis) versus typological distance (y-axis) for the potential Sprachbund centred at Cavineña.

Table 4 below shows the slope k and fit r for each centrepoint language. Intuitively, none except the top three show even a weak tendency. To test which tendencies are stronger than random, we generate 1000 random worlds by permuting the locations of the languages. For a given centrepoint and k,r in the real world, we check in how many of the random worlds the corresponding centrepoint exhibits a higher r value. Only the Wichí Lhamtés Nocten- and Pilagá-centered Sprachbunds, outside the Guaporé-Mamoré, approach statistical significance ($p \approx 0.002$ and $p \approx 0.012$ respectively). But these p-values might not stand-up under correction for multiple (22 cases) testing. The result

Tab. 4: Potential Sprachbunds and their tendencies to exhibit a linear geographical-typological relationship. Pearson's *r* measures the goodness of fit of the linear relationship and *k* the actual slope of the best fitting line.

Sprachbund Centre	*K*	*r*
WichíLhamtésVejoz [wlv]	6.82e-05	0.564
Pilagá [plg]	5.43-05	0.498
Desano [des]	3.98-05	0.452
Tapiete [tpj]	3.23e-05	0.293
Hupdë [jup]	2.69e-05	0.253
Cusco Quechua [quz]	3.35e-05	0.176
Central Aymara [ayr]	2.19e-05	0.166
Sakirabiá [skf]	3.49e-06	0.032
Kanoé [kxo]	1.96e-06	0.021
Leco [lec]	1.51e-06	0.011
Mosetén-Chimané [cas]	−6.18e-07	−0.006
Trió [tri]	−9.40e-07	−0.010
Cavineña [cav]	−1.97e-06	−0.019
Itonama [ito]	−2.57e-06	−0.025
Movima [mzp]	−3.09e-06	−0.038
Baure [brg]	−7.14e-06	−0.052
Lakondê [lkd]	−1.01e-05	−0.077
Yuracaré [yuz]	−7.41e-06	−0.133
Apurinã [apu]	−2.35e-05	−0.184
Wari' [pav]	−1.87e-05	−0.185
Kwazá [xwa]	−2.65e-05	−0.201
Karo [arr]	−2.27e-05	−0.203

for the Guaporé-Mamoré area is clear in the present dataset: there is no evidence for a soft-boundary convergence Sprachbund in the area. Also, although omitted for reasons of space, none of the decay curves suggest the existence of a hard-bounded convergence Sprachbund.

4.2 Hard-Boundary Cherry-Picked Sprachbunds

A hard-boundary area A can be specified in terms of centre language l and a size n as 'the n geographically closest neighbours of l (including l)'. For example, the three nearest neighbours of Kwazá are Karo, Mekens, and Lakondê, so A(Kwazá, 4) = {Kwazá, Karo, Mekens, Lakondê}. This means than on n languages there are no more than $n(n-1)$ hard-boundary areas, or 22 * 21 = 462 in the present study.

Given an area $A(l,n)$ and a (sub)set of features F we can calculate its agreement as:

$$AGR(A(l,n), F) = \frac{1}{|F|} \sum_{f \in F} max\_fraction(A(l,n), f)$$

Where max_fraction gives the fraction of the most popular feature value for a given feature in a set of languages.[6] For example, for a given feature f, if Kwaza and Karo have the value X, Mekens has Y and Lakondê has Z, then the most popular value is X, and its fraction is $2/4 = 0.5$.

The first important observation is that the mere *number* of features (as opposed to *what* the features are) is sufficient to calculate the maximal agreement for a given area. If we have to select n features from a feature pool yielding maximal agreement, we simply have to rank the features as to max_fraction and select the n top ones.

Figure 2 exemplifies how agreement depends on number of features for Kwazá and its two nearest neighbours. For such a small set of languages, it is easy to get 100% agreement when selecting a small number of features from a large pool of features. However, the more features that need to be selected, the more accuracy has to be sacrificed. With a larger set of languages, high accuracy is naturally more difficult to achieve at the corresponding levels.

As Figures 3 and 4 below show, different potential areas of the same size have different agreement trajectories, and different areas of the same size can be straightforwardly compared. But to compare the agreement trajectories for areas of different sizes we need to compare how *non-random* they are.

This leads us to the second important observation: given an area there is an optimal number of features in the sense that the fewest random worlds exhibit a higher level of agreement. For a given area and its agreement trajectory in the real world, we can count in how many of 1000 random worlds the real world agreement beats the agreement in the corresponding random-world area and number of features. As exemplified in Figure 5, agreement starts out high and decreases subsequently, while non-randomness starts out low (the agreement level is matched by almost all random worlds) and reaches a maximum at some higher number of features. Thus for each area we can calculate a specific optimal number of features by taking the value that beats the most random worlds.

---

6 Note that agreement (AGR) is not the same as inverted Hamming distance. Agreement can never be less than 0.5 for a binary feature (in general, never less than 1/n for a feature with n possible values). For example, if l1 has feature vector [X Y] and l2 has [X Z] their Hamming distance is 1/2 but their agreement is $(1.0 + 0.5)/2 = 0.75$.

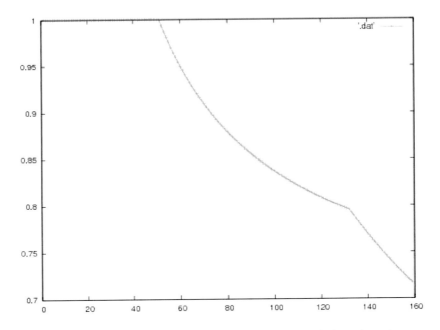

Fig. 2: Agreement for the set of languages {Kwazá, Karo, Mekens} as it depends on the number of features to be picked.

Now we are ready to test the 462 possible areas.[7] Again 1000 random worlds are generated and we check how many of those random worlds beat the real world areas in terms of their $A(l,n)$ and optimal # features. Some 41 out of the 462 areas turn out to be significant at the conventional $p < 0.01$ level. They are shown in Appendix 3, grouped by centrepoint. The p-values should not be taken at face value since they have not been corrected for multiple testing (this would require a deeper investigation of random worlds than was possible for the present study).

The top three centres shown in the table in Appendix 3 are outside the Guaporé-Mamoré-centered areas. Interesting as they may be, they are not pursued here as our current dataset is not dense enough with languages from and around those areas.

Of the remaining areas in the Guaporé-Mamoré, some cells in the table in Appendix 3 actually denote the same area, i.e. set of languages. For example, Kanoé's 3 nearest neighbours are Itonama, Baure and Wari', and Waris 3 near-

---

7 Note that we do not test the significance of all (A(l, n), #f) pairs as that would be so many tests that it would require far more random worlds to check significance.

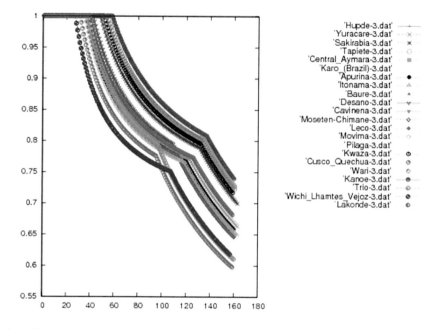

Fig. 3: Agreement trajectory for areas of size 3.

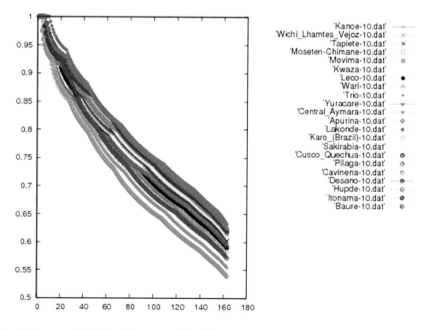

Fig. 4: Agreement trajectory for areas of size 10.

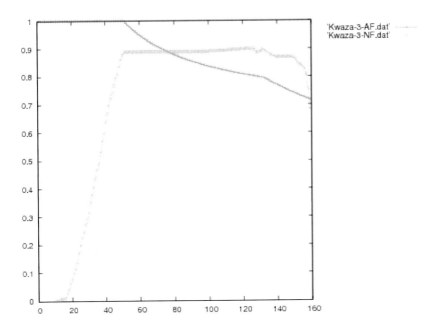

Fig. 5: Agreement and fraction of random worlds with lower agreement, as functions of # features to be cherry-picked, for the set of languages {Kwazá, Karo, Mekens}.

est neighbours are Kanoé, Itonama, Baure, so Kanoé-4 and Wari'-4 are the same area. Other cells are epiphenomenal in the sense that they are extensions of other cells which are more significant. For example, Kanoé-4 has a significance of .005, and Kanoé-5 – which is just Kanoé-4 with Movima added to it – has less significance (.009). Thus adding Movima made the whole less of a Sprachbund and it is only significant, albeit diluted, because the original Sprachbund was. Similarly, given a very significant Sprachbund, if we take away one language that makes it less significant, it may still be quite significant if the original Sprachbund was very significant. Such cases – diminished variants of more significant cells – are also epiphenomenal. If we remove all duplicate cells, epiphenomenal cells, and non-Guaporé-Mamoré cells, only two Sprachbunds remain, as show in Table 5.

Intuitively speaking, the remaining two Sprachbunds, without being fully epiphenomenal, are in fact also quite similar in that 4 languages are shared between the two. They can be taken as alternative answers to Crevels and Van der Voort's (2008: 166, 172) question about the appropriate boundaries and break-up of the Guapore-Mamoré linguistic area.

Which are the features that account for the Sprachbunds in Table 5? Appendix 4 shows the 55 cherry-picked features and agreement levels of the most

Tab. 5: The two hard-bounded Sprachbunds in the Guaporé-Mamoré area remaining after purging. The table cells show the *p*-value and number of cherry-picked features.

	45	78
Baure-5	0.000	
{Baure, Itonama, Kanoé, Movima, Mekens}	55	
Karo-8/Kwazá-8/Mekens-8/Lakondê-8		0.003
{Lakondê, Kwazá, Mekens, Karo, Baure, Itonama, Kanoé, Wari'}		100

significant Sprachbund Baure-5 (for comparison, the corresponding agreement levels for the Karo-8 Sprachbund are shown in parallel).

The 55 cherry-picked features come from all four subdomains, but with a dominance of TAME features (Table 6). Inspection shows that in fact 16 out of the 18 cherry-picked high-agreement TAME features are agreement in negative values. A large proportion of the agreement in the Baure-6 Sprachbund is thus accounted for by the shared *lack* of certain feature values.

Tab. 6: Domain and agreement distribution of the 55 cherry-picked features for the Baure-5 Sprachbund.

	Number of cherry-picked features	Total number of features	Percentage	Agreement
TAME	18	36	50.0 %	0.93
NP	17	54	31.5 %	0.94
ARG	14	56	25.0 %	0.90
SUB	6	18	33.3 %	0.93

The 55 cherry-picked features are not directly comparable to the 24 features considered by Crevels and Van der Voort (2008), which have a different granularity and include features from other domains such as pronominal system and phonology. However, it is still clear that most of the cherry-picked features have no counterpart in Crevels and Van der Voort (2008: 166–172).

5 Discussion, conclusions and suggestions for further research

In this paper we have tested several approaches for quantifying measures relating to Sprachbund phenomena, using data from the Guaporé-Mamoré area in central South America. A number of conclusions can be drawn.

There was little evidence for structural convergence of *entire typological profiles*. However, there is good evidence for the convergence of *some* features due to contact, and the cherry-picking Sprachbund measure allows us to pin-point which features are shared and exactly which languages are involved in a statistically optimal language * feature mix.

Using this measure, we come closer to the results reached by Crevels and Van der Voort (2008).

There are, however, a number of possibly controversial choices to be made when quantifying linguistic and areal data. In the present approach we have assumed that all features and feature values for each feature have equal weight, that language locations can be approximated with a centrepoint, that distances between languages can be approximated by distance as the crow flies, that Sprachbunds should be round (rather than e.g. oval, or shaped by some territorial features) and so on. Results are subject to change drastically if all or any of these crude measures are improved.

Much will depend, also, on the precise feature set taken into consideration using any methodology.

References

Aikhenvald, Alexandra Y. 2002. *Language contact in Amazonia*. Oxford: Oxford University Press.

Bacelar, Laércio Nora. 2004. Gramática da língua Kanoê. Katholieke Universiteit Nijmegen Ph.D. dissertation.

Bickel, Balthasar. 2010. Capturing particulars and universals in clause linkage: A multivariate analysis. In Isabelle Bril (ed.), *Clause linking and clause hierarchy*, 51–101. Amsterdam: John Benjamins.

Campbell, Lyle. 2006. Areal linguistics: A closer scrutiny. In Yaron Matras, April McMahon & Nigel Vincent (eds.), *Linguistic areas: Convergence in historical and typological perspective*, 1–31. Basingstoke: Palgrave MacMillan.

Carlin, Eithne. 2004. *A grammar of Trio. A Cariban language of Suriname*. Frankfurt/Main: Peter Lang.

Cerrón-Palomino, Rodolfo & Juan Carvajal Carvajal. 2009. Aimara. In Mily Crevels & Pieter Muysken (eds.), *Lenguas de Bolivia. Tomo I: Ámbito andino*, 169–213. La Paz: Plural editores.

Crevels, Mily & Hein van der Voort. 2008. The Guaporé-Mamoré region as a linguistic area. In Pieter Muysken (ed.), *From linguistic areas to areal linguistics* (Studies in Language Companion Series 90), 151–179. Amsterdam/Philadelphia: John Benjamins.

Crevels, Mily. 2006. Verbal number in Itonama. In Grazyna J. Rowicka & Eithne B. Carlin (eds.), *What's in a verb?* (LOT Occasional Series 5), 159–170. LOT: Utrecht University.

Crevels, Mily. 2012. Itonama. In Mily Crevels & Pieter Muysken (eds.), *Lenguas de Bolivia. Vol. 2. Amazonía*, 233–296). La Paz: Plural editores.

Cristofaro, Sonia. 2003. *Subordination*. Oxford: Oxford University Press.

Dahl, Östen. 1985. *Tense and aspect systems*. Oxford: Basil Blackwell.

Danielsen, Swintha. 2007. *Baure. An Arawak language of Bolivia* (Indigenous Languages of Latin America 6). Leiden: CNWS Publications. Radboud Universiteit Nijmegen Ph.D. dissertation.

Daumé, Hal, III. 2009. Non-parametric Bayesian areal linguistics. In *Proceedings of Human Language Technologies: The 2009 Annual Conference of the North American Chapter of the Association for Computational Linguistics* (NAACL '09), 593–601. Morristown, NJ, USA: Association for Computational Linguistics.

Dunn, Michael, Simon J. Greenhill, Stephen C. Levinson & Russell D. Gray. 2011. Evolved structure of language shows lineage-specific trends in word-order universals. *Nature* 473. 79–82.

Epps, Patience. 2007. The Vaupés melting pot: Tukanoan influence on Hup. In Alexandra Y. Aikhenvald & R. M. W. Dixon (eds.), *Grammars in contact. A cross-linguistic typology*, 267–289. Oxford: Oxford University Press.

Epps, Patience. 2008. *A grammar of Hup*. Berlin: Mouton de Gruyter.

Eriksen, Love. 2011. Nature and culture in prehistoric Amazonia. Using GIS to reconstruct ancient ethnogenetic processes from archaeology, linguistics, geography, and ethnohistory. Lund: Lund University doctoral dissertation.

Everett, Dan & Barbara Kern. 1997. *Wari'. The Pacaas Novos language of Western Brazil*. London: Routledge.

Facundes, Sidney da Silva. 2000. The language of the Apurinã people of Brazil. SUNY Buffalo Ph.D. dissertation.

Gabas Jr., Nilson. 1999. A grammar of Karo, Tupí (Brazil). University of California, Santa Barbara Ph.D. dissertation.

Galucio, Vilacy. 2001. The morphosyntax of Mekens (Tupi). University of Chicago Ph.D. dissertation.

González, Hebe Alicia. 2005. A grammar of Tapiete (Tupí-Guaraní). University of Pittsburgh Ph.D. dissertation.

Grieve, Jack, Dirk Speelman & Dirk Geeraerts. 2011. A statistical method for the identification and aggregation of regional linguistic variation. *Language Variation and Change* 23. 1–29.

Guillaume, Antoine. 2008. *A grammar of Cavineña*. Berlin: Mouton de Gruyter.

Hammarström, Harald. 2014. Lexical relationships of South American languages. In Loretta O'Connor & Pieter Muysken (ed.), *The native languages of South America. Origins, development, typology*, 56–69. Cambridge: Cambridge University Press.

Hardman, Martha, Juana Vásquez & Juan de Dios Yapita Moya. 1988. *Aymara: compendio de estructura fonológica y gramatical*. La Paz: Ediciones ILCA (Instituto de Lengua y Cultura Aymara); Gainesville: The Aymara Foundation.

Hardman, Martha. 2001. *Aymara*. Munich: Lincom Europa.

Haspelmath, Martin, Matthew S. Dryer, David Gil & Bernard Comrie (eds.). 2005. *World atlas of language structures*. Oxford: Oxford University Press.

Haude, Katharina. 2006. A grammar of Movima. Radboud Universiteit Nijmegen Ph.D. dissertation.

Hengeveld, Kees & J. Lachlan Mackenzie. 2008. *Functional Discourse Grammar*. Oxford: Oxford University Press.

Krasnoukhova, Olga. 2012. *The noun phrase in the languages of South America*. Utrecht: LOT.

Lehmann, Christian. 1988. Towards a typology of clause linkage. In John Haiman & Sandra A. Thompson (eds.), *Clause combining in grammar and discourse*, 181–226. Amsterdam/ Philadelphia: John Benjamins.

Lévi-Strauss, Claude. 1948. Tribes of the right bank of the Guapore river. In J. H. Steward (ed.), *Handbook of South American Indians* 3, 370–379. Washington DC: Smithsonian Institution.

Lindstedt, Jouko. 2000. Linguistic Balkanization: Contact-induced change by mutual reinforcement. In Dicky Gilbers, John Nerbonne & Jos Schaeken (eds.), *Languages in contact* (Studies in Slavic and General Linguistics 28), 231–246. Amsterdam & Atlanta, GA: Rodopi.

Malchukov, Andrej. 2006. Constraining nominalization: form/function competition. *Linguistics* 44(5). 973–1009.

Maldi, Denise. 1991. O complexo cultural do Marico: Sociedades indígenas dos Rios Branco, Colorado e Mequens, afluentes do Médio Guaporé. *Boletim do Museu Paraense Emílio Goeldi, Antropologia* 7(2). 209–269.

Masica, Colin. 2001. The definition and significance of linguistic areas: methods, pitfalls, and possibilities (with special reference to the validity of South Asia as a linguistic area). In R. Singh, P. Bhaskararao & K.V. Subbarao (eds.), *The yearbook of South Asian languages and linguistics 2001. Tokyo symposium on South Asian languages: Contact, convergence and typology*. New Delhi: Sage, 205–267.

Matras, Yaron. 2011. Explaining convergence and the formation of Linguistic Areas. In Osamu Hieda, Christa König & Hirosi Nakagawa (eds.), *Geographical typology and linguistic areas: With special reference to Africa*, 143–160. Amsterdam: John Benjamins.

Meira, Sérgio. 1999. A grammar of Tiriyó. Rice University Ph.D. dissertation.

Miller, Marion. 1999. *Desano grammar*. Dallas: Summer Institute of Linguistics and the University of Texas at Arlington.

Müller, Neele. 2013. *Tense, aspect, modality, and evidentiality marking in South American indigenous languages*. Utrecht: LOT.

Nimuendaju, Curt. 1925. As tribus do Alto Madeira. *Journal de la Société des Américanistes de Paris*, n.s., 17. 137–172.

Ramirez, Henri. 2006. As línguas indígenas do Alto Madeira: Estatuto atual e bibliografia básica. *Língua Viva* 1(1). 1–16.

Sakel, Jeanette. 2004. *A grammar of Mosetén*. Berlin: Mouton de Gruyter.

Telles, Stella. 2002. Fonologia e gramática Latundê/Lakondê. Vrije Universiteit Amsterdam Ph.D. dissertation.

Terraza, Jimena. 2009. Grammaire du wichí: Morphologie et morphosyntaxe. Université du Québec à Montréal Ph.D. dissertation.

Van de Kerke, Simon. 2000. Case marking in the Leko language. In Hein van der Voort & Simon van de Kerke (eds.), *Ensaios sobre lenguas indígenas de las tierras bajas de Sudamérica: Contribuciones al 49º Congreso Internacional de Americanistas en Quito 1997* (Lenguas Indígenas de América Latina (ILLA) 1), 25–37. Leiden: Research School of Asian, African and Amerindian Studies (CNWS), Universiteit Leiden.

Van de Kerke, Simon. 2002. Complex verb formation in Leko. In Mily Crevels, Simon van de Kerke, Sérgio Meira & Hein van der Voort (eds.), *Current studies on South American languages* (Lenguas Indígenas de América Latina (ILLA) 3), 241–254. Leiden: Research School of Asian, African and Amerindian Studies (CNWS), Universiteit Leiden.

Van de Kerke, Simon. 2006. Object cross-reference in Leko. In Grazyna J. Rowicka & Eithne B. Carlin (eds.), *What's in a verb?* (LOT Occasional Series 5), 171–188. LOT : Utrecht University.

Van de Kerke, Simon. 2009. El Leko. In Pieter Muysken & Mily Crevels (eds.), *Ámbito andino* (Lenguas de Bolivia 1), 287–332. La Paz: Plural Editores.

Van der Voort, Hein. 2004. *A grammar of Kwaza*. Berlin: Mouton de Gruyter.

Van Gijn, Rik & Harald Hammarström. In prep. A construction-based approach to measuring distances between languages: Subordination strategies in South America. Ms.

Van Gijn, Rik. 2006. A grammar of Yurakaré. Radboud Universiteit Nijmegen Ph.D. dissertation.

Vidal, Alejandra. 2001. Pilagá grammar (Guaykuruan family, Argentina). University of Oregon Ph.D. dissertation.

Weber, David. 1996. *A grammar of Huallaga (Huánuco) Quechua*. Berkeley, CA: University of California Press.

Appendix 1: Example of the coding scheme adopted in the study

Language	Applicative construction can change the type of object the verb takes without changing valency	Are demonstratives related to third person pronouns?	Are there any (grammaticalized) sex-markers? (realized on the noun itself)	In possessive constructions with pronominal possessor, is the 'possessed' noun usually marked? (state most frequent construction; if depends on alienability, state marking in alienable constructions)	Person and number distinctions are morphologically conflated
Cavinena [cav]	?	c	0	a	?
Hupde [jup]	0	a	1	a	?
Pilaga [plg]	1	e	1	b	0
Trio [tri]	?	e	0	b	0
Wichi Lhamtes Nocten [mtp]	1	?	?	?	0

Appendix 2: The language sample

Language	Family	Country	Author	NP	TAME	ARG	SUB
Within Guaporé-Mamoré Area							
Baure	Arawakan, Bolivia-Parana	BO	Danielsen 2006	*	*	*	*
Aymara	Aymaran	BO/PE/CH	Hardman 2001, Hardman et al. 1988, Cerrón Palomino & Carvajal Carvajal 2009	*	*	*	*
Wari'	Chapacuran	BR	Everett & Kern 1997	*	*	*	*
Mosetén	Isolate	BO	Sakel 2004	*	*	*	
Cavineña	Tacanan	BO	Guillaume 2008	*	*	*	*
Itonama	Isolate	BO	Crevels 2006, 2012, p.c.	*	*	*	*
Lakondê	Nambikwaran	BR	Telles 2002				
Leko	Isolate	BO	Van de Kerke 1998–2006, 2009, p.c.	*		*	
Movima	Isolate	BO	Haude 2006	*	*	*	*
Yurakaré	Isolate	BO	Van Gijn 2006	*	*	*	*
Kanoê	Isolate	BR	Bacelar 2004	*	*	*	*
Mekens	Tupian, Tupari	BR	Galucio 2001	*	*	*	*
Kwazá	Isolate	BR	Van der Voort 2004	*	*	*	*

Language	Family	Country	Author	NP	TAME	ARG	SUB
Outside Guaporé-Mamoré Area							
Huallaga Quechua	Quechuan	PE	Weber 1996	*	*		*
Pilagá	Guaycuruan	AR	Vidal 2001	*	*	*	*
Hup	Nadahup	BR	Epps 2008	*	*	*	*
Trio/Tiriyó	Cariban, Taranoan	SU/BR	Carlin 2004, Meira1999	*	*	*	*
Wichí of Rivadavia (Mataco)	Matacoan	AR	Terraza 2009	*		*	*
Apurinã	Arawakan, Purus	BR	Facundes 2000	*	*	*	*
Desano	Tucanoan	CO	Miller 1999, Wilson Silva p.c.	*	*	*	*
Karo	Tupian, Ramarama	BR	Gabas Jr. 1999	*	*	*	*
Tapiete	Tupian, Tupi-Guarani	BO/AR	González 2005	*	*	*	*

Appendix 3: The 41 hard-bounded Sprachbunds grouped by centre and size

The table cells show the p-value and number of cherry-picked features.

	Size													
	4	5	6	7	8	9	10	11	12	13	14	15	16	17
C Aymara	.002 45	.001 59												
Pilagá													.002 147	
Tapiete														.002 147
Kanoé	.005 100	.009 132					.009 62			.005 67				
Movima									.009 72					
Itonama		.009 132	.000 49				.009 62	.001 57	.009 72					
Mekens				.004 46	.003 100	.007 53						.000 70		
Yuracaré								.002 58		.003 116	.000 133			

Size	4	5	6	7	8	9	10	11	12	13	14	15	16	17
Wari'	.005 100	.005 76												
Kwazá				.004 46	.003 100	.007 53						.000 70		
Karo				.008 87	.003 100	.007 53								
Baure		.000 55					.008 68	.001 57	.009 72					
Lakondê				.004 46	.003 100	.007 53	.003 134					.000 70	.000 51	

Appendix 4: The 55 cherry-picked features and agreement levels of the most significant Sprachbund Baure-5 and the corresponding agreement levels for the Karo-8 Sprachbund in parallel

		{Baure, Itonama, Kanoé, Movima, Mekens}		{Baure, Itonama, Kanoé, Karo, Kwazá, Lakondê, Mekens, Wari'}	
ARG	S is case-marked	c	1.000	c	1.000
ARG	O is case-marked	c	1.000	c	0.875
ARG	A is case-marked	c	1.000	c	1.000
NP	What is the most frequent order of relative clause and noun?	b	1.000	b	0.750
NP	Is there a number distinction in 3rd person pronouns?	b	1.000	b	0.875
NP	What system of demonstratives is present in the language? (distance-oriented system vs. person-oriented system)	a	1.000	a	0.625
NP	What is the most frequent order of numeral and noun?	a	1.000	a	0.500
NP	What is the most frequent order of demonstrative and noun?	a	1.000	a	0.875
NP	Are there indefinite articles in use?	a	1.000	a	1.000
TAME	Can or must time be expressed by lexemes or periphrastic constructions?	Y	1.000	Y	1.000
SUB	Temporal clauses with switch reference	N	1.000	N	0.750
SUB	Relative clauses with possessor subject	N	1.000	N	0.875
SUB	Perception relations encoded by an syntactically integrated structure	N	1.000	N	0.875
SUB	Phasal relations encoded by an syntactically integrated structure	N	1.000	N	0.875
TAME	Is visual evidentiality marked morphologically?	N	1.000	N	0.750
TAME	Is there an inferred evidentiality morphological marker?	N	1.000	N	0.750
TAME	Is there an assumed evidentiality morphological marker?	N	1.000	N	0.875
TAME	Is purposive marked morphologically?	N	1.000	N	0.875

		{Baure, Itonama, Kanoé, Movima, Mekens}	{Baure, Itonama, Kanoé, Karo, Kwazá, Lakondê, Mekens, Wari'}
TAME	Is present tense marked morphologically?	N 1.000	N 0.875
TAME	Is non-firsthand information marked morphologically?	N 1.000	N 1.000
TAME	Is imperfective marked morphologically?	N 1.000	N 0.875
TAME	Is imperative for 3rd person only marked morphologically?	N 1.000	N 1.000
TAME	Is firsthand information marked morphologically?	N 1.000	N 1.000
TAME	Is an incompletive action marked morphologically?	N 1.000	N 1.000
TAME	Is a completive action marked morphologically?	N 1.000	N 0.875
NP	Are there nouns denoting obligatorily possessed items?	1 1.000	1 0.750
ARG	Language shows contrasting alignment patterns for S depending on tense and/or aspectual values of the verb:	0 1.000	0 0.875
NP	Do numerals receive any special (class-changing) morphology in order to function as an attributive modifier within an NP?	0 1.000	0 0.625
NP	Do nouns have a morphologically marked paucal?	0 1.000	0 0.875
NP	Do nouns have a morphologically marked dual?	0 1.000	0 1.000
NP	Do discontinuous NPs occur?	0 1.000	0 0.875
ARG	Causation can be expressed through verb serializations	0 1.000	0 0.875
ARG	Causation can be expressed through quotative constructions	0 1.000	0 0.875
NP	Can adnominal demonstratives encode altitude?	0 1.000	0 1.000
ARG	Applicative constructions can be formed through verb serialization	0 1.000	0 0.625
TAME	Is there a hierarchy of evidentials?	z 0.800	z 0.625
ARG	Recipient arguments are marked	d 0.800	d 0.500
ARG	Passive constructions are marked	d 0.800	d 0.625
ARG	Obliques in transitive constructions	d 0.800	d 0.500
NP	What is the morphological composition of adverbial demonstratives (as compared to adnominal dem.)?	b 0.800	b 0.500
ARG	Obliques in intransitive constructions	b 0.800	b 0.500

		{Baure, Itonama, Kanoé, Movima, Mekens}	{Baure, Itonama, Kanoé, Karo, Kwazá, Lakondê, Mekens, Wari'}
ARG	Which independent pronominal constituent is morphosyntactically treated as S:	a 0.800	a 0.750
ARG	Reciprocals are marked by	a 0.800	a 0.875
NP	In possessive constructions with pronominal possessor, is the POSSESSOR usually marked? (state most frequent construction; NB: if marking depends on alienability, state marking of possessor in ALIENABLE constructions)	a 0.800	a 0.625
NP	In possessive constructions with nominal possessor, is the POSSESSOR usually marked? (state most frequent construction; NB: if marking depends on alienability, state marking of possessor in ALIENABLE constructions)	a 0.800	a 0.625
NP	Are demonstratives related to third person pronouns?	a 0.800	a 0.750
ARG	Which constituent full NPs are morphosyntactically treated the same in basic constructions:	a 0.800	a 0.750
SUB	Temporal clauses that can mark subject agreement	Y 0.800	Y 0.625
SUB	Temporal clauses with bound subordinator	Y 0.800	Y 0.625
TAME	Is realis mood marked morphologically?	N 0.800	N 0.875
TAME	Is perfective marked morphologically?	N 0.800	N 0.875
TAME	Is perfect marked morphologically?	N 0.800	N 0.750
TAME	Is imperative for 1st person only marked morphologically?	N 0.800	N 0.750
TAME	Is dubitative marked morphologically?	N 0.800	N 0.750
NP	How many distance contrasts do adverbial demonstratives encode?	2 0.800	2 0.500

Florencia Ciccone y Verónica Nercesian

6 Seguimiento referencial en lenguas sudamericanas: mecanismos sintácticos/ pragmáticos y distribución geográfica

1 Introducción

El seguimiento de la referencia a través de las cláusulas en el discurso es una de las funciones centrales de la gramática de una lengua (Foley y Van Valin 1984). Permite al hablante facilitarle al oyente la recuperación y el monitoreo de la correferencialidad mediante recursos gramaticales, estrategias discursivas y conocimientos del mundo de manera interrelacional (Comrie 1994).

En América del Sur se ha registrado la presencia, bastante extendida, de sistemas de conmutador de la referencia (CR)[1] (*switch reference*). Este sistema fue documentado en lenguas de familias lingüísticas diferentes, como quechua, aymara, uru-chipaya, tucano, pano, tacana, barbaco y jivaro (Cole 1983; Longacre 1983; Aikhenvald 2002; Adelaar 2004; Ciccone, Dreidemie y Nercesian 2008; van Gijn 2012; entre otros). Algunas lenguas jê (Rodrigues 1999b; Gonçalves Dourado 2001) y arawak (Aikhenvald 2002) también poseen sistemas de CR. Asimismo, van Gijn (2012) observa este tipo de sistemas en lenguas aisladas o no clasificadas como el cofán (Fischer 2007, Fischer y van Lier 2011), el kwazá (van der Voort 2004), el yurakaré (van Gijn 2006) y el embera (Chocoan, Mortensen 1999).

Sin embargo, existe otro gran grupo de lenguas sudamericanas que carece de este tipo de sistemas (Nercesian 2005, 2006; Ciccone 2006; Ciccone, Dreidemie y Nercesian 2008). Aún más, este grupo de lenguas no sólo carece de un sistema de CR, sino que además no son típicamente de concordancia, ni de sistemas de género, no poseen artículos, ni demostrativos con función anafórica, no son lenguas de caso y tienden a establecer relaciones interclausales del tipo paratácticas, por lo que no presentan estructuras típicamente subordinantes, ni marcadores de subordinación.[2] En general, estos recursos están presentes en otras lenguas sin sistemas de conmutador de la referencia.

---

1 Empleamos el término del español "conmutador", en lugar de "cambio", como contraparte del vocablo inglés *switch*, a fin de reflejar en la traducción el sentido de sistema de dos posiciones que originalmente le diera Jacobsen (1967) al introducir el término en la literatura.
2 En general, poseen pocos marcadores interclausales y esos son multifuncionales, es decir, no se usan exclusivamente para la subordinación.

En este trabajo proponemos un mapeo de la distribución geográfica del sistema de CR en Sudamérica a fin de delinear su difusión en la región. Asimismo, desde una perspectiva tipológica, mostramos que los recursos gramaticales más frecuentes a los que las lenguas sudamericanas que carecen de este tipo de sistema recurren para la recuperación de las relaciones correferenciales son básicamente cuatro: *a)* la marcación pronominal en el verbo, *b)* las construcciones impersonales y la inversión, *c)* el empleo de las frases nominales y *d)* las construcciones de verbos seriales y converbales. Estos recursos, que contribuyen incidentalmente al seguimiento referencial, son comunes en las lenguas que no han desarrollado un sistema de CR en Sudamérica. Por último, el abordaje de este estudio considera la interacción de aspectos gramaticales y pragmáticos a fin de explorar la relación entre la predominancia de uno de esos aspectos y el tipo de mecanismo empleado para el seguimiento de la referencia que la lengua provee. Con ello buscamos contribuir a una mayor comprensión acerca de los modos en que los hablantes se valen de los recursos gramaticales de su lengua para establecer el seguimiento referencial en el discurso.

En la sección § 2, presentamos las lenguas seleccionadas, las fuentes y la metodología utilizada en este estudio. En § 3 exponemos la distribución geográfica de los sistemas de conmutador de la referencia en Sudamérica. En la sección § 4, analizamos los recursos gramaticales mencionados comunes entre las lenguas que no poseen un sistema de conmutador de la referencia en las regiones de Amazonía, Gran Chaco, Patagonia y Andes austral: (4.1) sistemas pronominales, (4.2) construcciones impersonales e inversas, (4.3) presencia/ ausencia de frases nominales y (4.4) construcciones de verbos seriales y converbales. Por último, en § 5 desarrollamos las conclusiones del trabajo.

2 Selección de lenguas, muestreo y fuentes

Este estudio se realizó sobre la base de un total de 43 lenguas de Sudamérica distribuidas en 4 grandes regiones naturales: Amazonía, Andes boreal y central, Gran Chaco, Patagonia y Andes austral, a fin de conformar una muestra lo más representativa posible en cuanto a cantidad de lenguas que se hablan en el territorio y expansión geográfica de cada región. En números absolutos y porcentuales el corpus incluye 21 lenguas de Amazonía que representan 7 familias lingüísticas de un total de 20 (el 35%) y 5 aisladas de un total de 21[3] (el 23,8%); 8 lenguas de la región Andes boreal y central que representan la

---

3 Cf. Dixon y Aikhenvald (1999).

totalidad de las familias lingüísticas del área (100 %), 1 lengua no clasificada relacionada con la familia chon y 1 mixta[4]; 12 lenguas del Gran Chaco que representan 5 de 7 familias lingüísticas habladas en el área[5] (el 71,4 %); y 2 lenguas de la Patagonia y Andes austral que representan la totalidad de las familias lingüísticas y lenguas aisladas de la región[6] (100 %).

Además del criterio territorial geográfico, se procuró que la selección de lenguas garantizara la mayor representatividad posible de familias lingüísticas en cuanto a su variedad. 35 lenguas de las 43 seleccionadas representan un total de 16 familias lingüísticas distintas: arawak, caribe, jê, mawé, pano, tucano, tupí-guaraní (Amazonía); aymara, quechua y uru-chipaya (Andes central y boreal); guaycurú, lule-vilela, mataguaya, tupí-guaraní, zamuco (Gran Chaco); chon (Patagonia y Andes austral). 7 lenguas son aisladas o no clasificadas: cofán, embera, kwazá, movima, yurakaré (Amazonía); mosetén (Andes central); y mapudungun (Patagonia y Andes austral). Por último, 1 lengua mixta, el kallawaya de la región Andes central. El muestreo de lenguas por región y filiación genética confeccionado para este estudio puede verse en el Cuadro 1 del Anexo.

En tercer lugar, la accesibilidad a las fuentes fue también un factor considerado para la selección de las lenguas. En muchos casos no contamos con gramáticas o estudios lingüísticos exhaustivos que pudiesen ser tomados como referencia para constatar las hipótesis sobre el seguimiento referencial de nuestro estudio. La mayor dificultad, en este sentido, la tuvimos para el examen de las lenguas que carecen de un sistema de conmutador de la referencia, puesto que, precisamente al carecer de CR, en escasas ocasiones se encontró una referencia explícita a las estrategias de seguimiento referencial en la gramática de esas lenguas. Por este motivo, para el estudio de este grupo de lenguas especialmente hemos examinado las gramáticas y los textos interlinearizados que estuvieran accesibles.

En cuanto a la procedencia de los datos, el estudio se basó en datos primarios de las lenguas tapiete y wichí, y secundarios de las lenguas andinas, amazónicas, patagónicas y andinas australes y el resto de las chaqueñas. Las fuentes secundarias consisten principalmente en gramáticas particulares y artículos focalizados en temas de sintaxis de las lenguas de la región. Obras dedicadas a la caracterización tipológica de las lenguas de una región particular también fueron material de consulta, tal es el caso de los Andes (Adelaar 2004) y la Amazonía (Dixon y Aikhenvald 1999). En algunos casos, hemos tenido la posibilidad de realizar consultas mediante comunicación personal con

---

4 Cf. Büttner (1983), Adelaar (2004).
5 Cf. Golluscio y Vidal (2009/10).
6 Cf. Adelaar (2004).

especialistas de algunas lenguas incluidas en el estudio, quienes además nos han ofrecido sus propios datos para ilustrar los fenómenos. En el Cuadro 1 del Anexo ya mencionado, se incorporan las fuentes consultadas por lengua.

El estudio se llevó a cabo en dos grandes etapas. La primera consistió en la clasificación de las lenguas según poseyeran CR o no. En esa instancia, además, se observó que en el grupo de lenguas sin CR predominaba la presencia de construcciones sintácticas del tipo paratáctico, más que de subordinación, como las construcciones de verbos seriales y converbales (los resultados preliminares se presentaron en Ciccone, Dreidemie y Nercesian 2008). La segunda etapa consistió, por un lado, en la elaboración y constatación de la hipótesis de que las lenguas sin CR comparten como estrategia discursiva para el seguimiento referencial el empleo de los cuatro recursos gramaticales –la marcación pronominal obligatoria, las construcciones impersonales, el empleo de las frases nominales y las construcciones de verbos seriales y converbales–, y el análisis e interpretación de la comparación de los tipos de mecanismos para el seguimiento referencial sintáctica o pragmáticamente orientados. Por otro lado, en esta segunda instancia se amplió el corpus de datos de 18 a 43 lenguas, en número y en diversidad de familias lingüísticas representadas y regiones naturales, a fin de alcanzar mayor representatividad de lenguas para la constatación de las hipótesis aquí formuladas y la clasificación establecida en la primera etapa. Asimismo, ello permitió mapear con mayor exhaustividad el grado de difusión del sistema de CR.

3 Difusión del sistema de conmutador de la referencia en Sudamérica

Diversos estudios sobre difusión areal y, en particular, sobre sistemas de CR han demostrado que este mecanismo es candidato a ser prestado de una lengua a otra por contacto (Austin 1980; Haiman y Munro 1983; Roberts 1997). En América del Sur, la región andina en su extensión de norte a sur es claramente un área de difusión de este sistema. Adelaar (2004) ha registrado CR prácticamente en la totalidad de las lenguas de los Andes expresado a través de morfemas verbales. Lenguas de la zona más austral del continente, como el mapudungun y el tehuelche, sin embargo, no lo han desarrollado (Hasler c.p.). Según una sistematización de los tipos de CR registrados en lenguas andinas realizada por Dreidemie (2011), todos consisten en la distinción *mismo sujeto* (MS) y *distinto sujeto* (DS). La autora observa que algunos sistemas expresan, a su vez, la relación temporal que se establece entre las cláusulas combinadas de simultaneidad (SIM) o de secuencialidad (SEC), y otros, también interactúan con la persona. De esta manera habría básicamente tres tipos de sistemas en la región andina:

(i) distinción MS/DS y SIM/SEC (p.ej. quechua –diferentes variedades; cf. Adelaar 2004, Dreidemie 2007–; aymara y uchumataqu, en esta última lengua el sistema sólo distingue: MS.SIM/DS.SEC –cf. Adelaar 2004–).

(1) *mik^{h}u-spa   asi-nki*
     comer-SUB/SS reír-PRES.2SUJ
     'Te ríes comiendo / Te ríes mientras comes.'
     (Quechua boliviano; Dreidemie 2007: 87)

(2) *maka-jti-yki-qa   p^{h}illa-ku-saj*
     emborrachar-SUB.DS.SEQ-2SUJ-TOP enojar-REFL-1SUJ.FUT
     'Si te emborrachas, me enojaré.'
     (Quechua boliviano; Dreidemie 2007: 90)

(ii) distinción MS/DS y SIM/SEC e interacción con la marcación de persona (p.ej. chipaya, familia uru-chipaya –cf. Adelaar 2004, Cerrón Palomino 2009–).

(3) *trheri   qaj-a   oqh-lay-ñi-ta-ki-tra*
     comida pedir-SS.SEQ ir-FRE-HAB-VBL-EVI-DCL
     'Dicen que andaba pidiendo comida.'
     (Chipaya; Cerrón Palomino 2009: 62)

(4) *lul-zhku   oqh-a-sa-tra   nii   thowazhkhor-zhku*
     comer-SUB ir-INC-OPT-DGL joven abrazar-SS.SEQ
     chul-z-chi-tra
     besar-RFL-PAS-DCL
     'Luego de comer, podría ir.'
     (Chipaya; Cerrón Palomino 2009: 62)

(5) *wer-š u:ša   kon-(n)an   we-t hila-ki   t^{h}on-či-ča*
     I-3.MS sheep kill-DS.SIM 1-G brother-TO come-PA.3.MS-DV
     'Cuando yo estaba matando una oveja, mi hermano llegó.'
     (Chipaya; Cerrón Palomino, citado en Adelaar 2004: 373)

(iii) distinción MS/DS e interacción con marcación de persona (p.ej. de la familia aymara, el jaqaru, donde DS es seguido por una marca pronominal en la primera y segunda persona, y puquina, con rasgos ergativos y caso inverso –cf. Adelaar 2004–).

(6) *pur-šu-q*   *ilʸ-uštma*
    pur(i)-(u)šu-q(a) ilʸ(a)-uštma
    arrive-SU.SS-TO see-2S.4O.IM
    'Come and see us when you arrive.'
    'Ven y venos cuando llegues.'
    (Jaqaru; Hardman 1983: 104, citado en Adelaar 2004: 309)

(7) *uk-nur-n(a)*   *hayr-k-ata-p-na*   *nak-šu-w-ata*
    uk(a)-nur(i)-n(a) hayr(a)-k-ata-(i)-p(a)-na nak(i)-šu-w-ata
    that-inside-L   dance-SM-RM-SU-3P-SU burn-OW-PV-3S.RM.HS
    'He burned them all, while they were dancing inside.'
    'Él los quemó todos, mientras ellos bailaban adentro.'
    (Puquina; Hardman 1983: 122, citado en Adelaar 2004: 311)

En el mosetén, cuya clasificación genética aún es dudosa a pesar de haber sido relacionada con la familia chon, no se ha identificado un sistema de conmutador de la referencia tal como lo hemos observado en las otras lenguas andinas (centro y norte). Esta lengua posee, sin embargo, pronombres libres y ligados que indican correferencialidad de participantes entre cláusulas (cf. Sakel 2004: 134 ss.).

La difusión del sistema de conmutador de la referencia parece haberse extendido hacia la zona boreal de los Andes alcanzando inclusive la región norte de la Amazonía de oeste a este. Las lenguas pano (habladas desde la zona este de los Andes en Perú hasta las regiones cercanas en Brasil y Bolivia), las tucano del centro y este (habladas en la cuenca amazónica en el Estado de Vaupés, Colombia, y en el Estado Amazonas, Brasil) y las tucano del oeste (al sudoeste de Colombia a lo largo de los ríos Putumayo y Caquetá, y del Putumayo y Napo en Ecuador y Perú) presentan sistemas de CR que, al igual que en las lenguas andinas, distinguen MS/DS mediante sufijos verbales. Asimismo, en general, los sistemas de CR en las lenguas amazónicas también expresan temporalidad relativa de los eventos e interactúan con la marcación de persona sujeto (cf. Dixon y Aikhenvald 1999).

En la familia pano, la marcación de la correferencialidad ocurre en el verbo de la cláusula subordinada, y en algunas lenguas también en cláusulas coordinadas, tal es el caso del shaninawa (cf. Cândido 2004). En shipibo konibo (cf. Valenzuela 2003, 2006), por ejemplo, la marcación MS/DS entre cláusulas dependientes expresa temporalidad en la subordinada, como se ilustra en (8) y (9). Además, el sistema puede estar alineado con la distinción de sujetos A de cláusulas transitivas, (10), o S de cláusulas intransitivas, (11).

(8)   SD, evento previo en cláusula marcada
      [Ainbo [Makáyain-xon e-n   onan-yantan-a]]-ra   *neno.*
      mujer Makáya:LOC-A 1-ERG conocer-PSD3-PP2:ABS-EV aquí
      nokó-ke
      encontrar:VM-CMPL
      'La mujer que conocí en Macaya el año pasado se encuentra aquí.'
      (Shipibo konibo; Valenzuela 2006: 127)

(9)   SD, evento simultáneo en cláusula marcada
      Nete be-aitian   pikó-pao-ni-ke   ja-n   ak-ai]
      día   venir.n.SG-SSD sacar:VM-HAB-REM-CMPL 3-ERG hacer-PP1
      joni.
      man:ABS
      'Cuando llegaba el día, el organizador (de la fiesta) salía (del mosqui-
      tero).'
      (Shipibo konibo; Valenzuela 2006: 130)

(10) SS orientado hacia A, evento previo en cláusula marcada
      Mapéke-xon   oin-a   iki   xoxo   bake-bo   [naikamea
      destapar-PSIA ver-PP2 AUX ilegítimo niño-PL:ABL cielo:LOC:ABL
      ik-ai].
      ser-PP1
      'Al destapar(los), vio a los niños ilegítimos que provenían del cielo.'
      (Shipibo konibo; Valenzuela 2006: 128)

(11) SS orientado hacia S, evento previo en cláusula marcada
      bo-ax   nokó-kan-a   iki   ani   manaman.
      ir.n.SG-PSIS encontrar:VM-PL-PP2 AUX grande montaña:LOC
      'Luego de caminar, llegaron a la gran montaña.'
      (Shipibo konibo; Valenzuela 2006: 130)

Las lenguas tucano presentan un sistema de CR similar al que desarrollaron las pano distinguiendo MS/DS entre cláusulas dependientes. Las lenguas tucano del oeste, a diferencia de las del centro y este, en cambio, emplean el sistema de CR entre oraciones. Asimismo, existe un grupo de lenguas de esta familia (p.ej. wanano y tuyuca) que presenta un paradigma que expresa MS, persona y número, y un solo sufijo para indicar DS en todas las personas sujeto (cf. Barnes 1999: 223). Véanse ejemplos del wanano en (12) y (13).

(12) *to   waʔa-tʃɨ   tidã thuatasi*
      this when.going-DS they won't(return)
      'When he goes, they won't return.'
      'Cuando él se vaya, ellos no retornarán.'
      (Wanano; Longacre 1983: 202, citado en Barnes 1999: 223)

(13) *tiro   waʔa-ro   thuatasi*
    3MASC when.going-SS won't (return)
    'When he goes, he won't return.'
    'Cuando él se vaya, no retornará.'
    (Wanano; Longacre 1983: 202, citado en Barnes 1999: 223)

La difusión del sistema de CR se ha extendido también a la familia jê (tronco lingüístico macro-jê), hablada en el este y noreste de Brasil, y un pequeño grupo, en el centro y sudoeste brasileño –cf. Rodrigues 1999: 166)–. Según Rodrigues (1999: 197), un grupo de lenguas de la familia marcan MS y DS en el verbo de la cláusula coordinada y otras lo hacen mediante conjunciones coordinantes que constituyen partículas independientes. Los ejemplos (14) y (15) del parkatejé, dialecto de la lengua timbira hablado en el noreste brasileño (sudeste del estado de Pará), ilustran lo antedicho (cf. Ferreira 2003, Alves 2004).

(14) *itɛ   tɔ   yatʃi   koran   nə̃ amnẽ   api   mə̃ tẽ*
    1ERG hacer venado matar+PAS SS para.acá volver LOC ir
    'Yo maté al venado y venía volviendo para acá.'
    (Parkatejé; Ferreira 2003: 183)

(15) *intʃũm   tɛ   mĩre   koran mə̃ daɲiew tɛ   kukrit pĩr*
    mi.papá ERG yacaré matar DS mi.tío ERG anta Onc-matar+PAS
    'Mi papá mato al yacaré y mi tío también mató un anta.'
    (Parkatejé; Ferreira 2003: 183)

Las lenguas de la familia jê emplean, además, construcciones de verbos seriales que conforman un solo predicado, tal es el caso del parkatejé, mencionado antes, y el panará (cf. Gonçalves Dourado 2001). Sin embargo, a pesar de que los verbos de la serie son correferenciales, la marca de MS no se utiliza. De hecho, dado que el morfema que expresa MS es un coordinante, su presencia convertiría a la construcción serial en una coordinación con nexo explícito, conformando no ya uno, sino dos predicados coordinados. El ejemplo (16) es una construcción de verbos seriales en parkatejé:

(16) *wa-ka   kotatʃe   tẽ kə̃mprõn   ku-krẽ*
    yo-FUT perseguir ir pegar.en.uña onc-comer
    'Yo lo perseguiré, le pegaré en la uña y lo comeré.'
    (Parkatejé; Ferreira 2003: 233)

La presencia de un sistema de conmutador de la referencia en la familia arawak es muy rara; sin embargo, un pequeño grupo de lenguas habladas en el norte de Brasil en la frontera con Guyana y una pequeña región del Mato Gro-sso ha desarrollado un sistema poco complejo de CR (Aikhenvald 1999). El tariana, por ejemplo, hablado en Santa Rosa y Periquitos, Colombia, posee un sistema de conmutador de la referencia como resultado del contacto con las lenguas tucano (Aikhenvald 1999: 405). En (17) *-nisawa* expresa DS mientras que en (18) *-sita* marca MS.

(17) *kay-di-ni-nisawa*   *diha kuisi-se*   *di-wa*
    so-3sg.n.fem-do-AFTER:DS he   shore-LOC 3sg.n.fem-enter
    di-a-pidana   *di-wa*   *di-a*
    3sg.n.fem-go-REM.PAST.INFERRED 3sg.n.fem-enter 3sg.n.fem-go
    'After he (the man) did this, he (the otter) came up on the shore and entered (water) and dived away.'
    'Luego de que él (el hombre) hiciera esto, apareció (la nutria) sobre la orilla y entró (al agua) y se alejó sumergiéndose.'
    (Tariana; Aikhenvald 1999: 405)

(18) *duhua du-mara-pidana*   *du-nu-sita*
    she   3sg.fem-float-REM.PAST.INFERRED 3sg.fem-come-AFTER:SS
    du-nu-ka   *duma*   *dhewi-nuku*
    3sg.fem-come-DECL 3sg.fem+look.for 3sg.n.fem pip-TOPICAL.NON.A/S
    'After she floated downstream, she came to look for the pip (of a peach palm fruit).'
    'Luego de que ella flotara río abajo, vino a buscar la pepita (del fruto).'
    (Tariana; Aikhenvald 1999: 405)

Al igual que las lenguas jê (macro-jê) el tariana emplea construcciones de ver-bos seriales en las cuales, a pesar de compartir el mismo sujeto, los verbos de la serie no llevan ninguna marca que indique correferencialidad. Más bien, el CR es utilizado entre predicados. El ejemplo (19) ilustra el empleo de la cons-trucción de verbos seriales.

(19) *phia-nihka*   *phita*   *pi-thaketa*   *pi-eme*
    you-REC.PAST.INFER 2SG+take 2SG-cross+CAUS 2SG-stand+CAUS
    ha-ne-na   *hyapa-na-nuku*
    DEM-DISTAL-CL:VERTICAL hill-CL:VERTICAL-TOP.NOM.A/S
    há-ne-riku-ma-se
    DEM-DISTAL-CL:LOC-CL:PAIR-LOC
    'Was it you who brought that mountain across (lit. take-cross put.up right) (the river) to the other side? (asked the king).'
    '¿Fuiste tú quien trajo esa montaña (lit. llevar a través-poner encima) (a través del río) hacia el otro lado? (preguntó el rey).'
    (Tariana; Aikhenvald 2006: 2)

Lenguas aisladas o no clasificadas vecinas a las andinas como el cofán (hablada en la provincia Napo del noreste de Ecuador y sur de Colombia; cf. Fischer 2007; Fischer y van Lier 2011), el kwazá (de la región de Rondônia en Brasil; cf. van der Voort 2004), el embera y el yurakaré (ubicados en los departamentos de Cochabamba y Beni de Bolivia; cf. van Gijn 2006) también presentan sistemas de conmutador de la referencia.

Por último, se ha descripto el desarrollo de un sistema de conmutador de la referencia en la lengua guaraní mbyá apoyado en los sufijos subordinantes (tupí-guaraní, cf. Dooley 1989). Sin embargo, no existen otros trabajos que se refieran a este fenómeno en otras lenguas de la familia (cf. Jensen 1998; Rodrigues 1999a, entre otros; cf. 4). No descartamos la posibilidad de que el mbyá haya desarrollado el sistema de CR por contacto, pero no encontramos lenguas geográficamente próximas que, al menos sincrónicamente, posean este tipo de sistema.

En suma, la difusión del sistema de CR en la región parece encontrar sus límites a partir de la zona centro-este hacia el sur y sureste de la Amazonía, la región chaqueña, y la zona andina austral y patagónica. Los límites de su difusión pueden deberse, por un lado, al tipo de relaciones entre los pueblos y de contacto lingüístico establecidas en los distintos períodos sociohistóricos en la región. Por otro lado, no descartamos la posibilidad de que existan motivaciones formales tipológicas que refuerzan la tendencia de esas lenguas a no desarrollar un sistema de CR. Ello, por supuesto, no impide la posibilidad de que desarrollen uno. De hecho, hemos visto que varias lenguas amazónicas, como las arawak y las macro-jê, combinan la utilización del sistema de CR y la serialización verbal.

4 Seguimiento referencial en lenguas sin sistema de conmutador de la referencia: inferencia pragmática

Un segundo gran grupo de lenguas de Sudamérica (24 de un total de 43) se caracteriza por la ausencia de un sistema de CR y de otros tipos de sistemas específicos para señalar el seguimiento referencial. En estas lenguas predomina el tipo de mecanismo de seguimiento referencial que Foley y Van Valin (1984: 324) denominaron "inferencia pragmática". De acuerdo con estos autores, este mecanismo está presente en lenguas que carecen de cualquiera de los otros tres mecanismos: (i) cambio de función –expresado a través de la alternancia de voz activa o pasiva–, (ii) cambio de referencia y (iii) sistemas de género. Según los autores, en mecanismos de inferencia pragmática, la asignación de la correferencia está frecuentemente determinada por un uso "sutil" de variables sociolingüísticas y conocimiento del mundo, en lugar de estar señalada directamente en la forma lingüística. Añaden que recursos empleados en este tipo de lenguas, como la anáfora cero o los clasificadores en lenguas australianas, por ejemplo, no tienen un rol crucial para el seguimiento referencial de la misma manera que lo tienen los sistemas de género (Foley y van Valin 1984: 324). Nuestra propuesta se sostiene sobre la idea de que, si bien la inferencia pragmática recurre a variables extralingüísticas, existen, no obstante, recursos gramaticales que funcionan como anclajes textuales sobre los cuales se construyen las inferencias y se hilvanan las relaciones de correferencialidad entre los participantes del discurso. Es decir, en estas lenguas la inferencia no se realiza exclusivamente a partir de elementos del contexto situacional, sino también a partir de "señales" formales en el discurso que contribuyen a la cohesión textual, sin las cuales difícilmente podrían reponerse las relaciones de correferencialidad. Por ello, estas son tanto o más relevantes para el monitoreo de la referencia cuanto lo pueden ser las variables extralingüísticas. Más aún, no obstante no conformen un sistema en sí mismos, existe un uso estratégico de esos recursos por parte del hablante para construir el entramado referencial.

En general, las lenguas sudamericanas sin CR tienden a indexar los argumentos en el verbo, carecer de concordancia, carecer de una clase claramente distinguida de pronombres anafóricos, poseer sólo en algunos casos sistemas de género basado en la distinción semántica de sexo (semánticamente asignado, cf. Corbett 2013) y establecer relaciones sintácticas de cosubordinación, parataxis y dependencia sin incrustación más que de subordinación y, en general, carecer de una clase de palabra específica para la subordinación (se observó que generalmente emplean partículas multifuncionales). Sin embargo, formalmente las oraciones son ambiguas respecto de las relaciones de referencialidad (sólo) en apariencia. Proponemos cuatro características gramaticales tipológicas básicas de estas lenguas que sirven de anclaje en la trama discursiva para el encadenamiento de la inferencia pragmática, a saber: *a)* el tipo de sistema de marcación pronominal y la propiedad de ser lenguas de marcación en el núcleo, *b)* el empleo de construcciones impersonales y la inversión, *c)* la presencia/ausencia de las frases nominales, dado que son omisibles, y *d)* el empleo de construcciones de verbos seriales y converbales y su particularidad de compartir argumentos.

A diferencia del sistema de CR, estos recursos gramaticales sirven incidentalmente al monitoreo del referente dado que no existen en la lengua de manera específica para tal función. Por otro lado, mientras que el CR está sintácticamente orientado, estos recursos están orientados pragmáticamente. Es el hablante quien decide cuál es el participante tópico en función del cual se construirán los indicios que permiten la inferencia de las relaciones de correferencialidad, en vez de estar el participante tópico pautado por las reglas de gramaticalidad de la lengua. Por último, según la distinción en cuanto al dominio de alcance de los mecanismos de seguimiento referencial local –clausal– y global –interclausal– (cf. Comrie 1994), los cuatro recursos a)–d) actúan, al igual que el CR en el dominio global. Las construcciones de verbos seriales, no obstante, actúan en el dominio local, en tanto la correferencialidad ocurre entre los participantes de la construcción. Sin embargo, dado que consisten en secuencias de verbos y sus argumentos que, por definición y sin ningún tipo de marcación formal abierta, deben compartir al menos uno de ellos, fueron consideradas en este estudio. Estas diferencias entre el sistema de conmutador de la referencia y los recursos gramaticales propuestos no parecieran entrar en competencia, sobre todo porque son mecanismos de distinto tipo. Al contrario, ciertos recursos empleados para la inferencia también están presentes en lenguas que poseen CR. Por este motivo, no concluimos que estas características son privativas del grupo de lenguas que carece de CR, sino que todas las lenguas que carecen de CR poseen esos cuatro recursos gramaticales y que estos cobran relevancia especial para el monitoreo de la referencia.

4.1 Sistemas pronominales

En la mayoría de las lenguas de este grupo la marcación pronominal es en el núcleo y obligatoria (incluso en cláusulas dependientes). Gracias a ello, los índices pronominales son muchas veces el único elemento que especifica la referencia de los argumentos de la cláusula, puesto que, además, las frases nominales son omisibles. Como se ilustra a continuación, el modo en que sean empleados los sistemas pronominales como recurso y las posibilidades que ese brinda dependen del tipo de alineamiento de cada lengua.

4.1.1 Amazonía

Las lenguas de la familia caribe (habladas en la región Caribe de Colombia, Venezuela, Guyana, Suriname, Guyana Francesa y Brasil) poseen sistemas de alineamiento ergativo y jerárquico. Las frases nominales (FNs) normalmente se encuentran omitidas y suelen ocurrir sólo cuando hay referentes de tercera persona (Derbyshire 1999: 55). Obsérvese el ejemplo (20) del wai wai, donde sin la presencia de FNs, los índices pronominales marcados en el verbo permiten reponer las relaciones de (dis)continuidad referencial.

(20) a-ɸaka-tʃhe   ti-htʃ-e-sɨ
     2S-wake.up-after 1+2S-go-SF-NONPAST
     'After you wake up we will go.'
     'Después de que te despiertes, vamos.'
     (Wai wai; Derbyshire 1999: 52)

Los ejemplos (21) y (22) del baure (arawak), ilustran el recurso de la marcación pronominal para reponer las relaciones de correferencialidad entre cláusulas. En el ejemplo (21), los sujetos son correferenciales y por lo tanto los dos verbos, el de la cláusula matriz y el de la dependiente, poseen el mismo prefijo de persona sujeto. Contrariamente, en (22), los sujetos no son correferenciales y las marcas pronominales del verbo de cláusula matriz y el de la dependiente son distintos.

(21) nampik   nor nikasačon.
     ni=am-pik   nor ni=kasačo-no
     1SG=take-COME deer 1SG=hunt-NOM1
     'I bring deer that I hunted.'
     'Traigo un ciervo que cacé.'
     (Baure; Danielsen 2007: 399)

(22) nam   to   nopani   to   neč yoronev.
     ni=am   to   no=pa=ni   to   neč yoro-nev
     1SG=take ART 3PL=give=1SG ART DEM2PL monkey-PL
     'I take what the monkeys have given to me.'
     'Tomo lo que los monos me dieron.'
     (Baure; Danielsen 2007: 400)

4.1.2 Gran Chaco

El tapiete (tupí-guaraní) posee un sistema de alineamiento mixto: jerárquico de tipo 1>2>3 en cláusulas transitivas, expresado mediante prefijos pronominales activos/inactivos que se usan con verbos intransitivos según sean agentivos o no agentivos. No distingue jerarquías en la tercera persona, por lo tanto, el sistema jerárquico sólo funciona en las interacciones 1>3 y 2>3. El ejemplo (23) muestra un fragmento de un texto en el que una mujer tapiete narra cómo fueron los partos de sus hijos asistidos por su madre en su casa. En la línea (a) el verbo en tercera persona *hungá* 'aprieta' remite al referente mencionado en cláusulas precedentes mediante la FN *shesi* 'mi madre'. En la línea (b) el verbo *shï-mborï* '1.SG.IN-ayudar' está marcado con el prefijo de primera persona singular inactiva (no agentiva o pacientiva) en función de la jerarquía de persona mencionada e indica que este participante asume un rol pacientivo. En la línea (c), en cambio, el verbo *a-yapo-wé* '1.SG.AC-hacer-también' marcado con un prefijo de primera persona singular activa (agentiva), indica que el mismo participante que en la línea (b) era pacientivo, asume ahora un rol de agente.

(23) a. *shï-r-ï'e*   *hungá*   *mba'etï*
          1.SG.POS-r-vientre 3-apretar nada/no
          'no aprieta mi panza nada'

      b. *köñoi-ma* *ï*   *shï-mborï*
          único-RES estar 1.SG.IN-ayudar
          'lo que hace es ayudarme'

      c. *shï-mpïränta*   *a-yapo-wé*   *koa* *sanya'ï* *o-'a-wërä*
          1.SG.POS-fuerza 1.SG.AC-hacer-también DEM niño   3-nacer-FIN
          'yo hago fuerza para que nazca el chico'

Para el kaduveo (guaycurú), Sandalo (2008) describe un recurso de seguimiento referencial, apoyado en un sistema tripartito de marcación pronominal regido por una jerarquía de persona 2>1>3. Según la autora, la persona más alta de acuerdo con esta jerarquía debe ser marcada en el verbo, mientras que el tipo de prefijo pronominal y la ausencia o presencia de un prefijo de inversión *d:-*, indica su posición de sujeto u objeto en la cláusula (Sandalo 2008). A diferencia del sistema jerárquico descripto para el tapiete, en kaduveo este mecanismo también es productivo entre referentes de tercera persona con distinto grado de topicalidad (Sandalo 2008). En el ejemplo (24), el morfema de inversión (glosado como "obv") en la línea (c) coocurre con la frase nominal que marca el cambio del referente no topicalizado (2008: 11).

(24) a. *one*   *nawelaGadá*   *GopoqonaGadi*
          one   Ø-n-awela-Ga-t-e-wa   GopoqonaGadi
          evidential 3SUBJ-antipassive-scare-pl-EPN-3-dative sp. bird
          'One says that one surprised the bird'
          'Se dice que sorprendió al pájaro'

      b. *coda ika*   *layaGegi*   craw craw craw
          coda i-ka   l-aya-Gegi   craw craw craw
          and MASC-COP 3POSS-noise-NOM craw craw craw
          'and there was a noise: craw craw craw'
          'y hubo un ruido: craw craw craw'

c. *oda   jonaGa*
  oda   jaG+naGa
  then already-COMP(when)

dalotiniwake	*ijoa*	*domaGa*
Ø-d:-alo-t-niwa-ke	i-jo-wa	domaGa
3SUBJ-obv-run-EPN-going.together-ouward	MASC-COP-pl	almost

olicaGaGa
  olicaGa-Ga
  thief-pl
  'then, (it was) when the thieves ran away.'
  'luego (fue) cuando los ladrones escaparon.'
  (Kaduveo; Sandalo 2008: 12)

El sistema pronominal de la lengua wichí (mataguaya) sigue un patrón nominativo-acusativo con marcación del sujeto obligatorio en todos los verbos. Si hay correferencialidad de sujetos, el prefijo de persona se repite en cada verbo (25). Si los sujetos no son correferenciales, se indica mediante el empleo de los prefijos pronominales de distinta persona (26).

(25) *(n'lham) n'-t'osi   iyhot wet hote   n'-wu-poset-a*
   PRO.1SG 1SUJ-pisar barro y   comp 1SUJ-hacer-pico-CI
   'Mientras piso el barro, también silbo.' (lit. 'Yo piso el barro y también silbo.')

(26) *(lham)   t'osi   iyhot wet n'-wu+poset-a*
   PRO.3SG 3SUJ:pisar barro y   1SUJ-hacer-pico-CI
   'Mientras él pisa el barro yo silbo.' (lit. 'Él pisa el barro y yo silbo.')

Cuando los sujetos son de tercera persona, la marcación pronominal no es suficiente para desambiguar la referencia del sujeto y por lo tanto se emplean las frases nominales (cf. 3.3).

El ayoreo (zamuco) presenta un comportamiento similar, la sola presencia de prefijos pronominales de distinta o igual persona es suficiente para expresar el cambio de la referencia del participante sujeto. Obsérvese el ejemplo (27) donde los sujetos de las dos cláusulas combinadas son correferenciales y el prefijo de tercera persona singular está repetido en los dos verbos. Contrariamente, los sujetos en la oración (28) no son correferenciales y, por lo tanto, los prefijos de persona sujeto son diferentes.

(27) *Y-abia   e   ch-isa   uje   e   ch-ise   sique-e*
   1.POS-hija ya 3.sg-casarse cuando ya 3sg-alcanzar año-f-sg
   'Mi hija se casó cuando cumplió años.'
   (Ayoreo; Durante 2013, c.p.)

(28) *Ango   uyu y-ijoai   uje yoqu-eduguejnai edi*
1.sg.decir yo 1.sg.POS-hermano que 1.pl.POS-lider   3.sg.llegar
'Le avisé a mi hermano que el líder había llegado.'
(Ayoreo; Durante 2013, c.p.)

4.1.3 Patagonia y Andes austral

El sistema pronominal del mapudungun funciona con un sistema de inversión. Posee sufijos verbales que indican la persona que actúa como agente y paciente/receptor, y distingue formalmente mediante sufijos pronominales distintos el objeto directo de un predicado transitivo y el indirecto de uno ditransitivo. Además, esta lengua distingue construcciones directas e inversas mediante la marcación de dos sufijos distintos, respectivamente: *-fi*, cuando el objeto es de tercera persona, y *e-* ... *-ew*, cuando el objeto corresponde a las otras personas (o a una tercera persona proximativa, en oposición a una obviativa). Las marcas de construcción directa e indirecta en predicados transitivos no son obligatorias, su uso depende de la definición del objeto o de la intención del hablante de marcar el estatus particular de dicho objeto (Golluscio 2010). Nótese en el ejemplo (29) que el agente del verbo de la cláusula matriz no es correferencial con el agente del verbo de la subordinada adverbial sino con el objeto tópico. Así pues, el verbo de la cláusula matriz lleva la marca de inverso dado que el agente es una tercera persona, mientras que en el verbo de la cláusula dependiente adverbial transitivo *pefiyem* se sufijó el objeto paciente de tercera persona *-fi* que es el correferencial con el único participante y tópico de la cláusula matriz.

(29) *[pe-fi-ye-m   iñche ñi   ñuke], küdaw-ke-y   ñi*
ir-3.OP-CONST-FNF4 yo   1.POS madre trabajar-HAB-IND.[3SG] 3.POS
ruka mew
casa PPOS
'Cuando veo a mi madre, siempre está trabajando en su casa.'
(Mapudungun; Mariano y Hasler, c.p.)

4.2 Construcciones impersonales e inversas

El empleo de construcciones impersonales y de inversión en las lenguas que emplean la inferencia pragmática es considerablemente extendido. No sucede lo mismo con la voz pasiva, ausente en las lenguas que conforman nuestro

corpus, pero documentada en algunas lenguas de la cuenca amazónica (Siewierska 2013). Por un lado, las construcciones impersonales consisten generalmente en el empleo de las formas de sujeto de primera persona del plural –inclusivo o exclusivo– o la tercera persona singular con interpretación indefinida.

En contraste con el sujeto indefinido o no especificado el objeto queda en
realce y la transitividad del predicado no se modifica, es decir, el predicado
sigue siendo transitivo. En consecuencia, las construcciones impersonales permiten mantener el seguimiento referencial del participante tópico con un cambio de función (el tópico en el rol del sujeto pasa a ser un objeto) y opacar la
identidad del agente al volverlo indefinido o no especificado, o simplemente
realzar un objeto sin que ello suponga un cambio de función. Por otro lado,
sistemas pronominales que distinguen jerarquías en la tercera persona o sistemas de inversión cumplen funciones similares a la voz pasiva y son en tal
sentido pragmática y funcionalmente semejantes, en tanto pueden indicar
cambio de función de un participante (cf. Foley y van Valin 1984; Givón 1994;
Gildea 1994; entre otros)[7] de la misma manera que las construcciones impersonales. Dado que las construcciones impersonales, las construcciones inversas
en la tercera persona y la voz pasiva son funcionalmente similares, a pesar de
presentar importantes diferencias formales, las hemos considerado conjuntamente. Tienen en común la posibilidad de hacer prevalecer la referencia del
participante en su rol de tópico a pesar de tener un rol sintáctico/semántico
de menor jerarquía (el de un objeto o un oblicuo).

4.2.1 Amazonía

Según las fuentes consultadas para este estudio, en las lenguas amazónicas,
predomina la presencia de sistemas de inversión en la tercera persona, más
que las construcciones impersonales –características, en cambio, de las lenguas chaqueñas–. En el emérillon (tupí-guaraní), Rose (2003: 81) ha reportado
el uso de un prefijo *za-* de persona indeterminada cuyo referente es un participante generalmente humano no especificado. Asimismo, en la lengua wai wai
(Caribe) se emplea un prefijo pronominal impersonal que sirve para indicar
cambio de función del participante tópico. En el ejemplo (30), el sujeto de la

---

7 En términos funcionales, si bien la voz pasiva y la voz inversa se asemejan en que muestran
un O más topical que el O de la construcción directa/activa, la diferencia entre estas consiste
en el grado de topicalidad de A. Mientras el A de la pasiva es completamente no topical, el A
de la construcción inversa permanece con algún grado de topicalidad (Thompson 1989, citado
en Gildea 1994: 204).

cláusula matriz, *yawaka* 'axe'/'hacha', es el objeto de *i-yo-hto-ʃaɸu* 'sharp'/
'afilar'. Nótese que la interpretación de la construcción impersonal es resultati-
va y, dado que el agente no está especificado, el objeto queda en realce.

(30) *ɲ-esk-e-sɨ*   *tak   yawaka*
       3S3O-bite-SF-NONPAST   now axe
       i-yo-hto-ʃaɸu
       IMPERS-edge-VBLZR-S/O.NMLZR.PAST
       'The axe that has been sharpened now bites (cuts) things.'
       'El hacha que ha sido afilada ahora corta cosas.'
       (Wai wai; Derbyshire 1999: 57)

Un ejemplo del empleo de la inversión en lenguas de la Amazonía se registra
en sateré-mawé (mawé, tronco tupí).[8] De acuerdo con Franceschini (2002) esta
lengua presenta una jerarquía de tercera persona donde el hablante puede optar por una construcción activa/directa o una construcción inactiva/inversa
dependiendo de factores pragmáticos. El ejemplo (31) es un fragmento de una
conversación en el que, según el análisis de la autora, la construcción inversa
es empleada como estrategia pragmática para topicalizar al participante P, el
cupuaçu (una comida tradicional), que es centro de interés del discurso, frente
al participante A que posee topicalidad inherente debido a sus propiedades
semánticas de agente, animado (Franceschini 2002: 230).

(31) *hirokat-ria neke   i-i-'u*   *pyru*
       criança+pl. Dem. 3I.+Inv.+comer muito
       'Pelas crianças, aquele é muito comido.'
       'Por los niños, aquel es muy comido.'
       (Sateré-mawé; Franceschini 2002: 230)

4.2.2 Gran Chaco

A diferencia de las lenguas amazónicas donde predominan los sistemas de
inversión, en las chaqueñas en general los sistemas son activo/inactivo o nominativo-acusativo y predominan las construcciones impersonales.

---

8 De acuerdo con Aryon Rodriguez (1984/85) la lengua sateré-mawé es miembro único de la
familia y forma parte del tronco tupí, al igual que las lenguas de la familia tupí-guaraní. Según
Franceschini (2002), esta lengua presenta muchos rasgos morfosintácticos comunes con las
lenguas tupí-guaraníes.

En tapiete (tupí-guaraní), la construcción impersonal se forma mediante el empleo del sufijo de primera persona plural exclusivo añadido a la base verbal. La interpretación con sentido impersonal o de primera persona plural se desprende del contexto. El ejemplo (32) es un fragmento de un relato tradicional sobre el picaflor y el zorro. El tópico del relato es el picaflor, explícito mediante la FN en la línea (a). En la línea (b) el referente del tópico cambia de la función de agente a la de paciente y se emplea la construcción impersonal, colocando en segundo plano al agente, el cual sólo puede reponerse del contexto, pero no es mencionado en la construcción.

(32) a. *mishí-nda karu   arɨka'e-pi ma'enumbɨ karu-rä*
          poco-EVD 3.comer antes-LOC picaflor   3.comer-SUB
          'El picaflor comía poquito, cuando comía.'

      b. *háme-nda   yuka-h-rä   yɨ-sako*
          entonces-EVD matar-IMPERS-SUB 3.POS-saco
          pɨhɨno-ha-yɨ-rä
          quitar-IMPERS-FRC-SUB
          'Entonces, cuando lo mataron, le quitaron el saco.'

El uso de una construcción impersonal para indicar cambio de referencia y desfocalizar el sujeto presentándolo como impersonal también ha sido identificada entre lenguas guaycurúes, como el pilagá, el qom y el mocoví. El pilagá, por ejemplo, añade el prefijo de sujeto indefinido al verbo flexionado en tercera persona, la frase nominal postverbal indica la tercera persona objeto paciente (Vidal 2001: 146). Pragmáticamente, este tipo de construcciones es funcionalmente similar a una voz pasiva, en la cual el sujeto semántico transitivo es menos importante. El ejemplo (33) es un fragmento de texto en el cual la narradora explica cómo preparar guiso. Nótese que en tanto el foco está puesto en los ingredientes necesarios para preparar el estofado, el empleo de la construcción impersonal permite mantener el seguimiento referencial del paciente/tema: el estofado, y los elementos que lo componen: los ingredientes, colocando en segundo plano al agente.

(33) a. *da' q-y-aw'o   ne-wosek   qo-y-wetake   lapat taʂa*
          conj IS-setA3-make IndefPoss.3-stew IS-setA3-need meat and
          'When preparing the stew, one needs ingredients.'
          'Cuando se prepara el estofado, se necesitan ingredientes.'

      b. *w'aeñi qo-ya-saʂa-ñi   ga' lapat qo-n-akot   tañi*
          first   IS-setA3-throw-DIR CL meat IS-setB.3-add squash
          'First, one throws in meat, adds squash'
          'Primero, se introduce la carne, se agrega calabaza'

   c. *kopa'a qo-ya-saṣa-ñi*   *ga' yačiñi l-alege,*
      then   IS-setA3-throw-DIR CL other   Poss-3-ingredients
      'then, one throws in the other ingredients.'
      'después, se introducen los otros ingredientes.'

   d. *da'   qo-y-e'et   ga' ne-wosek   qo-y-aw'o   čita na' taṣaki.*
      conj IS-setA3-fix CL   Poss3-stew IS-setA3-make oil   CL pot
      'To fix the *stew*, one makes/uses grease in the pot.'
      'Para fijar el estofado, se utiliza grasa en el pote.'
      (Pilagá; Vidal 2001: 148)

Dentro de la misma familia lingüística, Messineo (2000: 94–95) reporta el uso de construcciones impersonales en qom como estrategia gramatical para focalizar al paciente y atenuar la topicalidad del agente, sin suprimir su identidad. Asimismo, Gualdieri (1998: 123) describe el uso del morfema impersonal *qa-* en mocoví, el cual se antepone al verbo flexionado en tercera persona, como un recurso frecuentemente utilizado para topicalizar un argumento paciente en los textos.

    En wichí (mataguaya), el uso de las construcciones impersonales se forma añadiendo el prefijo de primera persona del plural a la raíz verbal. De igual manera que las otras lenguas chaqueñas, las construcciones impersonales tienen una función similar a una voz pasiva en la medida en que opacan la identidad o topicalidad del agente y realzan la del objeto. Este tipo de construcciones en wichí pueden tener, además, una interpretación resultativa. El ejemplo (34) es un fragmento de un relato sobre el incendio de la comunidad de Tres Pozos (J. G. Bazán, Formosa). En la línea (a) se introduce un participante tópico, *siwele* 'hombre blanco', posible causante del incendio. En la línea (b) el foco se mantiene en el mismo participante que asume el rol de objeto del predicado transitivo y se emplea una construcción impersonal. Finalmente, en la línea (c) el verbo en tercera persona tiene un sujeto no explícito que es el tópico del discurso: *siwele*. Dado que el referente no ha cambiado, la omisión de la frase nominal en la línea (c) se interpreta como mismo sujeto sintáctico que en la línea (a) y mismo participante tópico. Nótese que la función de la frase nominal que refiere al tópico, *siwele* 'hombre blanco', cambia: en la línea (a) es un sujeto, en la línea (b) un objeto y en la (c) nuevamente sujeto.

(34) a. *wet   tojpaj   nech'e iche   p'ante   siwele*
       CONJ ADV.TEMP recién haber PAS.REM.NVIS hombre.blanco
       'Y entonces cuando recién estaba el hombre blanco'

b. *ha-to-yhan-hi-yej*   *siwele*   *tuk*
NEG.R-SUJ.INDF-saber-NEG.R-saber hombre.blanco PRO.INDF
hope ...
COP
'no se sabía quién era'

c. *wet   n'olej   iwen-hu*   *p'ante*
CONJ MOD.ILOC 3SUJ:prender.fuego-APL PAS.REM.NVIS
Tres Pozos ...
Tres Pozos
'y parece que incendió Tres Pozos' ...

4.2.3 Patagonia y Andes austral

El mapudungun, además del sistema de inversión y su funcionalidad para el seguimiento referencial explicado en 3.1, posee un sufijo interpretado por Salas ([1992] 2006) como "persona satélite indeterminada agente". Tradicionalmente, este sufijo, *-nge*, ha sido descripto como un marcador de voz pasiva (cf. Augusta 1903). Sin embargo, dada la imposibilidad de añadir un agente explícito, Salas (*op. cit.*) desestima dicha interpretación a favor de la construcción impersonal, véanse ejemplos (35) y (36).

(35) *Leli-nge-n*
      mirar-PAS-IND.1SG
      'Alguien me miró.'
      (Mapudungun; Salas [1992] 2006: 110)

(36) **kiñe che   leli-nge-n*
      una   persona mirar-PAS-IND.1SG
      'Fui mirado por una persona.'
      (Mapudungun; Salas [1992] 2006: 110)

4.3 Presencia/ausencia de frases nominales

Estas lenguas se caracterizan por indexar los argumentos mediante afijos en el verbo, como se explicó en la sección 4.1, y por la no obligatoriedad de las frases nominales (FN) que expresan el sujeto y el objeto. Estas no son, en sentido estricto, argumentos verbales. En el habla espontánea y textos narrativos las frases nominales (incluyendo pronombres libres) tienden a omitirse. Según Jelinek (1984), las FNs tienen la función sintáctica de agregar mayor información al argumento o al predicado mismo, es decir, especifican el referente del sujeto y del objeto coindexadas al argumento pronominal marcado en el verbo.

Sin embargo, la presencia o ausencia de las frases nominales en el discurso no es aleatoria. Por el contrario, proponemos que esa oposición está motivada por factores pragmático-discursivos y es manipulada por el hablante a fin de reforzar el seguimiento referencial de los argumentos centrales. Los principales factores que motivan la presencia explícita de las FNs son el de introducir un referente nuevo, indicar un cambio de la referencia en la función de sujeto o de objeto, enfatizar o recuperar la referencia cuando la distancia desde su primera mención es muy amplia. Ello supone que la omisión se establece cuando hay correferencialidad y, en la mayoría de los casos, misma función. El uso discursivo de las frases nominales se emplea entre oraciones y oraciones subordinadas o dependientes. Este es un recurso altamente frecuente en todas las lenguas analizadas.

4.3.1 Amazonía

El fragmento narrativo presentado en (37) pertenece a la lengua baure (arawak). Nótese que la FN *sipori* 'sapo' explicita la referencia del sujeto de la cláusula de la línea (b). Las cláusulas en las líneas (c) y (d), en cambio, omiten las FNs dado que el sujeto es correferencial al sujeto de la línea (b). En la línea (e), vuelve a hacer explícita la FN, en este caso *ver* 'lagarto', dado que el referente del sujeto ha cambiado.

(37) a. *ver   teč   narimpeačow*
        ver   teč   no=ari-mpe-a-čo-wo
        PERF DEM2m 3PL=finish-CLF:flat-LK-NOM2-COP
        rokopoek   teč
        ro=kopoek   teč
        3SGm=come.down   DEM2m
        'When they had finished the roof'
        'Cuando terminaron el techo'

    b. *sipori rokačpow   inowoko-ye,*
        sipori ro=kač-po-wo   ino-woko-ye
        frog 3SGm=go-PRFLX-COP   water-place-LOC
        roehewesaw,
        ro=ehewe-sa-wo
        3SGm=throw-CLF:water-COP

'the frog came down and went away to the water place (where he lives)',

'el sapo bajó y fue al lugar con agua (donde vivía),'

c. *koeč ver nka rawantačpaw   to   ses,*
   koeč ver nka ro=awantač-pa-wo   to   ses
   because PERF NEG 3SGm=endure-GO-COP ART sun
   'porque no podía soportar el sol'

d. *roehewesaw   inowoko-ye.*
   ro=ehewe-sa-wo   ino-woko-ye
   3SGm=throw-CLF:water-COP water-place-LOC
   'he jumped into the water.'
   'saltó dentro del agua.'

e. *boen, ver teč   kotis ver rohičpaw*
   boen ver teč   kotis ver ro=hič-pa-wo
   well PERF DEM2m lizard PERF 3SGm=wait-GO-COP
   ronikpa.
   ro=nik-pa
   3SGm=eat-GO
   'Well, the lizard was already waiting to eat.'
   'Bueno, el lagarto ya estaba esperando para comer.'
   (Baure; Danielsen 2007: 449–450)

Nótese en el ejemplo (37), que el baure presenta concordancia de género. Este rasgo es bastante extendido en las lenguas de la familia arawak, y es otro recurso complementario que sirve para el seguimiento referencial en el discurso. No obstante, un estudio sobre el área lingüística del Alto Xingú menciona la pérdida del sistema de género en lenguas arawak por difusión de rasgos tipológicos de lenguas caribe y tupí (Seki 1999: 427).

4.3.2 Gran Chaco

El siguiente ejemplo fue extraído de una narración tradicional en wichí (mataguaya). Nótese la presencia de dos frases nominales, *mawu* 'zorro' y *nech'efwaj* 'chuñita', que especifican referentes de dos sujetos distintos. En la primera línea el narrador introduce al personaje *mawu* 'zorro' en la función de sujeto del verbo *ichoj* 'traer'. En la línea (b), el sujeto de la serie verbal es correferencial con el sujeto del predicado de la línea (a) es decir, el participante no sólo es el mismo sino que además desempeña el mismo rol sintáctico, y en consecuencia la frase nominal se ha omitido. En la línea (c), hay un cambio de la referencia del sujeto indicado mediante la presencia de la FN *nech'efwaj* 'chuñita' en posición preverbal. Este participante, además, cambió de la función de poseedor, en la línea (a), a la de agente, en la línea (c).

(38) a. *wit tojpaj   mawu i choj   nech'e ka-pini*
          y   después zorro 3SUJ:llevar chuña CL-miel
          'Y después, el zorro se llevó la miel de la chuña'

    b. *wit yik   inealhuhu tiyoj-che   toj   hote-tsu*
          y 3SUJ:irse 3SUJ:correr 3SUJ:ir-DIR CONJ comp-DEM
          'y se fue corriendo, se fue por ahí … como para allá …'

    c. *wit nech'e-fwaj kamaj ihi   inot*
          y   chuña-DIM aún   3SUJ:estar agua
          'y la chuñita todavía estaba en el agua …'

La misma función de las frases nominales puede observarse entre predicados dependientes. En el ejemplo (39), el sujeto de la completiva es diferente al de la principal y el cambio de la referencia está indicado por la presencia de la FN *niyat* 'jefe'. En el ejemplo (40) la cláusula dependiente es una relativa, cuyo sujeto es correferencial con la FN relativizada. Por consiguiente, la FN que expresa el sujeto de la relativa está omitida.

(39) *ifwel-mat-n'u-hu   toj   nom   niyat*
      3SUJ:avisar-PAS.CERC-1OBJ-APL CONJ 3SUJ:venir jefe
      'Él me avisó que viene el jefe.'

(40) *n'-tiknej-lhi   n'-ka-tela   toj   ileyej   hunhat*
      1SUJ-recordar-CONT 1POS-CL-abuela CONJ 3SUJ:abandonar tierra
      'Recuerdo a mi abuela que falleció.'

El tapiete (tupí-guaraní) manifiesta el mismo empleo de las frases nominales que se explicó para el wichí, véase ejemplo (41). Este es un fragmento de un cuento tradicional del zorro y el tigre. La primera línea está constituida por una cláusula simple en la que el hablante explicita el referente mediante la FN *awara* 'zorro'. En la cláusula dependiente de la línea (b) el sujeto está omitido puesto que es correferencial al de línea (a), mientras que en la cláusula principal la presencia de la FN expresa un cambio en el referente del sujeto.

(41) a. *o sea yarakwa'a-inte awara*
          o sea ser.pícaro-SUP zorro
          'o sea es muy pícaro el zorro'

b. *hama-nda   hai-pe ñi-mbi-salva-rä   yawa-kwe i-pe*
   entonces-EVD él-LOC 3-CAUS-salvar-SUB tigre-pobre agua-LOC
   i-nda   íme
   estar-EVD haber
   'entonces ahí cuando (el zorro) se salva, el pobre tigre quedó en el
   agua'

El mismo recurso se evidencia en ava-guaraní (tupí-guaraní). Obsérvese el contraste entre el ejemplo (42) y (43). En (42) se omite la FN en la cláusula dependiente marcada con el sufijo *-ramo* puesto que los sujetos de ambas cláusulas
son correferenciales. Por el contrario, en (43) el cambio del referente del sujeto
en la cláusula dependiente se indica mediante la FN *t-áy* 'su hijo'.

(42) *háe   i-pwerë-a   ó-u   i-mbaerásy-ramo*
     3PRON 3-poder-NEG 3-venir 3-enfermo-CIRC
     'Él no pudo venir porque estaba enfermo.'
     (Ava guaraní; Dietrich 2009/10: 354)

(43) *mburuvicha o-jeróvia   t-áy   o-mäe-ramo*
     capitán   3-alegrarse 3-hijo 3-mirar/tener.vista-CIRC
     'El capitán se alegró porque su hijo pudo ver.'
     (Ava guaraní; Dietrich 2009/10: 354)

También en vilela (lule-vilela) la presencia explícita de las FNs indica un cambio de la referencia mientras que su omisión ocurre cuando los sujetos son
correferenciales. El fragmento narrativo (44), a continuación, ejemplifica esta
función. Nótese que en la línea (a) el referente es introducido mediante la FN
kile 'mujer'. En las líneas siguientes, (b) y (c), se omiten las FNs que especifican
el referente del sujeto ya que este es correferencial con respecto al de la línea
(a). En (d), la inserción de la FN *'inla* 'viejo/anciano' se debe al cambio de
referente.

(44) a. *hogis   apaha-l   na-l   kile   welohos-el na-l*
        otra.vez venir.atrás-GER venir-GER mujer salir.GER   venir-GER
        'otra vez, atrás, salió una mujer que vino'

     b. *jubel   'ami-tek hogis   'aye*
        enseguida mirar-3 otra.vez campo
        'y enseguida miró otra vez el campo'

     c. *masaq 'iluel-el   ki-tek majep-lat   lal ki-tek*
        nutria convertirse-GER ir-3   laguna-LOC lal ir-3
        'se convirtió en nutria y se fue a la laguna, se fue' ...

d. *hapaha   na-l   'inta welohos-el na-l   jubel*
venir.atrás venir-GER viejo salir-GER   venir-GER enseguida
'amitek hogis   aye
mirar-3 otra.vez campo
'atrás vino un viejo que salió y enseguida miró el campo'
(Vilela; Lozano [1970] 2006: 38)

Por último, el empleo de la frase nominal para expresar un referente sujeto o
tópico diferente, no correferencial, también es un recurso frecuente en ayoreo
(zamuco). Según Bertinetto (2009: 35 ss), la inferencia pragmática es un uso
frecuente en ayoreo. Ambos, el sujeto y el objeto, pueden ser omitidos cuando
la información relevante puede reponerse del contexto, especialmente cuando
las personas son de tercera. El autor remarca la ausencia de mecanismos anafóricos en el discurso, obligatorios en lenguas indoeuropeas. En la línea (a) del
ejemplo citado en (45), la frase nominal que especifica el objeto en la primera
cláusula es omitido en la segunda. Nótese que además de ser los participantes
correferenciales, expresan un participante con la misma función sintáctica. En
la línea (b) del mismo ejemplo, el sujeto de la primera cláusula, *Sergio*, es
diferente al de la segunda, *Ramón*, y se emplea la frase nominal indicando
esa no correferencialidad. Nótese que el referente del participante objeto en la
primera cláusula es el mismo que el sujeto de la segunda, *Ramón*, pero con
funciones distintas, y la frase nominal se repite.

(45) a. *Ore chijna oriechoqui aja San Pedro.*
3P   brings thief   LOC San Pedro
'They brought the thief to San Pedro.'
'Ellos trajeron al ladrón a San Pedro.'

Eduguéjnai chigaru aja gui-guíjna cutade enga   e   ore
chief   ties   LOC 3-house pole   COORD already 3P
mo.
sleeps
'The chief tied *him* to the house's pole and (then) they went to bed'
'El jefe lo ató al palo de la casa y (luego) se fueron a dormir'

b. *Jécute Sérgio chisiome aroi tome   Ramon enga   Ramon chijna*
then Sergio gives   skin ADPOS Ramon COORD Ramon brings
aja   Riberalta.
LOC Riberalta
'Then Sergio gave the skin to Ramon and *he* brought *it t*o Riberalta.'
'Luego Sergio dio la piel a Ramón y él la trajo a Riberalta'.
(Ayoreo; Bertinetto 2009: 36)

4.3.3 Patagonia y Andes austral

También en mapudungun las FNs, que tienden a omitirse en el discurso, tienen como función introducir un nuevo referente o expresar cambio de referente. Los ejemplos (46) y (47) son fragmentos de un mismo relato que muestran el uso de este recurso en la lengua. El ejemplo (46) corresponde a la apertura de la narración en la que se presenta a uno de los participantes tópico de la historia mediante la FN *ñi awela* 'mi abuela' en la primera cláusula en la línea (a). Nótese que el uso de la forma de "persona indeterminada agente" (Salas [1992] 2006), ejemplificado en el apartado anterior, indica que el participante expresado mediante la FN ocupa la posición de objeto en dicha cláusula. En las líneas (c) y (d) la FN es omitida ya que los sujetos de las cláusulas intransitivas son correferenciales con respecto al tópico expresado en la línea (a). Este fragmento ilustra, asimismo, cómo los distintos recursos de seguimiento referencial que analizamos en este trabajo actúan de manera complementaria.

(46) a. *nï-nge-y ta-ñi awela.*
tomar-PAS-IND.[3] DET1=1.POS abuela.ESP
'la agarraron a mi abuela'

b. *mïle-y nga awkan.*
estar-IND.[3] MD pelea
'Había guerra'

[...]

c. *pïtï rume ngïñe-y.*
aún muy hambre-IND.[3]
'muy hambrienta estaba'

d. *ngïmay*
llorar-IND.[3]
'lloraba'
(Mapudungun; Golluscio 2006: 175–176)

En el fragmento narrativo (47), el referente es introducido mediante la FN *tigre Nawel* 'tigre' en la línea (a). En la siguiente línea, (b), se omite la FN, lo que indica que el participante es correferencial con respecto al de la línea (a). En la línea (c), la inserción de la FN *kushe* 'anciana' se debe al cambio de referente.

(47) a. *rangiñ nenew kïpa-le-y ti tigre Nawel*
medio neneo venir-PROG-IND.[3] DET2 tigre.ESP TIGRE
'Del medio del neneo estaba viniendo el tigre 'Nawel''

b. *p(i)le kon-pa-y*   *p(i)le kon-pa-y*
    cerca entrar-DIR1-IND.[3] cerca entrar-DIR1-IND.[3]
    'se acercaba, se acercaba'

c. *doy llika-y*   *ti   kushe   pe-lo*
    más asustarse-IND.[3] DET2 anciana ver-FNF3
    'Más se asustó la anciana al verlo'
    (Mapudungun; Golluscio 2006: 177)

4.4 Construcciones de verbos seriales y converbales

El empleo de construcciones de verbos seriales (CVSs) y converbales es una característica sobresaliente de las lenguas que carecen CR. Las CVSs son construcciones de cosubordinación, es decir, de dependencia pero no de inclusión o incrustación, que por definición se componen de verbos que comparten el sujeto (y el objeto) en tanto conforman un solo predicado, son por consiguiente, monoclausales. Así, ante una serie verbal se interpreta un único participante y un sujeto sintáctico expresado en cada verbo de la serie correferencial, inversamente, la correferencialidad, entre otros aspectos, permite reconocer la secuencia de verbos como una unidad predicativa y clausal. Similarmente, las construcciones converbales se forman por uno o más verbos no finitos que conllevan marcas morfológicas de dependencia. Los verbos dependientes tienen un sujeto correferencial al del verbo principal. A diferencia de la CVS, los converbos no son monoclausales sino un encadenamiento de predicados que se relacionan por dependencia sin incrustación.

4.4.1 Amazonía

Entre las lenguas de la familia arawak las construcciones de verbos seriales expresan significados aspectuales y generalmente no admiten más de dos verbos en la serie, como se ejemplifica en (48). Según Aikhenvald (1999), algunas lenguas de esta familia lingüística, como el pareci, el piro, y lenguas campa, presentan un tipo incipiente de construcción con verbos seriales restringida a verbos modales y de movimiento.

(48) *phia-nihka*   *phita*   *pi-thaketa*   *pi-eme*
     you-REC.PAST.INFER 2SG+take 2SG-cross+CAUS 2SG-stand+CAUS
     ha-ne-na   *hyapa-na-nuku*
     DEM-DISTAL-CL:Vertical hill-CL:Vertical-TOP.NOM.A/S
     há-ne-riku-ma-se
     DEM-DISTAL-CL:LOC-CL:PAIR-LOC

'Was it you who brought that mountain across (lit. take-cross-put.upright) (the river) to the other side? (asked the king).'
'¿Eras tú quien cruzó esa montaña (a través del río) hacia el otro lado?'
(Tariana, Aikhenvald, 2005: 2)

El movima, una lengua no clasificada hablada en la región amazónica de Bolivia, también presenta CVSs que se construyen a partir de los verbos de movimiento "ir" y "venir". Como se ilustra en (49), en esta lengua sólo uno de los verbos de la serie conlleva los enclíticos pronominales, pero todos se interpretan con sujetos correferenciales (Haude, 2006: 312).

(49) *jayna isne   kwey   joy-cheł kaj<a>łe=sne no-kos*
     DSC   PRO.f.a. FOC go-R/R come_up_to<DR>f.a.   OBL-art.n.a
     Terminal
     bus_station
     'Then she will go and meet her at the terminal.'
     'Luego, ella irá y la encontrará en la terminal (de ómnibus)'.
     (Movima; Haude 2006: 312)

Las lenguas de la familia tupi-guaraní presentan un tipo de construcciones de verbos seriales que varía en los distintos subgrupos de la familia según la presencia o ausencia de un sufijo serial y del paradigma utilizado para la marcación pronominal. Estas construcciones pueden combinar dos o más verbos concebidos como un evento complejo (Jensen 1990). El ejemplo (50) muestra una CVS del guaraní paraguayo, lengua en la que estas construcciones ocurren con un sufijo serial (SER), (Velázquez Castillo, 2004).

(50) *o-kart-(ta   o-ho-vo*
     3AC-eat-FUT 3AC-go-SER
     'S/he will go to eat as she goes.'
     'Él/ella irá comiendo mientras va'.
     (Guaraní paraguayo; Velázquez Castillo, 2004: 187)

Asimismo, las lenguas de esta familia presentan serialización de raíces verbales que forman predicados de tipo volitivo y de habilidad mental/física, como ocurre en tupinambá (51), tapirapé (52) y kamaiurá (Salles 2002, 2007).

(51) *a-'yta(b)-kuab*
     1s-nadar-saber
     'Eu sei nadar.'
     '(Yo) sé nadar'.
     (Tupinambá; Rodrigues c.p. y Navarro 1999, citado en Salles, 2002: 419)

(52) *ié   ã-inó-patãn*
eu 1SUJ-ouvir-querer
'Eu quero ouvir.'
'Yo quiero escuchar'.
(Tapirapé; Praça 1998, citado en Salles 2002: 419)

Si los sujetos de los predicados volitivos o de habilidad mental/física no son
correferenciales, se emplen cláusulas nominalizadas cuyo verbo sigue, además, un patrón ergativo-absolutivo, véase (53).

(53) *a-potar=ete   kunu'um-a brasilia-p   i-jo-taw-a*
1.SG-querer=atual menino-N brasilia-LOC 3-ir-NOM-N
'Eu quero que o menino vá a Brasília.'
'(Yo) quiero que el niño vaya a Brasília'.
(Kamaiurá; Seki 2000: 173)

4.4.2 Gran Chaco

En wichí (mataguaya) la serialización verbal es un rasgo altamente productivo
(Nercesian 2009/10). Se emplea para expresar una amplia variedad de significados: benefactivo (54), instrumento (55), locación (56), dirección (57), propósito (58) y simultaneidad de eventos o circunstancias (59). Obsérvese que todos
los verbos de la serie conllevan los afijos pronominales, a excepción de la tercera persona que es cero. En ese último caso, el referente del sujeto de la serie
se repone, o bien del contexto lingüístico o extralingüístico, o bien mediante
la presencia explícita de una frase nominal.

(54) *atsinha hich'esaj   tulu   hiw'enhu lhos*
mujer   3SUJ:cortar carne 3SUJ:dar 3POS:hijo
'La mujer corta la carne para su hijo.'
(Benefactivo)

(55) *hin'u   ifwet   la-chinaj   yihona   tente*
hombre 3SUJ:afilar-3OBJ 3POS-cuchillo 3SUJ:usar piedra
'El hombre afila el cuchillo con una piedra.'
(Instrumento)

(56) *n'-pun=hen   iyhot n'-ho-ye   tewukw=lhip*
1SUJ-hacer.bolitas=PL barro 1SUJ-trasladarse-DIR río=costado
'Hago bolitas de barro al costado del río'.
(Locación)

(57) *afwenche tolhu*   *Lomitas wiy'o-ye*   *Formosa*
      pájaro   3SUJ:provenir Lomitas 3SUJ:volar-DIR Formosa
      'El pájaro vuela de Lomitas a Formosa'.
      (Dirección)

(58) *n'-chema   husan n'-ho-ye*   *tayhi*
      1SUJ-agarrar hacha 1SUJ-trasladar-DIR monte
      'Agarro el hacha para ir al monte.'
      (Propósito)

(59) *yiho-ka-tsi*   *taypho*   *pojlhi-nhat*
      3SUJ:trasladarse-LOC-DEM 3SUJ:sentarse 3SUJ:pegar-suelo
      'Se alejó, se sentó, le pegaba piñas al suelo' ...
      (Circunstancias concomitantes)

En los ejemplos presentados en (54) a (59), los sujetos de los verbos yuxtapuestos son de tercera persona, y sin embargo, la única interpretación posible es que ellos sean correferenciales (A-A/A-S) precisamente porque se trata de construcciones seriales. Obsérvese que en (54), los verbos comparten, además, el mismo referente del objeto, *tulu* 'carne'.

De la misma familia lingüística que el wichí, el chorote (mataguaya) emplea construcciones de verbos seriales para expresar locación, (60), e instrumento, (61) (Carol c.p.). Nótese que todos los verbos de la serie llevan los prefijos de marcación pronominal y comparten el referente del sujeto.

(60) *ha-y-ik   ha-hyo   tewuk-i*
      FUT-1-irse FUT-1.ir río-ADP.LOC
      'Me voy al río.' (Lit. 'me voy, voy al río')
      (Chorote; Carol, c.p.)

(61) *nam-k'i*   *s-en*   *siwalak-i*
      3SUJ:venir-ADP+1.SG 1.SG.OBJ-poner bicicleta-ADP.INST
      'Me trajo en bicicleta' (Lit. 'me trajo, me puso en bicicleta')
      (Chorote; Carol, c.p.)

De la familia tupi-guaraní, el tapiete y el ava-guaraní también emplean construcciones de verbos yuxtapuestos con sujetos correferenciales (para el guaraní chaqueño cf. Dietrich 2009/10). A diferencia del resto de las lenguas de la familia, los verbos de estas construcciones presentan la misma marcación pronominal de los verbos independientes y no están marcados con un sufijo especial de dependencia. Los ejemplos (62) y (63) del tapiete son construcciones seriales que expresan propósito y simultaneidad de eventos respectivamente. Nóte-

se que, no obstante las dos construcciones seriales presentadas están confor-
madas por un verbo intransitivo de movimiento ("ir", "venir") y uno intransitivo activo (o transitivo), la interpretación de propósito o simultaneidad depende
del tipo de verbo principal: cuando el verbo principal en posición inicial pertenece a una serie cerrada (verbos de movimiento) la construcción es de propósito, en cambio, cuando el verbo principal en posición inicial pertenece a una
clase abierta –y el dependiente es un verbo de movimiento– la construcción
es de simultaneidad. En (64) se muestra un ejemplo del ava-guaraní.

(62) *hánanda   awara o-h Ø-wai-yɨ   shu   akai*
     entonces-EVD zorro 3:ir 3-encontrar-FRC 3.OBL antes
     'entonces dicen que el zorro se fue a encontrarlo'

(63) *hame-nda   ñandu Ø-ñani o-h arka'e-pi*
     entonces-EVD ñandú 3-correr 3-ir antes-LOC
     'entonces dicen que el ñandú iba corriendo antes'

(64) *háe-ma ó-ho o-wäe   tëta-gwásu-pe*
     esto-ya 3-ir 3-llegar pueblo-AUM-LOC
     'entonces [fue y] llegó a un pueblo grande'
     (Ava-guaraní, Dietrich 2009/10: 345)

En la familia guaycurú también se registró el empleo de CVSs. El mocoví, por
ejemplo, utiliza la yuxtaposición de verbos flexionados sin marcas de subordinación o relación de dependencia como estrategia de complementación (Gualdieri 1998: 111). En el ejemplo (65), a pesar de que el sujeto de los dos verbos
yuxtapuestos son de tercera persona, no hay ambigüedad posible dado que la
secuencia es interpretada como una unidad predicativa con un único sujeto.

(65) *nanayk kalo se   i-šit   t-a-ige   da lawašigim*
     cobra   Neg 3.suj-poder 3.Suj-ir-LOC CL oeste
     '... a cobra não pode ir para o oeste...'
     'la serpiente no puede ir hacia el oeste'
     (Mocoví; Gualdieri 1998: 111)

En los ejemplos (66) y (67) los sujetos de los verbos yuxtapuestos también son
correferenciales y están expresados morfológicamente en cada raíz verbal. La
construcción (66) expresa un significado adverbial fasal, el inicio de una actividad, y el ejemplo (67) expresa el valor semántico de instrumental.

(66) *s-a:ñi   s-kiyo-Gon*
     1.suj-começar 1.suj-lavar-Val

'Comecei a lavar.'
'Comencé a lavar.'
(Mocoví; Gualdieri 1998: 112)

(67) *ske?enoGot*   *aso lasote sawqate? ñik*
anganchamos(de abajo) f-CL rama usamos soga
'Enganchamos la rama com uma soga.'
'Enganchamos la rama con una soga.'
(Mocoví; Gualdieri 1998: 112)

También el qom (guaycurú) emplea CVSs para expresar diferentes significados, entre otros, adverbiales. Al igual que las mataguayas, los verbos de la serie están todos flexionados, véase ejemplo (68) (Messineo y Cúneo 2009/10).

(68) *nache so qizoq n-'otawek   i-yalapigi'*
COOR CL tigre 3M-escapar 3A-apurarse
'Entonces el tigre se escapa rápidamente' (lit.: 'se escapa se apura')
(Qom; Messineo y Cúneo 2009/10: 222).

Por último, el vilela (lule-vilela) emplea ambos tipos de construcciones multiverbales: la serialización de raíces y las construcciones converbales (Golluscio 2009/10). En el primer caso, la serialización de raíces forma un predicado único con sujeto idéntico en el que las raíces verbales se unen formando una palabra gramatical única. Las construcciones converbales, en cambio, se forman por uno o más verbos no finitos marcados por el sufijo *-(e)l* + un verbo conjugado. Los ejemplos (69) y (70) muestran estos dos recursos. El ejemplo (69) ilustra además la combinación de los dos tipos de construcciones en una misma oración, donde la construcción converbal *welohos-el* 'salir-CONV' ocurre en una serie de raíces verbales *ne-jasi-e* 'venir-sentar-3'.

(69) *este ikikwet   welohos-el balhe-lat ne-jasi-e   alep*
ya hornerito salir-CONV suelo-LOC venir-sentar-3.SUJ al.lado
'Ya el hornerito bajó al suelo y se sentó al lado (del zorro)'
(Vilela; Lozano 2006 en Golluscio 2009/10: 258)

(70) *wah-el   k-it-e*
comer-CONV ir-it-3.SUJ
'Se fue comiendo'
(Vilela; Golluscio 2009/10: 260)

Véase también el ejemplo (44), donde el mismo sufijo converbal (CONV) fue analizado por Lozano [1970] 2006 como un sufijo de gerundio (GER).

4.4.3 Patagonia y Andes austral

Al igual que el vilela, el mapudungun presenta un tipo de construcción que puede ser caracterizada como CVS (Golluscio, de Reuse y Hasler 2013) con combinación de raíces verbales, como asimismo construcciones converbales, ambas para expresar modo (Golluscio, de Reuse y Hasler 2013). El primer tipo ha sido analizado, también, desde el marco de la composición verbal (Smeets [1989] 2008, Baker y Fasola 2009, citado en Golluscio, de Reuse y Hasler 2013) y se caracteriza porque el segundo verbo del compuesto puede indicar la dirección del evento denotado por el primero, o bien una acción realizada simultáneamente (Smeets [1989] 2008), como se observa en el ejemplo (71).

(71) *rungkü-pura-y*   *furi*   *mew* *chi* *fütra trapial*
     saltar-subir-IND.[3SG] espalda PPOS DEM gran león
     'Subió saltando a su espalda, el gran león.'
     (Mapudungun; Golluscio, de Reuse y Hasler 2013)

Las construcciones converbales están constituidas por la forma no finita *-n* que puede combinarse con el sufijo progresivo *-(kü)le* para indicar que dos eventos se realizan de manera simultánea. En estas últimas, el verbo dependiente comparte el sujeto del verbo principal y se antepone a éste (Golluscio, de Reuse y Hasler 2013), como se ejemplifica en (72).

(72) *teltong-küle-n*   *tripa-y*
     trotar-PROG-FNF1 salir-IND.[3SG]
     'Trotando salió de su cueva.'
     (Mapudungun; Golluscio, de Reuse y Hasler 2013)

5 Conclusiones

A partir del estudio de una muestra de 43 lenguas pertenecientes a distintas regiones y familias lingüísticas en Sudamérica, hemos realizado un mapeo de la distribución geográfica del sistema de conmutador de la referencia. Los resultados del relevamiento muestran la presencia de dos grandes grupos según posean o carezcan de un sistema de CR. En un grupo de 19 lenguas que se distribuyen en la zona de los Andes boreal y central y la región norte de la Amazonía (de oeste a este), hemos relevado la presencia de sistemas de CR. Contrariamente, este sistema de conmutador de la referencia se encuentra ausente en 24 lenguas del total de la muestra, distribuidas en la región amazónica (desde el noreste hacia el sur), en la chaqueña y en la Patagonia y Andes austral. El cuadro 1, a continuación, sintetiza los resultados de nuestro relevamiento.

Cuadro 1: Distribución del sistema de CR en Sudamérica.

Presente	19 lenguas	*Andes boreal y central*: aymara, chipaya, jaqaru, kallawaya, mosetén, puquina, quechua, uchumataqu; *Amazonía*: cofán, embera, kwazá, panará, parkatejé, shaninawa, shipibo konibo, tariana, tuyuca, yurakaré, wanano
Ausente	24 lenguas	*Amazonía*: baure, emerillón, guaraní paraguayo, kamaiurá, mbyá guaraní, movima, sateré-mawé, tapirapé, tupinambá, wai wai; *Gran Chaco*: ava-guaraní, ayoreo, chorote, kaduveo, maká, mocoví, nivaclé, pilagá, qom, tapiete, vilela, wichí. *Patagonia y Andes austral*: mapudungun, tehuelche
Total	43 lenguas	

En cuanto al grupo de lenguas sudamericanas que posee CR, mostramos que, no obstante manifiestan algunas diferencias tipológicas y pertenecen a regiones y familias lingüísticas distintas, poseen sistemas de CR similares que distinguen MS/DS mediante sufijos verbales, expresan temporalidad relativa de los eventos e interactúan con la marcación de persona sujeto. Ello arrojaría mayores datos para estudios sobre la difusión del CR por contacto lingüístico.

Con relación al grupo de lenguas que carecen de sistemas de CR, hemos mostrado que si bien varias de estas lenguas no poseen elementos referenciales tratados generalmente en la bibliografía sobre seguimiento referencial, como pronombres, sistemas de concordancia de género, marcas morfológicas de no correferencialidad, entre otros, existen recursos gramaticales tipológicos de estas lenguas que son empleadas por los hablantes como estrategias para establecer las relaciones de correferencialidad. Hemos propuesto cuatro recursos principales y mayormente frecuentes: la marcación pronominal obligatoria en el verbo, las construcciones impersonales e inversión, la omisión/presencia de frases nominales y las construcciones de verbos seriales y converbales. Por un lado, dado que la marcación pronominal se expresa en el núcleo y es obligatoria (incluso en cláusulas dependientes), esta cobra una función importante en el seguimiento referencial, al punto de que, como vimos, muchas veces es el único indicador de las relaciones de referencialidad. En segundo lugar, y quizá como correlato de ello, las frases nominales no son obligatorias y pueden omitirse o hacerse explícitas según lo decida el hablante y lo requiera el contexto lingüístico. En tanto explicitan el referente de los participantes poseen la función principalmente pragmática de introducir, reponer o indicar un cambio en la referencia. En tercer lugar, el uso de construcciones impersonales entre las lenguas chaqueñas y patagónicas, y las construcciones de inversión entre las lenguas amazónicas son un recurso utilizado con frecuencia para mantener el foco en el participante tópico y expresar su cambio de función –una función asumida en otras lenguas por las construcciones pasivas, ausentes en la mayoría de las lenguas amazónicas y chaqueñas–. Por último, el hecho de que estas lenguas se caractericen por establecer relaciones sintácticas de cosubordinación, parataxis y dependencia sin incrustación más que de subordinación, permite a los hablantes valerse de un tipo de estas construcciones, como los verbos seriales o converbales cuando se busca expresar correferencialidad.

Los cuatro recursos gramaticales contribuyen incidentalmente al seguimiento referencial, dado que no existen en la lengua para tal función, y son globales (excepto las CVSs cuya correferencialidad es local, dentro de la misma cláusula). Estos sirven como anclajes lingüísticos en el discurso a partir de los cuales el oyente realiza el encadenamiento de inferencias y construye la trama referencial. Asimismo, en tanto no es un sistema orientado sintácticamente, el hablante puede decidir el modo en que emplea esos recursos y cuál es el participante tópico en función del cual se construirán los indicios que le permitirán al oyente realizar dichas inferencias sobre las relaciones de correferencialidad. En tal sentido, proponemos que este mecanismo para el monitoreo de la referencia está pragmáticamente orientado y puede clasificarse en el tipo de mecanismos de inferencia pragmática. Con este análisis, proponemos que el mecanismo para el seguimiento referencial denominado "inferencia pragmática" no se basa exclusivamente en variables extralingüísticas, sino también, y fundamentalmente, en un uso estratégico de determinadas construcciones morfosintácticas propias de la lengua que permiten la inferencia sin depender del contexto situacional y a partir de formas lingüísticas.

Por último, al igual que los recursos gramaticales empleados en el mecanismo de inferencia pragmática, los sistemas de CR tienen un alcance global. No obstante, el sistema de CR se diferencia de aquellos en tanto existe específicamente para indicar correferencialidad o no correferencialidad de sujetos. Así en tanto el sistema de inferencia está pragmáticamente orientado, el de CR es un sistema orientado sintácticamente.

Agradecimientos: Queremos agradecer muy especialmente a los investigadores que nos facilitaron sus materiales lingüísticos recolectados en el campo y compartieron sus comentarios y observaciones sobre los mismos: Javier Carol, Santiago Durante, Lucía Golluscio, Felipe Hasler, Filomena Sandalo, Alejandra Vidal. Agradecemos también muy especialmente las observaciones y sugerencias de los editores del volumen.

Abreviaturas

Los ejemplos extraídos de las fuentes secundarias se presentan en este trabajo en las lenguas originales, tanto la lengua vernácula de estudio como la utilizada para la glosa y traducción. Hemos añadido la traducción al español de los ejemplos extraídos de las fuentes secundarias en los casos que correspondiera.

En cuanto a las glosas, se respetaron las abreviaturas empleadas por los autores que recogieron y analizaron los ejemplos. La siguiente es la lista completa de las glosas:

1	primera persona
2	segunda persona
3	tercera persona
[3]	tercera persona, no marcada
A	sujeto transitivo
A	participante agente o activo
ABL	ablativo
ABS	absolutivo
AC	activo/agentivo
APS	adposición
ADPOS	adposición
ADV	adverbio
APL	aplicativo
ART	artículo
AUM	aumentativo
AUX	auxiliar
CAUS	causativo
CERC	cercano
CI	cierre de incorporación
CIRC	subordinante de circunstancia general
CL	clasificador
CLF	clasificador
CMPL	aspecto completivo
COMP	complementizador
CONJ	conjunción
conj	conjunción
CONST	constante
CONT	continuo
CONV	converbo

COOR	coordinante
COORD	coordinante
COP	cópula
DCL	declarativo
DECL	modo declarativo
DEM	demostrativo
Dem	demostrativo
DET	determinante
DIM	diminutivo
DIR	direccional
DS	distinto sujeto
DV	declarativo
EPN	epentética
ERG	ergativo
ESP	préstamo del español
EV	evidencial directo
EVD	evidencial
EVI	evidencial
f	femenino
FEM, fem	femenino
FIN	finalidad
FNF	forma no finita
FRE	frecuentativo
FRC	frecuentativo
FUT	futuro
G	caso genitivo
GER	gerundio
GO	intencional, direccional
HAB	habitual
HS	rumor (evidencial) (hearsay)
I	inactivo
ILOC	ilocutivo
IM	imperativo
IMPERS	impersonal
IN	inactivo
INC	incompletivo
IND	indicativo
INDF	indefinido
IndefPoss	posesión indefinida
INFER	inferido
Inv	inverso
IS	suejto impersonal (desfocalizador de agente)
INST	instrumental
LK	relacionante (linker)
LOC	locativo; m=masculino
M	participante medio o semirreflexivo
MASC	masculino
MD	marcador discursivo

MOD	modificador
MS	mismo sujeto
N	nombre
NEG, Neg	negación
n.fem	no femenino
NOM	nominativo
NOM	nominalizador
NMLZR	nominalizador
NVIS	no visual
O	objeto
O	objeto directo de verbo transitivo
OBL	oblícuo
obv	obviativo
Onc	objeto no contiguo
OP	objeto primario
OPT	optativo
P	poseedor
P	paciente
PA	tiempo pasado
PAS	voz pasiva
PAS	pasado
PAST	pasado
PERF	perfectivo
PL, pl	plural
POS, pos	posesivo
POSS, Poss	posesivo
PP1	participio incompletivo
PP2	participio completivo
PPOS	posposición
PRES	presente
PRFLX	perfectivo y reflexivo
PRO	pronombre
PROG	progresivo
PRON	pronombre
PSD	pasado
PSIA	evento en cláusula marcada es previo, sujetos idénticos, orientado hacia A
PSIS	evento en cláusula marcada es previo, sujetos idénticos, orientado hacia S
PV	evento previo
R	realis
REC	reciente
REFL	reflexivo
REM	remoto
RES	resultativo
RM	pasado remoto
S	sujeto, sujeto intransitivo
s	singular
SEQ	secuencial
SER	serial

SF	formativo de raíz (stem formative)
SG, sg	singular
SIM	simultáneo
SM	simultáneo
SS	same subject/mismo sujeto
SSD	evento en cláusula marcada en simultáneo, sujetos diferentes
SU	subordinación
SUB	subordinador
SUBJ	sujeto
SUJ, suj	sujeto
SUP	superlativo
TEMP	temporal
TO	tópico
TOP	tópico
VBL	verbalizador
VBLZR	verbalizador
VM	voz media

Referencias

Adelaar, Willem F. H. (con la colaboración de P. Muysken). 2004. *The languages of the Andes.* Cambridge: Cambridge University Press.

Adelaar, Willem y S. van de Kerke. 2009. Puquina. En Mily Crevels y Pieter Muysken (eds.) *Lenguas de Bolivia; Tomo I: Ámbito andino,* 125–146. La Paz: Plural.

Aikhenvald, Alexandra. 1999. The Arawak language family. En Robert M. W. Dixon, y Alexandra Aikhenvald (eds.), *The Amazonian languages,* 65–106. Cambridge: Cambridge University Press.

Aikhenvald, Alexandra. 2002. *Language Contact in Amazonia.* Oxford: Oxford University Press.

Aikhenvald, Alexandra. 2006. Serial verbs constructions in typological perspective. En Alexandra Aikhenvald y Robert M. W. Dixon (eds.), *Serial- verbs constructions. A cross linguistic typology,* 1–68. Oxford: Oxford University Press.

Alves, Flavia de Castro. 2004. *O Timbira falado pelos Canela Apãniekrá: Uma contribução aos estudos da morfossintaxe de uma língua Jê.* Tese doutoral. Campinas: Universidade Estadual de Campinas.

Augusta de, Féliz José. 1903. *Gramática Araucana.* Valdivia: Impresora Central J. Lampert.

Austin, Peter. 1980. Switch-reference in Australia. *Language* 57(2), 309–334.

Barnes, Janet. 1999. Tucano. En Robert M.W. Dixon y Alexandra Aikhenvald (eds.), *The Amazonian languages,* 207–226. Cambridge: Cambridge University Press.

Bertinetto, Pier Marco. 2009. Ayoreo (Zamuco). A grammatical sketch. *Quaderni del Laboratori di Linguistica,* Vol. 8. Scuola Normale Superiore Pisa. Publicación online: http://linguistica.sns.it/QLL/QLL09.htm

Büttner, Thomas T. 1983. *Las lenguas de los Andes centrales. Estudios sobre la clasificación genética, areal y tipológica.* Madrid: Ediciones Cultura Hispánica, Instituto de Cooperación Iberoamericana.

Cândido, Gláucia Vieira. 2004. *Descrição morfossintática da língua shanenawa (pano)* [Descripción morfosintáctica de la lengua shanenawa (pano)]. Campinas, Brasil: Universidade Estadual de Campinas. Tesis de doctorado.

Cerrón-Palomino, Rodolfo. 2009. Chipaya. En Mily Crevels y Pieter Muysken (eds.), *Lenguas de Bolivia; Tomo I: Ámbito andino, 29–77*. La Paz: Plural.

Ciccone, Florencia. 2006. Estructura argumental y seguimiento de la referencia en tapiete (tupí-guaraní): una aproximación a partir del análisis de la marcación inactiva y de las formas impersonales. Trabajo presentado en *52º Congreso Internacional de Americanistas*. 17–21 de julio de 2006, Universidad de Sevilla, Sevilla, España.

Ciccone, Florencia; Patricia, Dreidemie y Verónica Nercesian. 2008. Seguimiento referencial en tres lenguas de América del Sur: Una aproximación tipológica y areal. Trabajo presentado en *II Simposio Internacional de Documentación Lingüística y Cultural en América latina. Contacto de Lenguas y Documentación*. CAICyT-CONICET, Buenos Aires, Argentina, 14 y 15 de agosto.

Cole, Peter. 1983. Switch-reference in two Quechua languages. En John Haiman y Pamela Munro (eds), *Switch reference and universal grammar, 1–15*. Amsterdam/ Philadelphia: John Benjamins Publishing Company.

Comrie, Bernard. 1994. Toward a typology of referente-tracking devices. Trabajo presentado en Internacional Symposium on Language Typology, University of Tsukuba.

Corbett, Greville G. 2013. Sex-based and non-sex-based gender systems. En Matthew Dryer y Martin Haspelmath (eds.) *The World Atlas of Language Structure Online*. Leipzig: Max Planck Institute for Evolutionary Anthropology. Versión online http://wals.info/chapter/107. Consultado el día 10 de julio de 2013.

Danielsen, Swintha. 2007. *Baure. An Arawak language of Bolivia*. Leiden: CNWS Publications.

Derbyshire, Desmond C.1999. Carib. En Robert M.W. Dixon y Alexandra Aikhenvald (eds.), *The Amazonian languages, 23–64*. Cambridge: Cambridge University Press.

Dietrich, Wolf. 1986. *El idioma chiriguano. Gramática, textos, vocabulario*. Madrid: Instituto de Cooperación Iberoamericana.

Dietrich, Wolf. 2009/10. Sintaxis del guaraní chaqueño (chiriguano, tupí-guaraní). La cláusula y las relaciones interclausales. En Lucía Golluscio y Alejandra Vidal (eds.), *Les Langues du Chaco. Structure de la phrase simple et de la phrase complexe. Amerindia* 33/34. 333–363. Francia: CELIA/CNRS.

Dixon, Robert M.W. y Alexandra Aikhenvald (eds.). 1999. *The Amazonian languages*. Cambridge: Cambridge University Press.

Dooley, Robert. 1989. Switch reference in Mbya Guaraní: A fair-weather phenomenon. *Work papers of the Summer Institute of Linguistics*, (University of North Dakota Session, Vol. 3.), 93–119. North Dakota: Summer Institute of Linguistics.

Dreidemie, Patricia. 2007. Aproximación al sistema de cambio de referencia ('Switch Reference') en quechua boliviano. Perspectiva gramatical y discursiva sobre el contraste -ʃpa -χti. *LIAMES 7*. 81–96.

Dreidemie, Patricia. 2011. El sistema de cambio de referencia en lenguas andinas. m.i.

Fernández Garay, Ana. 2009. *Los textos tehuelches de Robert Lehmann-Nitsche (1905)*. Languages of the World / Text collections. München: Lincom Europa.

Fernández Garay, Ana. 2010. Las cláusulas temporales en tehuelche o aonek'o ʔaʔjen. *LIAMES 10*. 37–45.

Ferreira, Marília de Nazaré de Oliveira. 2003. *Estudo morfossintático da língua Parkatejé* [Estudio morfosintáctico de la lengua parkatejé]. Campinas, Brasil: Instituto de Estudos da Linguagem, Universidade Estadual de Campinas. Tesis de Doctorado.

Fischer, Rafael. 2007. Clause linkage in Cofán (A'ingae). En Leo Wetzels (ed.), *Language Endangerment and Endangered Languages*, 381–399. Leiden: CNWS.

Fischer, Rafael y Eva van Lier. 2011. Cofán subordinate clauses in a typology of subordination. En Rik van Gijn, Katharina Haude y Pieter Muysken (eds.), *Subordination in native South American languages*, 221–250. Amsterdam/Philadelphia: John Benjamins.

Foley, William, van Valin y Robert Detrick Jr. 1984. *Functional syntax and universal grammar.* Cambridge: Cambridge University Press.

Franceschini, Dulce. 2002. A voz inversa em Sateré-Mawé. En Ana Cabral y Aryon Rodrigues (orgs.) *Línguas indígenas brasileiras. Fonología, gramática e história.* Actas do I Encontro Internacional do Grupo de Trabalho sobre Línguas Indígenas, 222–233. Belém-Pará, Brasil: Editora Universitaria UFPA.

Gerzenstein, Ana. 1994. *Lengua Maká. Estudio descriptivo.* Buenos Aires: Instituto de Lingüística, Universidad de Buenos Aires.

Gildea, Spike. 1994. Semantic and pragmatic inverse – "inverse alignment" and "inverse voice" – in Carib of Surinam. En Talmy Givón (ed.), *Voice and Inversion. Typological Studies in Language*, vol 30, 187–230. Amsterdam: John Benjamins.

Givón, Talmy. 1994. The pragmatics of de-transitive voice: Functional and typological aspects of inversion. En Talmy Givón (ed.), *Voice and Inversion. Typological Studies in Language*, vol. 30, 3–44. Amsterdam: John Benjamins.

Golluscio, Lucía. 2006. *El Pueblo Mapuche: poéticas de pertenencia y devenir.* Buenos Aires: Biblos.

Golluscio, Lucía. 2009/10. Los converbos en -(e)l y la combinación de cláusulas en vilela (lule-vilela). En Lucía Golluscio y Alejandra Vidal (eds.), *Les Langues du Chaco. Structure de la phrase simple et de la phrase complexe. Amerindia* 33/34, 249–285. Francia: CELIA/CNRS.

Golluscio, Lucía. 2010. Ditransitive constructions in Mapudungun. En A. Malchukov, M. Haspelmath y B. Comrie (eds.), *Studies in ditransitive constructions: A comparative handbook,* 710–756. Berlin: De Gruyter Mouton.

Golluscio, Lucía, Willem de Reuse y Felipe Hasler. 2013. Entre los Andes y el Chaco: explorando la subordinación adverbial desde las periferias. Presentado en el *Encuentro Italo-Americana IV,* Cortona, Italia, 14–15 de junio.

González, Hebe. 2005. *A grammar of Tapiete (Tupí-guaraní).* Pittsburgh, USA: University of Pittsburgh. PhD thesis.

González, Hebe y Florencia Ciccone. 2009/10. Nominalización y relativización en tapiete (tupí-guaraní): aspectos morfo-sintácticos. En Lucía Golluscio y Alejandra Vidal (eds.), *Les Langues du Chaco. Structure de la phrase simple et de la phrase complexe. Amerindia* 33/34, 307–332. Francia: CELIA/CNRS.

Gonçalves Dourado, Luciana. 2001. *Aspectos Morfossintácticos da Língua Panará (Jê).* Tese doutoral. Campinas: Universidade Estadual de Campinas.

Gualdieri, C. Beatriz. 1998. *Mocoví (Guaicuru) Fonologia e morfossintaxe.* Campinas, Brasil: Instituto de Estudos da Linguagem, Universidade Estadual de Campinas. Tesis de Doctorado.

Haiman, John y Pamela Munro. 1983. *Switch-reference and universal grammar.* Amsterdam/Philadelphia: Benjamins Publishing Company.

Hannß, Katja. 2009. Uchumataqu (Uru). En Mily Crevels y Pieter Muysken (eds.), *Lenguas de Bolivia; Tomo I: Ámbito andino,* 79–115. La Paz: Plural.

Haude, Katharina. 2006. *A grammar of Movima*. Leiden: University of Leide. Tesis de doctorado.

Jacobsen, William Jr. 1967. Switch reference in Hokan-Coahuilecan. En Dell Hymes y William Bittle (eds.), *Studies in southwestern ethnolinguistics: meaning and history in the languages of the American southwest*, 228–263. The Hague: Mouton.

Jelinek, Eloise. 1984. Empty categories, case, and configurationality. *Natural language and linguistic theory* 2. 39–76.

Jensen, Cheryl. 1990. Cross-referencing changes in some Tupí-Guaraní languages. En Doris L. Payne (ed.), *Amazonian Linguistics: Studies in Lowland South American Languages*, 117–158. Austin: University of Texas Press.

Jensen, Cheryl. 1998. Comparative Tupí-Guaraní morphosyntax. En Desmond Derbyshire y Geoffrey Pullum (eds.), *Handbook of Amazonian Languages*. Vol. 4, 489–618. Berlín–Nueva York: Mouton de Gruyter.

Longacre, Robert. 1983. Switch-reference systems in two distinct linguistic areas: Wojokeso (Papuan New Guinea) and Guanano (Northern South American). En John Haiman y Pamela Munro (eds.), *Switch reference and universal grammar*, 185–208. Amsterdam/Philadelphia: John Benjamins Publishing Company.

Lozano, Elena. [1970] 2006. *Textos Vilelas*. Colección Nuestra América. Serie Archivos. Buenos Aires: Instituto de Lingüística, Universidad de Buenos Aires.

Messineo, Cristina. [2000] 2003. *Lengua toba (guaycurú). Aspectos gramaticales y discursivos*. Alemania: Lincom Europa Academic Publisher.

Messineo, Cristina y Paola Cúneo. 2009/10. Construcciones seriales en toba (guaycurú). En Lucía Golluscio y Alejandra Vidal (eds.), *Les Langues du Chaco. Structure de la phrase simple et de la phrase complexe. Amerindia* 33/34, 217–248. Francia: CELIA/CNRS.

Mortensen, Charles. 1999. *A reference grammar of the northern Embera languages*. Arlington: Summer Institute of Linguistics.

Muysken, Pieter. 2001. El uchumataqu (uru) de Irohito. Observaciones preliminares. *Revista Lengua* 12. 75–86.

Muysken, Pieter. 2009. Kallawaya. En Mily Crevels y Pieter Muysken (eds.), *Lenguas de Bolivia; Tomo I: Ámbito andino*, 147–167. La Paz: Plural.

Nercesian, Verónica. 2005. Primera aproximación al seguimiento de la referencia en wichí (mataco-mataguaya). (m.i.).

Nercesian, Verónica. 2006. Dominio local vs. dominio global: el seguimiento referencial en wichí (mataco-mataguaya). *52 Congreso Internacional de Americanistas. Simposio "Lenguas chaqueñas en Argentina, Bolivia y Paraguay: estudios descriptivos, tipológicos y comparativos"*. Sevilla, España, 17–21 de julio. Universidad Iberoamericana.

Nercesian, Verónica. 2009/10. Construcciones de verbos seriales en wichí (mataguayo). Características sintácticas y semánticas. En Lucía Golluscio y Alejandra Vidal (eds.), *Les Langues du Chaco. Structure de la phrase simple et de la phrase complexe. Amerindia* 33/34, 187–216. Francia: CELIA/CNRS.

Nercesian, Verónica. 2011. *Gramática del wichí, una lengua chaqueña. Interacción fonología-morfología-sintaxis en el léxico*. Tesis de Doctorado. Universidad de Buenos Aires.

Olate, Aldo, Wittig, Fernando y Felipe Hasler. 2013. Análisis tipológico funcional de un rasgo del español de contacto mapuche/castellano. Una propuesta preliminar. (m.i.).

Roberts, John. 1997. Switch-reference in Papua New Guinea: a preliminary survey. En A. Pawley (ed.) *Papers in Papuan Linguistics* 3, 101–241. The Australian National University.

Rodrigues, Aryon Dall'Igna. 1984/85. Relações Internas na Família Lingüística Tupi-Guarani [Relaciones internas en la familia lingüística tupí-guaraní]. *Revista de Antropología da USP*, Vol. 27/28, 33–53. San Pablo, Brasil: Universidad de San Pablo.

Rodrigues, Aryon Dall'Igna. 1999a. Tupí. En Robert M. W. Dixon y Alexandra Aikhenvald (eds.), *The Amazonian languages*, 107–124. Cambridge: Cambridge University Press.

Rodrigues, Aryon Dall'Igna. 1999b. Macro-Jê. En Robert M. W. Dixon y Alexandra Aikhenvald (eds.), *The Amazonian languages*, 165–206. Cambridge: Cambridge University Press.

Rose, Françoise. 2003. Morphosyntaxe de l'Emérillon (Langue Tupi-Guarani de Guyane française). Lyon, Francia: Département de Sciences du Langage et Arts – Faculté des Lettres, Sciences du Langage et Arts. Tesis de doctorado.

Salas, Adalberto. 2006 [1992]. *El mapuche o araucano. Fonología, gramática y antología de cuentos*. Fernando Zuñiga (ed.). Santiago de Chile: Centro de Estudios Públicos.

Sakel, Jeanette. 2004. *A grammar of Mosetén*. Berlin/New York: Mouton de Gruyter.

Salles, Heloísa M. L. 2002. Subordinação em línguas da família Tupi-Guarani. En Cabral, Ana y Aryon Rodrigues (orgs.), *Línguas indígenas brasileiras. Fonología, gramática e história*. Actas do I Encontro Internacional do Grupo de Trabalho sobre Línguas Indígenas, 418–424. Belém-Pará, Brasil: Editora Universitaria UFPA.

Salles, Heloísa M. L. 2007. Foricidade e marcação de pessoa em línguas da família tupi-guarani. En Ana Cabral y Aryon Rodrigues (orgs.), *Línguas e culturas tupi*. Vol. 1, 417–425. Campinas/Brasilia, Brasil: Curt Nimuedaju, LALI/ UNB.

Sandalo, Filomena. 2008. Person hierarchy in Kadiwéu. Trabajo presentado en *II Simposio Internacional de Documentación Lingüística y Cultural en América latina. Contacto de Lenguas y Documentación*. CAICyT-CONICET, Buenos Aires, Argentina, 14–15 de agosto.

Seki, Lucy. 1999. The Upper Xingu as an incipient linguistic area. En Robert M.W. Dixon y Alexandra Aikhenvald (eds.), *The Amazonian languages*, 417–430. Cambridge: Cambridge University Press.

Seki, Lucy. 2000. *Gramática do kamaiurá: Língua tupi-guarani do Alto Xingu*. Campinas, Brasil: Editora da UNICAMP.

Siewierska, Anna. 2013. Passive constructions. En Dryer, Matthew y Martin Haspelmath (eds.) *The World Atlas of Language Structure Online*. Leipzig: Max Planck Institute for Evolutionary Anthropology. Versión online http://wals.info/chapter/107. Consultado el día 10 de julio de 2013.

Smeets, Ineke. [1989] 2008. *A grammar of Mapuche*. Berlin: Mouton De Gruyter.

Stell, Nélida. 1987. *Gramática descriptiva de la lengua niwakle (chulupí)*. Tesis de doctorado. Buenos Aires: Universidad de Buenos Aires.

Valenzuela Bismark, Pilar. 2003. *Transitivity in Shipibo Konibo grammar*. Ph.D. dissertation, Departament of Linguistics, University of Oregon.

Valenzuela Bismark, Pilar. 2006. Aspectos morfosintácticos de la relativización en shipibo-konibo (pano). *Ciências Humanas*, Bol. Mus. Para Emílio Goeldi, v.1. n.1. 123–134.

van der Voort, Hein. 2004. *A grammar of Kwazá*. Berlin/New York: Mouton de Gruyter.

van Gijn, Rik. 2006. *A grammar of Yurakaré*. Nijmegen: Radboud University Nijmegen. PhD thesis.

van Gijn, Rik. 2012. Switch-attention (aka switch-reference) in South American temporal clauses. Facilitating oral transmission. *Linguistic Discovery* 10.1. 112–127.

Velázquez-Castillo, Maura. 2004. Serial verb constructions in Paraguayan guaraní. *International Journal of American Linguistics*. Vol. 70, N. 2. 187–213.

Vidal, Alejandra. 2001. *Pilagá grammar (Guaykuruan family, Argentina)*. PhD dissertation. Oregon: University of Oregon.

Anexo

Cuadro 2: Lista de lenguas incluidas en este este estudio.

Región	Familia lingüística	Lengua	Fuentes consultadas
Amazonia	Arawak	baure	Danielsen (2007)
		tariana	Aikhenvald (1999, 2006)
	Caribe	wai wai	Derbyshire (1999)
	Jê (tronco Macro Jê)	panará	Gonçalves Dourado (2001)
		parkatejê	Ferreira (2003); Rodrigues (1999)
	Mawé (tronco Tupí)	sateré-mawé	Franceschini (2002)
	Pano	shaninawa	Cândido (2004)
		shipibo konibo	Valenzuela (2003, 2006)
	Tucano	wanano	Barnes (1999)
		tuyuca	
	Tupí-guaraní tronco Tupí)	mbyá guaraní	Dooley (1989)
		emérillon	Rose (2003)
		guaraní paraguayo	Velázquez Castillo (2004)
		kamaiurá	Seki (2000)
		tapirapé	Salles (2002)
		tupinambá	Salles (2002, 2007)
	Aisladas o no clasificadas	cofán	Fischer (2007); Fischer & van Lier (2011)
		embera	Mortensen (1999)
		kwazá	van der Voort (2004)
		movima	Haude (2006)
		yurakaré	van Gijn (2006)

Región	Familia lingüística	Lengua	Fuentes consultadas
Andes Boreal y Entral	Aymara	aymara jaqaru puquina	Adelaar (2004); Adelaar y Kerke (2009)
	Quechua	quechua QI: quechua de Junín QII: quechua boliviano QII: quechua santiagueño	Adelaar (2004); Dreidemie (2007); Ciccone, Dreidemie & Nercesian (2008)
	Uru-chipaya	chipaya uchumataqu	Adelaar (2004); Cerrón Palomino (2009) Muysken (2001); Hannss (2009); Dreidemie (2011)
	No clasificada (relacionada a la familia Chon)	mosetén	Sakel (2004)
	Mixta	kallawaya	Muysken (2009)
Chaco	Guaycurú	kaduveo mocoví pilagá qom (o toba)	Sandalo (2008) Gualdieri (1998) Vidal (2001) Messineo (2000); Messineo & Cúneo (2009/10)
	Lule-vilela	vilela	Lozano ([1970] 2006); Golluscio (2009/10)
	Mataguaya	chorote maká nivaclé wichí	Carol (c.p.) Gerzenstein (1994) Stell (1987); Vidal (c.p.) Nercesian (2005, 2006, 2009/10, 2011)
	Tupí-guaraní	ava-guaraní tapiete	Dietrich (1986; 2009/10) González (2005); Ciccone (2006); González & Ciccone (2009/10)
	Zamuco	ayoreo	Bertinetto (2009); Durante (c.p.)
Patagonia y Andes Austral	Chon	tehuelche	Fernández Garay (2009, 2010); Hasler (c.p.)
	Aislada	mapudungun	Golluscio (2006); Golluscio, de Reuse & Hasler (2013); Olate, Witting & Hasler (2013); Hasler (c.p.)

Beyond

Nicholas Evans

7 Una historia de muchas lenguas: la documentación de la narrativa políglota en las tradiciones orales del norte de Australia[1]

bili woŋanina julŋu munal wuldjamin jigulju	Personas de diferentes clanes se sientan allí y conversan
buduruna daa-walwalaruruina riŋguraŋa madandja	Palabras que vuelan en el aire, mientras hablan, en esos dialectos diferentes …
jiguluŋ-ŋubanŋu ŋari-ŋariuruna	Hablan entre todos rápidamente, como las voces de los pájaros.
junbalalŋa mada woŋana ruŋiiri diwiljun jigul-ŋuban	Hablan entre sí, torciendo sus lenguas para hacer ruidos extraños, como los pájaros …
ŋari-waidbaidjun junbalal-ŋuban wuldjamin daa-walwaljun lilia-woŋa	Palabras de diferentes clanes, entremezclándose …
duandja mada-gulgdun-maraŋala dualgin-diu	Los clanes Dua moiety, con sus lenguas únicas.
wulgandarawiŋoi murunuŋdu jujululwiŋoi garaŋariwiŋoi garidjalulu mada-gulgdun-maraŋala	Gente de Blue Mud Bay, clanes de diferentes lenguas conversando entre todos …
buduruna ŋari-waidbaidjun woŋa ŋari-ŋariun	Palabras que vuelan sobre la región, al igual que las voces de los pájaros …
jigulul-ŋuban daa-wudbrugdun junbalal-ŋuban mada-ŋagul	Ellos hablan, ya rápidamente, ya lentamente: ¡escuchen el sonido de sus palabras …!
jigulul-ŋuban galawaŋ-ŋagu julŋu nargala-ŋala nuŋburindina nuŋbulna	Hablan juntos rápidamente: ¡escuchen el sonido de sus voces, aquellos pueblos de los clanes del sur!
ruŋiiri-woŋa manjalgama daa-wudbrugdun garldjalulei mada nundeia wurdboiŋa mala-ŋari dambul-dambul	Tuercen sus lenguas mientras conversan, hablando en dialectos diferentes, todos los clanes juntos …
lilii balwariŋ mareialwirŋu balwariŋundja	En esos lugares de Rose River, entre las matas de bambú.

Canto 2, Rose River Cycle (Berndt 1976: 86–7, 197–8)[2]

---

1 El original inglés de este capítulo fue publicado originalmente como: Evans, Nicholas. 2011. A tale of many tongues: documenting polyglot narrative in North Australian oral traditions. En Brett Baker, Ilana Mushin, Mark Harvey y Rod Gardner (eds.), *Indigenous Language and Social Identity. Papers in Honour of Michael Walsh*, 291–314. Canberra: Pacific Linguistics. Traducción al español de Cecilia Magadán especialmente para este volumen. Revisión: Martín Califa y Laura Pakter.

2 Conservo la ortografía de Berndt (actualmente reemplazada).

1 Multilingüismo y narrativa en la Australia aborigen

El multilingüismo exuberante de la Australia aborigen plantea muchas cuestiones de importancia general para la lingüística y los estudios del arte verbal. El valor global que la sociedad asigna a saber muchas lenguas ha sido relativamente bien explorado desde los estudios fundacionales de Brandl y Walsh (1982), Elwell (1982) y Merlan (1981). Se ha establecido ampliamente que las convenciones de etiqueta exigen el uso de variedades lingüísticas apropiadas para determinados países (Garde 2003), tanto para garantizar la seguridad personal frente a espíritus malignos (Trigger 1987) como para señalar el carácter no beligerante de un huésped en tierras ajenas (Sutton 1997). En muchas partes de Australia las narrativas fundacionales describen figuras ancestrales que pueblan la tierra con grupos que hablan distintas lenguas, lo que muestra quién es quién en el ordenamiento general de las cosas. Un ejemplo bien conocido es el mito warramurrungunji del norte de Australia, que se extiende desde Croker Island por un par de cientos de kilómetros hacia el interior y que ha sido grabado en varias lenguas de la región, incluidos el iwaidja y el kunwinjku (véase, por ejemplo, Nganjmirra 1997: 16). El multilingüismo en el que cada región se asocia con su propia lengua, en la cosmología expresada en estos mitos, es una situación social valorada que ha estado presente desde el comienzo de la vida humana en el continente.

El rico mosaico de lenguas que se despliega en todo el continente australiano no es solo un producto derivado y accidental de más de cuarenta milenios de asentamiento aborigen. Se debe, al menos en parte, al cultivo y la promoción permanente del multilingüismo y de una diversificación lingüística que toma formas variadas (véase, Sutton 1997, Evans 2003b). Una consecuencia es que la profusión de nombres para las lenguas puede dificultar la definición del repertorio exacto de lenguas, dialectos, patrilectos y registros especiales, tal como Walsh (1997) ha demostrado para la región del río Daly.

Un multilingüismo de este tipo tiene muchas consecuencias para los usos que la gente hace de la lengua en las sociedades indígenas australianas y plantea cuestiones de gran interés para el campo de la lingüística. ¿Cómo se despliegan semióticamente las diferentes variedades en la narrativa y el canto? ¿Cuáles son las implicancias psicolingüísticas para el bilingüismo y el multilingüismo individual? ¿Cuán bien habla la gente las lenguas que conoce y cómo las aprende? ¿Cuáles son los roles relativos del aprendizaje memorístico de pasajes largos en contraposición a producciones más cortas? ¿Cuál es el equilibrio entre las expresiones y frases nuevas construidas productivamente y los fragmentos pre-aprendidos?

En cuanto a la transmisión de la lengua, ¿se da el caso de que ciertos tipos de textos sirven como un medio importante para la transmisión de los repertorios multilingües? ¿Podría darse el caso de que la práctica de citar el discurso en la lengua original, con el interés de representar las filiaciones lingüísticas de los personajes y de localizar la acción, en realidad proporciona una matriz para la preservación de las lenguas?

Para responder a estas y otras preguntas sobre el multilingüismo aborigen, lo primero que necesitamos es material real grabado que ilustre estas prácticas políglotas. Sin embargo, a pesar de las afirmaciones generalizadas sobre la narración y la conversación multilingüe, existen escasos ejemplos y análisis disponibles. Por ejemplo, la antología de mitos aborígenes de Berndt y Berndt (1989) contiene testimonios de cambios de lenguas durante los viajes de los héroes ancestrales (véanse pp. 30–32, 36, 53–56, 78, 170), pero todos ellos se representan en inglés, por lo que no podemos ver qué hicieron los narradores originales. Hasta donde yo sé, solo existe un puñado de honrosas excepciones, fundamentalmente Strehlow (1971), Wilkins (1989) y Hercus (1990) –volveremos a estos autores a continuación–. Es mi propósito realizar en este trabajo una modesta contribución para salvar esta brecha presentando algunos estudios de caso adicionales a partir de narrativas grabadas. Es para mí un gran placer dedicar este capítulo a Michael Walsh, cuyo papel pionero en el estudio del multilingüismo aborigen, la conversación y las narrativas siempre se ha destacado por un sello especial de originalidad: la capacidad de identificar lo que muchos otros investigadores han percibido tenuemente, sin ser capaces de ponerlo en palabras.

2 El significado social del multilingüismo en la Australia tradicional

Antes de analizar los estudios de caso, conviene ampliar las afirmaciones planteadas en el apartado anterior con el fin de obtener un panorama más rico de las ideologías aborígenes tradicionales en relación con el multilingüismo. No veo mejor manera de hacerlo que mediante la reproducción de las "Siete proposiciones" sobre el multilingüismo aborigen, enunciadas en Sutton (1997: 240), que representan puntos de vista sobre el fenómeno ampliamente compartidos en gran parte de Australia.[3] A continuación, cito estas proposiciones casi textualmente, solo con una reducción exegética mínima.

---

3 Las excepciones más obvias están en comunidades aisladas en islas monolingües, como es el caso del pueblo kayardild en las islas South Wellesley en Queensland, que era resueltamen-

1. Las lenguas se poseen, no solo se hablan. Son una propiedad heredada.
2. Las lenguas pertenecen a lugares específicos y a los pueblos que habitan esos lugares.
3. El uso de una lengua particular implica el conocimiento y la conexión con un cierto grupo de gente en un cierto lugar del país. La implicancia directa siempre es: si usted puede hablar mi lengua, usted debe estar relacionado conmigo (de alguna forma).
4. Al igual que los tótems, (las lenguas) son símbolos relacionales que conectan a los que son diferentes entre sí dentro de un conjunto más amplio de igualdad, todos ellos con sus respectivos tótems y lenguas. Esta variedad es en sí misma parte de lo que los hace iguales.
5. En un nivel local, tales diferencias son internas a la sociedad; no son marcadores de fronteras entre sociedades diferentes.
6. Los ancestros se trasladaban y hablaban diferentes lenguas, y así es como la gente todavía vive o debería vivir hoy ...
7. Es importante, no accidental o trivial, que hablemos diferentes lenguas ... Los antepasados heroicos sabían que las diferencias culturales construían complementariedad social en un mundo en el que la similitud cultural por sí sola no podía evitar conflictos graves ... No hay equilibrio sin complementariedad. No hay complementariedad sin distinciones ni diferencias.

A esta lista sucinta y persuasiva se podrían agregar dos proposiciones adicionales, más orientadas a la estética y al estatus de los narradores:

8. La existencia de múltiples lenguas enriquece la textura y la belleza de la vida, y particularmente del arte verbal. La cita de Rose River Cycle, reproducida al comienzo de este trabajo, brinda una representación poética indígena de esta posición. Y podríamos suponer que, si la práctica políglota es de hecho tan altamente valorada, encontraremos un notable aprovechamiento de los múltiples códigos en la ejecución narrativa.
9. La habilidad de ser un artista verbal multilingüe, tanto en la ejecución narrativa como en una discusión cara a cara, fue uno de los rasgos distintivos de la gente que logró prominencia social. El dominio políglota sugería un amplitud inusual de contactos ceremoniales y un vasto capital social, que provocaba expresiones de admiración como *"he travellin man himself"* ["él es un hombre de viajes"].[4]

---

te monolingüe. Aun para ellos, se cumplirían por lo menos las proposiciones 2, 3 y 7 que se mencionan a continuación.

4 Estoy en deuda con un revisor anónimo por haber sugerido que añada esta novena proposición y por suministrar la cita "he travellin man himself" ("él es un hombre de viajes").

Dando un salto momentáneo al muy diferente mundo de los estudios literarios occidentales, encontramos que, desde Bajtín, la cultivación estética de la heteroglosia (*raznorečie* en la formulación rusa original de Bajtín (1934) [ver Bajtín 1981]) se considera estrechamente vinculada con la novela como género literario:

> La novela en su conjunto es un fenómeno multiforme en estilo y variado en el habla y en la voz. En ella, el investigador se enfrenta a varias unidades estilísticas heterogéneas, a menudo situadas en diferentes niveles lingüísticos y sujetas a diferentes controles estilísticos (p. 261)
>
> La novela puede ser definida como una diversidad de tipos de habla social (a veces incluso una diversidad de lenguas) y una diversidad de voces individuales artísticamente organizadas (p. 262)
>
> El discurso autoral, los discursos de los narradores, los géneros insertados, el discurso de los personajes, no son más que aquellas unidades de composición fundamentales con cuya ayuda la heteroglosia (*raznorečie*) puede entrar en la novela. (p. 263)

La representación de la narrativa aborigen tradicional ofrece una perspectiva útil en este caso, pues encontramos un aprovechamiento sistemático de la heteroglosia en formas que son bastante similares a las que interesaron a Bajtín. Esto sugiere que la novela, y en líneas generales la literatura escrita, no tienen el monopolio del aprovechamiento de las diferentes variedades con fines estéticos.

Ahora consideraré tres narraciones del norte de Australia, en cada una de las cuales el narrador despliega en formas complejas y eficaces más de una variedad lingüística. Voy a ordenarlas de manera ascendente en términos de diferencia lingüística, comenzando con un cambio de dialecto (§ 3), pasando a continuación a un cambio entre dos lenguas estrechamente relacionadas (§ 4) y, finalmente, a una narrativa que involucra cuatro lenguas muy diferentes (§ 5), para luego presentar una discusión general sobre las cuestiones que estos cambios plantean (§ 6).

3 Un cambio de dialecto: la historia sobre Ngurdyawok y Nawalabik, de Mick Kubarkku

Nuestro primer estudio de caso proviene de una grabación realizada durante una sesión nocturna de narración de cuentos, protagonizada por Mick Kubarkku en su alejado puesto de Yikarrakkal, al suroeste de Maningrida en el Territorio del Norte, el 21/11/1989. Durante esta sesión, relató una serie de vívidos y a menudo cómicos cuentos tradicionales para un público mixto de alrededor de veinte personas, de todas las edades. Murray Garde, Carolyn Coleman y yo grabamos la sesión; posteriormente Murray Garde y yo la transcribimos y tradujimos.

Mick Kubarkku es un *arnhem lander*[5] occidental tradicional un poco atípico para su edad puesto que es básicamente monolingüe en la variedad kuninjku de bininj gun-wok. Su inglés es limitado, a pesar de las oportunidades que se le abrieron, tarde en la vida, de visitar las grandes ciudades del sur gracias a su estatus de celebridad como artista reconocido.

Por otro lado, tiene un profundo conocimiento de las variedades tradicionales de bininj gun-wok: dialectales (como se ilustra aquí), además de las diferencias patrilectales particulares asociadas con los clanes individuales (ver Garde 2003) y las variedades de registro basadas en el parentesco, tales como la variedad de respeto *kun-kurrng*[6] y el sistema de parentesco trirrelacional *kun-derbi*. En esta narrativa, él se basa sistemáticamente en las diferencias léxicas y gramaticales entre su propio dialecto (kuninjku) y el dialecto kunwinjku más occidental. Dado que el kuninjku y el kunwinjku resultan muy similares gráficamente, en tanto se diferencian solamente por la pérdida de la w en el dialecto kuninjku, emplearé las abreviaturas KI y KW a partir de ahora.

En la siguiente transcripción he destacado en negrita las palabras o morfemas que son distintivos del KW. Algunos son ítems léxicos, como el *yewelk* en KW para "burbuja" en lugar de *burrng-burrng* (verso 25) o *djunj* (verso 28) en KI, o *burrkyak* en KW para "no" en lugar de *kayakki* en KI. Otros son afijos gramaticales, a saber los prefijos distintivos de objeto pronominal dual, característicos de KW (*kanhbene-* verso 19, *ngunhbene-* verso 20), mientras que el KI utiliza los prefijos más semánticamente generales *kan-* y *ngun-* (ver Evans 2003a: 402–6 para más detalles acerca de esta diferencia transdialectal). En un momento, en el verso 25, el narrador interrumpe el discurso directo del niño para comentar explícitamente una diferencia léxica, y luego del término *yewelk* de KW, completa con la explicación: "... dicen *yewelk*, mientras que (nosotros decimos) *burrng-burrng*".

La comicidad de este texto subido de tono surge a partir del comportamiento escandalosamente inapropiado de un joven aprendiz en la ceremonia mardayin, Nawalabik, que, en un momento en el que debería evitar escrupulosamente el contacto con mujeres, juguetea desnudo en un estanque con sus dos hermanas. Allí se sumerge en el agua para tironear del vello púbico de estas y

---

5 *Arnhem lander* es el gentilicio correspondiente a un habitante de Arnhem Land, una de las cinco regiones del Territorio del Norte, más precisamente ubicada en el extremo oriental (N. de T.).

6 Él hace uso de esta variedad en algún momento de esta misma narrativa (no considerado aquí) para representar el habla entre Nawalabik y su cuñado. Ver el texto original en Evans (2003a) para consultar el material mencionado.

luego, nadando bajo el agua, sale a la superficie en otro lugar tratando de culpar a los peces por mordisquear sus partes íntimas.

La cómica e ingeniosa queja de las niñas a su madre, seguida de las excusas de inocencia del niño y su absurda coartada, se presentan en discurso directo, sin estar enmarcado por ningún verbo de cita o identificación del hablante. En general, los fragmentos citados, ya sea por el niño o por sus hermanas, emplean formas del KW, mientras que el narrador emplea formas del KI. (Solo hay un desvío a esta regla, en una de las citas de las niñas (verso 21) donde se emplea la forma *kanh-* del KI, en lugar de la forma *kanhbene-* del KW.) Semióticamente, entonces, la alternancia entre códigos señala la diferencia entre la voz del narrador y la voz de todos los personajes citados, sin distinguir entre estos últimos. Se dice que la historia ha tenido lugar en una zona de habla kunwinjku, por lo que el uso de KW por parte de los personajes ubica los acontecimientos en una localidad más occidental que la región de origen del propio narrador.

A continuación, reproducimos un fragmento ilustrativo del texto. Para una transcripción completa y su traducción, ver Evans (2003: 690–703); he conservado los números de verso del original.

(1)

1.16 *Ø-djal-yulyulme-ng*   *kure Ø-na-ng   kure Ø-na-ng*
3P-just-swim.under.water-PP there 3P-see-PP there 3P-see-PP
He swam along under the water, looked this way and that,
Nadó por debajo del agua, miró para aquí y para allá,

1.17 *Ø-na-ng   kabene-bebbeh-bo-rro-ng,*
3P-see-PP 3ua-DIST-liquid-strike-NP
and saw them each striking the water in a different place
y vio a cada una golpeando el agua en un lugar diferente,

1.18 *djilu   lahlarrk wanjh Ø-wabwabme-ng*
splash naked   then 3P-sneak.up-PP
splashing about naked; then he snuck up on them
chapoteando desnudas; entonces se les acercó sigilosamente

1.19 *durrk durrk. "Ah, karrang na-ni   ladjkurrungu   ngudda*
tug   tug   aa   mum   MA-DEM mardayin.novice you
kanhbene*-kornmud-yirridjme-ng ngarrewoneng."*
3/1aIMM-pubic.hair-snatch-PP   1ua
Tug! Tug! (he pulled their pubic hairs). "Aa, mother, this son of ours, the *mardayin* ceremony novice here, has been snatching at our pubic hair!"

¡Tira! ¡Tira! (él tironeó de sus vellos púbicos). "Ay, mamá, este hijo tuyo, este novicio de la ceremonia *mardayin*, ha estado tironeando de nuestro vello púbico!"

1.20 *"Aa, kare   ngudman nakka   nuk burd   kare*
aa   maybe youEMPH MA:DEM DUB grunter.fish maybe
ngunhbene-*kornmud-baye   ngudberre la   ngayi nga-mungu."*
3/2uaIMM-pubic.hair-biteNP you   CONJ I   1-uninvolved
"Aa, it was you yourselves, it might have been a grunter fish or something nibbling at your pubic hairs, because I had nothing to do with it."
"Ah, eran ustedes, habrá sido un pez o algo que mordisqueaba su vello púbico, porque yo no tuve nada que ver con eso".

1.21 *"Ngudda wanjh, ngudda kanh-kornmud-yirridjme-ng*
you   then   you   2/1aIMM-pubic.hair-snatch-PP
ngarrewoneng."
1ua
"It was you, you were snatching at our pubic hair." [here *kanh-* is the Kuninjku form; the Kunwinjku form would be *kanhbene-*]
"Fuiste tú, tú estabas tironeando de nuestro vello púbico." [aquí *kanh-* es la forma kuninjku; la forma kunwinjku sería *kanhbene*]

1.22 *"Ngayi wanjh **burrkyak**, la   burd   nakka."*
I   then   nothing CONJ grunter.fish MA:DEM
"It wasn't me at all, but that grunter fish." [KW = KI *kayakki*]
"No fui yo para nada, sino ese pez". [KW = KI *kayakki*]

1.23 *Rawoyhno wanjh, "Ngane-rawoyh-bo-rro-ng," wanjh*
again   then   1ua-again-liquid-strike-NP Then
bene-bo-rro-y
3uaP-liquid-strike-PP
Again they said: "Let's clap on the water again", and they clapped on the water.
Otra vez dijeron: "Golpeemos el agua otra vez", y dieron una palmada sobre el agua.

1.24 *djilurlh djilurlh djilurlh djilurlh djilurlh djilurlh bene-bo-rro-y.*
splash splash splash splash splash splash 3uaP-liquid-strike-PP
Splash! Splash! Splash! Splash! Splash! Splash! they struck the water.
¡Splash! ¡Splash! ¡Splash! ¡Splash! ¡Splash! ¡Splash! golpeaban el agua.

1.25 *Wanjh, "Konda ngune-na   nga-wurlebme, wanjh **yewelk** kondah*
then   here   2ua-seeIMP 1-swimNP   then   bubble here
*ngah ..." njamed **yewelk**, burrng-burrng, nawu   yewelk*
1IMM   whatsit bubble   bubble-bubble MA:DEM bubble

kabirri-h-wokdi, wanjh burrng-burrng
3a-IMM-sayNP   then   bubble-bubble
Then he said: "You two look at me swimming here, bubbles here I'm –"
whatsit, *yewelk* (bubbles), (we say) *burrng-burrng*, they call bubbles *ye-welk* –

Luego, él dijo: "Ustedes dos mírenme nadando aquí, burbujas aquí estoy –" lo que sea, *yewelk* (burbujas), (decimos) *burrng-burrng*, ellos llaman a las burbujas *yewelk* –

1.26   *"konda ngune-na   nga-h-baye*   **yewelk** *mak la   ngudda*
       here   2ua-seeIMP 1-IMM-biteNP bubble also CONJ you
       ngune-bo-rro."
       2ua-liquid-strikeIMP
       "You two watch me swallow the bubbles here, and you two clap on the water."
       "Mírenme las dos tragar las burbujas aquí, y golpeen el agua".

1.27   *Wanjh bene-bo-rro-y   rawoyhno bene-rawoyh-bo-rro-y*
       then   3uaP-liquid-strike-PP again   3uaP-again-liquid-strike-PP
       Then they clapped on the water and clapped on the water again. (*rawoyhno* is a clearly Kuninjku form; Kunwinjku is *yawoyhno*)
       Luego, golpearon el agua una y otra vez. (*rawoyhno* es una forma claramente kuninjku; *yawoyhno* es kunwinjku)

1.28   *Ø-wurlebme-ng yiman ku-mekke djunj   Ø-bayeh-baye-ng la*
       3P-swim-PP   like   LOC-DEM bubbles 3P-ITER-bite-PP CONJ
       Ø-djal-wam
       3P-just-goPP
       He swam again, and acted like he was swallowing bubbles there but he just went along.
       Volvió a nadar e hizo como si estuviera tragando burbujas, pero en realidad se quedó dando vueltas por ahí.

4 Un cambio entre lenguas cercanas: el lardil y el yangkaal en la historia de Thuwathu / la Serpiente Arcoíris (Isla Mornington)

Nos vamos ahora varios cientos de kilómetros al este, a un entorno sociolingüístico bastante diferente. El lardil ya estaba bajo el asedio del inglés en el momento en que Ken Hale comenzó a trabajar en esta lengua a principios de los años 60, y el yangkaal –tan cercano al lardil como el inglés al alemán– ya estaba en grave peligro. Su dialecto hermano, el kayardild, ha perdurado más tiempo, aunque ahora, alrededor de medio siglo después, no está mucho mejor que el yangkaal alrededor de los 60. Casi nada del yangkaal fue registrado antes de que desapareciera, pero Hale recolectó aproximadamente el equivalente a un día de notas de campo. La mayor parte de estas fueron elicitadas. Las grabaciones de Hale contienen un escaso material narrativo genuino, aunque sí incluyen un esbozo autobiográfico de Mick Charles.[7] Además de esto, sin embargo, Hale grabó un material adicional del yangkaal bajo la forma de discurso citado de un personaje (la avara y mal predispuesta Serpiente Arcoíris)[8] dentro de una narrativa en lardil, que examinamos a continuación.

4.1 Una mirada al texto

Una vez más, este argumento implica un conflicto entre un hermano y una hermana, aunque en esta ocasión el hermano es egoísta en lugar de libidinoso. La hermana está tratando de convencer a su hermano, Thuwathu, la Serpiente Arcoíris, de hacer espacio en el refugio para su pequeño bebé para que no se moje con la lluvia. Donde sea que quiera ubicarlo, Thuwathu protesta, utilizando el yangkaal (en negrita) para nombrar la(s) parte(s) de su cuerpo para la(s) que necesitaba el lugar en cuestión. Los segmentos del narrador y los de la hermana están en lardil normal; por lo tanto, esta vez la elección de la lengua en el discurso citado se puede emplear para determinar la identidad del personaje.

La rutina básica se puede ilustrar a partir de este primer fragmento:

(2)

2.1 *Kunu-- ngithun mangarda yuurr-kunthawu. Kiin-ma wurdu-ma*
bro-VOC my child PERF-get_cold that-TR.AL corner-TR.AL
ngambirr-mari laa-ma lii-ma.
house-TR.AL south-TR.AL east-TR.AL
"Brother, my child has got a chill. Put him in that southeast corner of the house."
"Hermano, mi hijo tiene frío. Ponlo en aquel rincón sudeste de la casa".

---

7 Otra breve narrativa en yangkaal fue grabada por Normal Tindale ver la transcripción y la versión traducida en Evans (1995: apéndice).

8 En la historia, la Serpiente Arcoíris es un varón, pero dado que en español esta palabra es femenina, cada vez que se hable de este personaje en estos términos se respetará la concordancia de género (N. de T.).

2.2 *Mmm ...* **naliyar-** *lelk-in* *Oh, I go talk Yangkal.*
(for my head) head(Ya) head(La)-OBJ
Nal-iyarwani.
head-?
"Mmmmm ... that's for my head (for my head)" – oh, I go talk Yangkal.
"That's for my head."
"Mmmmm ... Eso es para mi cabeza (para mi cabeza)" – [en inglés] Oh,
voy a hablar yangkal.
"Eso es para mi cabeza".

2.3 *Kunu-- ngithun mangarda ma-tha kunu Mutha waa wunda*
bro-VOC my child get-IMP bro:VOC big come rain
"Brother, get my child, brother. A big rain is coming.
"Hermano, recibe a mi hijo, hermano. Una lluvia grande se avecina.

Kiin-ma laa-ma lii-ma wurdu-ma ngambirr-mari.
that-TR.AL south-TR.AL east-TR.AL corner-TR.AL house-TR.AL
Put him in that southeast corner of the house."
Ponlo en el rincón sudeste de la casa".

"Mmm ... mariyarwani." Kunu ngithun mangarda yuur-kunthawu.
(for.my.two.hands) bro-VOC my child PERF-get cold
"Mmmm ... that's for my two hands." "Brother, my child has got a chill."
"Mmmm ... Eso es para mis dos manos". "Hermano, mi hijo tiene frío".

Una rutina similar se repite siete veces, con el estado del bebé de la hermana
empeorando cada vez más. Cada vez que prueba un rincón o recoveco del refugio diferente obtiene una frase en yangkaal con la misma estructura pero haciendo mención a una parte del cuerpo distinta:

2.4 ***Mmmm ... kirdil liyarrwani*** "Mmmm ... that's for my backbone."
"Mmmm ... Eso es para mi columna".

2.5 ***Mmmm ... bungkali yarrwani.*** "Mmmm ... that's for my knees."
"Mmmm ... Eso es para mis rodillas".

2.6 ***Mmm ... jayi yarrwani.*** "Mmmm ... that's for my feet."
"Mmmm ... Eso es para mis pies".

2.7 ***Mmm ... murnu yarrwani.*** "Mmmm ... that's for my elbows."
"Mmmm ... Eso es para mis codos".

2.8 ***Mmm ... naliyarrwani.*** "Mmmm ... that's for my head."
"Mmmm ... Eso es para mi cabeza".

El niño muere y, encolerizada, la hermana incendia el refugio con su hermano adentro. Retorciéndose en su agonía, este canta una canción injuriosa en yang-kaal en falsete:

2.9 *Birdi waang-inji. Yuud-tha. Wirde werrirne.*
come go-RECIP   done-now inside suffer_death_throes (falsetto)
'He was overwhelmed. Now it's done. Inside, he writhes in his death thro-es, (singing).
'Estaba abrumado. Ahora ya está. Adentro, se retuerce en su agonía, (cantando).

jiriny jiriny jiriny jiriny jiriny jiriny jiriny jiriny jiriny jiriny jiriny
"Jiriny jiriny jiriny jiriny jiriny ..." (suffering-sounds)
"Jiriny jiriny jiriny jiriny jiriny ..." (sonidos sufrientes)

jiriny jiriny. **wakatha yarrajalbuthayarra wakatha**
          sister   #@$!¡@%[9]   sister
yarrajalbuthayarra.
#@$!¡@%
"Jiriny jiriny. My own sister, the cunt, my own sister, the cunt, my own –
"Jiriny Jiriny. Mi propia hermana, esa puta, mi propia hermana, esa puta, mi propia –

nganjal-birri nganjal-birri nganjal-birri nganjal birri.
fire-?   fire-?   fire-?   fire-?
"she burned me with fire, she burned me with fire, she burned me with fire, she burned me with fire" (sung several times)
"Me quemó con fuego, me quemó con fuego, me quemó con fuego, me quemó con fuego" (cantado varias veces).

La historia continúa en lardil con una descripción del narrador sobre sus viajes, su agonía final y su transformación en parte del paisaje. Curiosamente, sus palabras finales están en lardil (aunque es cierto que las dos primeras palabras –*ngada thaathu*– serían idénticas en yangkaal y lardil):

2.10 *natha thaa niya kangka dene dang-an. Ngada thaa-thu*
     night return he speak leave person-OBJ I   return-FUT
     la-wu   ba-thu.
     south-FUT west-FUT

---

9 No se pueden reconocer todos los morfemas de esta expresión, pero la misma claramente contiene la raíz *jal-*, que significa 'vagina'. [En inglés hay una asociación común entre los night, and returned and spoke as he left his people. "I will go back southwest,

noche, y regresó y habló cuando dejaba a su pueblo. "Voy a volver al sudoeste,

Ngerr-uru nyerrwin-u   kirne-thu wirdeminhal-u.
self's-FUT country-FUT die-FUT   middle_burnt_ground-FUT
Dene-thu
leave-FUT

to die in my own country, in the middle of the burnt ground. I will leave

a morir en mi propio país, en medio de la tierra quemada. Los abandonaré

kilmungku. Dilan warnawu-tha. Thaa   dene dang-an   bana
2plDIS-FUT recent burn-NONFUT return leave person-OBJ and
dangka
person

you. I was recently burned?" 'He went back, leaving his people, and his people

a ustedes. ¿Me quemé recientemente?" 'Volvió, abandonando a su pueblo, y su gente

likur wayi-nji   juuri.   Warngej-irr maarn tharda-a
cry   sing-RECIP left_behind one-only   spear   shoulder-LOC
Junka   laa. Ditha
straight sit   south

cried and sang to each other, having been left behind. He had only one spear on his shoulder. He went straight south.'

lloró y ellos se cantaron los unos a los otros, cuando los dejó atrás. Sólo tenía una lanza en su hombro. Se fue directo al sur'.

4.4 Una nota lingüística sobre el yangkaal utilizado

No todo el material en el texto anterior es reconocible. Todas las raíces son claramente identificables como del yangkaal (y generalmente idénticas a las del kayardild; ver el material en Evans (1995)), pero algunos otros materiales recogidos no lo son, en particular la recurrente secuencia *i yarrwani o i yarwani.*

---

genitales femeninos (*cunt* 'concha' en un registro vulgar) y el insulto a una mujer, muchas veces expresado en español con la palabra 'puta' (N. de T.).]

Lo más probable es que *bungkaliyarrwani* se corresponda con uno de los siguientes análisis:

> *bungkal-iyarr-wan-i*   *bungkal-iyarr-wan-inj*
> knee-DU-ORIG-MLOC   knee-DU-ORIG-OBL
> rodilla-DU-ORIG-MLOC rodilla-DU-ORIG-OBL

Pero ninguno tiene sentido cuando se aplica a "cabeza" o a "columna": incluso la Serpiente Arcoíris solo tiene una cabeza.

En el pasaje de los insultos, *wakatha* 'hermana' y la raíz *jal-* 'vagina' son fácilmente reconocibles, pero el resto del material no lo es. *Jal-* es la misma raíz en lardil (Ngakulmungan Kangka Leman 1997), pero el lardil no tiene la forma *wakatha*: la palabra para hermana es *yaku*.

Es factible que la imposibilidad de analizar algunas de estas palabras se deba a nuestra ignorancia del yangkaal. Pero también es posible que refleje un conocimiento imperfecto del yangkaal por parte del narrador, que era sobre todo un orador lardil, y cuyas oportunidades de adquirir el yangkaal deben haber sido limitadas debido al número decreciente de hablantes del yangkaal desde su infancia.

5 Una paleta lingüística más compleja: ilgar, marrku, kunwinjku e inglés en la historia de la Destrucción de la Serpiente Arcoíris según Charlie Wardaga

Pasemos ahora al caso más complejo de narrativa políglota que voy a considerar, de la Isla Croker en la región de la península de Cobourg del noroeste de Arnhem Land. Grabé esta historia en diciembre de 1999 con el difunto Charlie Wardaga, que en aquel momento tenía unos setenta años y murió poco tiempo después, en 2003. El complejo abanico de lenguas hizo que fuera especialmente difícil de transcribir, sobre todo porque la muerte de Charlie Wardaga se llevó a la última persona con algo de fluidez en marrku. Sin embargo, en febrero de 2007 pude transcribir esta narrativa con un poco de ayuda de Khaki Marrala, un hablante fluido de iwaidja y un hablante parcial de marrku y garig (véase Evans, Malwagag y Marrala 2006).

Charlie Wardaga era un típico anciano multilingüe de Arnhem Land. Hablaba ilgar y garig con fluidez, dos variedades estrechamente relacionadas, de las que terminó siendo el último hablante; el ilgar era particularmente importante para su identidad social, ya que se asocia con las tierras y aguas de su clan Mangalara. Tenía algo de fluidez en marrku, el idioma asociado con el clan de su madre, y decía hablar manangkardi (lengua de la que también habría sido el último hablante), aunque murió antes de que esta pudiera investigarse, por lo que su fluidez no pudo ser evaluada. Su lengua dominante en la conversación cotidiana era el iwaidja, la lengua franca de la comunidad en Minjilang y la lengua principal en su hogar. También hablaba el kunwinjku, la lengua de su esposa y de uno de sus abuelos cruzados. Aunque fluido, su kunwinjku tenía un fuerte acento y varias marcas idiosincrásicas (reducía el sistema de cinco vocales del kunwinjku al de tres vocales que se encuentran en ilgar o en iwaidja, eliminando el contraste de oclusiva larga-corta y las oclusivas glotales). Además, hablaba un inglés aceptable, aunque este exhibía una fuerte influencia de las lenguas tradicionales antes mencionadas.

En cuanto a las relaciones entre estas varias lenguas, el ilgar y el garig son casi idénticos; los dos son a su vez cercanos al iwaidja (ya sea como dialectos distantes o como lenguas muy estrechamente relacionadas, según los criterios que se tomen). El manangkardi, probablemente en una relación dialectal con el mawng, también es cercano a todas estas lenguas; todas pertenecen a la familia iwaidja. Véase Evans (2000) para más detalles.

El marrku fue antiguamente clasificado como miembro de la familia iwaidja (incluido en Evans 2000), pero nuevas evidencias sugieren que los supuestos rasgos morfológicos compartidos empleados para esta clasificación pueden ser en realidad préstamos, y actualmente mi mejor conjetura es que se trata de una lengua aislada.

Por último, el kunwinjku (que ya vimos en § 3) pertenece a otra familia (el gunwinygua): ha dado y ha aceptado muchos de los préstamos desde y hacia todas las lenguas antes mencionadas, pero tiene una estructura, tanto gramatical como fonológica, muy diferente. Las lenguas en nuestro texto a continuación provienen entonces de tres familias completamente diferentes –casi tan diferentes como las de las lenguas chádicas, semíticas y cushíticas–, y probablemente más singulares que las lenguas de tres familias indoeuropeas diferentes. Para dar una idea del rango de diferencia lingüística desplegado en la narrativa que ahora vamos a examinar, podríamos imaginar a un narrador que cuenta una historia en la que algunos personajes hablan francés y otros ruso, al tiempo que intercala sus comentarios autorales en una mezcla de hindi y chino.

Presento ahora el texto completo. El texto original (sea cual fuere la lengua) está en cursiva, seguido de mi traducción al inglés entre corchetes, con la(s) lengua(s) utilizada(s) en la columna de la derecha.[10] Debido a la longitud y complejidad multilingüe de la narrativa, no brindo glosas en este pasaje.

---

10 A continuación del inglés, se brinda entre corchetes la traducción al español (N. de T.).

(5)

Verso		Lengua
1	*malayaka yimalkbany* [The Rainbow Serpent appeared] [La Serpiente Arcoíris apareció]	ilgar/garig
2	*ara raka, rak'ambij* [he went along there, that Rainbow Serpent] [se fue por allí, la Serpiente Arcoíris]	ilgar/garig
3	*well, Marrku, Marrku, people he said, not people, only one man* [Well, in Marrku, Marrku] [Bien, en marrku, en marrku], la gente, dijo, no la gente, solo un hombre	inglés
4	*one man he said* un hombre, dijo	inglés
5	*"Iyi, muku ngurnu, ngurnu minyiwu ngurnu jang.* [Well, someone has struck a sacred place (*jang*) – a sacred place.[11]] [Bueno, alguien ha violado[12] un lugar sagrado (jang) – un lugar sagrado]	marrku
6	*jang miyiwuwu* [he struck the *jang* way over there] [violó el *jang* por allá lejos]	marrku
7	*muku makalany ngurnu marruyaj* [that Rainbow appeared there] [aquel Arcoíris apareció allá]	marrku
8	*yeah, miyiwuwu* [yes, he struck it (the *jang*)] [sí lo violó (el *jang*)]	marrku
9	*imin killim, he kill that ah, antbed or something, stone,* [he hit it, he hit a termite mound or something, a stone] [se chocó, se chocó con un montículo de termitas o algo así, una piedra]	inglés
10	*Ya, ngurnu mika … muku ngurn miyiwu ngurnu* [yes, there he … struck it] [sí, Marrku allá él … lo violó]	marrku
11	*"ngurnu jang makalany, makalany ngurnu marruyaj, iyi"* [and that jang appeared, the Rainbow Serpent appeared, yes] [y aquel *jang* apareció, la Serpiente Arcoíris apareció, sí]	marrku
12	*"Yangbalwura rakabara"* [Oh, I say,[13] that's what happened] [Oh, digo, eso es lo que sucedió]	ilgar/garig

---

11 En este caso, el *jang* es un sitio en el que estaba prohibido alterar las características del paisaje, una ley violada por el comportamiento del personaje.

12 Si bien la palabra en inglés *strike* se traduce literalmente como 'golpear', en este caso hemos optado por el verbo 'violar', más apropiado para describir la acción ilícita perpetrada contra un lugar sagrado (N. de T.).

13 La palabra *yangbalwura* (que tiene varias formas flexionadas según el número de hablante y oyente) es difícil de traducir. Es la palabra estereotípica en garig/ilgar –curiosamente, sin equivalentes exactos en lenguas vecinas– e implica un tono de cortesía. Tanto Charlie Wardaga como Nelson Muluriny la traducen al inglés con la frase 'thank you very much' ("muchas gracias") y, efectivamente, puede ser usada para agradecer (por ejemplo, un regalo de carne),

Verso		Lengua
13	*He said, that Garig man.*	inglés
	él dijo, aquel hombre garig.	
14	*Yeah, he talking one another.* [Yeah, they were talking to one another]	inglés
	[Sí, estaban hablando entre ellos]	
15	*"Yaa, yiharlu ngabi raka yiharlu nganami raka* ["Well, it wasn't, I wouldn't do that."]	ilgar/garig
	["Bueno, no fue así, yo no haría eso".]	
16	*"Rakabara ngabi ka ngabi arrarrkbi amurnduruny aniwung* ["That was my countrymen who defiled that place, striking it."]	ilgar/garig
	["Esos fueron mis compatriotas que profanaron ese lugar al violarlo".]	
17	*"Wularrud aniwung raka kuyak."* ["They struck that dangerous place."]	ilgar/garig
	["Ellos violaron ese lugar peligroso".]	
18	*"Ee! Muku ngurn durrumarni*[14]. *Ngan ... ngan ... durrumarni ka ...* ["Hey, look at all the flattened landscape. I say ... I say ... flattened landscape."]	marrku
	[Eh, mira todo ese paisaje aplanado. Digo ... Digo ... paisaje aplanado".]	
19	*"Ngan niyad. Ngan nirti ngurn."* ["I say to him. I say to you there."]	marrku
	["Le digo a él. Te digo a ti allí".]	
20	*"Iyi, yanbalwura raka ..."* ["Yes, indeed,]	ilgar/garig
	[Sí, en efecto,]	
21	*Like this (laughs)* [NE:[15] *talking back and forth] yeah, Marrku and Ilgar*	inglés
	Así (se ríe) [NE: Hablando así y asá], sí, marrku e ilgar	
22	*"Ee, rrkanhi, karrkanhi yihanymany rrkanhi?"* ["Well, now what are you going to do?]	marrku
	["Bueno, ¿ahora qué vas a hacer?]	
23	*"Muku ngurn, irriminyawun nga wiruku, irriminyawun."* [That place, I'm going to leave from there."]	marrku
	[Ese lugar, voy a irme de allí."]	
24	*I leave him.* [NE *irriminyawun] irriminyawun I leave him.*	inglés + palabra en marrku
	Lo dejo. [NE *irriminyawun] irriminyawun* lo dejo.	

---

pero su uso es de hecho mucho más extendido. La idea aquí es que identifica inmediatamente al hablante como ilgar/garig.

14 La palabra marrku *durrumarni* se refiere al paisaje aplanado, devastado después de un ciclón, con la tierra cubierta de árboles caídos o rotos; hasta aquí no se ha encontrado un equivalente exacto en ilgar/garig o en iwaidja.

15 Abreviatura correspondiente a Nick Evans (N. de T.).

Verso		Lengua
25	*"Ee, rakabara kunardudban raka"* ["Yes, you better leave that place now"] [Sí, mejor deja ese lugar ahora]	ilgar/garig
26	*"Aniyaldi yinang raka angmurndurukbun.* ["Let it be, don't desecrate that sacred place.] ["Déjalo así, no profanes ese lugar sagrado.]	ilgar/garig.
27	*"Yinang angmurndurukbun."* ["Don't desecrate it."] ["No lo profanes".]	ilgar/garig
28	*Because he was stop him you leavim that one.* [Because he stopped him: "You leave that one!"] [Porque él lo detuvo: "¡Deja eso!"]	inglés
29	*"Yinang angmurndurukbun, yiharlu nanayaldi raka.* ["Don't desecrate it, no, it should be left alone."] ["No lo profanes, no, no debe ser tocado".]	ilgar/garig
30	*"Rakabara anjilkukun, nuyi … nuyi wiyu anjilkukbun" "Yimuku ngurn …"* ["You better treat yourself with medicine." "There …"[16]] ["Debes tomar algún medicamento." "Allá …"]	ilgar/garig | marrku
31	*"Ngarta nm … marbany nkawart wanhi ngarta …, aa:"* ["I .. we said that word of mine … aa"] [Yo … dijimos esa palabra mía … aa"]	marrku
32	*Yeah, I'm hangry*[17]*… (NE: I'm silly?) I'm silly, because I bin kill that dreaming you know.* Sí, estoy enojado … (NE: ¿Soy tonto?) Soy tonto, porque he estado matando ese sueño, sabes.[18]	inglés
33	*Mm, marrku ngurn, marrku ngurn, Marrku people.* [Mm,, that Marrku, Marrku people.] [Mm …, ese marrku, el pueblo marrku.]	inglés/marrku
34	*"I'm Marrku man" he said. But Garig man he said "you leave him."* "Yo soy un marrku", dijo. Pero el garig dijo: "lo dejas".	inglés
35	*"Kunardudban raka, kunardudban, you leave him".* ["I'll leave you now, I'll leave you.", you leave him] ["Ahora te dejo, te dejo.", lo dejas]	ilgar/garig/ inglés
36	*"Ee, irrkanhi ngurn minyawu."* ["Yes, you leave it now."] ["Sí, lo dejas ahora".]	marrku

16 Excepcionalmente, este turno cambia de ilgar/garig a marrku dentro de un solo grupo de respiración, indicando un cambio de hablantes.

17 Pronunciado como [hæŋgri], asumo que se trata de la palabra 'angry' en inglés ['enojado'] con una h inicial hipercorrecta.

18 El inglés que se usa es una variedad de contacto. Ante la dificultad de rescatar el sentido para su traducción, se decidió traducirlo en español estándar omitiendo las peculiaridades del original (N. de T.).

Verso		Lengua
37	*"Alright, this time I leave you."* "De acuerdo, esta vez te dejo". [discussion and clarifying questions in English with NE, then CW goes back to story:] [discusión y preguntas clarificadoras en inglés con NE, luego CW regresa a la historia:]	inglés
38	*Rainbol, but he said, "Don't kill that rainbow he coming. You leave him."* Arcoíris, pero él dijo: "No mates ese arcoíris, él está viniendo. Déjalo".	inglés
39	*Because marndi yibenbun bininj.* [Because you might kill people.] [Porque puedes matar gente.]	kunwinjku
40	*You killim all the people.* Estás matando a toda la gente.	inglés
41	*Coming now from Ilgar. But Ilgar man he got more, he got more kundjak.* [dangerous places], *lightning* Viniendo ahora de Ilgar. Pero él tiene más, tiene más *kundjak* … [lugares peligrosos], relámpagos	inglés [+ kunwinjku]
42	*Ma .. am .. ngalyod, anything, yeah* … [umm, Rainbow Serpent, anything] [hum, Serpiente Arcoíris, lo que sea]	inglés + kunwinjku
43	*Only this one thamarl, only one, only one* [Only this place *Nthamarl* (is dangerous on Marrku territory)] [Solo este lugar *Nthamarl* (es peligroso en el territorio marrku)]	inglés + marrku nombre de lugar
44	*Only one, only one ngalyod* [rainbow serpent], *now, only one word.* Solo una, solo una *ngalyod* [serpiente arcoíris], ahora, solo una palabra.	inglés + kunwinjku
45	*to bolkkayime kabinbun* [up to now, he kills people] [hasta ahora, él mata gente]	kunwinjku
46	*He killim* él mata	inglés
47	*and ah, kuri, yiman my countryman* [and there, like my country-men] [y allí, como mis compatriotas]	inglés/ kunwinjku
48	*manguraka kayime, kurrurduk minj ng[19]abinbun bininj* [whatsit you say, poorfeller he doesn't kill people.] [lo que sea que usted dice, el pobre muchacho no mata gente]	ilgar + kunwinjku

---

19 Esto suena como *ngabinbun* "les pegué", aunque por el significado debería estar diciendo *kabinbun*, lo que puede ser el resultado de la asimilación de nasalidad del tipo ilgar después de la *ny* anterior. Nótese también que estoy transcribiendo un estilo muy ilgarizado de kun-

Verso		Lengua
49	*miny ngabinbun bininj* [he doesn't kill people]	kunwinjku
	[él no mata gente]	
50	*like poor bugger, like that, yeah, kurrurduk.*	inglés
	como un pobre idiota, tal cual, sí, *kurrurduk.*	
51	*He don't like to kabinbun bininj, kuyak* [it doesn't kill people any more, that dangerous place]	inglés | kunwinjku
	[ya no mata gente, ese lugar peligroso]	
52	*because he know that rule, no kurrunu ...*	inglés
	porque sabe la regla, no *kurrunu ...*	
53	*binbum kundjak, birriyakminj rowk nawu bininj,* [The dangerous thing had killed them (long ago), and they all died, those people],	kunwinjku
	[La cosa peligrosa los mató (hace tiempo) y todos murieron, esa gente],	
54	*birriyakminj rowk* [they all perished]	kunwinjku
	[todos murieron]	
55	*yeah yildirrindirri raka* [yes, it's really dangerous]	ilgar/garig
	[sí, es realmente peligroso]	
56	*kayirrk rakabara yiwardudban* [so now they leave it alone]	ilgar/garig
	[entonces ahora lo dejan tranquilo]	
57	*yiwardudban yiyaldi* [they leave it be]	ilgar/garig
	[lo dejan ser]	
58	*yiwardudban he bin leaveim, like he bin leaveim that aa djang* yeah [they leave it, like he left that sacred place (in the story)]	ilgar/garig | inglés
	[lo dejan, como él dejó ese lugar sagrado (en la historia)]	
59	*but ah, but, but this I tell story for long time ago, but like today*	inglés
	pero, ah, pero, pero esto yo cuento esta historia de hace mucho tiempo, pero es como hoy	
60	*naka minj minj kabirriburrbun na* [but they don't know this story, now]	kunwinjku
	[pero ellos no conocen esta historia ahora]	
61	*birriyawurd* [those kids]	kunwinjku
	[esos niños]	
62	*only young people minj kabirriburrbun, yaa,* [only the young people don't know it, yeah]	inglés + kunwinjku
	[solo la gente joven no la conoce, sí]	
63	*miny kabirriburrbun ngalyud* [they don't know about the Rainbow Serpent]	kunwinjku
	[no conocen a la Serpiente Arcoíris]	

winjku, que asigna el sistema de cinco vocales kunwinjku a tres vocales (de ahí *kabinbun* en lugar de *kabenbun*), no observa la distinción de longitud en consonantes y omite las oclusivas glotales (de ahí *kuri* en lugar de *kurih* para "allí").

Al igual que en los otros dos textos que hemos examinado, las diversas lenguas desempeñan papeles muy distintos en la narrativa. El ilgar/garig –es difícil decidir cuál es cuál, y los comentaristas vacilaban en su identificación– es la opción predeterminada inicial para la narrativa y además se utiliza para un personaje ilgar/garig de fuera de la Isla Croker. El marrku, la lengua tradicionalmente asociada con la Isla Croker, se emplea para el habla de un personaje, destacando su procedencia de esa isla. El inglés se utiliza para algunas traducciones y aclaraciones y para un resumen global de la historia hacia el final. El kunwinjku también se usa de una manera semejante a la del inglés, para un resumen global y para el encuadre narrativo final; se lo utiliza, además, para quejarse sobre la falta de saberes tradicionales entre los jóvenes. En general, entonces, las diferentes lenguas locales se utilizan en el discurso citado para indexar las distintas filiaciones geográficas, mientras que la voz del narrador se divide entre una lengua local (el ilgar) y dos lenguas "externas", una aborigen en un sentido más amplio, y otra, la lengua del mundo no aborigen más amplio –aunque es posible que el uso por parte de Charlie del kunwinjku y el inglés esté dirigido a mi presencia, ya que regularmente utilizamos ambas lenguas al mismo tiempo–.

6 Algunas preguntas

Un sello distintivo del estilo walshiano es el listado de preguntas provocativas para estimular la investigación futura (ver, por ejemplo, Walsh 2007). Concluiré este artículo emulando este método, formulando una serie de preguntas que se plantean a partir del estudio de las narrativas aborígenes multilingües. Algunas se relacionan directamente con los textos presentados antes, otras han sido planteadas por otros investigadores de narrativas políglotas, y para muchas otras estamos aún muy lejos de encontrar alguna respuesta.

6.1 ¿Qué motiva la elección de la lengua en los narradores?

Parece haber cuatro motivaciones principales para la variación de lenguas en las narrativas de textos aborígenes: la caracterización, la localización, el encuadre y la adecuación a la audiencia. A continuación me detendré en cada uno de estos aspectos.

6.1.1 Caracterización

Esto se encontró en cada uno de los tres casos descritos anteriormente:

(a) En el texto nawalabik, todos los personajes citados usan la variedad kun-winjku (KW), mientras que la línea de la narración está en kuninjku (KI). La elección de código no distingue por lo tanto entre personajes individuales, sino que los separa del narrador. El dialecto utilizado para el habla de los personajes los señala –y, por metonimia, a la historia– como procedentes de un sitio más al oeste, aunque en ningún momento de la historia se menciona ningún lugar específico.

(b) En la historia thuwathu, el narrador y la hermana hablan lardil, pero la Serpiente Arcoíris (= el hermano) habla yangkaal, al menos en ciertos pasajes. Esencialmente, habla yangkaal cuando él y la hermana están todavía involucrados en algún tipo de conversación (incluso cuando la está injuriando), pero una vez que huye, quemado, de la escena, vuelve al lardil, que es la lengua no marcada utilizada en esta narrativa. Además de distinguir a un personaje de otros, el uso del yangkaal identifica nuevamente la región del personaje, ya que su propia región es al sudoeste de la escena principal: la región yangkaal se encuentra al sur de la región lardil.

(c) En la historia de la destrucción de la Serpiente Arcoíris, cada personaje principal habla una lengua diferente: marrku e ilgar, e indexan así sus respectivas filiaciones regionales. En esta historia es más difícil identificar la lengua del narrador, ya que por lo menos se utilizan tres (ilgar, kun-winjku e inglés). La situación se complica por el uso que el narrador hace del inglés para el habla de algunos de los personajes, esencialmente como dispositivo de traducción (ver versos 32, 34, 35, 37, 38), de vez en cuando usando también el kunwinjku para este propósito (verso 39). Esto significa que el ilgar se utiliza tanto para la narrativa como para la caracterización, el inglés y el kunwinjku predominantemente para la narrativa, pero de vez en cuando como traducciones del habla de los personajes. El marrku, sin embargo, se usa exclusivamente para la caracterización.

Estos tres estudios de caso sugieren que el uso de citas directas de diferentes códigos como medio de caracterización está muy extendido en la narrativa aborigen. Más aún, en cada uno de estos casos las opciones de código que se realizan se mantienen a través de la totalidad o gran parte de las apariciones de los personajes en la historia –en contraste con la práctica común en la literatura europea de citar una palabra conocida o dos al comienzo de la aparición de un personaje para volver luego rápidamente a la lengua del narrador–. Más abajo, en (d), se discute en qué medida los narradores se adaptan al supuesto conocimiento lingüístico de su audiencia, pero ciertas prácticas de cita sostenida como estas sugieren que o bien el multilingüismo (al menos el pasivo) estaba tan extendido que los narradores podían emplear con soltura varias lenguas diferentes sin menoscabo de la historia, o bien que el "modelo de difusión" de la comunicación aborigen (Walsh 1991) carga sobre el oyente la obligación de entender, de modo tal que el narrador siente que no es necesario adecuarse constantemente a las limitaciones lingüísticas de una audiencia menos erudita.

Sin embargo, una consideración más amplia de los textos, incluso de una región tan multilingüe como la del oeste de Arnhem Land, muestra muchos ejemplos en los que la elección del código no replica lingüísticamente lo que se esperaba que se produjera. Por ejemplo, en 2003 Murray Garde y yo registramos al difunto Tim Mamitba contando la historia warramurrungunji sobre el poblamiento del occidente de Arnhem Land con diferentes tribus y lenguas. A pesar de que la historia hacía referencia a un número de lenguas, y aunque Mamitba hablaba kunwinjku al menos tan fluidamente como el iwaidja (inclusive lo usaba regularmente, al dirigirse tanto a Garde como a mí), en su narración de esta historia solamente utilizó el iwaidja.[20]

(6) *ijbu-lda*　　　　*an-nga-ldangan-ang* "rik'an-kaharrama
3plS:away-stand 3plO-3sgfA-put-P　　this 2sg-talk
Kunbarlang, ruki nuyi nuwung inyman Mawng"　lda　j-ara
Kunbarlang DEM you 2sg:OBL language Mawng and 1sgS:away-go
barduwa.
finished
She went along and put them there, "this is your language, you talk Kunbarlang, and as for you, the language for you is Mawng" and "I'm heading on", right.
Ella se alejó y las puso allí, "esta es su lengua, usted habla kunbarlang, y en cuanto a usted, su lengua es el maung" y "me estoy yendo", bien.

6.1.2 Localización

Si bien en los ejemplos anteriores la elección de la lengua para cada personaje particular muestra el origen de cada uno de ellos, no señala dónde tiene lugar la acción realmente. Así y todo, hay casos consignados en la literatura en los que la narrativa puede aprovechar la variación lingüística con este objetivo.

---

20 Tal vez porque el contexto se centraba en documentar la lengua iwaidja, pero su muerte prematura nos ha robado la oportunidad de preguntarle acerca de su motivación.

Antes de dar un par de ejemplos de la literatura, vale la pena considerar la palabra *jamarrarn* del gurindji (Nash 1990: 215), que indica un claro énfasis metalingüístico sobre esta semiótica particular. En una de sus acepciones, una palabra *jamarrarn* es una palabra o frase característica pronunciada en un sueño [*dreaming* en inglés aborigen] importante cuando se cambia de dirección o comienza una nueva acción. Las palabras *jamarrarn* también pueden utilizarse deliberadamente (añadidas a preguntas, etc.) por seres humanos vivos que tienen este sueño como su sueño patrilineal (*kuning*), como marcador de su identidad.

David Nash (c.p.) ha registrado historias en warumungu y en warlmanpa que ilustran dos motivaciones ligeramente diferentes para cambios de este tipo.

En la primera, el/los personaje/s comienza/n a ver la región warumungu desde lejos y empieza/n a hablar en warumungu a pesar de que aún no están allí. De ahí el nombre Manuwangu para el lugar donde esto ocurrió, que está en warumungu a pesar de que la región es warlmanpa. El registro del sitio para Manuwangu hecho por Peter Sutton (c.p.) dice lo siguiente:

> Los dos milwayi hicieron esta fuente de agua mientras viajaban al sur, hacia la distante Jalyirrpa. La piedra caliza aquí es de la misma clase que en Jalyirrpa. El nombre del lugar está en warumungu (*manu* 'región', *wangu* 'malo'), y marca el comienzo de las asociaciones con la lengua warumungu, a medida que uno se dirige al sur. La zona, sin embargo, se identifica principalmente como la región warlmanpa, pero aquí los milwayi comenzaron a usar la lengua warumungu al menos para referirse a este lugar. (Peter Sutton, correo electrónico a NE)

En la segunda de estas historias, dos perros que viajan hacia el este a través de la región de los warlpiri empiezan a hablar en kaytetye sobre el humo que ven, en el horizonte hacia el este, de los incendios que saben estarían sucediendo en Kaytetye. En este caso, el cambio al kaytetye

> indexa la acción –de la quema– si se quiere, pero en el caso manuwangu no hay ninguna acción mencionada en la región warumungu. En ambos casos me dio la impresión de que los protagonistas iban practicando para cuando, inminentemente, necesitaran conversar en la lengua vecina. (Nash, correo electrónico a NE, 7/3/07)

En ninguno de estos casos contamos con una transcripción de la historia para demostrar cuánto o con qué precisión se realizó el cambio de lengua. Sin embargo, sí tenemos un ejemplo bastante similar de Wilkins (1989: 3), que contiene un extracto de un texto sobre el Sueño del Perro en el que el antepasado se muda de la región mparntwe a Anmatyerre, aunque aquí se trata más bien de una variación entre dialectos que entre lenguas. El indicador lingüístico del cambio de lengua es el pase del sufijo alativo mparntwe arrernte (-**werne**) a su equivalente en anmatyerre -**werle**. En otras palabras, la elección de una forma de alativo asociada a un dialecto ancla metonímicamente la acción en territorios particulares de regiones ligadas a esos dialectos.

(8) *Re   lhe-me-le,   lhe-me-le   pmere arrpenhe-**werne**.*
3sgS go-NPP-SS go-NPP-SS place   other-ALL
Pmere-k-irre-me-le,   re   inte-ke. Ingweleme kem-irre-me-le
place-DAT-INCH-NPP-SS 3sgS lie-PC   morning   get.up-INCH-NPP-SS
aweth-anteye   lhe-ke. Lhe-me anteme pmere kngerre-<u>werle</u>. pmere
again-AS.WELL go-PC go-NPP now   place big-ALL   place
kwatye-rle ne-me-rle-<u>werle</u>.
water-REL sit/be-NPP-REL-ALL
"He travelled and travelled to another place (in Mparntwe) and when he got there, he camped. When he got up in the morning he went off again. Now he's going to an important place (in Anmatyerre country), to a place where there's water (in Anmatyerre country)."
"Viajó y viajó a otro lugar (en Mparntwe) y cuando llegó allí acampó. Cuando se levantó por la mañana se fue de nuevo. Ahora va a un lugar importante (en la región de Anmatyerre), a un lugar donde hay agua (en la región de Anmatyerre)".

Para más ejemplos de cambio de lengua con el fin de localizar metonímicamente la acción, véanse también los ejemplos de Strehlow (1971), y el cambio a palabras arrernte en una estrofa del ciclo de la canción wangkangurru de la Serpiente Alfombra, que representa sus viajes a través del desierto de Simpson (Hercus 1990: 134–5).

6.1.3 Encuadre

Una tercera función del cambio de lengua, que ya hemos visto ocupando un lugar destacado en el tercer texto, es para enmarcar la narrativa en general, como por ejemplo al comentar los resultados actuales de los acontecimientos narrados, tal como abandonar determinados sitios sagrados en el paisaje (como el thamarl en el verso 43 en el texto de la destrucción de la Serpiente Arcoíris, comentados en inglés), al comentar sobre las propiedades peligrosas de la Serpiente Arcoíris (en el mismo texto, verso 44, en kunwinjku), al resumir la historia (verso 53–4, en kunwinjku), al comentar sobre los orígenes de la historia (verso 59, en inglés) y quién la conoce y quién no la conoce (versos 60–63, en kunwinjku).

En esa sección exterior al texto, el ilgar también se emplea para el resumen y el comentario sobre las propiedades actuales de los sitios (55–8), por lo que, de hecho, el resumen y el comentario aparecen en tres idiomas (ilgar, kunwinjku e inglés), a pesar de que el contenido de la historia principal se relata en los idiomas más oscuros (y locales) –ilgar y marrku– algo comparable a artículos de revistas que contengan resúmenes en dos o tres lenguas, además de la lengua en la que está escrito el mismo artículo.

6.1.4 Difusión

Esto nos lleva a una cuarta función, la de la "difusión" del material. La sesión en la que Charlie Wardaga me relató el texto anterior tuvo lugar en el mirador de su casa. Aunque yo era la única persona a su lado, había muchos otros miembros de la familia circulando alrededor, que según su edad y su historia de vida eran, en muchos casos, más competentes en kunwinjku e inglés. Su uso de estas lenguas casi al final de la narrativa, creo, no era solo para mi beneficio, sino también una forma de "dejar registrada", al menos, la esencia principal de la historia para que los demás supieran qué tipo de información estaba siendo divulgada. (Él también era muy consciente de que la grabación sería archivada y puesta a disposición de gente que probablemente no podría comprender ilgar o marrku). Los hablantes se encuentran tironeados en direcciones opuestas: por un lado, por el deseo de narrar en una manera auténtica que reproduzca las asociaciones locales de personajes y acciones a través de la lengua, y por el otro, por el deseo de asegurarse de que el sentido de su narrativa quede "registrado" al menos en alguna medida. El resultado final, en el texto de Charlie Wardaga, es que la narración contiene pasajes "internos" en las lenguas más locales y menos conocidas y pasajes "externos" en lenguas más conocidas; así se hace eco de la tendencia ampliamente observada para las manifestaciones culturales aborígenes en una gama de formas (ceremoniales, arte, canto, narrativa) de ofrecer niveles de accesibilidad "internos" y "externos".

Otra forma de difusión –esta vez involucrando a más de una persona– ha sido señalada por Peter Sutton (correo electrónico a NE, febrero de 2007):

> Yo también he grabado pero no he transcripto eventos en los que se ejecutan narrativas. En tales eventos los miembros de la audiencia repiten las palabras del narrador principal y traducen el final de cada 'párrafo' a sus propias lenguas (nuevamente en la región wik). Habría una o dos personas convocadas formalmente cuyo 'trabajo' era llevar a cabo esta función.

Para concluir esta sección, he mencionado cuatro funciones que desempeña la elección de código en la narración multilingüe (o multidialectal) tradicional.

Sin lugar a dudas, una investigación más a fondo que este relevamiento preliminar aquí presentado podría revelar más datos. También hay casos en los que las fronteras pueden ser difíciles de trazar: la elección de una lengua más ampliamente conocida para enmarcar la narración, ¿puede deberse a ciertos movimientos narrativos (como resumir o aportar una moraleja) que se asocian con estilos de discurso "externos" o puede deberse a que el narrador busque brindar al menos un acceso resumido a la historia a quienes no estén familiarizados con las variedades locales más esotéricas? Un corpus mucho mayor, que preste especial atención a los conocimientos lingüísticos de todos los miembros de la audiencia, sería necesario para poder responder a esta pregunta.

También es innegable que algunos cambios de una lengua a otra son simplemente casos generalizados de cambio de código, tal vez habituales en hablantes particulares y sin ninguna razón discursiva clara. Sin embargo, desde un punto de vista heurístico, es mejor comenzar por buscar razones funcionales claras, ya que son más fáciles de identificar o refutar.

6.2 ¿Cuánto se utiliza de la lengua?

Otro de los temas que aguarda un estudio más completo es la cuestión de cuánto se utiliza de cada lengua. De los textos relativamente breves examinados aquí es difícil saber si cada idioma está siendo utilizado de una manera igualmente fluida y productiva, o si el uso de las lenguas segundas o adicionales se limita a fragmentos cortos y tal vez menos que perfectos. Parecen haber diferencias claras entre el segundo texto, en el que el yangkaal no siempre parece ser gramatical y es evidentemente menos complejo que el pasaje en lardil, y el tercer texto, donde los pasajes en ilgar y marrku están en mayor igualdad de condiciones –14 formas léxicas distintas en ilgar frente a otras 18 en marrku y 6 prefijos de persona/número/modo diferentes en los pasajes ilgar frente a otros 5 en los pasajes en marrku–.

La respuesta a esta pregunta dependerá en parte de las limitaciones de los hablantes (cuánto de cada lengua saben en general), en parte de las limitaciones de la audiencia (podría comprender pasajes cortos estereotipados pero no largos o complejos) y en parte de las limitaciones dadas por la función de esa lengua en el texto (por ejemplo, restringiéndola al discurso citado tenderá a reducir el número de combinaciones de persona, modo, etc.). En general, la pregunta tampoco puede ser respondida satisfactoriamente a partir de textos cortos individuales como los que se presentan aquí, sino que habría que mirar repertorios más amplios de ejecuciones de hablantes para determinar cuánto varían en cada lengua y en qué medida adaptan sus elecciones de lengua a las diferentes audiencias cuando cuentan la misma historia. La grabación de múltiples versiones de la historia a diferentes audiencias también ayudaría a responder la pregunta sobre cuán estilísticamente esenciales son algunos de los cambios de lengua. ¿Es algo que se hace cada vez que se narra una historia dada o solo cuando una audiencia particularmente multilingüe se encuentra presente?

6.3 ¿Los cuentos multilingües juegan un papel en la transmisión de lenguas menos conocidas?

A partir de mi observación de casos como los que figuran en § 4 y § 5, parece probable que la práctica de citar a los personajes en un habla que no sea el de la narrativa principal juega algún papel para mantener el uso de las lenguas en retroceso, aunque de modo limitado y formulaico. La naturaleza ensayada de la narración, la posibilidad de contener elementos fijos y predecibles y la oportunidad que le da al narrador de determinar lo que se dice (en comparación con el flujo relativamente impredecible de la conversación), todo contribuye a hacer de la narración un buen escenario para la exposición y el mantenimiento de algunos elementos de lenguas que, de lo contrario, se perderían. Con Charlie Wardaga, por ejemplo, nunca pude grabar una historia completa en marrku, mientras que sí lo logré en ilgar. La única oportunidad de grabarlo hablando algún tipo de marrku natural, como resultó en última instancia, fue en contextos de citas incrustadas como las que figuran en § 5.

Esto plantea varias preguntas sobre cómo los narradores realmente logran producir relatos multilingües. ¿Cómo aprenden sus ejecuciones? ¿Hasta dónde memorizan fragmentos de la lengua citada, en lugar de construirlos de manera productiva? ¿Cuán exacta o "correcta" es la lengua utilizada en estas situaciones? (Idealmente, nos gustaría evaluar cómo se compara su conocimiento de esos fragmentos de la lengua en el texto citado con el producido en contextos no narrativos). Por último, ¿por cuántas generaciones pueden sobrevivir estos fragmentos de texto citado si no están basados en un conocimiento más amplio de la lengua, y qué cambios sufren si, de hecho, sobreviven a más de una generación?

6.4 ¿Existen diferencias significativas entre el uso multilingüe en el habla y en el canto?

Aunque en este trabajo me he centrado en la narrativa oral, es evidente que el lenguaje de la canción es quizás aún más receptivo al multilingüismo que el habla (ver Turpin y Green 2011). Muchos académicos han comentado la presen-

cia de pasajes en lenguas esotéricas o incomprensibles en canciones aborígenes (véase, por ejemplo, Clunies-Ross 1987; Merlan 1987), por no hablar las
"lenguas de los espíritus" (Apted 2008) que, al menos en algunos casos, pueden preservar ciertos aspectos de lo que eran las lenguas habladas originalmente y que ahora se han perdido (aunque en otros casos hay evidencia de
que han sido compuestas de nuevo). También hay casos bien documentados
en los que las canciones emplean de forma transparente más de una lengua
"normal" por razones que a veces incluyen la caracterización de distintos personajes.[21] Las canciones ofrecen muchas ventajas para el aspirante a intérprete
multilingüe: mayores oportunidades para aprender de memoria, un lapso más
breve de ejecución por unidad (al menos en muchas tradiciones), el alto presti-
gio y perfil del público atraído por el canto y una tolerancia para el lenguaje
incomprensible por parte de la audiencia aún mayor que en la narración oral.
Por todas estas razones, se esperarían altos niveles de combinación de lenguas
en la canción. Por otra parte, la misma compresión, carácter alusivo y brevedad
de muchas canciones hace que sea mucho más difícil identificar las motivaciones claras para la alternancia de lenguas.

6.5 ¿Cuán valorada es la ejecución multilingüe en estas comunidades? ¿Cúan frecuentes son? ¿Están cambiando las actitudes y la praxis?

Carecemos de datos sistemáticos sobre estas preguntas. En general se tiene la
impresión de que la capacidad de dominar múltiples lenguas en la narración

---

21 Un ejemplo interesante del uso de diferentes lenguas para representar diferentes personajes proviene de la siguiente "canción chismosa" compuesta por el cancionista mawng Balilbalil
de la isla de Goulburn, Territorio del Norte, y transcripta en Berndt y Berndt (1951). Esta forma
parte de un ciclo trilingüe más amplio (en kunwinjku, kunbarlang y mawng) que se dice que
fue dictado a Balilbalil por un búho mirón trilingüe que observó las aventuras nocturnas de
los amantes y sus cónyuges. En el siguiente fragmento de una de las canciones, la alternancia
de lenguas se utiliza para indicar que hay dos personas distintas involucradas. (No hay ninguna indicación explícita en la canción de cuál es la relación entre las dos personas; la información de que uno es el marido de la otra fue suministrada a los Berndt en el comentario sobre
la canción).
[Normal: kunwinjku, en ortografía práctica moderna; cursiva:
kunbarlang, en la ortografía de los Berndt]
yimray Konda kanmang ngarrowen
kadakŋunakbum ŋagaibiŋuk bi: ŋai bo: r bo:
[El marido le dice a su mujer:] "Ven y búscame, estoy enfermo".
[La esposa responde:] "Alguien debe de haberte dado una paliza, lo siento por ti."

de historias es valorada, pero es difícil encontrar evidencia concreta para esto. Nuestros esfuerzos como documentalistas han estado más centrados en la ejecución primaria que en las reacciones frente a esta por parte del público o de los críticos, aunque toda tradición viva está moldeada por las diferentes recepciones que evocan las diversas representaciones.

¿Qué se considera una buena narración? ¿Las actuaciones multilingües mejoran la calidad percibida de la historia? ¿Las audiencias esperan que algunos fragmentos de las historias sean incomprensibles para favorecer la "autenticidad" por sobre la comprensibilidad o se quejan cuando la lengua se vuelve demasiado oscura? Todas estas son preguntas que no podemos contestar por ahora de una manera bien fundada. Sin embargo, la impresión que he obtenido como trabajador de campo es que el uso vivo y amplio de una serie de dialectos o lenguas en general se aprecia como prueba de erudición y de una paleta narrativa bien modulada. Por otra parte, la ética de que uno continuamente debe estar aprendiendo nuevas lenguas, comenzando por aprender a "escucharlas", es ampliamente compartida entre los grupos aborígenes en el norte de Australia, por lo que los narradores no deben temer a ser reprochados por no atender al nivel de los conocimientos de su público en cada punto (más aun si lo zanjan con un resumen más accesible al final, como se discutió anteriormente).

La cuestión de si las actitudes y la praxis están cambiando es también muy interesante. Las evaluaciones sobre el cambio de lengua suelen atender más al conocimiento activo (habla) que al conocimiento pasivo (escucha y comprensión). Sin embargo, puede ser que uno de los primeros y más sensibles indicadores de las actitudes que desencadenan el cambio de lengua es el grado en que las personas más jóvenes están dispuestas a escuchar historias y otros textos en lenguas que todavía no conocen, y una vez que esas ganas desaparecen, se suprime un rasgo importante de los notables niveles de multilingüismo tradicional.

7. Conclusión

Siempre la narrativa multilingüe resultará más desafiante y difícil de estudiar que sus contrapartes monolingües, puesto que les lleva más tiempo a los investigadores adquirir fluidez en varias lenguas y porque el número de materiales descriptivos preliminares que se requieren para analizar el material (por ejemplo, gramáticas y diccionarios de todas las lenguas en cuestión) es necesariamente mayor. Sin embargo, se ha vuelto históricamente claro que el mosaico políglota de la Australia aborigen tradicional no fue un simple resultado accidental del paso del tiempo o de patrones particulares de migración, sino que está formado y promovido por poderosos factores sociales vinculados a la cosmología, al poder de la autoridad local y a una estética del localismo y de la diferencia lingüística plasmada en el texto. No podemos estudiar la diversidad lingüística con propiedad sin preguntarnos para qué se utiliza comunicativamente o sin establecer quién domina qué códigos a través de una amplia gama de situaciones, y cómo interactúan estos códigos. El desarrollo de modelos de comunicación que reconozcan plenamente la importancia del multilingüismo para la elaboración semiótica es un reto que estamos todavía muy lejos de conquistar, pero la narrativa políglota es claramente un área clave para su estudio y para apreciar el llamativo virtuosismo de las tradiciones orales aborígenes.

Abreviaturas

DEM	demonstrative	demostrativo
DIS	disharmonic	inarmónico
DIST	distributive	distributivo
DUB	dubitative	dubitativo
EMPH	emphatic	enfático
imm	immediate	inmediato
IMP	imperative	imperativo
ITER	iterative	iterativo
LOC	locative	locativo
MA	masculine	masculino
NP	non-past	no-pasado
OBJ	object	objeto
P	past	pasado
PP	past perfective	pasado perfectivo
RECIP	reciprocal	recíproco
TR.AL	transitive allative	transitivo alativo
ua	unit augmented	unidad aumentada
VOC	vocative	vocativo
/	acting upon (e.g. 3/1 "third person subject acting upon first person object") //	actúa sobre (por ejemplo, 3/1 'el sujeto en tercera persona tiene preeminencia sobre el objeto de primera persona").
#@$!¡@%	obscenity	expresión obscena

Referencias

Apted, Meiki Elizabeth. 2008. Songs from the Inyjalarrku: An investigation of a non-translatable spirit song language from North-Western Arnhem Land, Australia. Unpublished Honours Thesis. University of Melbourne.

Bakhtin, Mikhail. (ed. Michael Holquist). 1981. *The dialogic imagination: four essays by M. M. Bakhtin.* Austin: University of Texas Press.

Berndt, Ronald M. 1976. *Love songs of Arnhem Land.* Nelson.

Berndt, Ronald M. y Catherine H. Berndt. 1951. *Sexual behavior in Western Arnhem Land.* Nueva York: Viking Fund Publications in Anthropology, No. 16.

Berndt, Ronald M. y Catherine H.Berndt. 1989. *The speaking land: myth and story in Aboriginal Australia.* Melbourne: Penguin Books.

Brandl, Maria y Michael Walsh. 1982. Speakers of many tongues: toward understanding multilingualism among Aboriginal Australians. En G. R. McKay (ed.) *Australian Aborigines: sociolinguistic studies.* (*International Journal of the Sociology of Language* 36), 71–81. Berlin: Mouton.

Clunies-Ross, Margaret. 1987. Research into Aboriginal songs: the state of the art. En Margaret Clunies-Ross, Tamsin Donaldson y Stephen A. Wild (eds.) *Songs of Aboriginal Australia,* 1–13. Sydney: Oceania Monographs.

Elwell, Vanessa M. R. 1982. Some social factors affecting multilingualism among Aboriginal Australians: a case study of Maningrida. En G. R. McKay (ed.) *Australian Aborigines: sociolinguistic studies.* (*International Journal of the Sociology of Language* 36), 83–103. Berlin: Mouton.

Evans Nicholas. 1995. *A Grammar of Kayardild.* Berlin: Mouton de Gruyter.

Evans, Nicholas. 2000. Iwaidjan, a very un-Australian language family. *Linguistic Typology* 4.2. 91–142.

Evans, Nicholas. 2003a. *Bininj Gun-wok: a pan-dialectal grammar of Mayali, Kunwinjku and Kune.* Canberra: Pacific Linguistics.

Evans, Nicholas. 2003b. Context, culture and structuration in the languages of Australia. *Annual Review of Anthropology* 32. 13–40.

Evans, Nicholas, Joy Williams Malwagag y Khaki Marrala. 2006. *Marrku Inkawart.* Jabiru: Iwaidja Inyman.

Garde, Murray. 2003. *Social deixis in Bininj Kun-wok conversation.* Unpublished Ph.D. Thesis, University of Queensland.

Hale, Ken. Lardil stories. [Archivos en Shoebox file puestos a disposición por Cassie Nancarrow]

Hercus, Luise. 1990. Some Wangkangurru songs. En R.M.W. Dixon y Martin Duwell (eds.). 1990. *The honey-ant man's love song and other Aboriginal song poems.* St Lucia: University of Queensland Press.

Merlan, Francesca. 1981. Land, language and social identity in Aboriginal Australia. *Mankind* 13.2. 133–48.

Merlan, Francesca. 1987. Catfish and alligator: totemic songs of the Western Roper River, Northern Territory. En Margaret Clunies-Ross, Tamsin Donaldson y Stephen A. Wild (eds.) *Songs of Aboriginal Australia,* 142–167. Sydney: Oceania Monographs.

Nash, David. 1990. Patrilects of the Warumungu and Warlmanpa and their neighbours. En Peter Austin, R. M. W. Dixon, Tom Dutton e Isobel White (eds.) *Language and History: essays in honours of Luise A. Hercus,* 209–220. Canberra: Pacific Linguistics.

Ngakulmungan Kangka Leman. 1997. *Lardil Dictionary*. Gununa: Mornington Shire Council.

Nganjmirra, Nawakadj. 1997. *Kunwinjku Spirit*. Melbourne: Miegunyah Press.

Strehlow, T. G. H. 1971. *Songs of Central Australia*. Sydney: Angus and Robertson.

Sutton, Peter. 1997. Materialism, Sacred Myth and Pluralism: Competing Theories of the Origin of Australian Languages. En F. Merlan, J. Morton y A. Rumsey (eds.), *Scholar and Sceptic: Australian Aboriginal Studies in Honour of L. R. Hiatt*, 211–242, 297–309. Canberra: Aboriginal Studies Press.

Trigger, David. 1987. Languages, linguistic groups and status relations at Doomadgee, an Aboriginal settlement in north-west Queensland, Australia. *Oceania* 57. 217–238.

Turpin, Myf y Jenny Green. 2011. Trading in terms: linguistic affiliation in Arandic songs and alternate registers. En Brett Baker, Ilana Mushin, Mark Harvey y Rod Gardner (eds.), *Indigenous Language and Social Identity. Papers in Honour of Michael Walsh*, 297–318. Canberra: Pacific Linguistics.

Walsh, Michael. 1991. Conversational styles and intercultural communication: an example from northern Australia. *Australian Journal of Communication* 18.1. 1–12.

Walsh, Michael. 1997. How many Aboriginal languages were there? En Darrell Tryon y Michael Walsh (eds.) *Boundary Rider: Essays in Honour of Geoffrey O'Grady*, 393–412. Canberra: Pacific Linguistics.

Walsh, Michael. 2007. Australian Aboriginal Song Language: so many questions, so little to work with. *Australian Aboriginal Studies* 2007.2. 128–144.

Wilkins, David. 1989. *Mparntwe Arrernte (Aranda): Studies in the structure and semantics of grammar*. Unpublished Ph.D. Thesis. Australian National University.

Ulrike Mosel

8 Putting oral narratives into writing – experiences from a language documentation project in Bouganville, Papua New Guinea

1 The Teop language documentation project

Teop is an Austronesian, Oceanic Western Melanesian language that is spoken by approximately 6,000 speakers on the North-East coast of Bougainville, in Papua New Guinea (Ross 1988: 251–253). Typologically Teop is a head marking nominative-accusative language in which grammatical relations are indicated by clitics in the verb complex, constituent order, and a special object article (Mosel with Thiesen 2007). Remarkable lexical and grammatical features are its high number of simple ditransitive verbs (Mosel 2010b), the fact that similar to German (Dryer 2011), Teop is a verb-second language, and it morpho-syntactically distinguishes between two kinds of pronominal and nominal objects: a third person object that is used when the subject refers to a speech-act participant and a fourth person object in clauses with a third person subject (Mosel 2010a).

Although Teop is still learnt by small children in many villages, it must be considered an endangered language because due to the school system and the high mobility of the people, the use of Teop is declining. Outside the home domain the preferred language of communication is the English based pidgin Tok Pisin. Recent lexicographic fieldwork showed that many young people do not know the names of the parts of a house or a coconut palm, even if they are directly involved in building a house or felling coconut palms (Mahaka et al. 2010).

According to the Bougainville Human Development Report 2007 (UNDP, PNG 2009: 17), more than 80% of the population of North Bougainville are literate. In Teop elementary and primary schools Teop, Tok Pisin and English are simultaneously used as the languages of instruction, but reading materials including the texts written on the blackboard are in English. The only exception is the Teop legends book that is used as a reader in a few schools (Magum et al. 2007). Other books in the Teop language are the hymn book of the Methodist and the United Church, which is out of print but still widely used, and 5 primers that were printed in the eighties but seem to have completely disappeared in the Teop area.

2 Previous research on written and spoken language varieties

Research on the spoken and written varieties of European languages has shown that they differ in a number of lexical and grammatical features. In comparison to written texts, spoken texts (including conversations, classroom teaching, etc.) show a smaller range of vocabulary, lower lexical density in phrases and clauses, more parataxis of clauses, and less modification by relative clauses. These characteristics can be attributed to the fact that speakers have less time to plan their utterances than writers, and being under real time pressure, prefer "the add-on strategy" which results in linear constructions without embedding. In contrast, writers can plan their constructions and re-shape their texts without traces (Miller & Fernández-Vest 2006). In their quantitative multidimensional corpus analysis of language use in universities, Biber and his colleagues show that student textbooks, for example, significantly differ from classroom teaching in their higher frequency of nouns, complex noun phrases and relative clauses, and that pronouns and complement clauses are much more frequently used in conversations than in academic prose (Biber 2006: 106, Biber & Conrad 2009: 92–96). Furthermore, "speech and writing differ in their potential for linguistic variation. That is, speech is highly constrained in its typical linguistic characteristics, while writing permits a wide range of linguistic expression, including some discourse types not attested in speech." (Biber & Conrad 2009: 261)

Although the grammatical and lexical differences between spoken and written varieties have been studied for most European languages since Behaghel's seminal lecture (Behaghel 1899), there does not seem to be any research on how people transform oral texts into written ones when they edit transcriptions of audio recordings.

The present study investigates this kind of transformation and analyses which lexical and syntactic changes were made by the indigenous editors of Teop legends. Although the Teop language documentation also comprises interviews on cultural activities and historical events, encyclopaedic descriptions of artefacts, plants and animals, fishing and food preparation, we confine this investigation here to the comparison of the oral and edited versions of legends, because the inclusion of the other spoken and written registers would add further variables and thus make this analysis too complex.

3 The Teop Language Corpus

3.1 The problem of inventing new text types

For some linguists the main goal of a language documentation is to record natural everyday discourse. Producing edited versions of indigenous oral narratives could mean imposing the Western normative literate tradition on indigenous oral cultures, and creating a new European style written genre (Foley 2003; Woodbury 2003). But if speakers of endangered languages want their legends to be recorded and edited for the production of reading materials, who would argue that unwritten languages must be kept unwritten and not attempt to grant the request of the speech community? Complying with the wishes of the speech community, our Teop language documentation project inevitably led to the creation of new text types. The first new text types were the edited versions of legends, then the local research assistants started editing autobiographical narratives and procedural texts, which were recorded earlier and probably represent a new text type even in their oral form. After having done transcriptions of audio recordings and editorial work for five fieldwork sessions between 2003 and 2006, the Teop research assistants have become so confident in writing in Teop that in 2008 they started writing legends, personal narratives and descriptions without doing recordings and transcriptions beforehand.

3.2 Recommendations for the editors and workflow

Being aware of the danger of westernising the Teop ways of expression (Foley 2003), I recommended the following rules for the editors of the legends:
1. Do not imitate the style of the English stories.
2. Keep as closely as possible to the original text as the author of the story is the story teller.
3. Only remove hesitation phenomena and speech errors.
4. Only make additions where they are absolutely necessary for the readers' comprehension.

However, as far as I can judge, the editors did not strictly follow these rules, but made more lexical and grammatical changes than expected. To what extent these changes can be ascribed to the influence of English, Tok Pisin or some universal strategy of transforming speech into writing is not clear yet, because the changes result in Teop constructions that are also found in spoken language. Some changes, however, are definitely not caused by interference from English (see § 5.1.1 and § 5.2.1).

In order to make sure that the edited texts were written in a way that the community would accept, we established the following work flow:

1. recordings by the linguist and native speakers
2. transcriptions by native speakers (by hand)[1]
3. checking the transcriptions by the linguist
4. reviewing the transcriptions by the linguist together with native speakers
5. writing up the corrected transcriptions by the linguist (by hand)
6. editing the transcriptions by native speakers (by hand)
7. checking edited versions by the linguist
8. reviewing the editorial work together with the editor
9. typing up transcriptions and editions in Germany by linguists
10. proofreading and making revisions on the print-outs, independently done by two teachers
11. checking and comparing the two revisions by the linguist
12. meeting of the linguist and the teachers to discuss the revisions and decide on the final versions
13. typing up the final versions in Germany by the linguist
14. final proofreading in Germany and printing

The two comparable subcorpora of oral and edited legends of the Teop Language Corpus consist of 40 legends which were narrated by 25 people (12 women and 13 men). The transcriptions contain 31,909 words, the edited versions 31,294 words. These figures are surprising; one would expect the written versions to be much shorter than the oral ones (see Tannen 1982a: 41), because they do not contain false starts as in (2a) and make less use of repetitions and lengthy parataxis as in (10a). But as the examples below show, the reduction of repetitions and the compression of clauses to nominalisations or serial verbs (§ 5.2) is compensated by creative elaborations (§ 5.4).

4 Lexical changes

The editors consistently replace Tok Pisin or English loanwords like *taem* 'time, day', *stori* 'story' and *island* by the Teop translation equivalents *vuri* 'time,

---

1 For security reasons and because of the lack of any electricity we worked without computers in the field until 2008.

day', *vahutate* 'story' and *toro mohina* 'island' which shows that they recognise these words as borrowings (for *taem/vuri* see (1), for *stori/ vahutate* (2)).

(1) a. *Peho   taem   me=a   peha   otei …*
        INDEF time and=ART INDEF man
        'One day a man (strung the net and) …'
        (San_02R.014)

     b. *Te=o   peho   vuri   me=a   peha   si   otei …*
        PREP=ART INDEF time and=ART INDEF DIM man
        'One day, a man …'
        (San_02E.05)

These examples also illustrate a typical grammatical change. The editor adds the multifunctional preposition *te* and the article which can be omitted at the beginning of an utterance.

  The following example shows that the speaker first uses the Tok Pisin word *stori* 'story' and then corrects herself, replacing *stori* by the Teop word *vahutate*. In fact, the editor changes the whole phrase by replacing it by the most frequent introductory speech formula of legends.

(2) a. *Enaa   kahi   stori   ni   nom   o   peho stori, o   vahutate, …*
        1SG.PRON TAM tell APP 1SG.IPFV ART one   story ART story
        'I am going to tell a story, the legend, …'
        (Aro_02R.001)

     b. *Teo   peho   vuri   a   peha   bua   tom   tana   na   tei-*
        PREP-ART INDEF time ART INDEF two.ART DYAD couple TAM RED-
        tei roho.
        be before
        'Once upon a time, there was a couple.'
        (Aro_02E.001)

Another typical lexical change is the replacement of semantically empty words like *nao* 'go' by more specific words like *naovo* 'fly' in (10), or *vaatii* 'put' by *varavihi* 'hide' in (4).

5 Four types of syntactic changes

The syntactic changes made by the editors can be grouped into four types of change:

1. Linkage of paratactic clauses (§ 5.1)
1.1. linkage by cross-clausal dependency without embedding (chained Tail-Head linkage, adjoined adverbial clauses)
1.2. integration by embedding (relative clause constructions)
1.3. interlacing by raising in complement constructions
2. Compression of two paratactic clauses into one clause (§ 5.2) by
2.1. serial verb constructions
2.2. nominalisations
2.3. ditransitive constructions
3. Decompression: resolution of complex constructions into paratactic constructions (§ 5.3)
4. Elaboration: addition of words, phrases, clauses (§ 5.4)

The description of clause linkage (§ 5.1) and compression (§ 5.2) follows to some extent Lehmann's typology of clause linkage (Lehmann 1985). While § 5.1 describes how a sequence of two independent clauses is changed into a complex sentence, § 5.2 shows three kinds of syntactic change that merge two paratactic clauses into a single clause. The third type of change described in § 5.3 is the opposite of the others as it resolves complex sentences into a sequence of paratactic clauses. This shows that the changes made by editors are not unidirectional from simple to more complex constructions. I do not know why the editors made these changes because I was afraid that any questions about their style of writing could be misunderstood as criticism and intimidate them. The last type of change described here is elaboration which often results in one of the other syntactic changes.

5.1 Linkage of paratactic clauses

Paratactic clauses are either joined by juxtaposition or by the conjunctions *me* 'and' or *re* 'and then, so that, in order to'.

5.1.1 Cross-clausal dependency without embedding: Tail-Head constructions

So-called Tail-Head Linkage is widely attested in Oceanic and Papuan languages (Dixon 1988: 307, Mosel 1984: 124, Thieberger 2006: 327 f., Vries 2005).

It is formed by repeating the predicate of the preceding clause whereby certain constraints on TAM marking and argument realisation apply. In Teop the re-peated predicate typically lacks the preverbal TAM marker of the preceding predicate, e.g. *na* in (3), and *paa* in (4b) and (5b).

(3) 'And (she) started to throw (a stick to make a mango fall down), (she) threw a stick, but there was not a mango, a second time, but there was not a mango,

na   vaa-kukan bata=na,   a   bai   he   kuu
TAM CAUS-three along=3SG.IPFV ART mango CONJ fall
'(she threw the stick) a third time, and a mango fell down.'

Kuu vai   me=paa   mirin.
fell now and=TAM roll
'Fell down now and rolled.'
(Mat_01R.17–20R)

In a number of cases the editors replace simple paratactic constructions by a Tail-Head construction, by adding the head in the second clause as in (4). In the oral version the clauses are linked by the repetition of the object NP 'five little fish', which in the second clause of (4a) functions as the clause initial topic and is marked by the anaphoric demonstrative *bona*. While this construc-tion looks similar to its English translation equivalent, the edited version shows the genuine Oceanic Tail-Head construction.

(4) a. *Me=paa vahuhu   bona taonim a   si   iana.*
and=TAM give.birth.to ART five   ART DIM fish
'And gave birth to five little fish.'

Me=a   taonim a   si   iana bona vue
and=ART five   ART DIM fish DEM particular
'And these five little fish,'

na   vaa-tii   roho e   te=a   boon ...
TAM CAUS-be first 3SG.PRON PREP=ART mangroves ...
'she put in the mangroves ...'
(Ata_01R.01)

In (4b) it is the predicate *vahuhu* 'give birth' that is repeated, and the fish are referred to by the fourth person object pronoun *bari*. This pronoun is used when the subject of the clause is a third person.

(4) b. *Me=paa vahuhu   bona taonim a   si   iana.*
       and=TAM give.birth.to ART five   ART DIM fish
       'And gave birth to five little fish.'

       Vaahuhu va-kavara   vai ri   bari
       give.birth ADVR-finish now 3PL.OBJM 4PL.PRON
       'Having given birth to them,'

       me=paa   varavihi ri   bari   koma- n=   a
       and=TAM hide   3PL.OBJM 4PL.PRON inside- 3SG.POSS= ART
       boon ...
       mangroves
       'hid them inside the mangroves ...'
       (Ata_01E1.01)

The next example shows how a simple paratactic construction is transformed into a Tail-Head construction by adding the Tail to the first clause:

(5) a. *Merau me Moogee paa hee bona   bona kariapa.*
       then   and Monkey TAM give 4SG.PRON ART   kariapa
       'And Monkey gave him a *kariapa* fruit.'

       Me=paa an va-kavara   me=paa nao.
       and=TAM eat ADVR-finished and=TAM go
       'And (he) finished eating (it) and went.'
       (Ter_01R.22)

(5) b. *Me Moogee paa hee habana koa bona*
       and Monkey TAM give again   just 4SG.PRON
       'And Monkey again gave him'

       bono peho vua karipa me=paa an,
       ART one fruit *kariapa* and=TAM eat
       'a *kariapa* fruit and (he) ate,'

       an va-kavara
       eat ADVR-finished
       'finished eating,'

       me=paa nao vaha bana vaan   te-ve
       and=TAM go back again village PREP-3SG.PRON
       'and went back again to his village.'
       (Ter_01E.18)

The construction of the simple independent clause *mepaa an vakavara* 'and finished eating' in (5a) is replaced by the Tail-Head construction *mepaa an, an vakavara* 'and ate, finished eating ...', in which the sequence *an vakavara* 'finished eating' is a dependent non-embedded clause and the so-called Head of what follows.

5.1.2 Cross-clausal dependency without embedding: adverbial clause construction

Another strategy of making the linkage of two clauses more explicit is the replacement of the second clause by an adjoined adverbial clause. This strategy is illustrated by the following example which shows several changes:

(6) a. *Me=ori   paa pita maa me=ori   pita maa,*
      and=3PL.PRON TAM walk DIR and=3PL.PRON walk DIR

   2 *pita gunaha vo   maa -,*
     walk go.down GOAL DIR
     'And they walked and they walked, walked down here to -'

   3 *eove   kasuana -*
     3SG.PRON beach
     'it (was to) the beach,'

   4 *me=ori   paa sun*
     and=3PL.PRON TAM stand
     'and they stood there,'

   5 *me=ori   paa tara bona masi.*
     and=3PL.PRON TAM see ART dry.reef
     'and they saw the the dry reef (at low tide).'
     (Eno_01R.027)

The oral version (6a) has three paratactic clauses in line 1–2 all of which have *pita* 'walk' as their predicate. Line 3 shows an independent clause with the non-verbal predicate *kasuana* 'beach', and line 4–5 two coordinated independent clauses with the TAM-marked verbal predicates *sun* 'stand' and *tara* 'see, look'. While line 1–2 nearly remain the same in the edited version (6b), the non-verbal clause in line 3 of (6a) is changed into a verbal clause with the predicate *pita vasuguna* lit. 'walk arriving' in line 3 of (6b), to which the following sentence in line 4–7 of (6b) is linked by the adverbial clause *eori he suguna* 'when they arrived'.

(6) b. *Me=ori*   *paa pita, me=ori*   *pita,*
  and=3PL.PRON TAM walk and=3PL.PRON walk

 2 *me=ori*   *pita,*
  and=3PL.PRON walk
  'and they walked and they walked and they walked,'

 3 *me=ori*   *pita va-suguna   en   kasuana ei   tahii.*
  and=3PL.PRON walk ADVR-arrive here beach,   this sea.
  'and they walked arriving here at the beach, that is at the sea.'

 4 *Eori   he   suguna*
  3PL.PRON when arrive
  'When they arrived,'

 5 *me=ori   paa sun*
  and=3PL.PRON TAM stand
  'they stood there.'

 6 *eori   he   tea   tara   va-karavi   ni*
  3PL.PRON while COMPL look ADVR-surprised APP
  'looking surprised at'

 7 *bona masi.*
  ART   dry.reef
  'the dry reef.'
  (Eno_01E.07)

In line 6–7 of (6b) the clause *eori he tea tara ...* 'while they were looking ...' is a non-embedded adverbial clause linked to the preceding clause by the conjunction *he* 'when, while'. The predicate of this adverbial clause is a complement clause expressing simultaneity. In sum, while (6a) shows two independent paratactic clauses, (6b) expresses the same content by a single complex sentence with three clauses.

  The next example presents a paratactic construction of two clauses in the oral version and a single sentence with a dependent non-embedded adverbial clause in the edited version. Here the adverbial clause is introduced by *be* 'when'.

(7) a. *Tabae   enaa   na   tara   tamuana nom   ameam.'*
  because 1SG.PRON TAM watch always   1SG.IPFV 2PL.OBJ.PRON
  'Because I always watch you,'

eam   na   hae   nom   a   panasu.
2PL.PRON TAM board 2PL.IPFV ART raft.
'(when) you board the raft.'
(San_02R.29)

(7) b. Enaa   na   tara   tamuana nom   ameam
1SG.PRON TAM watch always   1SG.IPFV 2PL.OBJ.PRON
'I always watch you'

be= am   hae   nom   a= maa panasu
when 2PL.PRON board 2PL.IPFV ART PL   raft
'when you board the rafts.'
(San_02E.14)

The Teop word *tabae* 'because' in (7a) is not a subordinating conjunction as its translation equivalent suggests, but a reduced form of the interrogative phrase *tea tabae* 'because of what?' (PREP-ART what), so that a literal translation of (7a) is '(Because of) what? I always watch you ...'. This lexicalised phrase introduces morpho-syntactically independent clauses which in contrast to adverbial clauses show the full range of TAM marking of their predicates.

5.1.3 Integration by embedding: relative clause construction

The next example illustrates a further step on Lehmann's typological scale of clause linkage (Lehmann 1985). While the adverbial clauses are dependent, though not embedded, and adjoined to the following or preceding clause by the conjunction *he* 'while, when' or *be* 'when', relative clauses are dependent and embedded. They either function as attributive modifiers of NPs or as arguments. The latter type is called free or nominal relative clauses and will not concern us here. The attributive relative clauses follow the noun phrase they modify and are introduced by *to*.

The oral version of (8) shows a sequence of three paratactic clauses saying that there was a demon, that the demon's name was *paree*, and that this demon was a demon of the sea:

(8) a. ('One poor man did not have a partner to sit in the back for him when they were paddling in the sea.')

Erau   me tei nana   a   peha oraa,
and.so and be 3SG.IPFV ART INDEF demon
'And so, there was a demon,'

a   hena=na=e   a   paree.
ART name=3SG.POSS=3SG.PRON ART *paree*
'his name was *paree*.'

A   paree a   oraa   vaa tahii.
ART *paree* ART demon LNK sea
'The *paree* is a demon of the sea.'
(Mor_03R.018–022)

In the edited version (8b), the content of these three independent clauses is expressed by a single adverbial clause which is linked by the conjunction *he* to the preceding clause. The position held by *he* is the position after the first clausal constituent; here it is the topical subject NP with its embedded relative clause.

(8)   b.   'one man did not have a partner'

me sun   vakokona nana,
and stand think   3SG.IPFV
'and stood there thinking,'

a   peha oraa   vaa tahii to   dao ri=ori   bona
ART INDEF demon LNK sea   REL call 3PL.IPFV=3PL.PRON ART
paree he
paree when
'when a sea spirit that is called paree' (lit. 'that they call *paree*')

tavusu ki   bona,
appear DAT 4SG.PRON
'appeared in front of him'
(Mor_03E.013–15)

The relative clause 'that they call *paree*' corresponds to the independent clause 'his name was *paree*.'

5.1.4 Interlacing by raising

The corpus of legends presents a very good example of the alternation of complement clauses with and without raising. Whereas in (9a) the complement taking verb *goe* 'will not' is directly followed by the *tea*-complement clause, it attracts the adverb *vahaa* 'again' and the pronominal object *anaa* 'me' of the complement clause as its direct dependents in (9b) so that the complement clause only consists of the complementiser *tea* and the verb *tara* 'see':

(9) a. ... *o*   *re   goe*
         ... 3SG.PRON- CONJ will.not
         '... then she won't'

     tea   tara vahaa anaa.
     COMPL see   again 1SG.OBJ.PRON
     'see me again.'
     (Sha_01R.054)

(9) b. ... *eve   re   goe   vahaa anaa   tea   tara.*
         ...3SG.PRON CONJ will.not again 1SG.OBJ COMPL see
         '... then she won't see me again' (lit. 'she won't again me see')
         (Sha_01E.053)

Note that in (9a) the speaker uses a prefixed variant of the third person singular pronoun that is exclusively used with the consecutive conjunction *re* 'then, so, so that'.

5.2 Compression of paratactic constructions

While in the preceding examples certain linking strategies increased the cohesion between clauses, but still preserved their clausal status, compression merges two clauses into a single clause. The comparison of oral and edited legends shows three strategies:
1. The second clause may be merged with the first clause by a serial verb construction.
2. The second clause can be nominalised and become a constituent of the first clause.
3. If the first clause describes that someone takes an instrument to do the action described by the second clause, the two clauses can be merged into a single ditransitive clause in which the second argument denotes the instrument. (Mosel 2010b)

5.2.1 Serial verb construction

The oral version of the example below shows two clauses, the second of which is linked to the first one by the consecutive conjunction *re* 'then, so that, in order to':

(10) a. *Enaa   re   nao namana,*
　　　　1SG.PRON then go ocean
　　　　'Then I'll go to the ocean,'

　　　　enaa   re   no rake   e   keara   te=naa
　　　　1SG.PRON so.that go search ART brother PREP=1SG.PRON
　　　　'so that I'll search for my brother.'
　　　　(Sha_01R.110)

The editor not only replaced the semantically vague verb *nao* 'go' by *naovo* 'fly', but also made the predicate of the second clause *rake* 'search' a serial verb which transitivises the verb complex so that the object of the second clause becomes the object of the first clause.

(10) b. *Enaa   re   naovo rake- rake   e   keara   te-   naa.*
　　　　1SG.PRON CONJ fly   RED- search ART brother PREP- 1SG.PRON
　　　　'I'll fly (and) search everywhere for my brother.'
　　　　(Sha_01E.110)

The reduplication of the verb *rake* 'search' expresses that the action is repetitive and done in several places.

5.2.2 Nominalisation

The second clause of a sequence of two clauses can be nominalised and integrated into the first clause as an argument or adjunct. Nominalisation is not marked by morphological changes of the verb, but only indicated by the replacement of the TAM marking by an article and either the loss of the subject or its change into a possessive attribute. The nominalised verb can inherit modifiers, incorporated nouns and serial verbs. In (11b) the second clause of (11a) becomes a prepositional phrase in which the preposition governs the nominalised verb *veve* 'search' with its incorporated noun *usu* 'louse', its serial verb *vagorogoroho* 'make s. o. fall asleep', and the object *anaa* 'me':

(11) a. *Mataa rakaha,*
　　　　good very
　　　　'Thank you very much'

　　　　ean paa veve usu va-goro-goroho a-v-   anaa.
　　　　2SG TAM search lice CAUS-RED-sleep 1SG.OBJM-IM- 1SG.OBJ

'you have searched for lice (on my head and) made me fall asleep.'
(Vae_01R.123)

(11) b. *Mataa te-   a   veve usu   va-goro-goroho anaa*
good   PREP- ART search lice CAUS-RED-seep 1SG.OBJ
'Thank you for searching for lice (on my head and) making me fall asleep.'
(Vae_01E.093)

In the next example, the second clause of the oral version (12a) contains a relative clause modifying the subject *a taba* 'the thing'.

(12) a. *na   baitono bona a   taba na   kara- karas nana*
TAM hear   4SG   ART thing TAM RED-scratch 3SG.IPFV
'(she) heard it, the thing was scratching'

to   kokopo nana   nahu, ...
REL cover   3SG.IPFV pot
'(that thing) that (she) kept covered in the pot, ...'
(Iar_02R.046)

Since the subject *a taba* 'the thing' is abandoned in the nominalisation (12b), its relative clause is lost as well, but the editor expresses its content by an attributive locative phrase *komana nahu kepaa vai* 'inside this clay pot' which modifies the nominalised verb *karasi* 'scratching'.

(12) b. *me=paa baitono bona si   karasi*
and=TAM hear   ART   DIM scratch
'and (she) heard a little scratching'

koma-n=a   nahu kepaa vai
inside-3SG.POSS-=ART pot   clay   DEM
'inside this clay pot'
(Iar_02E.012)

5.2.3 Ditransitive constructions

In Teop verbs denoting actions that are performed with an instrument can take a second object referring to the instrument (Mosel 2010b). This syntactic pattern allows the editors to merge a sequence of two clauses of the structure 'Agent takes Instrument and affects Patient' into a single ditransitive clause of the structure 'Agent affects Patient with Instrument'.

(13) a. *Me=paa   gono bene ta   naono me pou bona.*
      and=TAM get   ART piece wood and beat 4SG
      'And (he) got the stick and beat him.'
      (Viv_01R.141)

    b. *Me   Matakehoo paa pou bona bene ta   naono.*
      and.ART Blindeye   TAM beat 4SG ART piece wood
      'And Blindeye beat him with a stick.'
      (Viv_01E.117)

5.3 Resolution of complex contructions into paratactic constructions

The changes made by the editors do not necessarily lead to more complex structures. In a number of cases we also find the reverse process so that a complex construction in the oral version is replaced by a less complex one. The examples (14) and (15) illustrate the replacement of a serial verb construction by a paratactic construction and a Tail-Head construction, respectively.

5.3.1 Serial verb construction > paratactic construction

In the oral version of (14) the predicate is formed by a serial verb construction with two (di)transitive verbs *navuhu* 'hit s. o./s.th. (with)' and *booboha* 'break s.th. (with)'.

(14) a. *me navuhu booboha bono sinivi*
      and hit   break   ART   canoe
      'and hit the canoe to pieces'
      (Aro_02R.114)

In the edited version the serial verb construction is split up, and since the subject of the additional clause is *o sinivi* 'the canoe', the predicate of the second clause must be intransitive to render the meaning of *navuhu booboha*.

(14) b. *me navuhu bono sinivi me=o   sinivi paa hata va-kavara*
      and hit   ART canoe and=ART canoe TAM bad ADVR-finished
      'and hit the canoe and the canoe got completely damaged'
      (Aro_02E.130)

Why the editor chose *hata vakavara* lit. 'completely bad' instead of the anti-causative form *taboha vakavara* 'be completely broken' is not clear.

5.3.2 Serial verb construction > paratactic Tail-Head construction

Similar to (14), the serial verb construction in (15a) is split up so that each of the two verbs functions as the head of a verbal predicate.

(15) a. (A giant had swallowed a group of children. But one of them had a sharp piece of shell which they used to cut the Giant's stomach from inside.')

me=paa   pee poro bene roosuu.
and=TAM cut burst ART   giant
'and cut the giant so that he burst open.' (lit. 'and cut burst the giant')
(Mor_02R.080)

But while the first verb *pee* remains a transitive verb, the second verb becomes intransitive, e.g. *taporo* 'burst', and the former object *bene roosuu* 'the giant' becomes its subject *e roosuu*. The two clauses are linked by a Tail-Head construction.

(15) b. *me=paa   taneo tea   pee maa bona koma-n=e*
and=TAM start   COMPL cut DIR   ART   stomach-3SG.POSS=ART
roosuu.
giant
'and started cutting the giant's stomach.'

Pee vasihum   koa maa
cut a.little.bit just DIR
'Just cut a little bit,'

me   roosuu paa ta-poro.
and.ART giant   TAM ANTICAUS-burst
'and the giant burst!'
(Mor_02E.076)

5.3.3 Ditransitive construction > paratactic coordinate construction

The resolution of a ditransitive clause of the structure 'Agent affects Patient with Instrument' into two coordinate clauses 'Agent takes Instrument and affects Patient' is exactly the reverse of the merger described in § 5.2.3.

(16) a. *Eve   he   tahi   bona bono taapeau.*
3SG.PRON CONJ throw 4SG ART   spear
'He threw the spear at him.' (lit. '... threw him the spear')
(San_01R.105)

b. *A   si   otei   paa gono koa bono taapeau*
ART DIM man TAM get   just ART spear
'The dear man just got the spear'

me=paa tahi   bona.
and=TAM spear 4SG
'and speared him'
(San_01E.083)

5.4 Elaboration

The spontaneously narrated legends often lack some information that the editor considers as essential for the readers' comprehension. Typically arguments and various kinds of modifiers are added. In the following example the adjectival phrase *a gigo* 'pregnant' and the object *ta bai* 'a mango' are added.

(17) a. *E - peho taem me=a   si   moon   paa hino,*
ART INDEF time   and=ART DIM woman TAM ask.for
'One day the woman asked, ("Give me, please, a mango!")'
(Mat_01R.008)

b. *A   si   moon   vai a   gigo   hino vai ta   bai,*
ART DIM woman DEM ART pregnant ask   now ART mango
'This pregnant woman asked (them) for a mango,
("Give me, please, a mango!")'
(Mat_01E.004)

While the fact that the woman was pregnant is essential for the story and should have been mentioned by the narrator, the mention of the object *ta bai* 'a mango' is not necessary because it can easily be understood from the context and, consequently, does not need to be expressed according to the grammatical rules of Teop. In contrast, other additions seem to be of a more grammatical or phraseological nature like the addition of directional particles, or the addition of a verb in the verb complex to form a serial verb construction. Both kinds of additions are found in (18):

(18) a. *na   vaa-kukan   bata=na,   a   bai   he   kuu.*
          TAM CAUS-three along=3SG.IPFV ART mango when fall
          '(she) did (it) a third time, when a mango fell down.'
          (lit. 'make three ...')
          (Mat_01R.020)

    b. *tasu   vaa-kukan   vai,   me=a   peha bai   paa kuu maa.*
          throw CAUS- three now and=ART one   mango TAM fall   DIR
          '(she) threw a third time now, and a mango fell down.'
          (Mat_01E.020)

In (18b) the verb *tasu* 'throw' is put in front of *vaa-kukan* lit. 'make three' so that *tasu vaakukan* 'throw a third time' becomes a serial verb construction with *tasu* as its head and *vaakukan* as its modifier. Furthermore, *maa* 'hither' is added after *kuu* 'fall' to explicitly express that the mango fell down where the woman stood.

6 Summary of observations and conclusions

This final section first briefly summarises the observations described in the preceding sections and then tries to evaluate them. The comparison of the transcriptions and the edited versions shows:

1. The lexicon of the edited narratives is semantically more refined than the lexicon used in the oral narratives.
2. All constructions found in the edited versions are also found in the oral versions.
3. Elaboration often results in complex structures (e.g. adjectival attributes, serial verb constructions, relative clauses, clausal adjuncts).
4. The edited versions make more use of Tail-Head constructions, adverbial and relative clauses.
5. A complete merger of two paratactic clauses is reached when the second clause is nominalised and becomes a nominal argument of the predicate of the first clause (§ 5.2.2), or when a sequence of two clauses is changed into a serial verb (§ 5.2.3) or a ditransitive construction (§ 5.2.4).

As a consequence, the edited versions show more complex constructions. With respect to language maintenance and revitalisation, the editorial work supports the preservation of the vernacular lexicon and grammar and, consequently, the expressive potential of the language. There are many examples where simple paratactic constructions in the oral versions are replaced by genuine, more complex Teop constructions like Tail-Head and serial verb constructions, so that the fear of westernising indigenous sentence and discourse structures does not seem justified in the Teop case.

From the scientific perspective, the comparable subcorpora of oral narratives and their edited versions:

1. give a fuller picture of the use of a wide range of syntactic constructions;
2. show alternative ways of expressing the same content;
3. provide a new type of data for research on the preferred lexical and grammatical features of spoken and written registers in comparable corpora.

With respect to the choice of vocabulary and the degree of syntactic complexity, the differences found in the Teop oral and edited legends are quite similar to those discovered in the spoken and written registers of European languages (Tannen 1982b; Biber et al. 2004; Biber 2006). But our data are different as the written subcorpus is derived from the spoken one by editing the transcriptions of audio recordings. This editorial work could perhaps open a new field of research as it allows us to observe what people actually do when they put the transcribed spoken language into writing, especially when these people do not have a tradition of writing texts of whatever genre.

Abbreviations

1SG, 2SG, 3SG	1st, 2nd, 3rd person singular
2PL, 3PL	2nd, 3rd person plural
1SG.OBJ	1st person singular object pronoun
2PL.OBJ	2nd person plural object pronoun
4SG	4th person singular object pronoun
4PL	4th person plural object pronoun
ADVR	prefix deriving adverbs from verbs
ANTICAUS	anticausative
APP	applicative particle
ART	article
E	edited version of a Teop legend
COMPL	complementiser
CONJ	conjunction
DAT	preposition *ki/k-* signifying the semantic role of recipient, addressee, beneficiary
DEM	demonstrative
DIM	diminutive
DIR	directional particle

DYAD	particle indicating a dyadic kin relationship
GOAL	the preposition *vo* 'towards', can be incorporated into the verb complex
IM	immediateness marker
INDEF	indefiniteness marker, homonym of the numeral *peha/peho* 'one', but occurs with non-singular noun phrases as in (2b).
IPFV	imperfective aspect particle, inflected for person
LNK	linker; links locational attributes to the head of the NP
NEG	negation
OBJ.PRON	morphologically marked object pronoun
PRON	pronoun
OBJM	inflected object marker cross-referencing objects of transitive verb complexes and primary objects of ditransitive verb complexes
PL	plural marker
POSS	inflected possessive marker, links possessor to possessum
PREP	the multifunctional preposition *te*
R	recording, oral version
RED	reduplicated element
REL	relative pronoun
TAM	prenuclear tense/aspect/mood particle

References

Behaghel, Otto. 1927 [1899]. Geschriebenes Deutsch und gesprochenes Deutsch. In Otto Behaghel. *Von deutscher Sprache. Aufsätze, Vorträge und Plaudereien*, 11–34. Lahr: Moritz Schauenburg.

Biber, Douglas. 2006. *University Language*. Amsterdam: Benjamin Publishers.

Biber, Douglas & Conrad, Susan. 2009. *Register, Genre and Style*. Cambridge: CUP.

Biber, Douglas, Susan M. Conrad, Randi Reppen, Pat Byrd, Marie Helt. 2004 *Representing Language Use in the University: Analysis of the TOEFL 2000 Spoken and Written Academic Language Corpus* http://www.ets.org/Media/Research/pdf/RM-04-03.pdf (accessed 2013-09-07).

Dixon, Robert M. W. 1988. *A Grammar of Boumaa Fijian*. Chicago: The University of Chicago Press.

Dryer, Matthew. 2011. Order of Subject, Object and Verb. In: Dryer, Matthew S. & Haspelmath, Martin (eds.) The World Atlas of Language Structures Online. Munich: Max Planck Digital Library, chapter 81. Available online at http://wals.info/chapter/81. (accessed on 2013-09-07).

Foley, William A. 2003. Genre, register and language documentation in literate and preliterate communities. In Peter Austin (ed.). *Language Documentation and Description*. vol. 1, 85–98. London: School of Oriental and African Studies.

Lehmann, Christian. 1985. Towards a typology of clause linkage. In John Haiman & Sandra Thompson (eds.). *Clause Combining in Grammar and Discourse,* 181–225. Amsterdam/ Philadelphia: John Benjamins.

Mahaka, Mark & Magum, Enoch Horai & Maion, Joyce & Maion, Naphtali & Rigamu, Ruth Siimaa & Spriggs, Ruth Saovana & Vaabero, Jeremiah & Mosel, Ulrike & Schwartz, Marcia L. & Thiesen, Yvonne. 2010. *A inu. The Teop-English Dictionary of House Building*. Kiel: Seminar für Allgemeine und Vergleichende Sprachwissenschaft. http://www.mpi.nl/DOBES/projects/teop. (accessed 2013-09-08).

Magum, Enoch Horai, Joyce Maion, Jubilie Kamai, Ondria Tavagaga with Ulrike Mosel & Yvonne Thiesen (eds.). 2007. *Amaa vahutate vaa Teapu*. Teop Legends. Kiel: CAU, Seminar für Allgemeine und Vergleichende Sprachwissenschaft. Annotated audio files and PDF versions of all legends downloadable at http://www.mpi.nl/DOBES/projects/teop. (accessed 2013-09-08)

Miller, Jim & M. M. Jocelyne Fernández-Vest (eds.). 2006. Spoken and written language. In Bernini, Guiliano & Schwartz, Marcia L. *Pragmatic organisation of discourse in the languages of Europe*, 8–64. Berlin: Mouton de Gruyter.

Mosel, Ulrike. 1984. *Tolai Syntax and Its Historical Development*. Pacific Linguistics. Canberra: Australian National University.

Mosel, Ulrike. 2010a. The fourth person in Teop. In John Bowden, Nikolaus P. Himmelmann, Malcolm Ross (eds.). *A Journey Through Austronesian and Papuan Linguistic and Cultural Space: Papers in Honour of Andrew K. Pawley*, 391–404. Pacific Linguistics. Canberra: The Australian National University.

Mosel, Ulrike. 2010b. Ditransitive constructions and their alternatives in Teop. In Malchukov, Andrej, Martin Haspelmath & Bernard Comrie (eds.) *Studies in Ditransitive Constructions: a Comparative Handbook*, 486–509. Berlin, New York: De Gruyter Mouton.

Mosel, Ulrike & Yvonne Thiesen (eds.). 2007. *The Teop Language Corpus*. http://www.mpi.nl/DOBES/projects/teop. (accessed 2013-09-08).

Mosel, Ulrike with Yvonne Thiesen. 2007. *Teop Sketch Grammar*. http://www.mpi.nl/DOBES/projects/teop (accessed 2013-09-08), and http://www.linguistik.uni-kiel.de/mosel_publikationen.htm#download (accessed 2013-09-08).

Ross, Malcolm. 1988. *Proto-Oceanic and the Austronesian Languages of Western Melanesia*. Pacific Linguistics Series C – No. 98. Canberra: The Australian National University.

Tannen, Deborah. 1982a. Spoken and written narrative in English and Greek. In Deborah Tannen (ed.) *Coherence in Spoken and Written Language* (Advances in Discourse Processes 12), 21–41. Norwood: Ablex Publishing Corporation.

Tannen, Deborah. 1982b. Oral and literate strategies in spoken and written narratives. *Language* 58, 1–21.

Thieberger, Nicholas. 2006. *A Grammar of South Efate*. Oceanic Linguistics Special Publications No. 33. Honolulu: University of Hawai'i Press.

Vries, Lourens de. 2005. Towards a typology of tailhead linkage in Papua languages. *Studies in Language* 29. 363–384.

Woodbury, Tony. 2003. Defining documentary linguistics. In Peter Austin (ed.) *Language Documentation and Description*. vol. 1, 35–51. London: School of Oriental and African Studies.

Donald L. Stilo
9 An introduction to the Atlas of the Araxes-Iran Linguistic Area

1 Introduction to the Araxes-Iran Linguistic Area

My current work on a proposed *Atlas of Shared Structures of the Araxes-Iran Linguistic Area* covers an ethnically and linguistically highly diverse area covering the South Caucasus (Georgia, Armenia, Azerbaijan), Northern Iran, Northern Iraq, and Eastern Turkey. This area involves heavy contact phenomena resulting in a multitude of shared isoglosses among five different language families, including two genera of Indo-European – six very different genealogical entities in all. Many dialects even within a given language may be mutually unintelligible, often due to heavy contact phenomena, language shift scenarios, and substratal influence.

A number of the languages treated in the *Atlas* are endangered, threatened or moribund – especially the Armenian dialects, most Aramaic dialects, many minor Iranian languages and dialects, Udi, and Iraqi Turkmen – and even reportedly extinct but I will plot the effects of language contact onto isogloss maps in the *Atlas* based on the population distribution in the region c. 1900–1950.

The following languages and dialects listed will be included in the *Atlas*:
I. Kartvelian:
    – Colloquial Tbilisi Georgian;
    – Laz dialects of Ardeshen, Arhavi (Turkey); Mingrelian (Georgia);
II. Indo-European, Armenian – including widely variant dialects with low interintelligibility:
    – Eastern Armenian: colloquial Yerevan, dialects of Stepanakert (Karabagh), Goris; the quite distinctive dialects of Khoy-Salmas (Iran), Agulis (Armenia), Hadrut (Karabagh);
    – Western Armenian (Turkey): dialects of Van, Erzerum, Alashkert;
III. Altaic, Turkic:
    – Azerbaijani (also called Azeri) dialects of Azerbaijan and Iran; peripheral Azerbaijani dialects of west central Iran;
    – Turkmen of Iraq;
    – eastern Turkish dialects, e.g., Erzurum, Van, etc.;
IV. Semitic:
    – Neo-Aramaic (a wide range of highly divergent dialects of different Christian and Jewish communities of Kurdistan; multilingual contact situations);
    – Arabic dialects of Turkey, Iraqi Kurdistan;

V. Indo-European, Iranian:
(Northwestern Iranian)
- Tatic group:
  - (Northern Tati) dialects of Kalāsur, Khoynarud, Keringān, Harzan; (Central Tati) dialects of Kolur, Kabate-Kelās, Hezārrud, Kajal; (Southern Tati) dialects of Eshtehārd, Chāl, Ebrāhimābād; (Tati outliers) dialects of Vafs, Alvir, Khoin;
  - (Talyshi) Northern cluster (Azerbaijan, Iran), Central cluster (Asālem, Iran), Southern dialect cluster (Māsule-Māsāl, Iran);
- Kurdish group:
  - Northern Kurdish (Kurmanji): (Turkey) Erzurum, Mush, Van, etc.; (Iraq) Zakho, Akre; (Armenia) Yerevan Yezidi community; (Azerbaijan) Lachin;
  - Central Kurdish: (Iraq) Suleimanieh, Wārmāwa; (Iran) Mukri;
- Zazaki/Dimli (E. Turkey): northern dialect cluster, southern dialect cluster;
- Gurani: (Iran-Iraq) Awromān, Gawraju;
(Southwestern Iranian)
- Caucasian Tat of Republic of Azerbaijan and Daghestan, Russia: (Muslim dialects) Daghkushchu, Lahij; (Jewish dialects) Derbent (Russia), Kuba (Azerbaijan); Christian dialects (Azerbaijan, recently relocated to Armenia);
- Persian: Colloquial Tehrani;
VI. Northeast Caucasian (Dagestanian):
- Udi (outlier with unclear position within the Lezgic group), spoken in two villages in Azerbaijan and one village in Georgia (having emigrated from Azerbaijan in the 1920's): (Azerbaijan) Vartashen, Nij; (Georgia) Oktomberi;
- Kryz, Aghul, Tsakhur.

Eventually the *Atlas* will include some 60–65 languages and dialects.

2 Convergence Phenomena in the Araxes-Iran Linguistic Area (AILA)

The AILA languages share many common features. Sentence (1) given in four languages from three different language families, including two very different genera of Indo-European, shows a simple, but typical, example of the type of convergence features I would like to demonstrate in the *Atlas*. The sentence demonstrates the following five very common features – in this case all syntactic – that almost all AILA languages share:

1. The non-use of the infinitive (also a well-known feature of Balkan languages): even though an infinitive (or an equivalent verbal noun) exists in most AILA languages, the subjunctive is used after modals ('want, can, must') as well as main verbs ('prefer to, like to, decide to, be afraid to', etc.) even when subjects of both verbs are *coreferential* (usually requiring an infinitive in various other parts of the world, e.g., Spanish, French, German, Russian, etc.). In some AILA languages an infinitive or verbal noun is occasionally used with certain modals, e.g., 'can'.
2. SOV: The verb is generally clause-final ("I apple buy"). Note that, while SOV is typical of these languages, they are not rigidly verb-final. Definite nouns may sometimes occur in postverbal position.
3. The modal (or main verb) is not in final position and is not necessarily next to the dependent verb it controls (but often has a certain flexibility of position).
4. Singular forms of the noun are generally used after numerals.
5. A numeral classifier is used between the numeral and the noun ("three *grain* apple"). The classifier systems of these languages are very simple, not usually exhibiting more than two classifiers, although a few others are sometimes used. The classifier in Georgian, which is on the AILA periphery, is optional and not very common. In most AILA languages, the most general classifier means 'grain, seed', used even with human nouns.

(1)   Example in a. Georgian; b. Colloquial Armenian; c. Colloquial Azerbaijani; and d. Northern Talyshi:

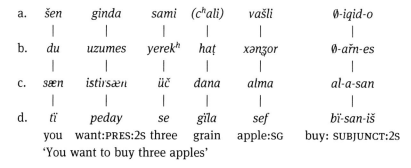

a.   *šen*   *ginda*   *sami*   (*cʰali*)   *vašli*   Ø-*iqid-o*

b.   *du*   *uzumes*   *yerekʰ* *haṭ*   *xənʒor*   Ø-*ařn-es*

c.   *sæn*   *istirsæn*   *üč*   *dana*   *alma*   *al-a-san*

d.   *tï*   *peday*   *se*   *gïla*   *sef*   *bï-san-iš*
     you   want:PRES:2S three   grain   apple:SG   buy: SUBJUNCT:2S
     'You want to buy three apples'

When we compare c. Colloquial Azerbaijani, for example, with its nearest relative outside the AILA zone, Standard Turkish, we see that the word roots in this sentence are almost identical in the two languages:

(2)

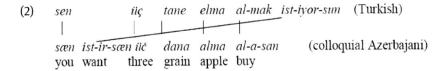

| | sen | üç | tane | elma | al-mak | ist-iyor-sun | (Turkish) |

| sæn | ist-ir-sæn üč | dana | alma | al-a-san | (colloquial Azerbajani) |
| you | want | three | grain | apple | buy |

We also see, however, that there are some major differences in the sentence structure: 1) the modal 'want' is final in Turkish but predicate-initial in Azerbaijani; 2) Turkish uses the infinitive strategy for the dependent verb, while Azerbaijani uses a personal conjugated subjunctive (marker: -*a*-) form.

(3) sen üç tane elma al-**mak**   ist-iyor-sun   (Turkish)
                          INFINITIVE MODAL

  sæn ist-ir-**sæn** üč dana alma al-a-**san**   (colloquial Azeri)
        MODAL   SUBJUNCTIVE

Turkish (and Formal Written Azerbaijani) require the infinitive in the dependent verb while colloquial Azerbaijani normally uses the subjunctive strategy, as we see in the following example:

(2)

| | Standard Turkish
Infinitive Strategy | Colloquial Azerbaijani
Subjunctive Strategy |

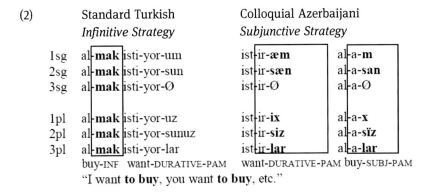

1sg	al-**mak** isti-yor-um	ist-ir-**æm**	al-a-**m**
2sg	al-**mak** isti-yor-sun	ist-ir-**sæn**	al-a-**san**
3sg	al-**mak** isti-yor-Ø	ist-ir-Ø	al-a-Ø
1pl	al-**mak** isti-yor-uz	ist-ir-**ix**	al-a-**x**
2pl	al-**mak** isti-yor-sunuz	ist-ir-**siz**	al-a-**sïz**
3pl	al-**mak** isti-yor-lar	ist-ir-**lar**	al-a-**lar**

buy-INF want-DURATIVE-PAM   want-DURATIVE-PAM buy-SUBJ-PAM
"I want **to buy**, you want **to buy**, etc."

3 Introduction to the Atlas

To date, I have identified some 350 phonological, grammatical, and lexical features to be included in the *Atlas*, not all of which can be considered common to all the AILA languages. Many of these isoglosses also show the subdivisions within the AILA zone, e.g., separating northern areas from southern and eastern from western areas. There are, however, numerous isoglosses that are common to all AILA languages and I will eventually use these features to establish for the first time the existence of the Araxes-Iran zone as a Linguistic Area (Sprachbund).

Many of the AILA isoglosses also serve to demonstrate the separation and differences of the AILA languages of the South Caucasus from those of the North Caucasus (outside the AILA zone). At the same time, issues of isoglossing often separate specific languages *inside* the area (e.g., Turkic: Azerbaijani; Daghestanian: Udi) from their genealogical relatives *outside* the area (e.g., Turkic: Turkish, Daghestanian: Lezgian). I will also show key isoglosses that refine subdivisions within the area, distinguishing the subarea of the S. Caucasus from those of N. Iran and Iraq.

In the final version of the *Atlas*, shared features in the languages of the AILA zone will be shown in the form of isoglosses drawn onto geographic maps of the area. During my presentation at the *II Symposium on Language and Culture Documentation in Latin America* held in Buenos Aires, I demonstrated a sampling of specific isoglosses involving phonology, morphology, syntax and word order as well as lexical phenomena that unite the languages of the Araxes-Iran area.

My main point in this paper is to demonstrate how a flexible database program can help the researcher to investigate and document the commonalities and complex interactions of major languages as well as a wide array of highly endangered languages in a highly diverse area of the Middle East. The flexibility of this program can then be applied as a template to languages of any part of the world, e.g., the Gran Chaco or Amazonia, among many others.

4 The structure of the database and Atlas from the user's perspective

Data can be accessed on 3 levels:
- The Atlas in hard-copy book form
- Full database on DVD
- Links to pdf files on DVD

A. The Atlas in *book* form includes:
- A map for each isogloss
- A text introducing the isogloss in general terms: although all data of the *Atlas* languages and dialects are also found on the DVD (see next point), only a few of these languages will be represented in the text of

the general description of the feature. That is, for each given isogloss, all existing typologies are discussed and representative examples are given, but not every language is included.

B. The full database provided on DVD will include all the relevant data on each of the 350 features for each of the 65–70 languages.

C. Also on the DVD, short grammatical descriptions linked to the data are provided for any given feature within any given language.

5 Isoglosses plotted onto maps

In the following section, I will give examples of eight of the 350 features I have singled out for the AILA zone and will plot their areal distribution as isoglosses on maps of the area. Since it is not possible to show isoglosses on full geographic maps in color in an article such as the present one, I have devised the following schematic way of representing the major languages in relative geographic location to each other and to represent the isogloss areas by shading:

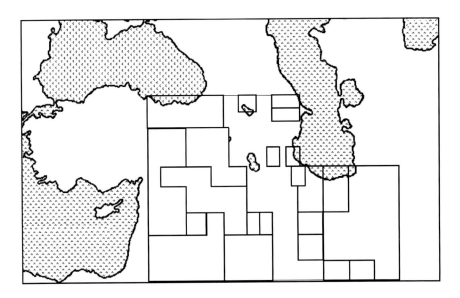

Map 1: An Outline Map of the Araxes-Iran Zone.

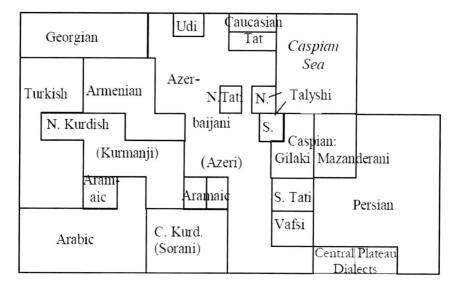

Map 2: Some Languages of the Araxes-Iran Linguistic Area (6 families, including 2 genera of Indo-European).

Dark shading on the maps indicates a robust use of the given feature, lighter shading indicates the existence of the feature as a secondary pattern in the language, while no shading indicates a lack of the given feature.

The first four isoglosses – the first three of which we have already seen above – cover large areas including most of the AILA languages:

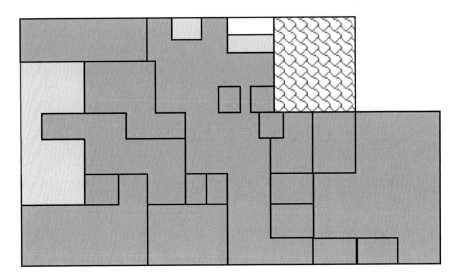

1. The use of the subjunctive with modals and main verbs with coreferential subjects ('I want *to buy*', 'I decided *to buy*').

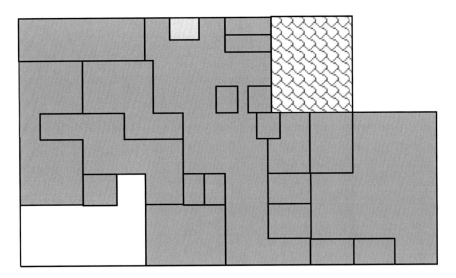

2. SOV: The verb is generally clause-final ("I apple buy").

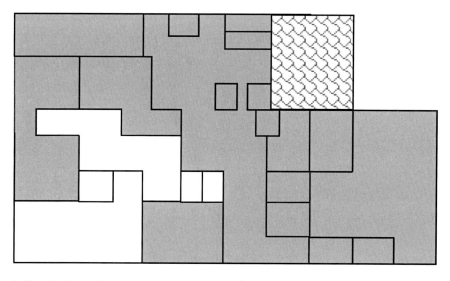

3. Singular form of the noun used after numerals ("three apple").

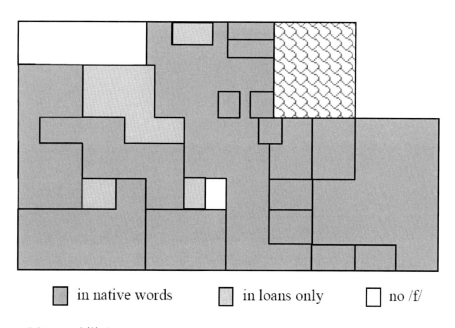

| in native words | in loans only | no /f/ |

4. Existence of /f/ phoneme.

Isoglosses 5 and 6 are typical of those that separate the western zone from the eastern zone:

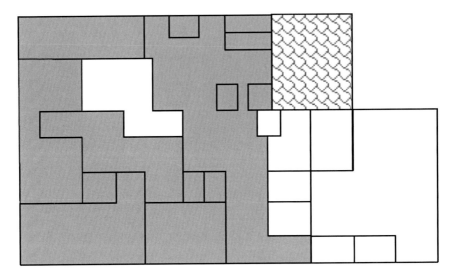

5. Predicative Possession: No independent transitive 'Have'-verb.

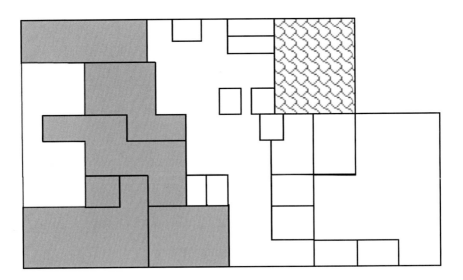

6. Comitative distinct from Instrumental.

The next two isoglosses are typical of those that separate the northern zone from the southern:

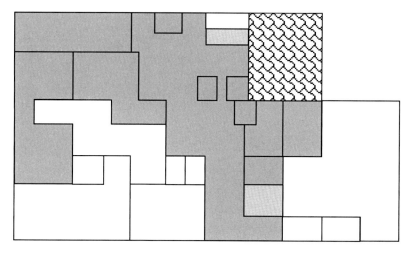

7. Adnominal Possession: the Possessor Adjunct precedes the Head.

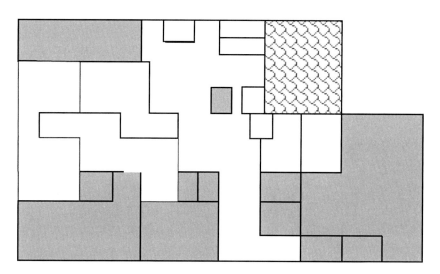

8. The Verb may Incorporate the Pronominal Object.

6 Conclusion

The above has been a small example of the types of distribution we find among the many isoglosses of the AILA zone. My intention with this work is to discover the uses of isoglossing to answer some of the following questions for this project:

- In comparing shared features, do specific patterns emerge, e.g., routes of diffusion?
- Do particular languages share more features than others?
- Do we find candidates for language shift situations?
- Do we find "surprises": influence of language X in language Y possibly showing population movements?
- What types of "intersection zone phenomena" do we find?
- What types of isoglosses can we expect/not expect to diffuse?

In addition as we amass large numbers of isoglosses into bundles we can determine the approximate extent of the Araxes-Iran Linguistic Area, the approximate 'epicenter' of the zone, and the relevant areal patterns fanning out from this center.

Ideally I hope this model will serve as a flexible tool for scholars pursuing research in other regions of the world where we find convergence phenomena among a multitude of languages of varied genetic origins.

References

Aikhenvald, Alexandra Y. & R. M. W. Dixon (eds.). 2001. *Areal diffusion and genetic inheritance: Problems in comparative linguistics*. Oxford: Oxford University Press.

Campbell, Lyle. 2006. Areal linguistics: A closer scrutiny. In Yaron Matras, April McMahon & Nigel Vincent (eds.), *Linguistic areas: Convergence in historical and typological perspective*, 1–31. Basingstoke: Palgrave Macmillan.

Haig, Geoffrey. 2001. Linguistic diffusion in modern East Anatolia: from top to bottom. In Alexandra A. Aikhenvald & R. M. W. Dixon (eds.), *Areal diffusion and genetic inheritance: Problems in comparative linguistics*, 195–224. Oxford: Oxford University Press.

Haig, Geoffrey. 2007. Grammatical borrowing in Kurdish (Northern Group). In Yaron Matras & Jeanette Sakel (eds.), *Grammatical borrowing in cross-linguistic perspective*, 165–184. Berlin: Mouton de Gruyter.

Haig, Geoffrey. In press. On post-predicate goals in Kurdish: a typological and areal perspective. Proceedings of the Neo-Aramaic Conference, Cambridge, June 2010.

Haig, Geoffrey, Stefan Schnell & Claudia Wegener. 2011. Comparing corpora from endangered languages. Explorations in language typology based on original texts.

In Geoffrey Haig, Nicole Nau, Stefan Schnell & Claudia Wegener (eds.), *Documenting endangered languages: Achievements and perspectives*, 55–86. Berlin: De Gruyter Mouton.

Noorlander, Paul & Donald L. Stilo. In press. On the convergence of verbal systems of Aramaic and its neighbors, Part I: Present-based paradigms. Proceedings of the Neo-Aramaic Conference, Cambridge, June 2010.

Stilo, Donald L. 1981. The Tati language group in the sociolinguistic context of Northwestern Iran and Transcaucasia. *Iranian Studies* 14. 137–187.

Stilo, Donald L. 1994. Phonological systems in contact in Iran and Transcaucasia. In Marashi Mehdi (ed.), *Persian studies in North America: Studies in honor of Mohammad Ali Jazayery*, 75–94. Bethesda, MD: Iranbooks.

Stilo, Donald L. 2005. Iranian as buffer zone between the universal typologies of Turkic and Semitic. In Éva Ágnes Csató, Bo Isaksson & Carina Jahani (eds.), *Linguistic convergence and areal diffusion: Case studies from Iranian, Semitic and Turkic*, 35–63. London & New York: RoutledgeCurzon.

Stilo, Donald L. 2009. Circumpositions as an areal response: The case study of the Iranian zone. *Turkic Languages* 13(1). 3–33.

Stilo, Donald L. 2012. Intersection zones, overlapping isoglosses, and 'fade-out/fade-in' phenomena in Central Iran. In Behrad Aghaei & M. R. Ghanoonparvar (eds.), *Iranian languages and culture: Essays in honor of Gernot Ludwig Windfuhr*, 3–33. Costa Mesa, CA: Mazda Publishers.

Stilo, Donald L. in press. Numeral classifier systems in the Araxes-Iran linguistic area. In William B. McGregor & Søren Wichmann (eds.), *The diachrony of classification systems* (Current Issues in Linguistic Theory). Amsterdam: John Benjamins.

Stilo, Donald L. Forthcoming a. On the non-Persian Iranian substratum of Azerbaijani.

Stilo, Donald L. Forthcoming b. Further notes on the Iranian substratum of Azerbaijani Turkish.

Stilo, Donald L. To appear. *Atlas of the Araxes-Iran Linguistic Area.*

Stilo, Donald L. & Paul Noorlander. In press. On the convergence of verbal systems of Aramaic and its neighbors, Part II: Past paradigms derived from Present equivalents. Proceedings of the Neo-Aramaic Conference, Cambridge, June 2010.

Author index

Abbott, Barbara 67
Adelaar, Willem F. H. 80, 92, 100, 239, 241, 242, 243, 244, 284
Adelung, Johann Christoph 78
Aikhenvald, Alexandra 90, 143, 172, 185, 209, 239, 240, 241, 244, 247, 266, 267, 283
Albuquerque, Francisco Edviges 153
Alderetes, Jorge R. 80, 87, 167
Alford, Richard 52
Alves, Flavia de Castro 246
Ambrosetti, Juan B. 84
Anderson, John 56, 67
Apted, Michael 315
Arenas, Pastor 62, 172
Austin, Peter K. 1, 9, 11, 12, 23, 28, 30, 39, 242

Bacelar, Laércio Nora 231
Badini, Ricardo 169
Barúa, Guadalupe 52, 54, 65, 66, 70
Basso, Ellen 37, 137
Bateman, Nicoleta 186
Bauer, Gerhard 56
Bean, Susan 52
Behaghel, Otto 322
Bergsland, Knut 17, 18, 36
Berndt, Catherine 289, 315
Berndt, Ronald Murray 287, 289, 315
Bertinetto, Pier Marco 168, 177, 183, 185, 264, 284
Biber, Douglas 322, 340
Bickel, Balthasar 38, 90, 213
Birchall, Joshua 205, 206, 211
Bird, Stephen 22, 38, 40
Bloomfield, Leonard 17
Boas, Franz 4, 13, 14, 15, 16, 17, 21, 23, 33
Brandl, Maria 288
Braunstein, José 52, 63, 66, 69, 71, 72, 79, 170, 172

Calabrese, Andrea 187
Camaño, Joaquín 78, 79, 83
Campbell, Lyle 168, 172, 173, 178, 183, 191, 197, 206

Cândido, Gláucia Vieira 244, 283
Carlin, Eithne 232
Carol, Javier 168, 172, 178, 180, 183, 186, 190, 191, 192, 193, 269, 275, 284
Carpio, María Belén 191
Carvajal Carvajal, Juan 87, 231
Castro Alaniz, Gabriel 171, 172
Cayré Baito, Lorena 182, 191
Censabella, Marisa 168
Cerrón-Palomino, Rodolfo 87, 89, 96
Chirikba, Viacheslav A 173, 176, 197
Ciccone, Florencia 103, 239, 242, 284
Claesson, Kenneth 168, 174, 176, 179, 183, 192
Clunies-Ross, Margaret 315
Cole, Peter 239
Combès, Isabelle 172
Comrie, Bernard 78, 85, 86, 90, 97, 99, 102, 108, 113, 165, 172, 174, 205, 239, 250
Conrad, Susan 322
Crevels, Mily 6, 205, 206, 207, 208, 213, 214, 218, 224, 225, 226, 231
Cristofaro, Sonia 212, 213
Croft, William 68
Cruse, D. Alan 68
Cruz, Emiliana 36, 37
Cruz, Hilária 36, 37
Cúneo, Paola 101, 115, 172, 271, 284

Dahl, Östen 216
Danielsen, Swintha 231, 251, 261, 283
Dante, Patricia 172
Daumé, Hal 210
De Granda, Germán 174
De la Cruz, Luis M 62, 169
De los Ríos, Miguel 52, 70
De Reuse, Willem VII, 78, 86, 89, 95, 97, 99, 101, 103, 105, 108, 114, 165, 172, 272, 284
De Vries, Lourens 326
Dedenbach-Salazar Sáenz, Sabine 178
Dell' Arciprete, Ana 62
Deloria, Ella 16
Derbyshire, Desmond C. 251, 256, 283
Dietrich, Wolf 167, 263, 269, 270, 284

Dirks, Moses 18
Dixon, Robert Malcolm Ward 19, 67, 172, 240, 241, 244, 326
Dobrin, Lise 10, 12, 18, 23, 25, 26, 27, 28, 33, 40
Dole, Gertrude E. 151
Domínguez, Marcelo 78, 79, 84, 85, 112
Dooley, Robert 248, 283
Dreidemie, Patricia 239, 242, 243, 284
Dryer, Matthew S. 105, 321
Dunn, Michael 218

Ehrenreich, Paul 144
Elwell, Vanessa M. R. 288
Emeneau, Murray 17
Epps, Patience 209, 232
Eriksen, Love 207
Evans, Nicholas 1, 2, 11, 32, 287, 288, 292, 293, 296, 299, 300, 301, 303
Everett, Dan 231

Fabre, Alain 109,169, 172
Fausto, Carlos 121, 128, 140
Fernández Garay, Ana 174, 284
Fernández-Vest, M. M. Jocelyne 7, 322
Ferreira, Marília de Nazaré de Oliveira 246, 283
Fialho, Maria Helena Sousa da Silva 153
Fischer, Rafael 239, 248, 283
Foley, William A. 239, 248, 249, 255, 323
Fontana, Luis J. 79, 84
Franceschini, Dulce 256, 283
Franchetto, Bruna 121, 122, 128, 137, 138, 140, 143, 144, 145, 147, 148, 151, 155, 156
Furlong Cardiff, Guillermo 78, 79, 80, 81, 83, 108

Gabas, Nilson Jr. 232
Galucio, Vilacy 231
Galvão, Eduardo 142
Garde, Murray 288, 291, 292, 309
Garrett, Andrew 33
Gerzenstein, Ana 87, 168, 172, 178, 179, 183, 188, 189, 190, 284
Gil Bustos, Marcela 171, 186
Gildea, Spike 255
Gilij, Filippo S. 78, 80

Givón, Talmy 255
Golluscio, Lucía 78, 85, 86, 93, 95, 97, 98, 99, 102, 103, 105, 106, 108, 109, 110, 111, 112, 114, 165, 168, 169, 172, 179, 187, 205, 241, 254, 265, 266, 271, 272, 275, 284
Gonçalves Dourado, Luciana 239, 246, 283
González, Hebe A. 78, 85, 98, 103, 106, 107, 109, 110, 111, 112, 167, 168, 169, 171, 172, 174, 179, 181, 183, 186, 187, 191, 192, 232, 284
Granadillo, Tania 185
Grawunder, Sven VII, 78, 105, 106, 108, 109, 110, 111, 112, 168, 169, 179, 187
Green, Jenny 314
Gregor, Thomas 125, 126
Gregores, Emma 111, 167
Grenoble, Lenore 25, 28, 30, 39
Grieve, Jack 210
Grondona, Verónica 168, 173, 183, 191
Gualdieri, Beatriz 168, 172, 186, 188, 189, 190, 258, 270, 271, 284
Guillaume, Antoine 231
Guirardello, Raquel 178
Gumperz, John 18
Gutiérrez, Analía 168, 178, 183, 193

Haas, Mary 17
Hale, Kenneth 19, 25, 296
Hammarström, Harald 205, 207, 212
Hannß, Katja 95, 108
Hardman, Martha 185, 231, 244
Harrington, John Peabody 25
Hasler, Felipe VII, 78, 86, 87, 95, 97, 99, 100, 103, 105, 108, 114, 165, 172, 174, 242, 254, 272, 275, 284
Haspelmath, Martin 101, 210
Haude, Katharina 178, 182, 231, 267, 283
Heckenberger, Michael 121, 122, 142, 144
Hengeveld, Kees 212
Hercus, Luise 289, 311
Hernando Balmori, Clemente 79, 80, 81, 84, 86, 89, 93, 94, 96, 103, 106, 109, 110
Hervás y Panduro, Lorenzo 78
Hill, Jane 25, 26, 36
Himmelmann, Nikolaus 16, 21, 26, 27, 28, 30, 31, 32, 33, 34, 35
Hockett, Charles 67

Howard, Linda 193
Hunt, George 15
Hymes, Dell 18, 35

Instituto Nacional de Estadísticas y Censos
    (INDEC) 51

Jacobsen, William Jr. 239
Jakobson, Roman 20
Jensen, Cheryl 248, 267
Jolís, José 78, 80, 83

Kalisch, Hannes 168, 179
Kaufman, Terrence 30, 32,172, 173
Kern, Barbara 231
Krasnoukhova, Olga 205, 206, 214, 215
Krause, Fritz 144
Krauss, Michael 17, 19
Kurylowicz, Jerzy 67

Ladefoged, Peter 182
Lafone Quevedo, Samuel A. 79, 83, 84, 85,
    86, 89, 106, 112
Lehmann, Christian 21, 35, 213, 326, 331
Lehmann-Nitsche, Roberto 79, 84
Levinson, Stephen C. 35
Lévi-Strauss, Claude 208
Lewis, M. Paul 79
Liberman, Mark 37, 38, 39
Lindstedt, Jouko 208, 209
Llamas, Alfredo de 78, 83, 84, 88, 93, 96,
    101, 102, 104, 109, 110, 111
Longacre, Robert 239, 245, 246
Loukotka, Čestmir 83
Lowreyz, Kathleen 172
Lozano, Elena 78, 83, 84, 85, 88, 89, 93,
    94, 95, 97, 100, 103, 105, 106, 108, 110,
    111, 116, 168, 169, 264, 271, 284
Lozano, Pedro 78, 81, 82
Lucy, John 20

Maccioni, Antonio (= Machoni (de Cerdeña),
    Antonio) 78, 86, 92, 94, 95, 96, 101,
    108, 109, 168, 169
Mackenzie, John Lachlan 212
Maddieson, Ian 174, 176, 182
Magum, Enoch Horai 321
Mahaka, Mark 321

Malchukov, Andrej 100, 213
Maldi, Denise 208
Malwagag, Williams 300
Manus, Phyllis 179
Mariano, Héctor 87, 254
Marlett, Stephen 68
Marmaridou, A. Sophia 52
Marrala, Khaki 300
Martínez Crovetto, Raúl 84, 105
Martínez Sarasola, Carlos 79
Masica, Colin 209
Matras, Yaron 209
Mehinaku, Mutua 121, 146
Meira, Sérgio 122, 143, 232
Merlan, Francesca 288, 315
Messineo, Cristina 86, 101, 115, 168, 170,
    172, 180, 183, 189, 193, 258, 271, 284
Meyer, Hermann 144
Miller, Jim 7, 322
Miller, Marion 232
Montagnani, Tommaso 137
Mortensen, Charles 239, 283
Mosel, Ulrike 1, 321, 326, 333, 335
Moseley, Christopher 79
Müller, Neele 205, 206, 215, 216
Muysken, Pieter C. 80, 92, 100, 171, 172,
    173, 205, 284

Najlis, Elena 51
Nardi, Ricardo 80, 174
Nash, David 310
Nathan, David 11, 22, 23, 40
Neale Hurston, Zora 16
Nercesian, Verónica 51, 52, 54, 57, 65, 72, 78,
    87, 109, 168, 171, 174, 176, 179, 182, 183,
    186, 192, 193, 239, 242, 268, 284
Newton, Dennis 167
Ngakulmungan Kangka Leman 300
Nganjmirra, Nawakadj 288
Nichols, Johanna 20, 90
Nimuendaju, Curt 207
Nonato, Rafael Bezerra 168, 176

Olate, Aldo 284
Oliveira, Sanderson Castro Soares de 179
Olson, Ronald D. 185, 193
Organización Capitanía Weenhayek y Tapiete
    (ORCAWETA) 51

Palavecino, Enrique 51
Palmer, John H. 51, 52, 66, 69
Parker, Stephen 177
Pelleschi, Giovanni 84, 89, 112
Pereira Da Silva, Raynice Geraldine 185
Price, Jana 193

Ramírez, Henri 207
Reyhner, Jon 25
Rivet, Paul G. 83
Roberts, John 242
Rodrigues, Aryon Dall'Igna 239, 246, 248,
    267, 283
Rodríguez Champi, Albino 185
Rose, Françoise 255, 283
Ross, Malcolm 321

Saeger, James S. 51
Sakel, Jeanette 191, 231, 244, 284
Salas, Adalberto 259, 265
Salles, Heloísa M. L. 267, 268, 283
Samarin, William 16
Sandalo, Filomena 168, 176, 252, 253, 275,
    284
Santos, Mara 122, 145, 155
Sapir, Edward 17
Scarpa, Gustavo 62, 172
Schmidt, Max 167
Seki, Lucy 143, 261, 268, 283
Sherzer, Joel 19, 20, 35
Siewierska, Anna 255
Silva Gomes, Antonio Almir 168, 179
Silva, G. Romling 148, 156
Silverstein, Michael 94
Simons, Gary F. 22
Smeets, Ineke 272
Smith-Stark, Thomas C. 172, 173
Speck, Frank 14
Steinen, Karl von den 142, 143, 144, 145,
    151, 152
Stell, Nélida 168, 178, 182, 183, 284
Stilo, Donald 343
Strehlow, T. G. H. 289, 311
Suárez, Jorge 111, 167
Suárez, María Eugenia 172
Susnik, Branislava 80
Sutton, Peter 288, 289, 310, 312

Tacconi, Temis 172
Taff, Alice 36
Tandioy, Francisco J. 178, 185
Tannen, Deborah 324, 340
Telles, Stella 231
Terán, Buenaventura 84
Terraza, Jimena 57, 168, 174, 179, 183, 191,
    192, 193, 232
Thieberger, Nicholas 326
Thiesen, Yvonne 321
Thomason, Sarah 172, 173, 197, 206, 217
Thompson, Sandra A. 99, 102, 255
Tola, Florencia 172
Torero, Alfredo 92
Tovar, Antonio 79, 86
Trigger, David 288
Trilsbeek, Paul 23
Turpin, Myfany 314

Uneson, Marcus 23
Unruh, Ernesto 168, 179

Valenzuela Bismarck, Pilar 244, 245, 283
Van de Kerke, Simon 231
Van der Voort, Hein 6, 205, 206, 207, 208,
    213, 214, 218, 224, 225, 226, 231, 239,
    248, 283
Van Gijn, Rik 99, 205, 206, 212, 231, 239,
    248, 283
Van Langendonck, Willy 56, 60, 67
Van Lier, Eva 239, 248, 283
Van Valin, Robert Detrick Jr. 239, 248, 249,
    255
Vater, Johann Severin 78
Velázquez-Castillo, Maura 167
Vidal, Alejandra 57, 58, 59, 62, 71, 72, 78,
    79, 86, 115, 168, 172, 188, 232, 241,
    257, 258, 275, 284
Viegas Barros, J. Pedro 78, 83, 106, 109,
    168, 172, 174, 188
Viñas Urquiza, María Teresa 179
Vitar, Beatriz 83

Walsh, Michael 287, 288, 289, 307, 309
Weber, David 23, 232
Wilkins, David 19, 20, 25, 28, 29, 289, 310
Wittenburg, Peter 23

Woodbury, Anthony 1, 2, 4, 9, 11, 21, 29, 30, 31, 33, 34, 35, 36, 323
Wright, Pablo 63

Zamponi, Raoul 78, 80, 93, 101, 106, 107, 109, 168, 169

Language index

Aghul 344
Albanian 208 f.
Aleut 17, 18, 36
Amazonian languages (lenguas amazónicas) 104 ff., 166, 241–256, 274
Andean languages (lenguas andinas) 77, 85–99, 104–108, 113 f., 166, 174, 241 f., 244, 248
Anmatyerre 310 f.
Apiaká 143 f.
Apurinã 220, 232
Apyap 142
Arabic 343
Aramaic (Neo-Aramaic) 343
Arara 131, 143, 144
Arawak languages 121, 123, 125 f., 129–143, 149 f., 152, 167, 185, 187, 209, 231 f., 239, 241, 246, 248, 251, 260, 261, 266, 283
Arawine 144
Armenian 7, 343, 345
Ava Guarani 167, 187, 263, 269 f., 273, 284
Aweti 142, 149, 150
Aymara 78, 86 f., 89, 91 ff., 100, 113 f., 185, 220, 231, 233, 239, 241, 243, 273, 284
Ayoreo 168, 180, 182, 183, 253, 254, 264, 273, 284
Azerbaijani (Azeri) 343, 345, 346, 347

Bakairi 130, 131, 141, 142, 143, 144, 145
Balkan languages 208 f., 217, 345
– Balkan Slavic 209
– Balkan Romance 209
– Balkan Romani 209
Baure 187, 219 ff., 231, 234 ff., 251, 260 f., 273, 283
Bininj Gun-Wok 292
Bororo 176

Carib languages 121 ff., 127, 129 ff., 135–152, 193, 232, 241, 250, 255, 261, 283
Caucasian, Northeast 344
Caucasian Tat 344
Cavineña 107, 207, 218, 219, 220, 230, 231
Cayuvava 107

Chacoan languages (lenguas chaqueñas) 67, 72, 85 ff., 97, 99, 105, 112 ff., 165 f., 173 ff., 185 ff., 191 f., 255, 258, 274
Chacobo 191
Chamacoco 183
Chamicuro 177
Chane 167
Chatino 30, 36 f.
Chinese (chino) 301
Chipaya 178, 182, 185, 193, 243, 273, 284
Chiquitano 187
Chiriguano, see Ava-Guarani
Chorote 86 f., 110, 168, 177–183, 186, 190, 192 f., 269, 273, 284
Cofan 239, 241, 248, 273, 283

Dakota 16
Desano 220, 232
Dimli, see Zazaki

Embera 239, 241, 248, 273, 283
Emerillon 255, 273, 283
English 32, 34, 150, 160, 239, 289, 292, 295–312, 321 ff., 327
Enlhet 166 ff., 177 ff.,
Enlhet-Enenlhet 166 ff., 177 ff.

French 345

Garig 300–307
Georgian 343, 345
German 321, 345
Greek 208 f.
Guarani 3, 77, 79, 86, 111 ff., 167, 269
– Paraguayan Guarani (guaraní paraguayo) 111, 187, 267, 273, 283
Guaycuruan 4, 51, 59, 63, 86, 90, 97, 107 f., 114 f., 165–193, 232, 241, 252, 257, 270 f., 284
Gunwinyguan 301
Gurani 344
Gurindji 310
Gününa Küne 182

Hindi 301
Hup 209, 232
Hupdë 220, 230

Ikpeng 131, 142 ff.
Ilgar 300–314
Inga 178, 185
Iranian 7, 343, 344
Itonama 207, 219 ff., 231 ff.
Iwaidja 288, 300 f., 303, 309

Jaguma 143 f.
Jaqaru 243 f., 273, 284

Kadiweu/Kaduveo 166–187, 252 f., 273, 284
Kakán 174
Kalapalo 122, 126 ff., 135, 141–149, 160
Kallawaya 241, 273, 284
Kamayura/Kamaiura 126, 133 f., 139, 141 f., 147, 149, 150, 267 f., 273, 283
Kamsá 193
Kanoé 219 ff., 231 ff.
Karaiba 144
Karo 207, 220 ff., 232 ff.
Kayabi 142
Kayapo 144
Kayardild 296, 299
Kaytetye 310
Korubo 179, 182
Kryz 344
Kuikuro 5, 121–160
Kunbarlang 309, 315
Kun-derbi 292
Kun-kurrng 292
Kunwinjku 288, 292, 293, 294, 295, 300, 301, 305, 306, 307, 308, 309, 311, 312, 315
Kurâ 144
Kurdish 344
Kurripako 185
Kwakwaka'wakw 15
Kwazá 220 ff., 231, 234–241, 248, 273, 283

Lakondê 207, 220 f., 225, 231, 234 ff.
Lardil 295 f., 298, 300, 308, 313
Laz 343
Leko 207, 231
Lezgian 347
Lule 77–114, 168 ff.
Lule-Vilela 168 f., 180, 241, 263, 271, 284

Maka 168, 174, 179 f., 190, 273, 284
Manangkardi 301
Mapudungun 87, 99, 100 ff., 114, 241 f., 254, 259, 265 f., 272 f., 284
Marrku 300–308, 312 ff.
Mataguayan 4, 51–71, 86–114, 165–193, 241–284
Matipu 122, 127, 142, 144–149, 160
Mawng 301, 309, 315
Mbya Guarani 248, 273, 283
Mehinaku 124 ff., 132, 135 f., 142, 149
Mekens 218–225, 231, 233, 235 ff.
Mingrelian 343
Mocovi 85, 107, 168, 171, 176, 180, 186–192, 257 f., 270 ff., 284
Mosetén 107, 191, 207, 219, 231, 241, 244, 273, 284
Movima 107, 178, 182, 219 f., 224 f., 231, 233, 235 ff., 241, 267, 273, 283
Mpartwe Arrernte 29, 310

Nahukwá/Nahuqua 122, 126 f., 143–149, 152, 160
Nivacle 51, 67, 72, 168, 177–183, 193, 273, 284

Oceanic 7, 321, 326, 327

Panara 246, 273, 283
Panare 193
Panoan 191
Papuan 326
Parkatejê 246, 273, 283
Penobscot 14
Persian 344
Pilagá 4, 51–90, 115, 168, 171, 176 f., 180, 182, 186, 188, 193, 219 f., 230, 232 f., 257 f., 273, 284
Portuguese 123 ff., 131, 141 f., 151–160
Puquina 243, 244, 273, 284

Qom 63, 85 f., 101, 108, 115, 168, 169, 171, 180, 183, 186, 188, 189, 193, 257 f., 271, 273, 284
Quechua 3, 78, 80, 86 f., 89 ff., 96, 100, 113 f., 177 f., 232, 239, 241, 243, 273, 284
– Ayacucho Quechua (quechua ayacuchano) 89

– Bolivian Quechua (quechua boliviano) 243, 284
– Cusco Quechua (quechua cuzqueño/del Cuzco) 87, 185, 220
– Huallaga Quechua 232
– Inga Quechua 185
– Junin Quechua 284
– Santiagueño Quichua/Quechua 80, 87, 167, 284

Resigaro 185
Russian 345

Sakirabia 220
Sanapana 166, 168, 177 ff.
Satere-Mawe 185, 256, 273, 283
Seri 68
Shaninawa 244, 273, 283
Shipibo Konibo 244 f., 273, 283
Spanish (español) 1, 2, 32, 34, 51, 77, 85, 98, 108, 111, 345
Surui-Pater 182

Takana 107, 187
Talyshi 344, 345
Tapiete 90, 166 ff., 180, 183, 187, 191 f., 207, 220, 232 f., 241, 251 f., 257, 262, 269, 273, 284
Tapirape 267 f., 273, 283
Tariana 209, 247, 267, 273, 283
Tatic 344
Tehuelche 174, 242, 273, 284
Teop 7, 321–327, 331, 335, 338, 340
Tiriyo 232
Toba, *see* Qom
Tok Pisin 321 ff.
Trumai 121, 130, 142, 149 f., 178, 182
Tsakhur 344
Tupi 121, 129 ff., 136, 142 f., 150, 208, 231 f., 256, 261, 283
Tupi-Guarani 90, 99, 107, 134, 142, 144, 150, 166, 168, 187, 232, 241, 248, 251, 255 ff., 262 f., 267, 269, 283 f.

Tupinamba 267, 273, 283
Turkish 343 ff.
Turkmen 343
Tuyuca 245, 273, 283

Uchumataqu 95, 108, 243, 273, 284
Udi 343 f., 347
Upper Xingu Arawak 136, 150
Upper Xingu Carib language 122, 131, 135, 142, 144, 146, 148, 151 f.
Urarina 179, 182
Uru-Chipaya 193, 239, 241, 243

Vilela 5, 77–114, 166, 168 f., 174, 176, 179 f., 183, 187, 263 f., 271 ff., 284

Wai wai 251, 255 f., 273, 283
Wanano 245 f., 273, 283
Wari' 219 ff., 231, 234 ff.
Warlmanpa 310
Warlpiri 34
Warumungu 310
Wauja 127, 132, 136, 141 f., 149, 152
Wichi 4, 51–90, 97, 107, 109 f., 168 f., 171, 174, 176 ff., 186 f., 191 ff. 207, 219 f., 230, 232, 241, 253, 258, 261 f., 268, 273, 284
– Wichi Nocten 110, 219, 230
– Wichi of Bermejo 110, 168, 179 ff., 192 f.
– Wichi of Rivadavia 110, 179 ff., 192, 232

Yaminawa 191
Yangkaal 295–300, 308, 313
Yawalapiti 132, 135 f., 142, 149
Yudja 142
Yupik 36
Yurakaré 107, 207, 231, 239, 241, 248, 273, 283

Zamuco 166, 168, 180, 183, 241, 253, 264, 284
Zapotec 30
Zazaki 344

Subject index

Abipon 81

absorption-and-layered language (lengua de absorción y decantación) 5, 77, 114

adjective (adjetivo) 57, 214

adposition 213

adverbial clause (cláusula adverbial) 326, 329 ff.; see also subordination

affricativization (africativización) 111 f., 114

Aga 130, 134

agreement trajectory 221, 223

Ahugagü 138

alignment (alineamiento) 67, 115, 211, 236, 250 f.

– accusative (nominativo-acusativo) 253, 256, 321

– active-inactive (construcción activa/ directa; inactiva/inversa) 256; see also inverse

– ergative (ergativo) 122, 243, 250, 268

– inverse 211, 240, 243, 249, 252, 254 ff., 259, 273 f.

Amazonia (región amazónica) 5 ff., 121, 160, 240 f., 244, 248, 250, 255 f., 260, 266 f., 272 f., 283, 347; see also Brazilian Amazon

Amazonian peoples (pueblos amazónicos) 150

Amazonian multilingual and mutiethnic regional systems 121

ancestral code (código ancestral) 31 ff.

ancestral figures (figuras ancestrales) 288

Andes (región andina) 5 f., 78 f., 107 f., 113 f., 165, 173, 176, 180, 185, 240 ff., 244, 254, 259, 265, 272 f., 284

animal names (nombres de animales) 62 ff., 207

annotation (anotación) 9, 19 f., 33, 38 f., 41, 78

anthropo-dynamic processes (procesos antropo-dinámicos) 77, 114

apposition (aposición) 60 f.

Araxes-Iran Linguistic Area (AILA) 7, 343 f., 349, 354

areal diffusion (difusión areal) 167, 173, 197, 242; see also linguistic area; Sprachbund

areal typology (tipología areal) 1, 3 f., 78, 112; see also linguistic area; Sprachbund

argument (argumento) 60, 154 ff., 211 ff., 249 f., 258 ff., 327, 331, 333 f., 338 f.

– argument marking 205 f., 211

– core arguments 211

– oblique argument 211

– recipient 211, 236

Arnhem Land 300, 309

assibilation (asibilación) 109 ff., 187

Australia 1, 2, 7, 19, 22, 46, 287 ff., 291, 316

auxiliaries 213 ff.

Balkans/Balkan region 209 f., 217, 345

– Balkanization factor 209

Bayesian 210

Brazilian Amazon 5, 121

case 153, 208, 210 f., 213, 235

– case markers 211, 213

– peripheral cases (casos periféricos) 85, 95, 113

Chaco (región chaqueña) 1, 4 ff., 51–75, 77–120, 165–203, 216, 240, 241, 251, 256, 261, 268, 273, 284, 347

characterisation (caracterización) 57, 72, 165, 171, 241, 307 f., 315

Charlie Wardaga 300, 302, 312, 314

classifiers (clasificadores) 58, 59, 90, 207, 214, 249, 345

– relational classifier (clasificador relacional) 91 ff., 113

clitic doubling 208, 210

clusivity 211; see also inclusive/exclusive

Cobourg Peninsula (península de Cobourg) 300

code-focused documentation (enfoque centrado en el código) 35

code-switching (cambio de código) 34, 313

colonial intervention (intervención colonial) 3, 26, 77, 80

colonial times (época colonial) 3

comitative 352

communicative practices (prácticas
  comunicativas) 33
complementation/complementation
  strategies (complementación/
  estrategias de complementación) 98 f.,
  100, 114, 270
– completive clause (cláusula completiva)/
  complement clause (cláusula de
  complemento) 99 f., 103 f.
constituent order 211, 214, 321
contact (contacto) 13, 23, 28, 34, 51, 77,
  79 f., 105, 108, 111 f., 114, 159, 165 f.,
  172, 176, 186 f., 205 ff., 209 f., 218, 226,
  242, 247 f., 273, 343
– language contact 1 ff., 209, 343
contemporary communicative ecology
  (ecología comunicativa
  contemporánea) 34 f.
contemporary realism (realismo
  contemporáneo) 31
continuity (continuidad) 62, 71, 77, 78, 85 f.,
  90 f., 112 f., 251
converbal construction (construcción
  converbal) 102, 240–275
convergence (convergencia) 34, 74, 78,
  112 ff., 116, 172, 208, 217 f., 220, 226,
  344 f., 354; see linguistic area
– convergence (sub)area(s) 217
– hard-boundary convergence 221
– soft-boundary convergence 218, 220
conversion (conversión) 24, 56, 68
coronal-velar alternation (alternancia
  coronal-velar) 109
coronalization (coronalización) 109, 112
corpus/corpora (corpus/córpora) 4, 11 ff.,
  26, 32, 35 ff., 52, 57, 71, 95 f., 100, 103,
  114, 172, 174, 240, 242, 255, 313,
  322 ff., 332, 340
– comparable subcorpora 324, 340
– corpus theorization (teorización de(l)
  corpus) 12, 16
– documentary corpora (córpora
  documentales) 35, 37
cosubordination (cosubordinación) 249,
  266, 274
Croker Island (isla Croker) 288
cultural de-structuring (desestructuración
  cultural) 79, 84

Daly River (río Daly) 288
database 7, 347, 348
deference marker (marcador de
  deferencia) 94, 113
demonstratives (demostrativos) 58, 59, 91,
  214, 215, 230, 235, 236, 237
descriptive name (nombre descriptivo) 61,
  62
desiderative construction (construcción
  desiderativa) 98, 101; see
  complementation
determiner (determinante) 53–61, 67, 71, 94,
  103, 104
deverbalization 213
dicendi verbs (verbos de decir) 99, 100, 104
diffusion/linguistic diffusion (difusión) 3,
  14, 80, 86, 92, 99, 101, 111, 113, 167,
  171 ff., 193, 197, 240, 242, 244, 246,
  248, 261, 273, 309, 354
– broadcast model (modelo de difusión) 309
direct speech (discurso directo) 98 f., 100 f.,
  114, 292 f.
directionals 207
  ditransitive constructions 326, 335, 337,
  339
documentary linguistics (lingüística de la
  documentación) 1 ff., 9–47

editorial work 7, 323, 324, 339 f.
ejective segments (segmentos
  eyectivos) 173, 176
elaboration 324, 326, 338 f.
emergent code (código emergente) 34
encomienda 77, 80, 83
encyclopaedic descriptions 322
endangered language (lengua en peligro) 1,
  4 f., 10 ff., 18 ff., 26 ff., 31, 34 f., 39 f.,
  321, 323, 347
– critically endangered language (lengua
  críticamente amenazada) 85
ethnogenesis (etnogénesis) 81, 114
ethnonym (etnónimo) 52, 63, 66 f., 144, 151
evidentials 207 f., 216, 236, 252
existential negation (negación existencial)
  88 f.
external evidence (evidencia externa) 3, 77,
  79

finiteness 213
framing (encuadre) 307, 311
fronting (adelantamiento) 109 f., 112, 186

gender (género gramatical) 55, 57, 62 f.,
    65 ff., 71 f., 85, 129 f., 211, 214, 239,
    249, 261, 273
genre (género discursivo) 11, 33, 36 f., 291
GIS 207
global vs. local domain (dominio global vs.
    local) 250
glottalized sonorants (sonorantes
    glotalizadas) 166, 177
Goulburn Island (isla de Goulburn) 315
gradience 208 ff.
grammatical resources (recursos
    gramaticales) 239 f., 242, 249 f., 273 f.
Guaporé-Mamoré 6, 187, 205 ff. 209 f.,
    213 f., 216 ff., 222, 224 f., 231 f.
Guarani region (región guaranítica/ámbito
    guaranítico) 5, 78, 111

Hagaka 129 ff., 140 f.
– hagaka insults 131
head-marking language (lengua de
    marcación en el núcleo) 85, 95, 249
– head-marked possessive constructions
    (construcciones posesivas marcadas en
    el núcleo) 90
heteroglossia (heteroglosia) 7, 291
hierarchy (jerarquía)
– person (de persona) 252
hunter-gatherers (cazadores-
    recolectores) 52
hypotaxis (hipotaxis) 99

impersonal constructions (construcciones
    impersonales) 240, 242, 249, 254 ff.,
    258, 273 f.
inclusive/exclusive 207; see also clusivity
indefinite pronouns (pronombres
    indefinidos) 86 f., 89, 113
indirect speech (discurso indirecto) 100
infinitive 345 f.
Inka Sphere (Esfera Inca) 80, 95
innovation (innovación) 34, 40, 78, 113,
    208 f.
instrumental 85, 95, 97, 113, 129 f., 270

interrogative constructions (construcciones
    interrogativas) 89
interrogative pronouns (pronombres
    interrogativos) 88
intersection zone 354
isogloss 7, 343–354

Jakuikatu 136, 152
Jamugikumalu 129, 138, 150
Ji-Paraná/Machado 207

Kehege 139 f.
kin 122, 124, 127
kinship (parentesco) 70, 84, 90, 94, 124 f.,
    144, 292
Kuabu songs 131

labial alternation (alternancia entre
    labiales) 107
language documentation (documentación
    lingüística) 1 ff., 9 ff., 15, 19, 23, 28, 30,
    31, 38, 53, 72, 321 ff.
language shift (cambio de lengua
    código) 34, 313, 343, 354
last speaker (último hablante) 5, 79, 169,
    300 ff.; see also terminal speaker
    (hablante terminal)
lateral 54, 97, 106, 108, 112, 114, 177 ff.,
    182 f., 193
– fricative (fricativa lateral) 108, 153
– obstruent (obstruyente lateral) 178
– voiceless fricative (fricativa lateral
    sorda) 108
lexico-grammatical code (código
    léxico-gramatical) 11, 20, 31, 33 f., 40
linguistic area (área lingüística) 6 f., 72,
    165–197, 205–226, 261; see also
    Sprachbund
– bottom-up approach 171, 205 f.
– cherry-picked features/Sprachbund 217,
    225
– hard boundary linguistic area/
    Sprachbund 217 f., 220
– soft boundary linguistic area/
    Sprachbund 217 ff.
– top-down approach 6, 205 f.
linguistic change (cambio lingüístico) 27, 34

linguistic diversification (diversificación lingüística) 288
liquid segments (segmentos líquidos) 177, 180, 182
loans (préstamos) 18, 34, 64, 83, 93, 108, 113, 149, 152, 155 ff., 301; *see also* loanwords
loanwords 324
localisation (localización) 307, 309
locative (locativo) 85, 95 f., 113, 154, 335
locative marker (marcador locativo) 95 f.
locative suffix (sufijo locativo) 113

marriage (matrimonio) 51, 122 ff., 137
– interethnic marriage 123 f.
metadata (metadatos) 10 f., 21 f., 38
metonym(y/-ic) (metonimia/-ímica) 57, 68, 308, 311
Mick Kubarkku 291 f.
Minjilang 301
mission (misión) 66, 71, 83; *see also* reduction (reducción)
– missionaries (misioneros) 3, 14, 17, 81, 85, 89, 98, 103, 108
– missionary sources (fuentes misioneras) 78, 80
mixed languages 3, 131
mixed speech 157
mixed strategies (estrategias mixtas) 113
modal 102, 266, 345 f., 350
multilingual and multiethnic regional systems 121, 160 f.
multilingual system 124, 160
multilingual verbal artist (artista verbal multilingüe) 290
multilingualism (multilingüismo) 2 f., 33, 127, 288 f., 309, 314, 316 f.
multiverbal construction (construcción multiverbal) 99, 271
– asymmetric multiverbal construction (construcción multiverbal asimétrica) 102
Murray Garde 291 f., 309

naming (denominación) 51 ff., 61 ff., 65 ff., 71, 81, 83
Nawalabik 291 f., 308
Nelson Muluriny 302
Ngurdyawok 291

nominalization (nominalización) 99 ff., 114, 213
non-verbal clause 329
nostalgia (nostalgia) 12, 24, 31, 34 f.
noun (sustantivo) 53–72, 85, 88, 91, 93, 95 f., 102, 152 ff., 156 ff., 205 f., 211, 213 f., 230, 235 f., 322, 331, 334, 345, 351
– nominal number 207, 218
– noun class 214
– noun phrase (frase nominal/sintagma nominal) 55, 60, 85, 102, 205 f., 211, 214, 252, 257 f., 262, 264, 268, 322, 331
number (número) 57, 85, 97, 114, 157, 207, 211, 214, 216, 218, 230, 235, 245, 313
– verbal number 207
numeral 214, 235 f., 345, 351
numeral classifier 345

object reduplication 208, 210
OV (orden de constituyentes OV) 85, 98, 102

palatalization (palatalización) 6, 109 f., 112, 114, 165 f., 171, 173, 185 ff., 189, 191, 193, 196
parataxis 99 f., 249, 274, 322, 324
– compression of paratactic constructions 333
– paratactic clauses 326, 329, 330 f., 339
– paratactic constructions 326 f., 333, 336, 340
passive voice (voz pasiva) 254 f., 257 ff.
patrilects (patrilectos) 288
perception (percepción) 109, 213, 235
phasal 213, 235
phoneme /f/ 351
Pitman-Yor process 210
plurality (pluralidad) 78, 85 f., 97, 114
population movements 354
possession (posesión) 57, 78, 85 f., 90 f., 94, 214
– adnominal possession 353
– 'possession' paradigm 155
– possessive construction (construcción posesiva) 85, 214, 237
– possessive suffix (sufijo posesivo) 92 ff., 113

- possessor (poseedor) 55, 85, 90 ff., 100, 213 f., 230, 235, 237, 353
- predicative possession 352
postvelar segments (segmentos posvelares) 166, 173 ff., 177, 186
pragmatic inference (inferencia pragmática) 248 f., 254, 264, 274
pre-colonial times (época pre-colonial) 79 f., 114
pre-nasalization (pre-nasalización) 111 f., 114
prohibitive (prohibitivo) 85, 89, 216
pronominal argument language (lengua de argumento pronominal) 85
pronominal object 332
- incorporation of the pronominal object 353
pronominal systems (sistemas pronominales) 240, 250, 255
proper name (nombre propio/nombre de persona/personal) 4 f., 18, 51–72
proximal/obviative (proximativa/ obviativa) 254
purpose (propósito) 213, 268 ff.

Rainbow Serpent (Serpiente Arcoíris) 295 f., 300, 302, 305 f., 308, 311
Rainbow Serpent story (Historia de la Serpiente Arcoíris) 300, 308
records (registros) 9 ff., 15–21, 33–40, 77, 104, 110
reduction (reducción) 3, 77, 81, 83, 169; *see also* mission (misión)
reduplication (reduplicación) 86, 113, 215, 334
referentiality (referencialidad) 249, 273
- coreferentiality (correferencialidad) 239, 244, 247, 249 ff., 253, 260, 264, 266, 273 f.
relativization (relativización) 98, 102, 114
- relative clause (cláusula relativa) 5, 99, 102 f., 208, 235, 322, 326, 331 f., 335, 339
- relativization strategies (estrategias de relativización) 98, 102, 114
Relativum generale 208, 210
Rondonia 205, 248
Rose River Cycle 287, 290

serial verb constructions (construcciones de verbos seriales) 213 f., 240, 242, 246 f., 249 f., 266 f., 269, 273, 326, 339 f.
shaman 70, 140
Simpson Desert (desierto de Simpson) 311
South America (América del Sur) 2 ff., 6, 49, 51, 77, 79, 99, 112, 161, 165, 171, 175, 177, 182 f., 193, 212, 225, 239 f., 242, 248, 272 f.
South Wellesley Islands (islas South Wellesley) 289
SOV 345, 350
special registers (registros especiales) 288
speech and writing 322
speech formula 325
split intransitive 211
Sprachbund 205 f., 209 f., 217 ff., 224 ff., 233, 235, 347; *see also* linguistic area
- Balkan Sprachbund 209, 217
subject (sujeto) 70, 85, 90, 100 f., 103, 156, 211, 213, 235, 237, 242, 244 f., 247, 251 ff., 255, 257 ff., 321, 327, 332, 334 ff.
subjunctive 345 f., 350
subordination (subordinación) 99, 114, 205 f., 211 ff., 239, 242, 249, 266, 270, 274
subordinator (subordinante) 95, 99, 105, 237, 239, 248
switch-function (cambio de función) 248, 255, 274
switch reference (conmutador de la referencia) 6, 99, 214, 235, 239–274
syllabic consonants (consonantes silábicas) 165, 192 f.
syllabic sonorants (sonorantes silábicas) 165
syntactic changes 322, 326
syntactic-semantic class (clase sintáctico-semántica) 56

tail-headconstruction/linkage 326 ff., 336 f., 339 f.
TAME 206, 211, 215 f., 225, 231, 235 ff.
temporal 213 ff., 242
terminal speaker (hablante terminal) 5, 105; *see also* last speaker
text types 323
Tim Mamitba 309

Tolo 129, 137 f.
topicality (topicalidad) 252, 255 f., 258
toponym(y/-ic) (topónimo/-ímico) 52, 59, 62, 65 ff., 144
totems 290
transcription (transcripción) 10 f., 20, 27, 33, 38 f., 65, 78, 108, 128, 133, 136, 139, 292 ff., 310, 322 ff., 339 f.
transitive agent 211
transitive patient 211
translation (traducción) 5, 10 f., 14, 18, 23, 32–39, 78, 121, 126, 149, 157, 239, 324, 327, 331
typological distance 218 f.
typological resistance (resistencia tipológica) 113

Unduhe 135 f.
Unduhe songs 135
Upper Madeira 207
Upper Xingu 5 f., 121–161
uvular segments (segmentos uvulares) 165, 193 f.

valency changing operations 212
verbal art (arte verbal) 2, 12, 14, 20, 35, 288, 290
Vilela people (pueblo vilela) 77 ff., 81, 84, 114
Villas Bôas 147
vocative (vocativo) 61
voiced-voiceless contrast (contraste sordo-sonoro) 106 f., 179, 183
voiceless nasal (nasal sorda) 182 f., 185, 193, 195, 197
vowel harmony (armonía vocálica) 6, 166 f., 173, 185, 187 f., 191 ff.

Warramurrungunji 288, 309
word class (clase de palabra) 5, 59, 68

Xinguano peoples 149

Yaruma 143 f.

zero anaphora (anáfora cero) 249

Made in the USA
Lexington, KY
03 March 2018